Einführung in Formale Sprachen, Berechenbarkeit, Informations- und Lerntheorie

von
Norbert Blum

Oldenbourg Verlag München Wien

Prof. Dr. Norbert Blum lehrt an der Rheinischen Friedrich-Wilhelms-Universität Bonn, Institut für Informatik.

Bibliografische Information der Deutschen Nationalbibliothek

Die Deutsche Nationalbibliothek verzeichnet diese Publikation in der Deutschen Nationalbibliografie; detaillierte bibliografische Daten sind im Internet über <http://dnb.d-nb.de> abrufbar.

© 2007 Oldenbourg Wissenschaftsverlag GmbH
Rosenheimer Straße 145, D-81671 München
Telefon: (089) 45051-0
oldenbourg.de

Das Werk einschließlich aller Abbildungen ist urheberrechtlich geschützt. Jede Verwertung außerhalb der Grenzen des Urheberrechtsgesetzes ist ohne Zustimmung des Verlages unzulässig und strafbar. Das gilt insbesondere für Vervielfältigungen, Übersetzungen, Mikroverfilmungen und die Einspeicherung und Bearbeitung in elektronischen Systemen.

Lektorat: Margit Roth
Herstellung: Anna Grosser
Coverentwurf: Kochan & Partner, München
Coverausführung: Gerbert-Satz, Grasbrunn
Gedruckt auf säure- und chlorfreiem Papier
Gesamtherstellung: Druckhaus „Thomas Müntzer" GmbH, Bad Langensalza

ISBN   3-486-27433-3
ISBN 978-3-486-27433-2

Inhaltsverzeichnis

Vorwort   **VII**

1	**Automatentheorie und Formale Sprachen**	**1**
1.1	Die lexikalische Analyse	2
1.1.1	Reguläre Mengen, reguläre Ausdrücke und endliche Automaten	3
1.1.2	Minimierung endlicher Automaten	14
1.1.3	Zur Realisierung der lexikalischen Analyse	22
1.2	Die Syntaxanalyse	23
1.2.1	Kontextfreie Grammatiken	24
1.2.2	Kellerautomaten	29
1.2.3	Normalformen für kontextfreie Grammatiken	44
1.3	Eigenschaften von kontextfreien Sprachen	52
1.3.1	Das Pumping-Lemma	53
1.3.2	Abschlusseigenschaften	55
1.4	Ergänzende Übungsaufgaben	56
1.5	Literaturhinweise	58
2	**Theoretische Berechenbarkeit**	**60**
2.1	Der Begriff des Algorithmus	60
2.2	Die μ-rekursiven Funktionen	61
2.3	Turingmaschinen	68
2.4	Entscheidbarkeit und Aufzählbarkeit	81
2.5	Ergänzende Übungsaufgaben	85
2.6	Literaturhinweise	85
3	**Praktische Berechenbarkeit**	**87**
3.1	Die Random Access Maschine	87
3.2	Die Sprachklassen P und NP	93
3.3	NP-vollständige Probleme	98
3.4	Kryptographie	117
3.4.1	Public-Key Kryptosysteme	117
3.4.2	Zero-Knowledge Beweise	121
3.5	Ergänzende Übungsaufgaben	127
3.6	Literaturhinweise	128

4	**Die klassische Informationstheorie**	**130**
4.1	Die Entropie	130
4.2	Einführung in die Kodierungstheorie	145
4.3	Ergänzende Übungsaufgaben	156
4.4	Literaturhinweise	157
5	**Die algorithmische Informationstheorie**	**159**
5.1	Die Kolmogorov-Komplexität	159
5.2	Bedingte Kolmogorov-Komplexität	168
5.3	Nichtkomprimierbare Strings	174
5.4	Ergänzende Übungsaufgaben	180
5.5	Literaturhinweise	181
6	**Binäre Zufallsfolgen**	**182**
6.1	Unendliche Zufallsfolgen	182
6.2	Endliche Zufallsfolgen	211
6.3	Ergänzende Übungsaufgaben	212
6.4	Literaturhinweise	212
7	**Induktive Inferenz**	**214**
7.1	Ein universelles induktives Inferenzsystem	215
7.2	Induktive Inferenzsysteme unter Verwendung von MDL und MML	220
7.3	Eine Theorie der Ähnlichkeit	223
7.4	Literaturhinweise	228
8	**Lernen von Konzepten**	**229**
8.1	Lernen von Booleschen Ausdrücken	230
8.2	Ockham's Rasiermesserprinzip	236
8.3	Samplekomplexität von PAC-Lernalgorithmen	239
8.4	Ergänzende Übungsaufgaben	247
8.5	Literaturhinweise	248

Literaturverzeichnis   **249**

Index   **255**

Vorwort

Was ist Theoretische Informatik? Insbesondere, was sollten die Inhalte einer Einführung in die Theoretische Informatik sein? Diese Fragen habe ich mir vor zehn Jahren, als ich mein erstes Buch über Theoretische Informatik schrieb, gestellt. Was die Inhalte einer grundlegenden einführenden Vorlesung im Bachelor-Studiengang anbetrifft, hat sich wenig geändert. Viele Geräte im täglichen Gebrauch enthalten so genannte Computer, die nicht annähernd die Fähigkeit eines PC's besitzen. Man denke zum Beispiel nur an eine Aufzugssteuerung. Hierfür genügt bereits ein endlicher Automat. Eine grundlegende Einführung in die Theorie „einfacher" Automaten und den mit diesen eng verknüpften formalen Sprachen gehört in den Bachelor-Studiengang Informatik und wird im ersten Kapitel behandelt. Kann man im Prinzip jede Funktion berechnen? Falls nein, kann man die Klasse der berechenbaren Funktionen formal charakterisieren? Auf diese Frage sollte jeder Informatiker eine Antwort wissen. Darüber hinaus haben die zur Beantwortung dieser Fragen entwickelten Techniken auch anderswo ihre Anwendung gefunden. Darum behandelt das zweite Kapitel die theoretische Berechenbarkeit von Funktionen. Eine Funktion ist auch dann theoretisch berechenbar, wenn jedes effektive Rechenverfahren mindestens eintausend Jahre benötigt, um den Funktionswert $f(x)$ zu berechnen. Eine derartige Funktion ist ganz gewiß nicht praktisch berechenbar. Diese Beobachtung führt zum Begriff der praktischen Berechenbarkeit, die im dritten Kapitel des Buches behandelt wird. Als praktisch berechenbar wird eine Funktion f angesehen, wenn es ein Computerprogramm gibt, das für ein beliebiges x aus dem Definitionsbereich den Funktionswert $f(x)$ auf einem Rechner in Polynomzeit berechnet. Für viele Funktionen, die in der Praxis auftreten, kennt man zwar kein derartiges Computerprogramm, jedoch kann man bei gegebenem x und gegebener Herleitung für $f(x)$ in polynomieller Zeit überprüfen, ob die Herleitung korrekt ist. Dies führt zur Begriffsbildung der NP-vollständigen Probleme, die in gewissem Sinn „schwierigste" derartige Probleme sind. In der Tat sind auch viele Funktionen der Praxis NP-vollständig und verlangen eine andere Behandlung als Probleme, für die bekannt ist, dass sie praktisch berechenbar sind. Neben der Theorie der NP-Vollständigkeit werden auch grundlegende Themen der Kryptographie, die im direkten Zusammenhang mit praktisch nicht berechenbaren Funktionen stehen, behandelt.

Zu den grössten Herausforderungen unserer Zeit gehört die Erforschung von Information in Bezug auf ihrer Generierung, ihre Extraktion und ihrer Behandlung. Daher ist der zweite Teil des Buches einer Einführung in die Informations- und Lerntheorie gewidmet. Kapitel 4 führt in die so genannte klassische Informationstheorie ein. Neuere Entwicklungen bezüglich der Extraktion von Information setzen die algorithmische Informationstheorie voraus. Daher behandelt das fünfte Kapitel die algorithmische Informationstheorie. Um Gesetzmäßigkeiten aus beobachteten Daten ableiten zu können, muss man zunächst die Regelmäßigkeiten in den Daten erkennen. Das Gegenteil von Strukturiertheit in Daten ist die Zufälligkeit. Daher führt Kapitel 6 in die Theorie der Zufallsfolgen ein. Systeme, die aus beobachteten Daten Gesetzmäßigkeiten ableiten, heißen induktive Inferenzsysteme. Kapitel 7 behandelt diese. Schließlich gibt das achte Kapitel eine Einführung in die Theorie des Lernens von Konzepten.

Das Buch ist an Personen gerichtet, die über grundlegende Kenntnisse der Analysis und der linearen Algebra, wie sie in den Grundlagenvorlesungen über Analysis und Lineare Algebra vermittelt werden, verfügen. Insofern wurde auf einen Anhang „Mathematische Grundlagen" verzichtet. Beweise werden, mit Ausnahme der Beweise von Behauptungen und Lemmata, die selbst Teil eines Beweises sind, mit ■ abgeschlossen. Deren Ende wird mit □ angezeigt. Beispiele, die noch fortgeführt werden, sind mit ◊ abgeschlossen. Ansonsten ist das Ende eines Beispiels mit ♦ markiert. Das Buch enthält Übungsaufgaben, die zum Teil dort im Text stehen, wo sie bearbeitet werden sollen. Weitere Übungsaufgaben stehen jeweils am Kapitelende. Schwere Übungsaufgabe sind mit * und sehr schwere Übungsaufgaben mit ** markiert. Um die Vertiefung in den bearbeiteten Teilbereichen zu vereinfachen, werden ausführliche Literaturhinweise gegeben. Bei der Vielzahl von ausgezeichneter Literatur habe ich sicherlich das eine oder andere gute Buch übersehen. Dies bitte ich zu entschuldigen.

Die Inhalte der ersten drei Kapitel sind für eine grundlegende Theorievorlesung im Bachelorstudiengang konzipiert. Die Kapitel 4 bis 8 könnten Gegenstand einer einführenden Veranstaltung über Informations- und Lerntheorie sein. Diese sind aus Vorlesungen, die ich an der Universität Bonn gehalten habe, entstanden.

Herr Christian Dorau und Herr Heinz Christian Steinhausen haben sich derart gründlich auf ihre Diplomprüfung über Informationstheorie vorbereitet, dass sie mir wertvolle Hinweise geben konnten. Dafür danke ich ihnen. Ich danke Herrn Mathias Hauptmann, der die Kapitel 4 bis 8 gelesen hat. Seine wertvollen Hinweise haben zur Verbesserung des Buches in vielerlei Hinsicht beigetragen. Des Weiteren danke ich Herrn Matthias Kretschmer für die Erstellung der Bilder. Dem Oldenbourg Verlag und insbesondere der Lektorin, Frau Margit Roth gilt mein Dank für die gute Zusammenarbeit.

Norbert Blum

1 Automatentheorie und Formale Sprachen

Im täglichen Leben spielen Computer eine immer größer werdende Rolle. Viele Geräte für den täglichen Gebrauch enthalten so genannte Computer. Diese haben allerdings in der Regel nicht annähernd die Fähigkeiten eines PC's. So wird man für eine Aufzugssteuerung keinen PC verwenden, da man diese mit einem Automaten, der weitaus geringere Fähigkeiten besitzt, realisieren kann. Ein Aufzug muss lediglich wissen, wo er sich gerade befindet und welche Stockwerke anzufahren sind, da dort oder im Aufzug die betreffenden Knöpfe gedrückt wurden. Diesbezüglich sind nur endlich viele Konfigurationen möglich, so dass eine Aufzugssteuerung durch einen "endlichen Automaten" durchgeführt werden kann. Möchte man zum Beispiel in einem Taschenrechner arithmetische Ausdrücke auswerten, dann gibt es potentiell unendlich viele Konfigurationen, so dass die Auswertung arithmetischer Ausdrücke nicht durch einen endlichen Automaten durchführbar ist. Hierzu benötigt man einen unendlichen Speicher. Jedoch genügt ein einfacher Speicher, der nach dem Kellerprinzip arbeitet. Dies bedeutet, dass alles, was über dem zu lesenden Symbol im Keller steht, gelöscht werden muss, bevor dieses Symbol gelesen werden kann. Ein endlicher Automat, dem man einen Keller als unendlichen Speicher hinzufügt, heißt Kellerautomat. Ziel dieses Kapitels ist die Einführung von endlichen und von Kellerautomaten. Beide Konzepte werden zur Realisierung eines *Übersetzers (Compilers)* benötigt. Daher werden wir uns endliche und Kellerautomaten nahe bringen, indem wir die Prinzipien und Techniken, die für die Konstruktion von Übersetzern benötigt werden, erarbeiten. Dabei werden wir darüber hinaus auch Sprachkonzepte, die zu endlichen bzw. Kellerautomaten äquivalent sind, kennen lernen. Abbildung 1.1 skizziert die Struktur eines Übersetzers.

Die Aufgabenstellung ist die folgende: Gegeben sind eine „höhere" Programmiersprache QS (z.B. Pascal oder Java), die *Quellsprache*, und eine „niedere" Programmiersprache ZS, die *Zielsprache*. Gesucht ist ein Compiler C, der, gegeben ein beliebiges Programm Q in QS, ein äquivalentes Programm Z in ZS erzeugt. Z und Q sind genau dann äquivalent, wenn Z, gegeben eine formale Semantikbeschreibung von QS, für jede korrekte Eingabe die gemäß der Semantik von Q erwartete Ausgabe erzeugt. Es gibt keine Rückkopplung von späteren Phasen zu früheren Phasen. Wir werden nun Werkzeuge aus der Automatentheorie und den formalen Sprachen entwickeln, mittels

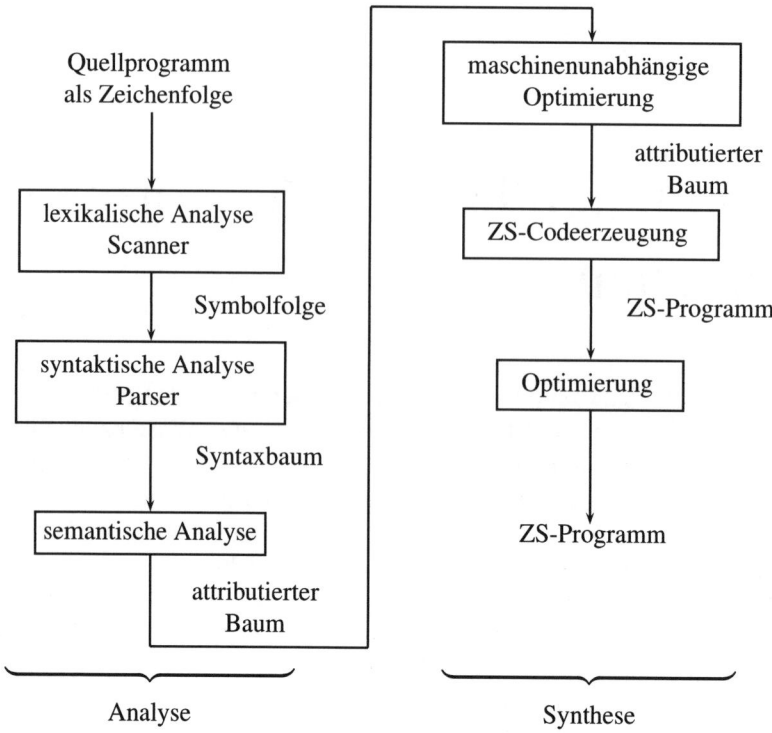

Abbildung 1.1: Struktur eines Übersetzers.

denen wir die lexikalische und die syntaktische Analyse realisieren. Die *lexikalische Analyse* dient zur Erkennung von lexikalischen Einheiten. Dabei werden reservierte Identifier wie **var**, **begin** oder **real** als Schlüsselwörter erkannt. Zusätzlich werden irrelevante lexikalische Einheiten wie Kommentare, Folgen von Leerzeichen, Zeilenvorschübe usw. eliminiert. Die *Syntaxanalyse* erkennt die syntaktische Struktur des Programms. Insbesondere wird seine syntaktische Korrektheit überprüft. Die Ausgabe der Syntaxanalyse ist, falls kein syntaktischer Fehler vorliegt, der Syntaxbaum, an dem die syntaktische Struktur des Programms leicht ablesbar ist. Wir werden uns zunächst mit der lexikalischen und dann mit der Syntaxanalyse beschäftigen.

1.1 Die lexikalische Analyse

Die lexikalische Analyse wird in einem Compiler durch den *Scanner* durchgeführt. Dieser erhält als Eingabe das Programm als Zeichenfolge. Diese wird durch den Scanner in eine Folge von lexikalischen Einheiten, den *Symbolen*, aufgeteilt. Die Menge aller möglichen Symbole einer Programmiersprache bildet eine reguläre Menge.

1.1.1 Reguläre Mengen, reguläre Ausdrücke und endliche Automaten

Ein *Alphabet* Σ ist eine endliche, nichtleere Menge von Zeichen.

Beispiel 1.1
$\Sigma_1 = \{0, 1\}$ (das so genannte binäre Alphabet),
$\Sigma_2 = \{A, B, \ldots, Z, a, b, \ldots, z, 0, \ldots, 9\}$.

◊

Ein *Wort* oder *String* über einem Alphabet Σ ist eine endliche Folge von Zeichen aus Σ. Mit ε bezeichnen wir das *leere Wort* (Folge ohne Zeichen). Die *Länge* $|w|$ eines Wortes w ist die Anzahl der Zeichen in w.

Beispiel 1.1 (Fortführung)

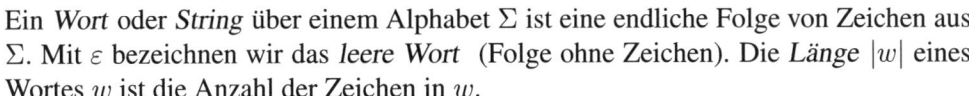

◆

Eine *reguläre Menge* über Σ wird wie folgt induktiv definiert:

1. $\emptyset$ ist eine reguläre Menge über Σ.
2. $\{\varepsilon\}$ ist eine reguläre Menge über Σ.
3. Für alle $a \in \Sigma$ ist $\{a\}$ ein reguläre Menge über Σ.
4. Seien P und Q reguläre Mengen über Σ. Dann sind auch
   a) $P \cup Q$ (*Vereinigung* von P und Q),
   b) $P \cdot Q := \{pq \mid p \in P, q \in Q\}$ (*Konkatenation* von P und Q) und
   c) $P^* := \bigcup_{n \geq 0} P^n$, wobei $P^0 := \{\varepsilon\}$, $P^n := P \cdot P^{n-1}$ für $n > 0$
   (*Kleene-Abschluss* von P)
   reguläre Mengen über Σ.
5. Dies sind alle regulären Mengen über Σ.

Nach Definition ist also eine Teilmenge M von Σ^* genau dann regulär, wenn $M = \emptyset$, $M = \{\varepsilon\}$, $M = \{a\}$ für ein $a \in \Sigma$ oder M aus diesen Mengen durch eine endliche Anzahl von Anwendungen der Operationen Vereinigung, Konkatenation und Kleene-Abschluss konstruiert werden kann. Somit kann eine reguläre Menge durch einen Ausdruck beschrieben werden.

Ein *regulärer Ausdruck über* Σ und die von ihm beschriebene reguläre Menge werden wie folgt induktiv definiert:

1. $\emptyset$ ist ein regulärer Ausdruck und beschreibt die reguläre Menge $\emptyset$.

2. ε ist ein regulärer Ausdruck und beschreibt die reguläre Menge $\{\varepsilon\}$.
3. $a \in \Sigma$ ist ein regulärer Ausdruck und beschreibt die reguläre Menge $\{a\}$.
4. Seien p und q reguläre Ausdrücke, die die regulären Mengen P und Q beschreiben. Dann sind

   a) $(p|q)$ ein regulärer Ausdruck, der die reguläre Menge $P \cup Q$ beschreibt,
   b) (pq) ein regulärer Ausdruck, der die reguläre Menge $P \cdot Q$ beschreibt und
   c) (p^*) ein regulärer Ausdruck, der die reguläre Menge P^* beschreibt.

5. Dies sind alle regulären Ausdrücke über Σ.

Zur Klammereinsparung vereinbaren wir die *Prioritäten* $*$ vor $\cdot$ vor $|$. D.h., $0|10^* = (0|(1(0^*)))$. p^+ beschreibt den regulären Ausdruck pp^*.

Beispiel 1.2 Tabelle 1.1 zeigt einige reguläre Ausdrücke und die korrespondierenden regulären Mengen.

♦

Tabelle 1.1: Beispiele für reguläre Ausdrücke und reguläre Mengen.

regulärer Ausdruck	reguläre Menge
0101	$\{0101\}$
0^*	$\{0\}^*$
$(0|1)^*$	$\{0,1\}^*$
$a(a|b)^*$	$\{a\}\{a,b\}^*$

Zwei reguläre Ausdrücke α und β sind *gleich* ($\alpha = \beta$), wenn sie dieselbe reguläre Menge beschreiben. Folgendes Lemma ist leicht zu beweisen:

Lemma 1.1 *Seien α, β und γ reguläre Ausdrücke. Dann gilt:*

1. $\alpha|\beta = \beta|\alpha$
2. $\emptyset^* = \varepsilon$
3. $\alpha|(\beta|\gamma) = (\alpha|\beta)|\gamma$
4. $\alpha(\beta\gamma) = (\alpha\beta)\gamma$
5. $\alpha(\beta|\gamma) = \alpha\beta|\alpha\gamma$
6. $(\alpha|\beta)\gamma = \alpha\gamma|\beta\gamma$
7. $\alpha\varepsilon = \varepsilon\alpha = \alpha$
8. $\emptyset\alpha = \alpha\emptyset = \emptyset$
9. $\alpha^* = \varepsilon|\alpha^+$
10. $(\alpha^*)^* = \alpha^*$
11. $\alpha|\alpha = \alpha$
12. $\alpha|\emptyset = \alpha$

Wir können Schreibarbeit sparen, indem wir häufig verwendeten regulären Ausdrücken Namen zuweisen, die dann bei der Definition weiterer regulärer Ausdrücke

1.1 Die lexikalische Analyse

verwendet werden können. Eine *reguläre Definition* über Σ ist eine Folge von Definitionen der Form $A_1 \rightarrow R_1, A_2 \rightarrow R_2, \ldots, A_n \rightarrow R_n$, wobei $A_1, A_2, \ldots, A_n$ paarweise verschiedene Bezeichner sind, $\{A_1, A_2, \ldots, A_n\} \cap \Sigma^* = \emptyset$ und jedes R_i, $1 \leq i \leq n$, ein regulärer Ausdruck über $\Sigma \cup \{A_1, A_2, \ldots, A_{i-1}\}$ ist. Man kann in einer regulären Definition sukzessiv alle regulären Ausdrücke expandieren, indem man zunächst alle Vorkommen von A_1 durch R_1, dann alle Vorkommen von A_2 durch R_2 usw. ersetzt.

Beispiel 1.3

$$B \rightarrow a|b|c|\ldots|z$$
$$Z \rightarrow 0|1|2|\ldots|9$$
$$ID \rightarrow B(B|Z)^*$$
$$\text{IntConst} \rightarrow ZZ^*$$
$$\text{RealConst} \rightarrow \text{IntConst}.\text{IntConst}((eZZ^*)|\varepsilon)$$

◆

Übung 1.1:

1. Beweisen Sie Lemma 1.1.
2. Beweisen Sie folgende Aussagen:
   a) *Für jede reguläre Menge gibt es einen regulären Ausdruck, der diese beschreibt.*
   b) *Jeder reguläre Ausdruck beschreibt eine reguläre Menge.*
   c) *Zu jeder regulären Menge gibt es unendlich viele reguläre Ausdrücke, die diese beschreiben.*

Reguläre Ausdrücke können Elemente der korrespondierenden regulären Menge generieren. Ein Scanner muss jedoch für einen gegebenen String x entscheiden, ob dieser Element der gegebenen regulären Menge ist. Hierzu sind endliche Automaten nützlich.

Ein endlicher Automat besteht aus einem *Eingabeband*, auf dem die Eingabe x steht, einer endlichen Steuereinheit, der *endlichen Kontrolle*, die sich stets in einem von endlich vielen Zuständen befindet und mit Hilfe eines *Lesekopfes* die Eingabe auf dem Eingabeband liest. Der Lesekopf kann nur von links nach rechts bewegt werden, so dass jedes Eingabesymbol nur einmal gelesen werden kann. Der endliche Automat kann den Zustand der endlichen Kontrolle ändern, wobei zum selben Zeitpunkt mehrere Möglichkeiten hierfür zugelassen sind. D.h., der endliche Automat ist *nichtdeterministisch*. Abbildung 1.2 skizziert einen endlichen Automaten. Formal definieren wir einen nichtdeterministischen endlichen Automaten wie folgt:

Ein *nichtdeterministischer endlicher Automat* (NEA) M ist ein 5-Tupel $M = (Q, \Sigma, \delta, q_0, F)$, wobei

1. Q eine endliche, nichtleere Menge von *Zuständen*,
2. Σ ein endliches, nichtleeres *Eingabealphabet*,
3. die *Übergangsfunktion* δ eine Abbildung von $Q \times (\Sigma \cup \{\varepsilon\})$ in die Potenzmenge von Q, d.h., $\delta : Q \times (\Sigma \cup \{\varepsilon\}) \to 2^Q$,
4. $q_0 \in Q$ der *Startzustand* und
5. $F \subseteq Q$ die Menge der *Endzustände*

sind.

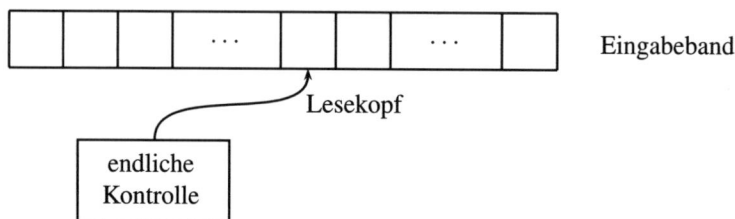

Abbildung 1.2: Endlicher Automat.

Ein Übergang, bei dem kein Zeichen der Eingabe verarbeitet wird, heißt ε-*Übergang*. Für $q \in Q$ bezeichne $FZ_\varepsilon(q)$ die Menge aller Zustände (inklusive q), die von q aus über ε-Übergänge erreichbar sind. Für $S \subseteq Q$ definieren wir $FZ_\varepsilon(S) := \bigcup_{q \in S} FZ_\varepsilon(q)$.

Wir erweitern δ zu einer Abbildung mit Definitionsbereich $2^Q \times (\Sigma \cup \{\varepsilon\})$ durch

$$\delta(\{p_1, p_2, \ldots, p_k\}, a) := \bigcup_{i=1}^{k} \delta(p_i, a). \tag{1.1}$$

Wir erweitern die Übergangsfunktion δ zu einer Funktion $\hat{\delta}$, so dass das Verhalten von M auf einem String aus Σ^* definiert durch

$$\hat{\delta}(q, \varepsilon) := FZ_\varepsilon(q) \text{ und} \tag{1.2}$$

$$\hat{\delta}(q, ax) := \bigcup_{p \in \delta(FZ_\varepsilon(q), a)} \hat{\delta}(p, x). \tag{1.3}$$

Ferner erweitern wir $\hat{\delta}$ zu einer Abbildung mit Definitionsbereich $2^Q \times \Sigma^*$ durch

$$\hat{\delta}(\{p_1, p_2, \ldots, p_k\}, x) := \bigcup_{i=1}^{k} \hat{\delta}(p_i, x). \tag{1.4}$$

1.1 Die lexikalische Analyse

Die *von M akzeptierte Sprache* $L(M)$ ist definiert durch

$$L(M) := \{x \in \Sigma^* \mid FZ_\varepsilon(\hat{\delta}(q_0, x)) \cap F \neq \emptyset\}. \tag{1.5}$$

Dies bedeutet insbesondere, dass M seine Eingabe ganz verarbeiten muss, bevor diese akzeptiert werden kann. Wir schreiben $(q, ax) \vdash_M (p, x)$ genau dann, wenn $p \in \hat{\delta}(q, a)$. $\overset{*}{\vdash}_M$ ist die reflexive, transitive Hülle von $\vdash_M$. Also gilt $x \in L(M)$ genau dann, wenn $(q_0, x) \overset{*}{\vdash}_M (q_f, \varepsilon)$ für ein $q_f \in F$. Wir sagen, M akzeptiert x genau dann, wenn $x \in L(M)$. Falls klar ist, welcher endliche Automat M zugrunde liegt, dann schreiben wir auch $\vdash$ bzw. $\overset{*}{\vdash}$ anstatt $\vdash_M$ bzw. $\overset{*}{\vdash}_M$.

Der aktuelle Zustand q des endlichen Automaten und die noch zu lesende Eingabe y bestimmen immer die *aktuelle Konfiguration* des Automaten. Wir schreiben diese Konfiguration als Paar (q, y). Für die Eingabe x heißt (q_0, x) *Startkonfiguration* von M bei der Eingabe x. Für $q_f \in F$ heißt (q_f, ε) *Endkonfiguration*.

Es gibt verschiedene Möglichkeiten, die Übergangsfunktion eines nichtdeterministischen endlichen Automaten darzustellen. Im Beispiel 1.4 ist die Übergangsfunktion δ mittels einer Tabelle spezifiziert.

Beispiel 1.4 Betrachten wir $M = (Q, \Sigma, \delta, q_0, F)$ mit $\Sigma = \{0, 1\}$, $Q = \{q_0, q_1, q_2, q_3, q_4\}$, $F = \{q_2, q_4\}$ und der in Tabelle 1.2 beschriebenen Darstellung von δ.

◇

Tabelle 1.2: Tabellarische Darstellung von δ.

$\delta:$	Zustand	0	1
	q_0	$\{q_0, q_3\}$	$\{q_0, q_1\}$
	q_1	$\emptyset$	$\{q_2\}$
	q_2	$\{q_2\}$	$\{q_2\}$
	q_3	$\{q_4\}$	$\emptyset$
	q_4	$\{q_4\}$	$\{q_4\}$

Eine übersichtlichere Darstellung erhalten wir mittels eines Zustandsdiagramms. Das *Zustandsdiagramm* von M ist ein gerichteter Graph $G = (V, E)$ mit markierten Kanten, wobei $V = Q$ und für alle $a \in \Sigma \cup \{\varepsilon\}$ und alle $q, q' \in Q$ die mit $a \in \Sigma \cup \{\varepsilon\}$ markierte Kante (q, q') genau dann in E ist, wenn $q' \in \delta(q, a)$.

Wenn wir das Zustandsdiagramm zeichnen, werden Endzustände durch doppelte Kreise und der Startzustand durch gekennzeichnet.

Beispiel 1.4 (Fortführung) Für obigen NEA M beschreibt Abbildung 1.3 das Zustandsdiagramm. Aus dem Zustandsdiagramm ergibt sich sofort, dass die von M akzeptierte Sprache aus denjenigen Strings über $\{0,1\}$ besteht, die zwei aufeinanderfolgende Nullen oder Einsen enthalten. D.h., $L(M) = \{0,1\}^*\{00\}\{0,1\}^* \cup \{0,1\}^*\{11\}\{0,1\}^*$.

♦

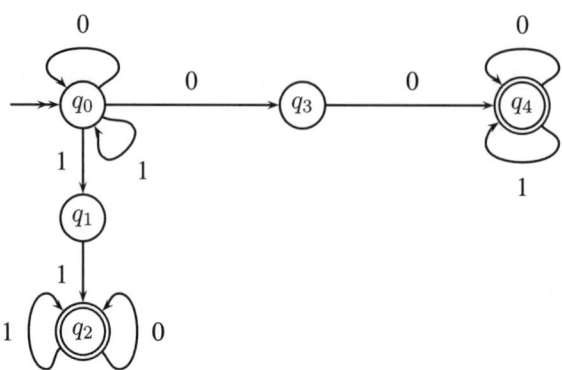

Abbildung 1.3: Zustandsdiagramm des NEA M.

Als nächstes überzeugen wir uns, dass reguläre Mengen durch nichtdeterministische endliche Automaten akzeptiert werden.

Satz 1.1 *Sei α ein regulärer Ausdruck über einem Alphabet Σ. Dann gibt es einen NEA $M(\alpha)$, der die von α beschriebene reguläre Menge akzeptiert.*

Beweis: Falls $\alpha = \emptyset$, dann genügt zur Konstruktion von $M(\alpha)$ einen endlichen Automaten zu definieren, dessen Startzustand kein Endzustand ist und der nie aus seinem Startzustand herauskommt.

Falls α den Ausdruck $\emptyset$ als Unterausdruck enthält, dann kann leicht mit Hilfe von Lemma 1.1 dieser Unterausdruck eliminiert werden. Also können wir o.B.d.A. annehmen, dass α nicht den Ausdruck $\emptyset$ als Unterausdruck enthält.

Wir geben nun einen Algorithmus an, der aus α das Zustandsdiagramm des gesuchten nichtdeterministischen endlichen Automaten $M(\alpha)$ konstruiert. Das Zustandsdiagramm für $M(\emptyset)$ besteht aus jeweils einem Knoten für den Start- und den Endzustand und keiner Kante. Für $\alpha \neq \emptyset$ starten wir mit einem Graphen, der nur den Startzustand q_0 und den Endzustand q_f als Knoten enthält. Die einzige Kante ist $q_0 \xrightarrow{\alpha} q_f$, die mit dem gesamten regulären Ausdruck α markiert ist. α wird nun gemäß seiner syntak-

1.1 Die lexikalische Analyse

tischen Struktur zerlegt, wobei gleichzeitig der aktuelle Graph gemäß der Zerlegung von α verfeinert wird. Dies wird solange fortgesetzt, bis alle Kanten im Graphen Markierungen aus $\Sigma \cup \{\varepsilon\}$ haben. Der resultierende Graph ist dann das Zustandsdiagramm von $M(\alpha)$.

Algorithmus RA $\leadsto$ NEA:

Eingabe: regulärer Ausdruck $\alpha \neq \emptyset$ über Σ, der $\emptyset$ nicht als Unterausdruck enthält.

Ausgabe: Zustandsdiagramm von $M(\alpha)$.

Methode:

- Start:

  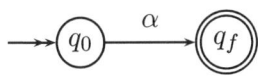

- Wir wenden die nachfolgenden Regeln solange auf den jeweils aktuellen Graphen an, bis alle Kanten Markierungen aus $\Sigma \cup \{\varepsilon\}$ haben.

  (V)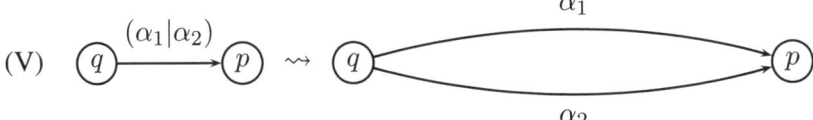

  (K)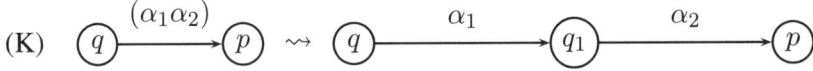

  (A)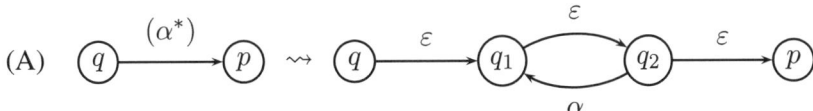

Die Knoten auf der linken Seite der Regel werden mit Knoten im aktuellen Graphen identifiziert. Alle in der rechten Seite einer Regel neu auftretenden Knoten entsprechen neu kreierten Knoten und somit auch neuen Zuständen.

Die Korrektheit des Algorithmus RA $\leadsto$ NEA beweisen wir mittels vollständiger Induktion über die Länge des regulären Ausdrucks α.

Falls $|\alpha| = 1$, dann hat α eine der Formen $\emptyset$, ε oder a für ein $a \in \Sigma$. Den Fall $\alpha = \emptyset$ haben wir bereits oben diskutiert und für die Eingabe vorausgesetzt, dass $\alpha \neq \emptyset$. In beiden anderen Fällen ist der Startgraph gerade das Zustandsdiagramm des gesuchten endlichen Automaten.

Nehmen wir an, dass der Algorithmus für alle α mit $|\alpha| \leq k$, $k \geq 1$ korrekt arbeitet. Sei α ein regulärer Ausdruck der Länge $k + 1$. Dann hat α eine der Formen $(\beta|\gamma)$, $(\beta\gamma)$, oder (β^*), wobei die Teilausdrücke β und γ höchstens die Länge k haben. Dann folgt direkt aus der Induktionsannahme und den Zustandsdiagrammen (V), (K) und (A), dass der Algorithmus den endlichen Automaten korrekt konstruiert.
∎

Da in jeder Regel maximal zwei neue Zustände kreiert werden, enthält $M(\alpha)$ höchstens $2 \cdot |\alpha|$ Zustände, wobei $|\alpha|$ die Länge von α bezeichnet. Wir werden später sehen, dass nichtdeterministische Automaten nur reguläre Mengen akzeptieren.

Reale Rechner sind keine nichtdeterministischen, sondern deterministische Maschinen. $M(\alpha)$ ist nichtdeterministisch, kann also auf einem Computer nicht direkt implementiert werden. Zunächst werden wir uns überlegen, wie wir einen nichtdeterministischen endlichen Automaten auf einem Computer simulieren können.

Oben haben wir bemerkt, dass eine Eingabe $x = x_1 x_2 \ldots x_n$ genau dann von einem nichtdeterministischen endlichen Automaten M akzeptiert wird, wenn es eine Berechnung von M gibt, die x abarbeitet und dabei in einem Endzustand terminiert. Die Idee ist nun, für jeden Präfix $x_1 x_2 \ldots x_i$, $0 \leq i \leq n$ von x alle Zustände zu berechnen, in denen der Automat M nach Abarbeitung von $x_1 x_2 \ldots x_i$ gelangen kann. $x_1 x_2 \ldots x_0$ steht für den Präfix ε von x. Bezeichne A_i die Menge der Zustände, in die M, gestartet im Startzustand q_0, nach Abarbeitung des Präfixes $x_1 x_2 \ldots x_i$ gelangen kann. A_0 enthält dann den Startzustand und alle Zustände, in die M aus dem Startzustand unter alleiniger Verwendung von ε-Übergängen geraten kann. Demzufolge initialisieren wir A_0 durch

$$A_0 := FZ_\varepsilon(q_0). \tag{1.6}$$

Nehmen wir an, dass wir A_i, $i \geq 0$ berechnet haben. Unser Ziel ist nun die Berechnung von A_{i+1}. Nach A_{i+1} müssen wir alle Zustände hineinnehmen, in die wir, gestartet in einem Zustand aus A_i nach Abarbeiten des nächsten Symbols x_{i+1} gelangen können. Dies bedeutet insbesondere, dass wir nach dem Lesen des Zeichens x_i auch noch all diejenigen Zustände hinzunehmen müssen, in die M dann noch unter alleiniger Verwendung von ε-Übergängen geraten kann. Also berechnet sich A_{i+1} unter Verwendung von A_i durch

$$A_{i+1} := FZ_\varepsilon(\delta(A_i, x_{i+1})). \tag{1.7}$$

Nach der Berechnung von A_n brauchen wir nur noch zu testen, ob $A_n \cap F \neq \emptyset$ oder nicht. Die Eingabe x wird genau dann von M akzeptiert, wenn $A_n \cap F \neq \emptyset$. Die Korrektheit obiger Simulation des nichtdeterministischen endlichen Automaten M kann leicht mittels vollständiger Induktion über die Länge der Eingabe x bewiesen werden.

Betrachten wir noch einmal obige Simulation eines nichtdeterministischen endlichen Automaten. Für jedes $0 \leq i \leq n$ ist A_i ein Element der Potenzmenge der Zu-

1.1 Die lexikalische Analyse

standsmenge Q. Dies bedeutet, dass wir für A_i stets nur endlich viele Möglichkeiten haben. Dies legt die Vermutung nahe, dass wir einen zu M äquivalenten deterministischen endlichen Automaten konstruieren können. Diese enthalten maximal einen Übergang pro Zeichen des Eingabealphabets und keine ε-Übergänge. D.h., ein NEA $M = (Q, \Sigma, \delta, q_0, F)$ heißt *deterministischer endlicher Automat* (DEA), falls die Übergangsfunktion δ eine Abbildung $\delta : Q \times \Sigma \to Q$ ist.

> **Übung 1.2:** Beweisen Sie die Korrektheit der obigen Simulation eines nichtdeterministischen endlichen Automaten durch den Computer. Analysieren Sie die Laufzeit dieser Simulation.

Ein deterministischer endlicher Automat kann direkt auf einem Computer implementiert werden. Unser Ziel ist, ein Verfahren zu entwickeln, das aus einem gegebenen NEA automatisch einen „guten" DEA, der dieselbe Sprache akzeptiert, konstruiert. Zwei endliche Automaten M_1 und M_2, die dieselbe Sprache akzeptieren, heißen *äquivalent*. Zunächst werden wir zeigen, dass zu jedem NEA ein äquivalenter DEA existiert.

Satz 1.2 *Zu jedem NEA $M_1 = (Q, \Sigma, \delta, q_0, F)$ existiert ein äquivalenter DEA $M_2 = (Q', \Sigma, \delta', q_0', F')$.*

Beweis: Die Idee der Konstruktion ist ähnlich zur Simulation des nichtdeterministischen endlichen Automaten durch den Computer. Wir konstruieren einen DEA M_2, der M_1 simuliert. Dabei gilt $Q' \subseteq 2^Q$, $q_0' := FZ_\varepsilon(q_0)$, $F' := \{S \in Q' \mid S \cap F \neq \emptyset\}$ und $\delta'(S, a) := FZ_\varepsilon(\delta(S, a))$ für alle $a \in \Sigma$. Ein einzelner Zustand von M_2 ist also eine Teilmenge von Q.

Algorithmus NEA $\rightsquigarrow$ DEA:
Eingabe: NEA $M_1 = (Q, \Sigma, \delta, q_0, F)$.
Ausgabe: äquivalenter DEA $M_2 = (Q', \Sigma, \delta', q_0', F')$.
Methode:
    (1) $q_0' := FZ_\varepsilon(q_0)$; $Q' := \{q_0'\}$; Markierung(q_0') := **false**;
    (2) **while** $\exists S \in Q'$ mit Markierung(S) = **false**
        do
            Wähle solches S;
            Markierung(S) := **true**;
            for alle $a \in \Sigma$
                do
                    $T := FZ_\varepsilon(\delta(S, a))$;
                    if $T \notin Q'$
                        then

$$Q' := Q' \cup \{T\};$$
$$\text{Markierung}(T) := \mathbf{false}$$
   fi;
   $\delta'(S, a) := T$
 od
od.

$L(M_1) = L(M_2)$ kann leicht mittels Induktion über die Länge des Eingabestrings x bewiesen werden. Hierzu genügt es zu zeigen, dass für $0 \leq i \leq |x|$ der Zustand des deterministischen Automaten nach Abarbeiten des Präfixes $x_1 x_2 \ldots x_i$ der Eingabe und die Menge A_i unserer deterministischen Simulation dieselben sind. ∎

Übung 1.3:

a) Sei $\alpha \neq \emptyset$ ein regulärer Ausdruck. Konstruieren Sie einen zu α äquivalenten Ausdruck α', der nicht $\emptyset$ als Unterausdruck enthält.

b) Beweisen Sie die Korrektheit des Algorithmus RA $\rightsquigarrow$ NEA.

c) Die einzige Regel, die zwei neue Zustände kreiert, ist die Regel (A). Können wir diese Regel durch folgende Regel (A') ersetzen?

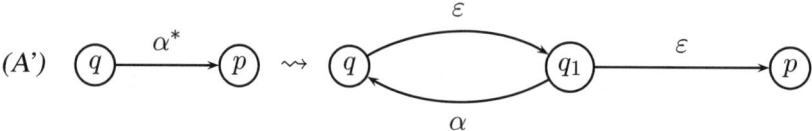

Begründen Sie Ihre Antwort.

d) Vervollständigen Sie den Beweis des Satzes 1.2. D.h., zeigen Sie, dass $L(M_1) = L(M_2)$.

Wir zeigen nun, dass nichtdeterministische und deterministische Automaten nur reguläre Mengen akzeptieren. Da zu jedem NEA ein äquivalenter DEA existiert, genügt es zu zeigen, dass die von einem DEA akzeptierte Menge regulär ist.

Satz 1.3 *Sei $M = (Q, \Sigma, \delta, q_0, F)$ ein DEA. Dann ist $L(M)$ regulär.*

Beweis: Sei $Q = \{q_0, q_1, \ldots, q_n\}$. Es genügt, einen regulären Ausdruck α zu konstruieren, der die Menge $L(M)$ beschreibt. Für $i, j \in \{0, 1, \ldots, n\}$ und $k \in \{-1, 0, 1, \ldots, n\}$ sei R_{ij}^k die Menge aller Worte über Σ, für die M, gestartet im Zustand q_i, den DEA in den Zustand q_j überführt, ohne zwischendurch einen Zustand q_l mit $l > k$ anzunehmen. Dabei sind $i > k$ und $j > k$ erlaubt. Wir können R_{ij}^k wie

1.1 Die lexikalische Analyse

folgt induktiv definieren:

$$R_{ij}^{-1} := \begin{cases} \{a \in \Sigma \mid \delta(q_i, a) = q_j\} & \text{falls } i \neq j \\ \{\varepsilon\} \cup \{a \in \Sigma \mid \delta(q_i, a) = q_j\} & \text{falls } i = j. \end{cases} \quad (1.8)$$

In beiden Fällen ist R_{ij}^{-1} endlich und kann leicht durch einen regulären Ausdruck beschrieben werden. Sei α_{ij}^{-1} ein regulärer Ausdruck für R_{ij}^{-1}.

Sei $k > -1$. Jeder String $x \in R_{ij}^k \setminus R_{ij}^{k-1}$ kann geschrieben werden als $x = vwy$, wobei

1. M, gestartet mit Eingabe v im Zustand q_i, in den Zustand q_k übergeht, ohne zwischendurch einen Zustand q_l mit $l > k-1$ anzunehmen (d.h., $v \in R_{ik}^{k-1}$),

2. M, gestartet mit Eingabe w im Zustand q_k, in den Zustand q_k übergeht, ohne zwischendurch einen Zustand q_l mit $l > k$ anzunehmen (d.h., $w \in \left(R_{kk}^{k-1}\right)^*$) und

3. M, gestartet mit Eingabe y im Zustand q_k, in den Zustand q_j übergeht, ohne zwischendurch einen Zustand q_l mit $l > k-1$ anzunehmen (d.h., $y \in R_{kj}^{k-1}$).

Also erhalten wir

$$R_{ij}^k := R_{ij}^{k-1} \cup R_{ik}^{k-1} \left(R_{kk}^{k-1}\right)^* R_{kj}^{k-1}. \quad (1.9)$$

Seien $\alpha_{ij}^{k-1}, \alpha_{ik}^{k-1}, \alpha_{kk}^{k-1}$ und α_{kj}^{k-1} reguläre Ausdrücke für $R_{ij}^{k-1}, R_{ik}^{k-1}, R_{kk}^{k-1}$ und R_{kj}^{k-1}. Dann ist

$$\alpha_{ij}^k := \alpha_{ij}^{k-1} \mid \alpha_{ik}^{k-1} \left(\alpha_{kk}^{k-1}\right)^* \alpha_{kj}^{k-1} \quad (1.10)$$

ein regulärer Ausdruck für R_{ij}^k.

Sei $F = \{q_{j_1}, q_{j_2}, \ldots, q_{j_t}\}$ die Menge der Endzustände des endlichen Automaten M. Dann gilt

$$L(M) = \bigcup_{q_{j_i} \in F} R_{0j_i}^n. \quad (1.11)$$

Also ist

$$\alpha = \alpha_{0j_1}^n \mid \ldots \mid \alpha_{0j_t}^n \quad (1.12)$$

ein regulärer Ausdruck für $L(M)$. ∎

Satz 1.3 wird zwar für die Konstruktion eines Scanners nicht benötigt, bildet jedoch eine schöne Abrundung für die oben entwickelte Theorie der regulären Mengen. Wenden wir uns wieder der Konstruktion eines Scanners zu. Der durch den Algorithmus

NEA $\rightsquigarrow$ DEA konstruierte DEA M_2 ist nicht notwendigerweise ein „guter" DEA. D.h., es könnte ein äquivalenter DEA mit wesentlich weniger Zuständen existieren. In diesem Fall wäre es ungeschickt, M_2 direkt zur Konstruktion des Scanners zu verwenden.

Ein DEA M heißt *minimal*, falls jeder DEA M' mit $L(M') = L(M)$ mindestens soviele Zustände wie M enthält. Unser Ziel ist ein Verfahren zu entwickeln, das aus einem gegebenen DEA M einen minimalen DEA M' mit $L(M') = L(M)$ konstruiert.

1.1.2 Minimierung endlicher Automaten

Zunächst werden wir für eine gegebene reguläre Menge den optimalen DEA genau charakterisieren. Hierfür benötigen wir folgende Bezeichnung:

Der *Index* einer Äquivalenzrelation ist die Anzahl ihrer Äquivalenzklassen. Eine Äquivalenzrelation $R \subseteq \Sigma^* \times \Sigma^*$ heißt *rechtsinvariant*, falls $a\,R\,b \Rightarrow \forall z \in \Sigma^* : az\,R\,bz$.

Satz 1.4 *Folgende drei Aussagen sind äquivalent:*

1. *Die Menge $L \subseteq \Sigma^*$ wird durch einen DEA akzeptiert.*
2. *L ist die Vereinigung einiger Äquivalenzklassen einer rechtsinvarianten Äquivalenzrelation von endlichem Index.*
3. *Sei R_L definiert durch $x\,R_L\,y \Leftrightarrow \forall z \in \Sigma^* : xz \in L \Leftrightarrow yz \in L$. Dann hat die Äquivalenzrelation R_L einen endlichen Index.*

Beweis:
$1 \Rightarrow 2$:
Nehmen wir an, dass $L = L(M)$ für einen DEA $M = (Q, \Sigma, \delta, q_0, F)$. Sei die Äquivalenzrelation R_M definiert durch $x\,R_M\,y \Leftrightarrow \delta(q_0, x) = \delta(q_0, y)$. D.h., zwei Strings x und y sind genau dann in derselben Äquivalenzklasse, wenn M, gestartet im Startzustand q_0, bei Eingabe x und bei Eingabe y in denselben Zustand gelangt. Für alle $z \in \Sigma^*$ gilt $\delta(q_0, x) = \delta(q_0, y) \Rightarrow \delta(q_0, xz) = \delta(q_0, yz)$. Also ist R_M rechtsinvariant. Ferner ist der Index von $R_M \leq |Q|$ und somit endlich. Aus der Definition von R_M ergibt sich direkt, dass L die Vereinigung derjenigen Äquivalenzklassen ist, die ein x mit $\delta(q_0, x) \in F$ enthalten.

$2 \Rightarrow 3$:
Sei R eine Äquivalenzrelation, die die Aussage 2 erfüllt. Wir zeigen, dass jede Äquivalenzklasse von R in einer Äquivalenzklasse von R_L enthalten ist, woraus direkt $\text{Index}(R_L) \leq \text{Index}(R)$ folgt. Da R endlichen Index hat, ist somit der Index von R_L auch endlich.

Betrachten wir $x, y \in \Sigma^*$ mit $x\,R\,y$. Da R rechtsinvariant ist, gilt $xz\,R\,yz$ für alle $z \in \Sigma^*$. L ist eine Vereinigung von Äquivalenzklassen von R. Daraus folgt, da xz und

1.1 Die lexikalische Analyse

yz in derselben Äquivalenzklasse von R sind, $xz \in L \Leftrightarrow yz \in L$. Also gilt $x\,R_L\,y$ und somit auch $[x]_R \subseteq [x]_{R_L}$, wobei $[x]_R$ diejenige Äquivalenzklasse von R bezeichnet, die x enthält. Wenn klar ist, welche Äquivalenzrelation R gemeint ist, dann schreiben wir auch $[x]$ anstatt $[x]_R$.

$3 \Rightarrow 1$:
Aus der Definition von R_L ist leicht herzuleiten, dass R_L rechtsinvariant ist. Wir werden nun einen DEA $M' = (Q', \Sigma, \delta', q_0', F')$ mit $L(M') = L$ definieren. Hierzu seien

$$Q' := \text{Menge der Äquivalenzklassen von } R_L,$$
$$\delta'([x], a) := [xa] \text{ für alle } x \in \Sigma^*, a \in \Sigma,$$
$$q_0' := [\varepsilon] \text{ und}$$
$$F' := \{[x] \mid x \in L\}.$$

Da R_L rechtsinvariant ist, ist die Definition von δ' konsistent. Wegen $\delta'(q_0, x) = [x]$ und $x \in L(M') \Leftrightarrow [x] \in F' \Leftrightarrow x \in L$ gilt $L(M') = L$. ∎

Im Beweis des Satzes 1.4 haben wir für einen gegebenen DEA $M = (Q, \Sigma, \delta, q_0, F)$ eine Äquivalenzrelation R_M konstruiert, für die

1. $\text{Index}(R_M) \leq |Q|$ und
2. $L(M)$ die Vereinigung einiger Äquivalenzklassen von R_M sind.

Dann haben wir gezeigt, dass $\text{Index}(R_M) \geq \text{Index}(R_{L(M)})$. Schließlich haben wir mit Hilfe von $R_{L(M)}$ einen DEA $M' = (Q', \Sigma, \delta', q_0', F')$ mit

1. $L(M') = L(M)$ und
2. $|Q'| = \text{Index}(R_{L(M)})$

konstruiert. Da insbesondere R_M immer eine Verfeinerung der Äquivalenzrelation $R_{L(M)}$ ist, ergibt sich direkt folgendes Korollar:

Korollar 1.1 *Sei $L \subseteq \Sigma^*$ eine reguläre Menge. Dann ist der DEA mit minimaler Anzahl von Zuständen, der L akzeptiert, bis auf Isomorphie (d.h. Umbenennung der Zustände) eindeutig bestimmt und durch M' im Beweis des Satzes 1.4 gegeben.*

Sei ein beliebiger DEA $M = (Q, \Sigma, \delta, q_0, F)$ gegeben. Betrachten wir einen beliebigen Zustand $q \in Q$. Wir sagen q ist *erreichbar*, falls ein $x \in \Sigma^*$ mit $\delta(q_0, x) = q$ existiert. Andernfalls heißt q *unerreichbar*. Wir können unerreichbare Zustände aus Q streichen, ohne dadurch $L(M)$ zu verändern. Wir sagen, M ist *reduziert*, wenn Q keine unerreichbaren Zustände enthält. O.B.d.A. sei M reduziert. Dann gibt es eine Bijektion zwischen den Zuständen in Q und den Äquivalenzklassen von R_M.

Übung 1.4: *Entwickeln Sie einen Algorithmus, der alle unerreichbaren Zustände aus Q in $O(|\Sigma| \cdot |Q|)$ Zeit streicht.*

Unsere Zielsetzung ist es nun, diejenigen Zustände zusammenzufassen, deren korrespondierende Äquivalenzklassen von R_M in derselben Äquivalenzklasse von $R_{L(M)}$ enthalten sind. Wir vereinbaren $\delta(q, \varepsilon) := q$ für alle $q \in Q$. Aus der Definition von $R_{L(M)}$ ergibt sich sofort, dass wir zwei Zustände $p, q \in Q$ genau dann zusammenfassen möchten, wenn für alle $z \in \Sigma^*$ der DEA M, gestartet im Zustand p, die Eingabe z genau dann akzeptiert, wenn M, gestartet im Zustand q, die Eingabe z akzeptiert. Also ist unsere Zielsetzung, die Äquivalenzklassen folgender Äquivalenzrelation $\equiv$ über Q zu berechnen:

Zwei Zustände $p, q \in Q$ heißen genau dann *äquivalent*, wenn für alle $z \in \Sigma^*$ gilt: $\delta(p, z) \in F \Leftrightarrow \delta(q, z) \in F$. Wir schreiben dann $p \equiv q$. Also gilt: $p \not\equiv q \Leftrightarrow \exists x \in \Sigma^* : \delta(p, x) \in F$ und $\delta(q, x) \notin F$ oder umgekehrt. Falls $p \not\equiv q$, dann sagen wir, dass p und q *unterscheidbar* sind. Anstatt mit den einzelnen Zuständen von Q zu starten und diese dann zu den Äquivalenzklassen von $\equiv$ zusammenzufassen könnte man auch mit der Vergröberung F und $Q \setminus F$ dieser Äquivalenzklassen starten und diese sukzessive verfeinern, bis die Äquivalenzklassen von $\equiv$ berechnet sind. Hierzu ist folgendes Lemma nützlich:

Lemma 1.2 $p \not\equiv q \Leftrightarrow \exists a \in \Sigma \cup \{\varepsilon\} : \delta(p, a) \not\equiv \delta(q, a)$.

Beweis: Falls $\delta(p, a) \not\equiv \delta(q, a)$ für ein $a \in \Sigma \cup \{\varepsilon\}$, dann folgt direkt aus der Definition der Äquivalenzrelation $\equiv$, dass $p \not\equiv q$.

Nehmen wir an, dass $p \not\equiv q$. Gemäß der Definition der Relation $\equiv$ existiert dann ein String $x \in \Sigma^*$ mit $\delta(p, x) \in F$ und $\delta(q, x) \notin F$ oder umgekehrt. Sei $x \in \Sigma^*$ ein kürzester solcher String.

Falls $x = \varepsilon$, dann ist genau einer der beiden Zustände in F, woraus die Behauptung folgt. Falls $x \neq \varepsilon$, dann gilt $x = ay$ für ein $a \in \Sigma, y \in \Sigma^*$. Betrachten wir $\delta(p, a)$ und $\delta(q, a)$. Aus der Konstruktion folgt, dass $\delta(p, a)$ und $\delta(q, a)$ durch y unterschieden werden. Also gilt $\delta(p, a) \not\equiv \delta(q, a)$.
∎

Falls die Übergangsfunktion δ nicht total ist, dann können wir dies durch Hinzunahme eines neuen Zustandes r erreichen. Wir erweitern die Übergangsfunktion δ für alle $q \in Q$ und $a \in \Sigma$ wie folgt:

$$\delta(q, a) = r \text{ falls } \delta(q, a) \text{ undefiniert und} \tag{1.13}$$

$$\delta(r, a) = r \text{ für alle } a \in \Sigma \cup \{\varepsilon\}\}. \tag{1.14}$$

1.1 Die lexikalische Analyse

Lemma 1.2 impliziert, dass Zustände in F und Zustände in $Q \setminus F$ in verschiedenen Äquivalenzklassen von $\equiv$ liegen müssen. Also bilden die beiden Mengen F und $Q \setminus F$ eine Vergröberung der Äquivalenzklassen von $\equiv$. Wir starten nun mit dieser Vergröberung und verfeinern diese sukzessive, bis die Äquivalenzklassen von $\equiv$ berechnet sind. Es folgt unmittelbar, dass für eine Menge K von Zuständen in der aktuellen Verfeinerung stets $K \subseteq F$ oder $K \subseteq Q \setminus F$ gilt. Somit erhalten wir folgenden Algorithmus:

Algorithmus DEA $\leadsto$ DEA$_{min}$

Eingabe: reduzierter DEA $M = (Q, \Sigma, \delta, q_0, F)$ mit δ total.

Ausgabe: äquivalenter minimaler DEA $M' = (Q', \Sigma, \delta', q_0', F')$.

Methode:
  (1) $t := 2; Q_1 := F; Q_2 := Q \setminus F$.
  (2) **while** $\exists i \leq t, a \in \Sigma$ mit $\delta(Q_i, a) \not\subseteq Q_j$ für alle $j \leq t$
    do
      1. Wähle solch ein $i \leq t, a \in \Sigma$ und $j \leq t$
         mit $\delta(Q_i, a) \cap Q_j \neq \emptyset$.
      2. $Q_{t+1} := \{q \in Q_i \mid \delta(q, a) \in Q_j\}$;
         $Q_i := Q_i \setminus Q_{t+1}$;
         $t := t + 1$
    od.
  (3) $Q' := \{Q_1, Q_2, \ldots, Q_t\}$;
      $q_0' := [q_0]$;
      $F' := \{[q] \in Q' \mid q \in F\}$;
      $\delta'([q], a) := [\delta(q, a)]$ für alle $q \in Q, a \in \Sigma$.

Dabei bezeichnet $[q]$ für $q \in Q$ diejenige Klasse Q_j in Q', die q enthält.

Die Korrektheit des Algorithmus ergibt sich unmittelbar aus Lemma 1.2.

Übung 1.5:

a) *Beweisen Sie die Korrektheit des Algorithmus DEA $\leadsto$ DEA$_{min}$.*

b) *Seien $|\Sigma| = k$ und $|Q| = n$. Zeigen Sie, dass obiger Algorithmus derart implementiert werden kann, dass seine Laufzeit $O(kn^2)$ ist.*

Anhand des obigen Algorithmus kann schön demonstriert werden, dass ein wenig Nachdenken, ob mit grundlegenden Datenstrukturen und Standardmethoden eine effizientere Implementierung möglich ist, sich lohnen kann.

Schritt (2) ist der einzige Teil des Algorithmus, der nicht leicht in linearer Zeit implementiert werden kann. Die naheliegende Implementierung der Überprüfung der

Bedingung der **while**-Schleife sowie die Ausführung des Blockes der **while**-Schleife ist derart aufwendig, dass im worst case hierfür insgesamt $O(kn^2)$ Zeit benötigt wird. Falls wir für alle $q \in Q$ garantieren könnten, dass sich der Index der Menge, die q enthält, maximal $\log n$-mal ändert, dann sind wir einer $O(kn \log n)$-Implementierung schon wesentlich näher. Hierzu modifizieren wir den Block der **while**-Schleife wie folgt:

1. Wähle solch ein $i \leq t$, $a \in \Sigma$ und $j_1, j_2 \leq t$
   mit $j_1 \neq j_2$, $\delta(Q_i, a) \cap Q_{j_1} \neq \emptyset$ und $\delta(Q_i, a) \cap Q_{j_2} \neq \emptyset$.
2. **if** $|\{q \in Q_i \mid \delta(q,a) \in Q_{j_1}\}| \leq |\{q \in Q_i \mid \delta(q,a) \in Q_{j_2}\}|$
   then
   $$Q_{t+1} := \{q \in Q_i \mid \delta(q,a) \in Q_{j_1}\}$$
   else
   $$Q_{t+1} := \{q \in Q_i \mid \delta(q,a) \in Q_{j_2}\}$$
   fi;
   $Q_i := Q_i \setminus Q_{t+1}$;
   $t := t + 1$.

Aus der Wahl von i folgt direkt, dass j_1 und j_2 existieren. Ferner gilt $|Q_{t+1}| \leq \frac{1}{2}|Q_i|$, bezüglich $|Q_i|$ vor der Neudefinition von Q_i. Falls sich für einen Zustand q der Index derjenigen Menge, die q enthält, ändert, dann halbiert sich zumindest die Größe der korrespondierenden Menge. Also kann sich für alle $q \in Q$ der Index derjenigen Menge, die q enthält, maximal $\log n$-mal ändern.

Unser Ziel ist es nun, eine Implementierung zu entwickeln, so dass die Gesamtarbeit Transitionen zugerechnet werden kann, die einen Zustand enthalten, für den sich der Index der korrespondierenden Klasse ändert. Hierfür benötigen wir eine Datenstruktur, die folgende Operationen unterstützt:

1. Die Wahl von $i \leq t$, $a \in \Sigma$ mit $\delta(Q_i, a) \not\subseteq Q_j$, für alle $j \leq t$;
2. die Wahl von $j_1, j_2 \leq t$, $j_1 \neq j_2$ mit $\delta(Q_i, a) \cap Q_{j_1} \neq \emptyset$ und $\delta(Q_i, a) \cap Q_{j_2} \neq \emptyset$;
3. die Entscheidung ob $|\{q \in Q_i \mid \delta(q,a) \in Q_{j_1}\}| \leq |\{q \in Q_i \mid \delta(q,a) \in Q_{j_2}\}|$ und
4. die Konstruktion von Q_{t+1} und $Q_i \setminus Q_{t+1}$.

Abbildung 1.4 illustriert die nachfolgend beschriebene Datenstruktur.

Bezeichne D_t diejenige Datenstruktur, die wir direkt nach der Konstruktion von Q_t, $t \geq 2$, erhalten haben. Im wesentlichen besteht D_t aus folgender Vergröberung δ' von δ:

$$\delta' \subseteq \{1, 2, \ldots, t\} \times \Sigma \times \{1, 2, \ldots, t\}, \text{ wobei}$$
$$(i, a, j) \in \delta' \Leftrightarrow \exists q \in Q_i, p \in Q_j \text{ mit } \delta(q, a) = p.$$

1.1 Die lexikalische Analyse

Für jedes Tripel $(i, a, j) \in \delta'$ enthält D_t eine doppelt verkettete Liste $L(i, a, j)$, die genau diejenigen Zustände $q \in Q_i$ mit $\delta(q, a) \in Q_j$ enthält. Jedes Element der Liste hat einen zusätzlichen Zeiger auf den Kopf der Liste, der alle benötigten Informationen enthält. Die Größe der Liste $L(i, a, j)$ ist in der Variablen $S(i, a, j)$ gespeichert. Also kann die Größe der Liste $L(i, a, j)$ in konstanter Zeit ermittelt werden. Zusätzlich enthält die Datenstruktur ein $(|Q| \times |\Sigma|)$-Feld Δ und ein $(|\Sigma| \times |Q|)$-Feld Δ^{-1}. Die Komponente $\Delta(q, a)$, $q \in Q$, $a \in \Sigma$, enthält einen Zeiger auf die bezüglich den Listen $L(\cdot, a, \cdot)$ eindeutig bestimmte Feldkomponente, die q enthält. Die Eindeutigkeit dieser Feldkomponente ergibt sich direkt daraus, dass der zugrundeliegende endliche Automat deterministisch ist. Die Komponente $\Delta^{-1}(b, p)$, $b \in \Sigma$, $p \in Q$ enthält einen Zeiger auf eine Liste, die exakt diejenigen Zustände $q \in Q$ mit $\delta(q, b) = p$ enthält. Wir identifizieren diese Menge von Zuständen mit $\Delta^{-1}(b, p)$. Für jedes Paar (i, a), $i \in \{1, 2, \ldots, t\}$, $a \in \Sigma$ verwalten wir eine Liste $\Delta'(i, a)$, die genau dann einen Zeiger auf den Listenkopf von $L(i, a, j)$ enthält, wenn $(i, a, j) \in \delta'$. Der Listenkopf von $L(i, a, j)$ enthält dann einen Zeiger auf diejenige Komponente in $\Delta'(i, a)$, die den Zeiger auf $L(i, a, j)$ enthält. In einer Menge K verwalten wir Zeiger auf diejenigen Listen $\Delta'(i, a)$, deren Länge ≥ 2 ist. Der Kopf der Liste $\Delta'(i, a)$ enthält einen Zeiger auf dasjenige Element von K, das auf $\Delta'(i, a)$ zeigt. Zusätzlich zu D_t benötigen wir zur effizienten Berechnung von D_{t+1} zwei weitere Felder Γ und Γ'. Deren Struktur und Funktion ergibt sich aus der unten beschriebenen Konstruktion der Datenstruktur D_{t+1}.

D_2 kann leicht in $O(kn)$ Zeit konstruiert werden.

Übung 1.6: *Zeigen Sie, dass die Datenstruktur D_2 in $O(kn)$ Zeit aufgebaut werden kann.*

Nehmen wir an, dass die Datenstruktur D_t, $t \geq 2$ gegeben ist. Wir beschreiben nun die Durchführung des Schrittes (2) bezüglich der Konstruktion von D_{t+1}.

1. Unter Verwendung der Menge K bestimmen wir in konstanter Zeit eine Liste $\Delta'(i, a)$ der Länge ≥ 2 und wählen zwei beliebige Tripel (i, a, j_1), (i, a, j_2) in $\Delta'(i, a)$ aus. Mit Hilfe von $S(i, a, j_1)$ und $S(i, a, j_2)$ entscheiden wir, ob $|L(i, a, j_1)| \leq |L(i, a, j_2)|$. Bezeichne $L(i, a, j_{\min})$ die kürzere Liste. Nun ist die alte Liste $L(i, a, j_{\min})$ die neue Liste $L(t+1, a, j_{\min})$ und daher auch $S(t+1, a, j_{\min}) = S(i, a, j_{\min})$. Wir streichen nun den Zeiger auf $L(i, a, j_{\min})$ aus $\Delta'(i, a)$ und fügen einen Zeiger auf $L(t+1, a, j_{\min})$ in eine neue Liste $\Delta'(t+1, a)$ ein. Falls die Länge der Liste $\Delta'(i, a)$ nun kleiner als zwei ist, dann streichen wir den Zeiger auf $\Delta'(i, a)$ aus K.

2. Da sich für $q \in L(t+1, a, j_{\min})$ der Index seiner Menge von i nach $t+1$ geändert hat, müssen wir für jedes $b \in \Sigma \setminus \{a\}$ die zu q korrespondierende Komponente aus seiner Liste $L(i, b, k)$ entfernen und in die Liste $L(t+1, b, k)$

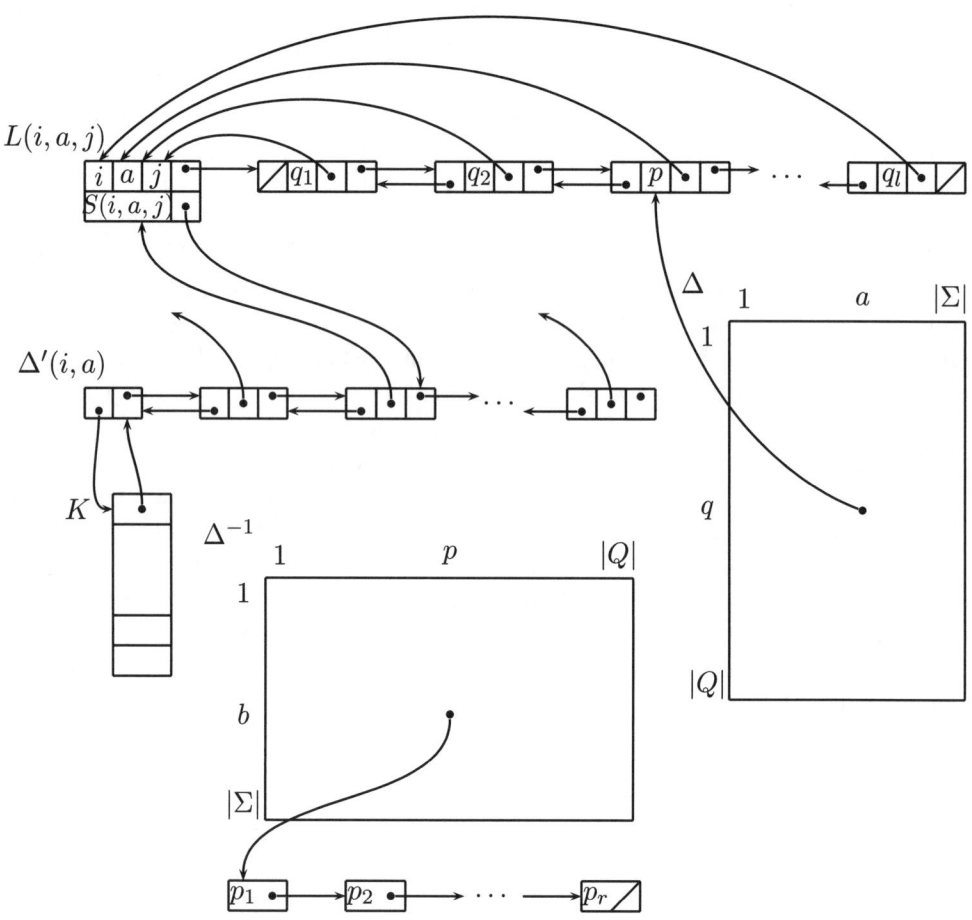

Abbildung 1.4: Die Datenstruktur D_t.

einfügen. Des Weiteren müssen wir für alle $b \in \Sigma$ für alle p in einer Liste $L(k, b, i)$ mit $\delta(p, b) = q$ die zu p korrespondierende Komponente aus der Liste $L(k, b, i)$ entfernen und in die Liste $L(k, b, t+1)$ einfügen.

Daher modifizieren wir für alle $q \in L(t+1, a, j_{min})$ die Datenstruktur auf folgende Art und Weise:

(a) Für alle $b \in \Sigma \setminus \{a\}$ greifen wir unter Verwendung von $\Delta(q, b)$ auf die eindeutig bestimmte Komponente bezüglich den Listen $L(i, b, \cdot)$ zu. Da δ total ist, existiert diese. Nehmen wir an, dass $L(i, b, k)$ diejenige Liste ist, die diese Komponente enthält. Wir löschen dann diese aus der Liste $L(i, b, k)$ und fügen sie in die Liste $L(t+1, b, k)$ ein. Für die effiziente Bestimmung der Liste $L(t+1, b, k)$ verwalten wir ein zusätzliches ($|\Sigma| \times |Q|$)-Feld Γ. Die Komponente $\Gamma(b, k)$ enthält einen Zeiger auf die zuletzt generierte Liste

1.1 Die lexikalische Analyse

$L(j, b, k)$. Im Fall $j \neq t + 1$ müssen wir eine neue Liste $L(t + 1, b, k)$ generieren. $S(i, b, k)$ wird um 1 vermindert und $S(t + 1, b, k)$ um 1 erhöht. Falls $L(i, b, k)$ leer wird, dann streichen wir den Zeiger auf $L(i, b, k)$ aus $\Delta'(i, b)$ und eventuell auch den Zeiger auf $\Delta'(i, b)$ aus K. Im Fall, dass eine neue Liste $L(t + 1, b, k)$ generiert wird, fügen wir einen Zeiger auf $L(t + 1, b, k)$ in $\Delta'(t + 1, b)$ und eventuell auch einen Zeiger auf $\Delta'(t + 1, b)$ in K ein. $\Gamma(b, k)$ wird geeignet modifiziert.

(b) Für alle $b \in \Sigma$, für alle $p \in \Delta^{-1}(b, q)$ greifen wir unter Verwendung von $\Delta(p, b)$ auf die korrespondierende Komponente bezüglich den Listen $L(\cdot, b, i)$ zu. Nehmen wir an, dass die Liste $L(k, b, i)$ den Zustand p enthält. Dann streichen wir p aus dieser Liste und fügen ihn in $L(k, b, t + 1)$ ein. Analog zu oben verwalten wir ein zusätzliches $(|Q| \times |\Sigma|)$-Feld Γ', so dass auf $L(k, b, t + 1)$ in konstanter Zeit zugegriffen werden kann. $S(k, b, i)$ wird um 1 verringert und $S(k, b, t + 1)$ um 1 erhöht. Falls $L(k, b, i)$ leer wird, streichen wir den Zeiger auf $L(k, b, i)$ aus $\Delta'(k, b)$ und gegebenenfalls auch den Zeiger auf $\Delta'(k, b)$ aus K. Falls $L(k, b, t + 1)$ neu kreiert wird, dann fügen wir einen Zeiger auf $L(k, b, t + 1)$ in $\Delta'(k, b)$ und eventuell einen Zeiger auf $\Delta'(k, b)$ in K ein.

Aus obigen Überlegungen folgt direkt, dass die Struktur D_{t+1} korrekt konstruiert wird. Ferner gilt nach der Terminierung des Algorithmus, dass δ' die Übergangsfunktion des minimalen endlichen Automaten ist. Wäre δ' nicht die Übergangsfunktion des minimalen endlichen Automaten, dann gäbe es noch eine Zustandsmenge, die weiter verfeinert werden könnte und der Algorithmus würde nicht terminieren.

Die Konstruktion von D_{t+1} aus D_t kann derart implementiert werden, dass für Teil 1 lediglich konstante Zeit benötigt wird. Sowohl in Schritt 2a) als auch in Schritt 2b) kann das Streichen einer Komponente aus einer Liste nebst dem Einfügen dieser in eine andere Liste in konstanter Zeit durchgeführt werden. Jedes Mal, wenn in Schritt 2a) bzw. Schritt 2b) eine Komponente bewegt wird, wird eine Zeile $\delta(q, a) = p$ bzw. $\delta(p, a) = q$ betrachtet, wobei der Index der Klasse, die q enthält, sich ändert. Da jedes Mal, wenn eine Zeile von δ betrachtet wird, mindestens für einen der beiden korrespondierenden Zustände sich der Index ändert, wird jede dieser Zeilen maximal $2 \log n$-mal betrachtet. Da es maximal kn Zeilen in δ gibt, ist die für Schritt (2) benötigte Gesamtzeit durch $O(kn \log n)$ begrenzt. Insgesamt haben wir folgenden Satz bewiesen:

Satz 1.5 *Der Algorithmus DEA $\leadsto$ DEA$_{\min}$ kann derart implementiert werden, dass seine Laufzeit durch $O(kn \log n)$ begrenzt ist, wobei $|\Sigma| = k$ und $|Q| = n$.*

1.1.3 Zur Realisierung der lexikalischen Analyse

Betrachten wir die Aufgabe des Scanners in einem Übersetzer etwas genauer:

Eingabe: Das Quellprogramm als Zeichenfolge über einem Basisalphabet Σ_0, das

- Buchstaben (A, B, ..., Z, a, b, ..., z eventuell einschließlich spezieller Zeichen wie $, % usw.),
- Ziffern (0,1,2, ..., 9) und
- Sonderzeichen ('+', '-', '*', '/', >,<, ...)

enthalten kann.

Ausgabe: Das Programm als Folge von *Grundsymbolen*
zuzüglich

- Zusatzinformation (wie z.B. das Grundsymbol ist ein Bezeichner)

abzüglich

- redundante Zeichenfolgen (z.B. Kommentare, Leerzeichen usw.).

Wir haben nun alle Hilfsmittel, die wir für eine automatische Generierung des Scanners aus der Spezifikation der lexikalischen Einheiten L der Quellsprache QS benötigen, kennen gelernt. Üblicherweise wird L durch eine reguläre Definition spezifiziert. Die Generierung des Scanners kann nach dem in Abbildung 1.5 skizzierten Schema durchgeführt werden.

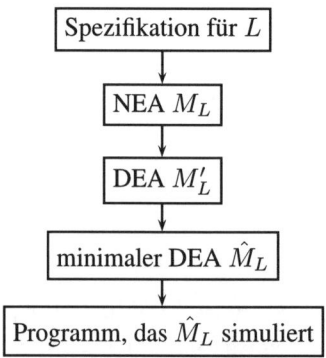

Abbildung 1.5: Generierung des Scanners.

1.2 Die Syntaxanalyse

Wir wissen, wie wir für einen gegebenen regulären Ausdruck einen äquivalenten NEA konstruieren können. Jedoch wird L nicht durch einen regulären Ausdruck, sondern durch eine reguläre Definition, d.h., durch mehrere reguläre Ausdrücke, spezifiziert. Demnach wird obiges Schema wie folgt verfeinert:

1. Wir konstruieren für jeden regulären Ausdruck den korrespondierenden NEA. Die Zustandsmengen dieser NEA's seien paarweise disjunkt.
2. Wir konstruieren aus diesen NEA's einen NEA M_L, der die Vereinigung der betreffenden regulären Mengen akzeptiert. Dieser Automat enthält für jede der regulären Mengen einen separaten Endzustand.
3. Wir konstruieren aus M_L einen DEA M'_L.
4. Wir konstruieren aus M'_L einen minimalen DEA $\hat{M}_L$. Dabei werden die Endzustände von M'_L, die zu verschiedenen Endzuständen von M_L korrespondieren, als paarweise unterscheidbar betrachtet.

Da es nicht genügt, ein Grundsymbol im Programm zu finden, sondern auch der zugehörige Typ festgestellt werden soll, müssen wir die Endzustände des DEA's M'_L von vornherein als paarweise unterscheidbar ansehen.

Übung 1.7: *Konstruieren Sie aus zwei gegebenen NEA's M_1 und M_2 einen NEA M_3, der die Menge $L(M_1) \cup L(M_2)$ akzeptiert.*

1.2 Die Syntaxanalyse

Durch die *Syntaxanalyse* wird festgestellt, ob ein gegebenes Programm syntaktisch korrekt ist, d.h., ob es zur vorgegebenen Programmiersprache gehört. Gehört das Programm zur Programmiersprache, dann wird seine Struktur durch einen Ableitungsbaum dargestellt. Gehört das Programm nicht zur Programmiersprache, d.h., ein syntaktischer Fehler ist gefunden worden, dann wird eine Fehlermeldung ausgegeben und die Syntaxanalyse an der „frühest möglichen" Stelle fortgesetzt. Ziel ist es, möglichst viele Fehler zu lokalisieren und zu melden.

Wir werden uns lediglich mit der Berechnung eines Ableitungsbaumes für ein gegebenes Programm, falls es korrekt ist, beschäftigen. Viele Programmiersprachen haben eine rekursive Struktur und können durch kontextfreie Grammatiken definiert werden.

1.2.1 Kontextfreie Grammatiken

Eine *kontextfreie Grammatik* ist ein 4-Tupel $G = (V, \Sigma, P, S)$, wobei

1. das *Vokabular* V eine nichtleere, endliche Menge,
2. $\emptyset \neq \Sigma \subseteq V$ das *Terminalalphabet*,
3. $S \in V \setminus \Sigma =: N$ das *Startsymbol* und
4. das *Produktionen-* oder *Regelsystem* P eine endliche Teilmenge von $N \times V^*$

sind. Die Elemente von N heißen *Nichtterminale* oder *Variablen*. Die Elemente von P heißen *Produktionen* oder *Regeln*. Für $(A, \alpha) \in P$ schreiben wir auch $A \underset{G}{\to} \alpha$ oder auch $A \to \alpha$, falls die zugrundeliegende Grammatik G eindeutig festliegt. Wir verwenden Großbuchstaben für Nichtterminale, Kleinbuchstaben am Anfang des Alphabets für Terminale, Kleinbuchstaben am Ende des Alphabets für Worte aus Σ^* und griechische Buchstaben für Strings aus V^*. Mehrere Produktionen $A \to \alpha_1, A \to \alpha_2, \ldots, A \to \alpha_t$ für ein Nichtterminal A auf der linken Seite können abgekürzt $A \to \alpha_1 | \alpha_2 | \ldots | \alpha_t$ geschrieben werden. $\alpha_1, \alpha_2, \ldots, \alpha_t$ heißen *Alternativen* für A. Für beliebige Strings $\alpha, \beta \in V^*$ schreiben wir $\alpha \underset{G}{\Rightarrow} \beta$ (α *produziert* β *direkt* oder auch β *ist aus* α *direkt ableitbar*) genau dann, wenn

$$\exists\, \gamma, \delta, \rho, \in V^*, A \in N : \alpha = \gamma A \delta, \beta = \gamma \rho \delta \text{ und } A \to \rho \in P.$$

Die Relation $\underset{G}{\overset{*}{\Rightarrow}}$ ist die reflexive, transitive Hülle von $\underset{G}{\Rightarrow}$. D.h., wir schreiben $\alpha \underset{G}{\overset{*}{\Rightarrow}} \beta$ (α *produziert* β oder β *ist aus* α *ableitbar*) genau dann, wenn $\alpha_1, \alpha_2, \alpha_3, \ldots, \alpha_m$ mit

$$\alpha \underset{G}{\Rightarrow} \alpha_1 \underset{G}{\Rightarrow} \alpha_2 \underset{G}{\Rightarrow} \alpha_3 \underset{G}{\Rightarrow} \ldots \underset{G}{\Rightarrow} \alpha_{m-1} \underset{G}{\Rightarrow} \alpha_m \underset{G}{\Rightarrow} \beta$$

existieren. Obige Kette heißt *Ableitung* von β aus α. Die *Länge* der Ableitung ist gleich der Anzahl der verwendeten Produktionen, also $m + 1$. Falls klar ist, welche kontextfreie Grammatik G gemeint ist, dann schreiben wir auch $\Rightarrow$ bzw. $\overset{*}{\Rightarrow}$ anstatt $\underset{G}{\Rightarrow}$ bzw. $\underset{G}{\overset{*}{\Rightarrow}}$.

$L(G) = \{w \in \Sigma^* \mid S \underset{G}{\overset{*}{\Rightarrow}} w\}$ ist die *durch G generierte Sprache*. Eine Sprache $L \subseteq \Sigma^*$ heißt *kontextfrei*, falls $L = L(G)$ für eine kontextfreie Grammatik G. Wir sagen, zwei Grammatiken G und G' sind *äquivalent*, falls $L(G) = L(G')$.

Beispiel 1.5 Betrachten wir die kontextfreie Grammatik $G_0 = (V, \Sigma, P, S)$, wobei $N = \{S\}$, $\Sigma = \{a, b\}$ und $P = \{S \to aSb | \varepsilon\}$. Es ist leicht zu sehen, dass $L(G_0) = \{a^n b^n \mid n \geq 0\}$.

♦

Übung 1.8: *Zeigen Sie, dass $L(G_0)$ nicht regulär ist. (Hinweis: Schauen Sie sich noch einmal den Satz 1.4 an.)*

1.2 Die Syntaxanalyse

Ein Wort $x \in L(G)$ heißt *Satz* von G. Ein $\alpha \in V^*$ mit $S \stackrel{*}{\Rightarrow} \alpha$ heißt *Satzform*. Eine Variable $A \in N$ heißt *nützlich*, falls ein Satz $x \in L(G)$ existiert, so dass A in einer Ableitung von x aus dem Startsymbol S vorkommt. D.h., falls $\exists\, \alpha, \beta \in V^*, w \in \Sigma^*$ mit $S \stackrel{*}{\Rightarrow} \alpha A \beta \stackrel{*}{\Rightarrow} w$. Andernfalls heißt A *nutzlos*. G heißt *reduziert*, falls alle Nichtterminale in N nützlich sind. Wir werden uns nun überlegen, wie wir eine beliebige kontextfreie Grammatik in eine äquivalente reduzierte kontextfreie Grammatik transformieren können. Hierzu entfernen wir zunächst aus der Grammatik alle Variablen, aus denen nicht ein Terminalwort ableitbar ist. Dann werden alle Symbole, die nicht in einer Satzform der Grammatik vorkommen, eliminiert.

Lemma 1.3 *Sei $G = (V, \Sigma, P, S)$ eine kontextfreie Grammatik mit $L(G) \neq \emptyset$. Dann kann eine äquivalente kontextfreie Grammatik $G' = (V', \Sigma, P', S)$ konstruiert werden, so dass für alle $A \in V' \setminus \Sigma = N'$ gilt: $\exists w \in \Sigma^* : A \stackrel{*}{\underset{G'}{\Rightarrow}} w$.*

Beweis: Wir berechnen N' iterativ. Zunächst nehmen wir jede Variable $A \in N$, für die eine Produktion $A \to w$ mit $w \in \Sigma^*$ in P existiert, zu N' hinzu. Solange nun eine Produktion $B \to X_1 X_2 \ldots X_t$ in P mit $X_i \in \Sigma \cup N'$ für $1 \leq i \leq t$ existiert, fügen wir auch B in N' ein. P' besteht dann aus allen Produktionen in P, die nur Symbole aus $N' \cup \Sigma \cup \{\varepsilon\}$ enthalten.

Algorithmus PROD
Eingabe: kontextfreie Grammatik $G = (V, \Sigma, P, S)$.
Ausgabe: kontextfreie Grammatik $G' = (V', \Sigma, P', S)$ mit $L(G') = L(G)$ und für alle $A \in V' \setminus \Sigma$ existiert ein $w \in \Sigma^*$ mit $A \stackrel{*}{\underset{G'}{\Rightarrow}} w$.
Methode:

(1) OLDN $:= \emptyset$;
(2) NEWN $:= \{A \in N \mid A \to w \in P$ für ein $w \in \Sigma^*\}$;
(3) **while** OLDN $\neq$ NEWN
 do
  OLDN $:=$ NEWN;
  NEWN $:=$ OLDN $\cup \{A \mid A \underset{G}{\to} \alpha$ für ein $\alpha \in (\Sigma \cup$ OLDN$)^*\}$
 od;
(4) $V' :=$ NEWN $\cup \Sigma$;
(5) $P' := \{A \to \alpha \in P \mid A\alpha \in V'^*\}$.

Die Korrektheit des Algorithmus PROD kann leicht mittels Induktion über die Länge der Ableitung bewiesen werden. ∎

> **Übung 1.9:**
> a) *Beweisen Sie die Korrektheit des Algorithmus* PROD.
>
> b) *Sei $|G| := |V| + \sum_{A \to \alpha \in P} |A\alpha|$. Geben Sie eine $O(|G|)$-Implementierung des Algorithmus* PROD *an.*

Lemma 1.4 *Sei $G = (V, \Sigma, P, S)$ eine kontextfreie Grammatik. Dann kann eine äquivalente kontextfreie Grammatik $G' = (V', \Sigma, P', S)$ konstruiert werden, so dass $\forall X \in V'$ gilt: $\exists \alpha, \beta \in V'^* : S \underset{G'}{\overset{*}{\Rightarrow}} \alpha X \beta$.*

Beweis: Wir berechnen V' iterativ. Dies geschieht ähnlich zum Algorithmus PROD. V'' enthält Symbole, für die bereits bekannt ist, dass sie zu V' gehören, die jedoch, um gegebenenfalls weitere Symbole in V' einzufügen, noch zu bearbeiten sind.

Algorithmus ERREICH

Eingabe: kontextfreie Grammatik $G = (V, \Sigma, P, S)$.

Ausgabe: äquivalente kontextfreie Grammatik (V', Σ', P', S) mit für alle $X \in V'$ existieren $\alpha, \beta \in V'^*$, so dass $S \underset{G'}{\overset{*}{\Rightarrow}} \alpha X \beta$.

Methode:
    (1) $V' := \emptyset; V'' := \{S\}$;
    (2) **while** $\exists A \in V''$
        do
            Wähle solches $A \in V''$;
            $V' := V' \cup \{A\}; V'' := V'' \setminus \{A\}$;
            for alle $X \in V \setminus (V' \cup V'')$ mit X ist Zeichen in Alternative für A
                do
                    if $X \in N$
                    then
                        $V'' := V'' \cup \{X\}$
                    else
                        $V' := V' \cup \{X\}$
                  fi
            od
        od;
    (3) $\Sigma' := V' \cap \Sigma$;
        $P' := \{A \to \alpha \in P \mid A\alpha \in V'^*\}$.

Auch hier kann die Korrektheit mittels Induktion über die Länge der Ableitung bewiesen werden.

∎

1.2 Die Syntaxanalyse

Mittels den Lemmata 1.3 und 1.4 lässt sich leicht folgender Satz beweisen:

Satz 1.6 *Für jede nichtleere kontextfreie Sprache L existiert eine reduzierte kontextfreie Grammatik $G = (V, \Sigma, P, S)$, so dass $L(G) = L$.*

Im folgenden nehmen wir stets an, dass eine gegebene kontextfreie Grammatik reduziert ist.

> **Übung 1.10:**
> a) *Beweisen Sie die Korrektheit des Algorithmus* ERREICH.
>
> b) *Beweisen Sie Satz 1.6.*
>
> c) *Zeigen Sie, dass bei Anwendung von Lemma 1.4 gefolgt von einer Anwendung von Lemma 1.3 nicht notwendigerweise eine reduzierte kontextfreie Grammatik entsteht.*

Sei $G = (V, \Sigma, P, S)$ eine kontextfreie Grammatik. Ein *Ableitungsbaum* in G ist ein geordneter Baum T, für den gilt:

1. Jeder Knoten in T ist mit einem Symbol aus $V \cup \{\varepsilon\}$ markiert.
2. Die Markierung der Wurzel ist S.
3. Die Markierung eines inneren Knotens v ist aus N.
4. Hat ein Knoten v die Markierung A und sind die Knoten $v_1, v_2, \ldots, v_k$ die direkten Nachfolger von v in dieser Reihenfolge mit den Markierungen $X_1, X_2, \ldots, X_k$, dann gilt $A \to X_1 X_2 \ldots X_k \in P$.
5. Hat ein Knoten v die Markierung ε, dann ist v ein Blatt und v ist der einzige Sohn seines Vaters.

Beispiel 1.6 Betrachten wir $G = (V, \Sigma, P, S)$ mit $N = \{S, A\}$, $\Sigma = \{a, b\}$ und $P = \{S \to aAS | a,\ A \to SbA | SS | ba\}$. Abbildung 1.6 zeigt einen Ableitungsbaum in G.

◊

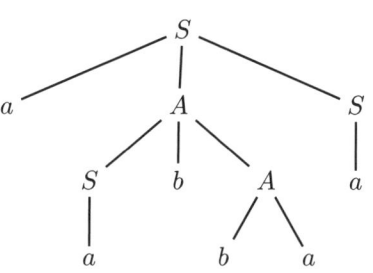

Abbildung 1.6: Ableitungsbaum in G.

Ein Unterbaum eines Ableitungsbaumes mit Wurzelmarkierung A heißt A-Baum. Ein Ableitungsbaum heißt auch S-Baum. Falls wir in einem A-Baum die Markierungen der Blätter von links nach rechts lesen, dann erhalten wir einen String. Dieser heißt *Resultat* des A-Baumes.

Satz 1.7 *Sei $G = (V, \Sigma, P, S)$ eine kontextfreie Grammatik. Dann gilt $S \stackrel{*}{\Rightarrow} \alpha$ genau dann, wenn es einen Ableitungsbaum in G mit Resultat α gibt.*

Beweis: Einfacher ist es, folgende allgemeinere Behauptung zu beweisen:

Für alle $A \in N, \alpha \in V^*$ gilt genau dann $A \stackrel{*}{\Rightarrow} \alpha$, wenn es einen A-Baum T in G mit Resultat α gibt.

Wir beweisen nun diese allgemeinere Behauptung:

„⇐"

Sei α das Resultat eines A-Baumes T. Wir beweisen nun $A \stackrel{*}{\Rightarrow} \alpha$ durch Induktion über die Anzahl der inneren Knoten des A-Baumes T.

Falls T nur einen inneren Knoten besitzt, dann sieht T wie in Abbildung 1.7 beschrieben aus.

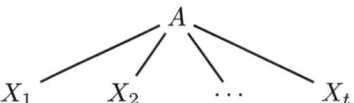

Abbildung 1.7: A-Baum mit einem inneren Knoten.

Aus der Definition eines A-Baumes folgt dann, dass $A \to \alpha \in P$ und somit auch $A \Rightarrow \alpha$.

Sei $k \geq 1$. Nehmen wir an, dass die Behauptung für alle X-Bäume, $X \in N$ mit $\leq k$ inneren Knoten wahr ist. Sei α das Resultat eines A-Baumes mit $k+1$ inneren Knoten. Der Baum sieht dann wie in Abbildung 1.8 beschrieben aus. Nach Definition gilt $A \to X_1 X_2 \ldots X_t \in P$, $t \geq 1$. Falls der i-te Sohn von A kein Blatt ist, dann ist

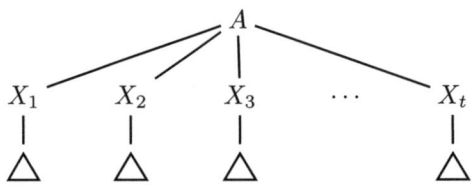

Abbildung 1.8: A-Baum mit $k+1$ inneren Knoten.

1.2 Die Syntaxanalyse

$X_i \in N$ Wurzel eines X_i-Baumes mit $\leq k$ inneren Knoten. Sei

$$\alpha_i := \begin{cases} X_i & \text{falls } X_i \text{ Blatt ist.} \\ \text{Resultat des } X_i\text{-Baumes} & \text{falls } X_i \text{ kein Blatt ist.} \end{cases}$$

Dann gilt $\alpha = \alpha_1 \alpha_2 \ldots \alpha_t$. Nach Induktionsvoraussetzung gilt für $1 \leq i \leq t$ falls X_i kein Blatt ist $X_i \overset{*}{\Rightarrow} \alpha_i$. Also gilt

$$A \Rightarrow X_1 X_2 \ldots X_t \overset{*}{\Rightarrow} \alpha_1 X_2 X_3 \ldots X_t \overset{*}{\Rightarrow} \ldots \overset{*}{\Rightarrow} \alpha_1 \alpha_2 \ldots \alpha_t.$$

„$\Rightarrow$"
zeigt man analog zu „$\Leftarrow$". ∎

Übung 1.11: *Führen Sie den Beweis der Richtung „$\Rightarrow$" des Satzes 1.7 durch.*

Sei $G = (V, \Sigma, P, S)$ eine kontextfreie Grammatik. $x \in L(G)$ heißt *mehrdeutig*, falls mehr als ein Ableitungsbaum für x in G existieren. G heißt *mehrdeutig*, falls ein mehrdeutiges $x \in L(G)$ existiert.

Sei $S = \alpha_1 \Rightarrow \alpha_2 \Rightarrow \alpha_3 \Rightarrow \cdots \Rightarrow \alpha_t = \alpha$ eine Ableitung von α aus S. Falls in jeder Satzform der Ableitung immer die am weitesten links stehende Variable durch eine ihrer Alternativen ersetzt wird, dann heißt $\alpha_1, \alpha_2, \ldots, \alpha_t$ *Linksableitung* von α aus S. D.h., für $1 \leq i \leq t-1$ gilt $\alpha_i = w_i A_i \beta_i$, $\alpha_{i+1} = w_i \delta_i \beta_i$, wobei $w_i \in \Sigma^*$, $A_i \to \delta_i \in P$. Wir schreiben dann $S \overset{*}{\underset{lm}{\Rightarrow}} \alpha$. „lm" ist eine Abkürzung von „leftmost".

Beispiel 1.6 (Fortführung)

$$S \Rightarrow aAS \Rightarrow aSbAS \Rightarrow aabAS \Rightarrow aabbaS \Rightarrow aabbaa$$

ist die zu obigem Ableitungsbaum korrespondierende Linksableitung.

◊

Eine Satzform in einer Linksableitung heißt *Linkssatzform*. Analog definieren wir *Rechtsableitung* bzw. *Rechtssatzform* und schreiben auch $S \overset{*}{\underset{rm}{\Rightarrow}} \alpha$.

1.2.2 Kellerautomaten

Kontextfreie Grammatiken generieren Elemente der korrespondierenden Sprache. Der Parser erhält jedoch als Eingabe ein Wort über dem zugrundeliegenden Terminalalphabet und soll überprüfen, ob dieses Wort in der durch die kontextfreie Grammatik definierten Sprache liegt. Also benötigen wir zur Konstruktion des Parsers einen Akzeptor für die gegebene kontextfreie Sprache.

Die Klasse der kontextfreien Sprachen bildet eine echte Obermenge der Klasse der regulären Mengen. Wir werden nun das Konzept des endlichen Automaten derart erweitern, dass die erweiterte Klasse von Automaten exakt die Klasse der kontextfreien Sprachen akzeptiert.

Betrachten wir $L = \{ww^R \mid w \in \{a,b\}^*\}$, wobei für $w^R = a_n a_{n-1} \ldots a_1$ für $w = a_1 a_2 \ldots a_n$ das „Spiegelbild" von w ist. L ist kontextfrei, da $L = L(G)$ für die kontextfreie Grammatik $G = (V, \Sigma, P, S)$ mit $N = \{S\}$, $\Sigma = \{a,b\}$ und $P = \{S \to aSa|bSb|\varepsilon\}$.

Jeder Automat, der Strings aus L bei einmaligem Lesen der Eingabe akzeptiert, muss sich an die erste Hälfte der Eingabe „erinnern" können. D.h., er benötigt die Fähigkeit, Information beliebiger Länge zu speichern. Für obiges Beispiel würde als Speicher ein Keller genügen. Wir speichern die erste Hälfte des Eingabewortes beim Lesen in den Keller und vergleichen dann die zweite Hälfte Zeichen für Zeichen mit dem Inhalt des Kellers. Da der Automat nicht weiß, wann die zweite Hälfte des Wortes beginnt, muss er stets sowohl das aktuell gelesene Zeichen in den Keller ablegen, als auch den Vergleich der zweiten Hälfte des Eingabewortes mit dem Kellerinhalt beginnen können. Also ist der Automat nichtdeterministisch. Formal definieren wir einen nichtdeterministischen Kellerautomaten wie folgt:

Ein *nichtdeterministischer Kellerautomat* M ist ein 7-Tupel $M = (Q, \Sigma, \Gamma, \delta, q_0, Z_0, F)$, wobei

1. Q eine endliche, nichtleere Menge von *Zuständen*,
2. Σ eine endliche, nichtleere Menge von *Eingabesymbolen*,
3. Γ eine endliche, nichtleere Menge von *Kellersymbolen*,
4. $q_0 \in Q$ der *Anfangs-* oder *Startzustand*,
5. $Z_0 \in \Gamma$ das *Startsymbol* des Kellers,
6. $F \subseteq Q$ die Menge der *Endzustände* und
7. die *Übergangsfunktion* δ eine Abbildung $\delta : Q \times (\Sigma \cup \{\varepsilon\}) \times \Gamma \to 2^{Q \times \Gamma^*}$

sind.

Die Interpretation von $\delta(q, a, Z) = \{(p_1, \gamma_1), (p_2, \gamma_2), \ldots, (p_t, \gamma_t)\}$, wobei $q, p_i \in Q$, $a \in \Sigma$, $Z \in \Gamma$ und $\gamma_i \in \Gamma^*$ für $1 \leq i \leq t$, ist die folgende: M kann im Zustand q, das Eingabesymbol a lesend und Z als oberstes Kellerelement $i \in \{1, 2, \ldots, t\}$ beliebig auswählen. M geht dann in den Zustand p_i über und ersetzt das oberste Kellersymbol Z durch γ_i. Der Lesekopf wird auf dem Eingabeband um eine Position weiterbewegt. Das oberste Kellersymbol ist nun das erste Symbol in γ_i (d.h. Z_1, falls $\gamma_i = Z_1 Z_2 \ldots Z_k$). Abbildung 1.9 beschreibt diesen Übergang.

Die Interpretation von $\delta(q, \varepsilon, Z) = \{(p_1, \gamma_1), (p_2, \gamma_2), \ldots, (p_t, \gamma_t)\}$ ist analog zu oben. Allerdings hängt der Übergang nicht von dem gerade gelesenen Eingabesymbol ab, so dass der Lesekopf auf dem Eingabeband nicht weiterbewegt wird.

Der Kellerautomat ist eine nichtdeterministische Maschine. Ferner ist δ nur für nichtleeren Keller definiert. Eine *Konfiguration* des Kellerautomaten M ist ein Element aus

1.2 Die Syntaxanalyse

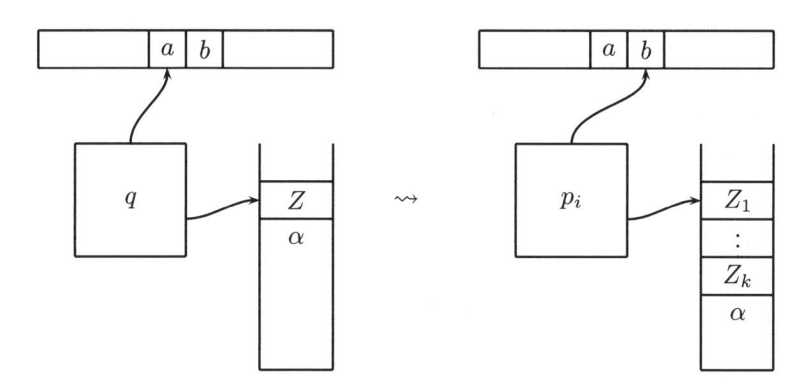

Abbildung 1.9: Rechenschritt eines Kellerautomaten.

$Q \times \Sigma^* \times \Gamma^*$. Eine *Startkonfiguration* ist ein Element aus $\{q_0\} \times \Sigma^* \times \{Z_0\}$. Die Konfiguration $(q, ax, Z\alpha)$, $q \in Q, a \in \Sigma, x \in \Sigma^*, Z \in \Gamma, \alpha \in \Gamma^*$ beschreibt die in Abbildung 1.10 skizzierte Situation.

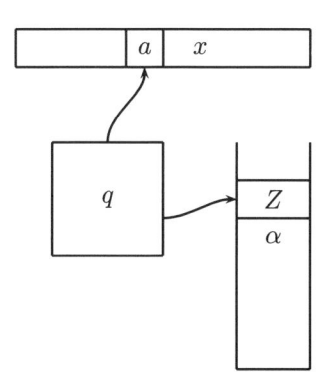

Abbildung 1.10: Konfiguration eines Kellerautomaten.

Falls die zweite Komponente einer Konfiguration ε ist, dann hat der Kellerautomat die gesamte Eingabe bereits gelesen. Für den Kellerautomaten $M = (Q, \Sigma, \Gamma, \delta, q_0, Z_0, F)$ definieren wir die Übergangsrelation $\vdash_M$ durch

$$(q, ax, Z\alpha) \vdash_M (q', x, \gamma\alpha), \text{ falls } (q', \gamma) \in \delta(q, a, Z).$$

$\vdash_M^*$ ist die reflexive transitive Hülle von $\vdash_M$. Falls klar ist, welcher Kellerautomat M gemeint ist, dann schreiben wir auch $\vdash$ bzw. $\vdash^*$ anstatt $\vdash_M$ bzw. $\vdash_M^*$.

$L(M) = \{w \in \Sigma^* \mid (q_0, w, Z_0) \overset{*}{\underset{M}{\vdash}} (p, \varepsilon, \gamma)$ für ein $p \in F, \gamma \in \Gamma^*\}$ ist die von M akzeptierte Sprache.

Ein Kellerautomat $M = (Q, \Sigma, \Gamma, \delta, q_0, Z_0, F)$ heißt *deterministisch*, falls für alle $a \in \Sigma \cup \{\varepsilon\}, q \in Q, Z \in \Gamma$

1. $|\delta(q, a, Z)| \leq 1$ und
2. $(\exists a \in \Sigma : \delta(q, a, Z) \neq \emptyset) \Rightarrow \delta(q, \varepsilon, Z) = \emptyset$.

Übung 1.12: Zeigen Sie, dass zu jedem Kellerautomaten M ohne ε-Übergänge ein äquivalenter Kellerautomat existiert, der die erste Eigenschaft der Definition eines deterministischen Kellerautomaten erfüllt.

Wir werden nun für eine beliebige gegebene kontextfreie Grammatik $G = (V, \Sigma, P, S)$ einen Kellerautomaten M_G mit $L(M_G) = L(G)$ konstruieren. Hierzu sind folgende Bezeichnungen nützlich:

Eine Produktion aus P mit einem Punkt auf der rechten Seite heißt *Item*. Genauer, sei $p = X \to X_1 X_2 \ldots X_{n_p} \in P$. Dann ist das Paar (p, i), $0 \leq i \leq n_p$, ein *Item* und wird durch $[X \to X_1 X_2 \ldots X_i . X_{i+1} \ldots X_{n_p}]$ dargestellt. Sei $It_G = \{(p, i) \mid p \in P, 0 \leq i \leq n_p\}$ die Menge aller Items von G.

Wir definieren nun $M_G = (Q, \Sigma, \Gamma, \delta, q_0, Z_0, F)$ durch

$Q := It_G \cup \{[S' \to .S], [S' \to S.]\},$

$q_0 := [S' \to .S], F := \{[S' \to S.]\},$

$\Gamma := Q \cup \{\bot\}, Z_0 := \bot$ und

$\delta : Q \times (\Sigma \cup \{\varepsilon\}) \times \Gamma \to 2^{Q \times \Gamma^*}.$

δ wird derart definiert, dass M_G eine Linksableitung in G simuliert.

Beispiel 1.6 (Fortführung)

Aus der Linksableitung

$S \Rightarrow aAS \Rightarrow aSbAS \Rightarrow aabAS \Rightarrow aabbaS \Rightarrow aabbaa$

entsteht unter Verwendung der Items die Linksableitung

$S' \Rightarrow .S \Rightarrow .aAS \Rightarrow a.AS \Rightarrow a.SbAS \Rightarrow a.abAS \Rightarrow aa.bAS \Rightarrow aab.AS \Rightarrow aab.baS \Rightarrow aabb.aS \Rightarrow aabba.S \Rightarrow aabba.a \Rightarrow aabbaa.$

♦

Eine Produktion heißt *abgearbeitet*, wenn der Punkt in der Linksableitung die rechte Seite der Produktion ganz passiert hat. In den Keller kommen nicht vollständig abgearbeitete Produktionen. δ enthält drei Arten von Übergängen. Diese korrespondieren

1.2 Die Syntaxanalyse

zur Expansion, d.h., dem Ersetzen einer Variablen durch eine seiner Alternativen, zum Lesen des nächsten Eingabesymbols und zur Reduktion, d.h. dem Entfernen einer abgearbeiteten Produktion. Demgemäß können wir δ wie folgt definieren:

(E) Expandieren

$$\delta([X \to \beta.A\gamma], \varepsilon, Z) := \{([A \to .\alpha], [X \to \beta.A\gamma]Z) \mid A \to \alpha \in P\}.$$

Die am weitesten links stehende Variable A wird durch eine ihrer Alternativen ersetzt. Der Keller wird expandiert.

(L) Lesen

$$\delta([X \to \varphi.a\psi], a, Z) := \{([X \to \varphi a.\psi], Z)\}.$$

Das nächste Eingabesymbol wird gelesen.

(R) Reduzieren

$$\delta([X \to \alpha.], \varepsilon, [W \to \mu.Xv]) := \{([W \to \mu X.v], \varepsilon)\}.$$

α ist ganz aus X abgeleitet. Also kann der Bearbeitungspunkt über X geschoben und das betreffende Item aus dem Keller entfernt werden. D.h., der Keller wird reduziert.

Satz 1.8 *Seien $G = (V, \Sigma, P, S)$ eine kontextfreie Grammatik und der zu G assoziierte Kellerautomat $M_G = (Q, \Sigma, \Gamma, \delta, q_0, Z_0, F)$ wie oben definiert. Dann gilt $L(M_G) = L(G)$.*

Beweis: Wir zeigen allgemeiner: Für beliebige $A \in N, w \in \Sigma^*$ gilt genau dann $A \overset{*}{\underset{G}{\Rightarrow}} w$, wenn $A \to \alpha \in P$ existiert, so dass für alle $\gamma \in \Gamma^*$ gilt $([A \to .\alpha], w, \gamma) \overset{*}{\vdash}_{M_G} ([A \to \alpha.], \varepsilon, \gamma)$.

„$\Rightarrow$"

Wir beweisen die Behauptung durch Induktion über die Länge der Ableitung von w aus A.

Nehmen wir an, dass $A \Rightarrow w$. Dann gilt $w = a_1 a_2 \ldots a_k$, $a_i \in \Sigma$, $1 \leq i \leq k$ und $A \to a_1 a_2 \ldots a_k \in P$. Gemäß Definition von (L) gilt dann für alle $\gamma \in \Gamma^*$.

$$([A \to .a_1 a_2 \ldots a_k], a_1 a_2 \ldots a_k, \gamma) \overset{k}{\vdash} ([A \to a_1 a_2 \ldots a_k.], \varepsilon, \gamma).$$

Dabei bedeutet $\overset{k}{\vdash}$, dass die Übergangsrelation $\vdash$ k-mal angewandt wird. Die Interpretation von $\overset{m}{\Rightarrow}$ ist analog.

Sei $m \geq 1$. Nehmen wir an, dass die Behauptung für alle Ableitungen der Länge $\leq m$ wahr ist. Sei $A \overset{m+1}{\Rightarrow} w$. Dann gilt $w = w_1 w_2 \ldots w_k$, $A \Rightarrow X_1 X_2 \ldots X_k \overset{m}{\Rightarrow}$

$w_1 w_2 \ldots w_k$ und $X_i \stackrel{m_i}{\Rightarrow} w_i$, $m_i \leq m$ für $1 \leq i \leq k$. Je nachdem, ob X_i eine Variable ist oder nicht unterscheiden wir zwei Fälle:

Falls $X_i \in N$, dann impliziert die Induktionsvoraussetzung für alle $\gamma \in \Gamma^*$, dass $\beta_i \in V^*$ mit $([X_i \to .\beta_i], w_i, \gamma) \stackrel{*}{\vdash} ([X_i \to \beta_i.], \varepsilon, \gamma)$ existiert. Also gilt

$$([A \to X_1 \ldots X_{i-1}.X_i X_{i+1} \ldots X_k], w_i, \gamma)$$
$$\stackrel{(E)}{\vdash} ([X_i \to .\beta_i], w_i, [A \to X_1 \ldots X_{i-1}.X_i X_{i+1} \ldots X_k]\gamma)$$
$$\stackrel{*}{\vdash} ([X_i \to \beta_i.], \varepsilon, [A \to X_1 \ldots X_{i-1}.X_i X_{i+1} \ldots X_k]\gamma)$$
$$\stackrel{(R)}{\vdash} ([A \to X_1 \ldots X_i.X_{i+1} \ldots X_k], \varepsilon, \gamma).$$

Falls $X_i \in \Sigma$, d.h., $w_i = X_i$, dann impliziert die Definition von (L) für alle $\gamma \in \Gamma^*$, dass

$$([A \to X_1 X_2 \ldots X_{i-1}.X_i \ldots X_k], w_i, \gamma)$$
$$\stackrel{(L)}{\vdash} ([A \to X_1 X_2 \ldots X_i.X_{i+1} \ldots X_k], \varepsilon, \gamma)$$

Insgesamt gilt somit für alle $\gamma \in \Gamma^*$

$$([A \to .X_1 X_2 \ldots X_k], w_1 w_2 \ldots w_k, \gamma) \stackrel{*}{\vdash} ([A \to X_1 X_2 \ldots X_k.], \varepsilon, \gamma).$$

„$\Leftarrow$"

Die andere Richtung beweist man analog mittels Induktion über die Anzahl der Rechenschritte. ∎

Übung 1.13: *Führen Sie die Richtung „$\Leftarrow$" des Beweises von Satz 1.8 durch.*

Die umgekehrte Richtung gilt auch. Obwohl wir diese Richtung für die Syntaxanalyse nicht benötigen, beweisen wir diese der Vollständigkeit halber. Für den Beweis der umgekehrten Richtung definieren wir zunächst eine andere Art des Akzeptierens, nämlich Akzeptieren durch leeren Keller.

Sei $M = (Q, \Sigma, \Gamma, \delta, q_0, Z_0, F)$ ein Kellerautomat. $N(M)$ bezeichne die Sprache, die von M durch leeren Keller akzeptiert wird. D.h.,

$$N(M) := \{w \in \Sigma^* \mid (q_0, w, Z_0) \stackrel{*}{\vdash} (p, \varepsilon, \varepsilon) \text{ für ein } p \in Q\}.$$

Wir zeigen zunächst, dass eine Sprache genau dann von einem Kellerautomaten durch Endzustand akzeptiert wird, wenn sie von einem Kellerautomaten durch leeren Keller

1.2 Die Syntaxanalyse

akzeptiert wird. Danach beweisen wir, dass Sprachen, die von einem Kellerautomaten durch leeren Keller akzeptiert werden, kontextfrei sind.

Lemma 1.5 *Eine Sprache L wird genau dann von einem Kellerautomaten M_1 durch Endzustand akzeptiert, wenn L von einem Kellerautomaten M_2 durch leeren Keller akzeptiert wird.*

Beweis:
„$\Rightarrow$"

Sei $M_1 = (Q, \Sigma, \Gamma, \delta, q_0, Z_0, F)$ ein Kellerautomat mit $L = L(M_1)$. D.h., M_1 akzeptiert L durch Endzustand. Die Idee ist, M_2 den Kellerautomaten M_1 simulieren zu lassen und derart zu erweitern, dass stets, wenn M_1 in einen Endzustand gelangt, der Keller geleert werden kann. Zusätzlich benötigt M_2 ein weiteres Kellersymbol X_0, das dafür sorgt, dass M_2 nicht irrtümlich akzeptiert, wenn M_1 seinen Keller leert ohne dabei in einen Endzustand zu gelangen. Aufgrund dieser Überlegungen definieren wir den Kellerautomaten M_2 wie folgt:

$$M_2 := (Q \cup \{q_0', q_e\}, \Sigma, \Gamma \cup \{X_0\}, \delta', q_0', X_0, \emptyset),$$

wobei δ' definiert ist durch:

1. $\delta'(q_0', \varepsilon, X_0) := \{(q_0, Z_0 X_0)\}$.
2. Für alle $q \in Q$, $a \in \Sigma \cup \{\varepsilon\}$ und $Z \in \Gamma$ enthält $\delta'(q, a, Z)$ die Elemente von $\delta(q, a, Z)$.
3. Für alle $q \in F$ und $Z \in \Gamma \cup \{X_0\}$ enthält $\delta'(q, \varepsilon, Z)$ das Paar (q_e, ε).
4. Für alle $Z \in \Gamma \cup \{X_0\}$ enthält $\delta'(q_e, \varepsilon, Z)$ das Paar (q_e, ε).

Mittels der ersten Regel geht M_2 in die Startkonfiguration von M_1 mit dem zusätzlichen eigenen untersten Kellersymbol X_0 über. Da M_2 alle Übergänge von M_1 enthält, kann M_2 den Kellerautomaten M_1 simulieren. Stets wenn M_2 in einen Endzustand von M_1 gerät, ermöglichen ihm die Regeln 3 und 4 in den Zustand q_e überzugehen und dann den Keller zu leeren. M_2 kann aber auch stattdessen die Simulation von M_1 fortsetzen.

Zu zeigen ist noch, dass M_2 eine Eingabe $x \in \Sigma^*$ genau dann akzeptiert, wenn $x \in L(M_1)$. Sei $x \in L(M_1)$. Dann gilt

$$(q_0, x, Z_0) \overset{*}{\underset{M_1}{\vdash}} (q_f, \varepsilon, \gamma), \tag{1.15}$$

für ein $q_f \in F$ und $\gamma \in \Gamma^*$. Betrachten wir nun das Verhalten von M_2 bei Eingabe x. Gemäß obiger ersten Regel erhalten wir

$$(q_0', x, X_0) \underset{M_2}{\vdash} (q_0, x, Z_0 X_0). \tag{1.16}$$

Da M_2 alle Übergänge von M_1 enthält, kann M_2 den Kellerautomaten M_1 simulieren und die Berechnung

$$(q_0, x, Z_0 X_0) \vdash^*_{M_2} (q_f, \varepsilon, \gamma X_0) \tag{1.17}$$

durchführen. Mittels den Regeln 3 und 4 löscht M_2 dann den Kellerinhalt, so dass wir die Berechnung

$$(q_f, \varepsilon, \gamma X_0) \vdash^*_{M_2} (q_e, \varepsilon, \varepsilon) \tag{1.18}$$

erhalten. Insgesamt gilt somit

$$(q'_0, x, X_0) \vdash^*_{M_2} (q_e, \varepsilon, \varepsilon), \tag{1.19}$$

so dass $x \in N(M_2)$.

Falls nun $x \in N(M_2)$, dann ist leicht zu sehen, dass eine akzeptierende Berechnung von M_2 bei Eingabe x folgende Struktur hat: Zunächst besteht die Berechnung aus einem Übergang gemäß der ersten Regel gefolgt von Übergängen, in denen M_2 eine akzeptierende Berechnung des Kellerautomaten M_1 bei Eingabe x simuliert. Hieran schließt eine Folge von Übergängen, die unter Verwendung der Regeln 3 und 4 den Keller leeren. Daraus folgt $x \in L(M_1)$.

„⇐"

Sei $M_2 = (Q, \Sigma, \Gamma, \delta, q_0, Z_0, \emptyset)$ ein Kellerautomat mit $L = N(M_2)$. D.h., M_2 akzeptiert L durch leeren Keller. Die Idee ist, M_1 den Kellerautomaten M_2 simulieren zu lassen und derart zu erweitern, dass stets, wenn M_2 seinen Keller geleert hat, M_1 in einen Endzustand gelangt. Wenn M_2 seinen Keller geleert hat, dann muss im Keller von M_1 noch ein Kellersymbol sein, um den Übergang in einen Endzustand von M_1 zu ermöglichen. Daher benötigt M_1 zusätzlich ein weiteres Kellersymbol X_0. Somit ergibt sich folgender Kellerautomat M_1:

$$M_1 := (Q \cup \{q'_0, q_f\}, \Sigma, \Gamma \cup \{X_0\}, \delta', q'_0, X_0, \{q_f\}),$$

wobei δ' folgendermaßen definiert ist:

1. $\delta'(q'_0, \varepsilon, X_0) := \{(q_0, Z_0 X_0)\}$.
2. $\delta'(q, a, Z) := \delta(q, a, Z)$ für alle $q \in Q$, $a \in \Sigma \cup \{\varepsilon\}$ und $Z \in \Gamma$.
3. Für alle $q \in Q$ enthält $\delta'(q, \varepsilon, X_0)$ das Paar (q_f, ε).

Mittels der ersten Regel geht M_1 in die Startkonfiguration von M_2 mit dem zusätzlichen eigenen untersten Kellersymbol X_0 über. Da M_1 alle Übergänge von M_2 enthält, kann M_1 den Kellerautomaten M_2 simulieren. Stets wenn X_0 das oberste Kellersymbol von M_1 ist, d.h., M_2 hat seinen Keller geleert, geht M_1 in den Endzustand q_f

1.2 Die Syntaxanalyse

über. Gemäß der Definition der Übergangsfunktion besitzt jede Konfiguration mit leeren Keller keine Folgekonfiguration, so dass M_2 stets stehen bleibt, wenn sein Keller geleert ist.

Der Beweis von $L(M_1) = N(M_2)$ ist ähnlich zu oben. ∎

> **Übung 1.14:** *Vervollständigen Sie den Beweis des Lemmas 1.5. D.h., beweisen Sie $L(M_1) = N(M_2)$ bezüglich der Richtung „⇐" q.*

Satz 1.9 *Sei $L = N(M)$ für einen Kellerautomaten $M = (Q, \Sigma, \Gamma, \delta, q_0, Z_0, \emptyset)$. Dann ist L eine kontextfreie Sprache.*

Beweis: Die Idee ist, eine kontextfreie Grammatik $G_M = (V, \Sigma, P, S)$ derart zu definieren, dass eine Linksableitung einer Satzform x in G_M eine Berechnung des Kellerautomaten M bei Eingabe x simuliert. Es stellt sich nun die Frage, wie die Nichtterminale und die Produktionen der Grammatik auszusehen haben, damit obige Idee realisiert wird. Zur Beantwortung dieser Frage betrachten wir einen möglichen Berechnungsschritt des Kellerautomaten M, der das oberste Kellersymbol ersatzlos entfernt und dann einen Berechnungsschritt, der das oberste Kellerelement durch ein Element aus Γ^+ ersetzt.

Sei also $(q_1, \varepsilon) \in \delta(q, a, A)$, wobei $q, q_1 \in Q$, $a \in \Sigma \cup \{\varepsilon\}$ und $A \in \Gamma$. Obiger möglicher Rechenschritt hat die folgende Interpretation: Der Kellerautomat kann, wenn sein Zustand q, das nächste zu verarbeitende Eingabesymbol a und das oberste Kellersymbol A sind, A ersatzlos entfernen und in den Zustand q_1 übergehen.

Betrachten wir $(q_1, B_1 B_2 \ldots B_m) \in \delta(q, a, A)$, wobei $m > 0$, $q, q_1 \in Q$, $a \in \Sigma \cup \{\varepsilon\}$ und $A, B_1, B_2, \ldots, B_m \in \Gamma$. Obiger möglicher Rechenschritt hat die folgende Interpretation: Der Kellerautomat kann, wenn sein Zustand q, das nächste zu verarbeitende Eingabesymbol a und das oberste Kellersymbol A sind, A durch $B_1 B_2 \ldots B_m$ ersetzen und in den Zustand q_1 übergehen.

Da der Kellerautomat M mit leeren Keller akzeptiert, muss in einer akzeptierenden Berechnung irgendwann B_2 oberstes Kellersymbol sein. D.h., es findet ein Übergang statt, in dem B_2 das zweitoberste Kellersymbol ist und das oberste Kellersymbol ersatzlos entfernt wird. Dabei geht M in einen Zustand q_2 über. Der bezüglich dem Kellersymbol B_1 abgearbeitete Teilstring der Eingabe ist dann derjenige String, der aus der korrespondierenden Variable der Grammatik abgeleitet wird. Analoges gilt für $B_3, B_4, \ldots, B_m$. Damit aus dem Startsymbol der Grammatik G_M nur Strings in $N(M)$ ableitbar sind, fügen wir der Variablen, die zu einem Kellersymbol A korrespondiert, denjenigen Zustand hinzu, in dem M sich befinden muss, wenn das Kellersymbol ersetzt wird und auch denjenigen Zustand hinzu, in den M übergeht, wenn das Kellersymbol, das unmittelbar unter A im Keller steht, oberstes Kellersymbol wird. Aus diesen Überlegungen resultiert die Grammatik $G_M = (V, \Sigma, P, S)$, wobei

1. $N := V \setminus \Sigma := \{[q, A, p] \mid q, p \in Q, A \in \Gamma\} \cup \{S\}$, wobei das Startsymbol S ein neues Symbol ist.
2. P enthält die Produktionen
   (a) $S \to [q_0, Z_0, q]$ für alle $q \in Q$,
   (b) $[q, A, q_1] \to a$ für alle $q, q_1 \in Q$, $a \in \Sigma \cup \{\varepsilon\}$ und $A \in \Gamma$, so dass $(q_1, \varepsilon) \in \delta(q, a, A)$.
   (c) $[q, A, q_{m+1}] \to a[q_1, B_1, q_2][q_2, B_2, q_3] \ldots [q_m, B_m, q_{m+1}]$ für alle $q, q_1, \ldots, q_{m+1} \in Q$, $a \in \Sigma \cup \{\varepsilon\}$ und $A, B_1, B_2, \ldots, B_m \in \Gamma$, so dass $(q_1, B_1 B_2 \ldots B_m) \in \delta(q, a, A)$.

Die Absicht der obigen Definition ist, dass die Variable $[q, A, p]$ genau dann x generieren kann, wenn M, gestartet im Zustand q bei Eingabe x mittels einer Folge von Schritten exakt die Eingabe x abarbeiten, das Symbol A ersatzlos vom Keller entfernen und dabei im Zustand p enden kann.

Zu zeigen ist noch $L(G_M) = N(M)$. Wir beweisen mittels vollständiger Induktion über die Länge der Linksableitung in G_M bzw. der Anzahl der Schritten, die M durchführt, dass

$$[q, A, p] \stackrel{*}{\underset{G_M}{\Rightarrow}} x \quad \text{genau dann, wenn} \quad (q, x, A) \stackrel{*}{\underset{M}{\vdash}} (p, \varepsilon, \varepsilon). \tag{1.20}$$

„⇐"

Falls $(q, x, A) \vdash (p, \varepsilon, \varepsilon)$ dann folgt aus der Definition eines Kellerautomaten, dass $(p, \varepsilon) \in \delta(q, x, A)$, wobei $x \in \Sigma \cup \{\varepsilon\}$. Dann impliziert obige Konstruktion der Grammatik G_M, dass $[q, A, p] \to x \in P$.

Sei $k \geq 1$. Nehmen wir an, dass für alle $i \leq k$ für alle $q, p \in Q$, $x \in V^*$ und $A \in \Gamma$ gilt:

$$(q, x, A) \stackrel{i}{\vdash} (p, \varepsilon, \varepsilon) \quad \text{impliziert} \quad [q, A, p] \stackrel{*}{\Rightarrow} x. \tag{1.21}$$

Für die Durchführung des Induktionsschrittes seien $x = ay$, $a \in \Sigma \cup \{\varepsilon\}$ und

$$(q, ay, A) \vdash (q_1, y, B_1 B_2 \ldots B_m) \stackrel{k}{\vdash} (q_{m+1}, \varepsilon, \varepsilon). \tag{1.22}$$

Dann hat der String y die Struktur $y = y_1 y_2 \ldots y_m$, wobei nach Abarbeiten des Teilstrings y_i, $1 \leq i < m$ stets B_{i+1} oberstes Kellersymbol ist. Bevor y_i ganz abgearbeitet ist, ist B_{i+1} niemals oberstes Kellersymbol. D.h., B_i bleibt unverändert im Keller solange $y_1 y_2 \ldots y_{i-1}$ bearbeitet wird. Somit gibt es Zustände $q_2, q_3, \ldots, q_{m+1}$ mit

$$(q_i, y_i, B_i) \stackrel{\leq k}{\vdash} (q_{i+1}, \varepsilon, \varepsilon) \quad \text{für } 1 \leq i \leq m, \tag{1.23}$$

1.2 Die Syntaxanalyse

so dass jeweils die Induktionsvoraussetzung anwendbar ist. Also gilt

$$[q_i, B_i, q_{i+1}] \overset{*}{\Rightarrow} y_i \text{ für } 1 \leq i \leq m. \tag{1.24}$$

Wegen $(q, ay, A) \vdash (q_1, y, b_1B_2 \ldots B_m)$ gilt $(q_1, B_1B_2 \ldots B_M) \in \delta(q_1, a, A)$ und somit auch $[q, A, q_{m+1}] \to a[q_1, B_1, q_2][q_2, B_2, q_3] \ldots [q_m, B_m, q_{m+1}] \in P$.

Insgesamt erhalten wir also

$$[q, A, q_{m+1}] \overset{*}{\Rightarrow} ay_1y_2 \ldots y_m = x. \tag{1.25}$$

„⇒"

Aus der Konstruktion der Grammatik folgt direkt: $[q, A, p] \Rightarrow x$ impliziert $(q, x, A) \vdash (p, \varepsilon, \varepsilon)$. Dabei muss $x \in \Sigma \cup \{\varepsilon\}$ sein.

Sei $k \geq 1$. Nehmen wir an, dass für alle $i \leq k$ für alle $q, p \in Q$, $x \in V^*$ und $A \in \Gamma$ gilt:

$$[q, A, p] \overset{i}{\Rightarrow} x \quad \text{impliziert} \quad (q, x, A) \overset{*}{\vdash} (p, \varepsilon, \varepsilon) \tag{1.26}$$

Für die Durchführung des Induktionsschrittes sei

$$[q, A, q_{m+1}] \Rightarrow a[q_1, B_1, q_2][q_2, B_2, q_3] \ldots [q_m, B_m, q_{m+1}] \overset{k}{\Rightarrow} x. \tag{1.27}$$

Dann hat der String x die Struktur $x = ax_1x_2 \ldots x_m$, wobei $[q_i, B_i, q_{i+1}] \overset{\leq k}{\Rightarrow} x_i$ für $1 \leq i \leq m$. Also können wir für jedes i die Induktionsannahme anwenden, so dass

$$(q_i, x_i, B_i) \overset{*}{\vdash} (q_{i+1}, \varepsilon, \varepsilon) \text{ für } 1 \leq i \leq m. \tag{1.28}$$

Wegen $[q, A, q_{m+1}] \Rightarrow a[q_1, B_1, q_2][q_2, B_2, q_3] \ldots [q_m, B_m, q_{m+1}]$ folgt aus der Konstruktion von G_M, dass $(q_1, a, B_1B_2 \ldots B_m) \in \delta(q, a, A)$. Also gilt

$$(q, ax_1x_2 \ldots x_m, A) \vdash (q_1, x_1x_2 \ldots x_m, B_1B_2 \ldots B_m). \tag{1.29}$$

Insgesamt erhalten wir somit

$$(q, x, A) \overset{*}{\vdash} (q_{m+1}, \varepsilon, \varepsilon). \tag{1.30}$$

Somit ist 1.20 bewiesen. Wenn wir nun 1.20 für $q := q_0$ und $A := Z_0$ anwenden, dann gilt:

$$[q_0, Z_0, p] \overset{*}{\underset{G_M}{\Rightarrow}} x \quad \text{genau dann, wenn} \quad (q_0, x, Z_0) \overset{*}{\underset{M}{\vdash}} (p, \varepsilon, \varepsilon). \tag{1.31}$$

Wegen $S \to [q_0, Z_0, p] \in P$ für alle $p \in Q$ erhalten wir

$$S \overset{*}{\underset{G_M}{\Rightarrow}} x \quad \text{genau dann, wenn} \quad (q_0, x, Z_0) \overset{*}{\underset{M}{\vdash}} (p, \varepsilon, \varepsilon) \tag{1.32}$$

für einen Zustand $p \in Q$. Somit gilt $x \in L(G_M)$ genau dann, wenn $x \in N(M)$. ∎

Wir haben für eine gegebene kontextfreie Grammatik G einen nichtdeterministischen Kellerautomaten M_G mit $L(M_G) = L(G)$ konstruiert. Somit können wir die Frage, ob $x \in L(G)$ ist, beantworten, indem wir überprüfen, ob M_G die Eingabe x akzeptiert. Da reale Computer deterministisch sind, muss in der Praxis der Nichtdeterminismus von M_G deterministisch simuliert werden. Wenn wir den Zustand von M_G immer oben auf den Keller schreiben, verbleibt noch das Problem, den Keller deterministisch zu simulieren.

Die naheliegende Lösung hierfür wäre, alle möglichen Kellerinhalte gleichzeitig parallel zu simulieren. Da aber gleichzeitig exponentiell viele verschiedene Kellerinhalte möglich sind, scheitert dieser Ansatz an dem zu großen Speicherplatzbedarf und auch an der zu großen Laufzeit. Da die Grammatik G und somit auch der Kellerautomat M_G eine feste Größe haben, können zu jedem Zeitpunkt nur konstant viele verschiedene Items oberstes Kellerelement sein. Also gibt es auch nur konstant viele Möglichkeiten, die eventuell exponentiell viele Kellerinhalte zu modifizieren. Diese Beobachtung legt folgende Vorgehensweise nahe:

Wir realisieren alle Kellerinhalte gleichzeitig in einer stark komprimierten Form durch einen gerichteten Graphen. Jeder Knoten des Graphen ist mit einem Item markiert. Es gibt genau einen Knoten im Graphen mit Eingangsgrad 0. Dieser ist mit dem Item $[S' \to .S]$ markiert. Wir nennen diesen Knoten *Startknoten*. Knoten mit Ausgangsgrad 0 heißen *Endknoten*. Zu jedem Zeitpunkt korrespondieren die Pfade vom Startknoten zu einem Endknoten eineindeutig zu den möglichen Kellerinhalten.

Wir möchten nun zu jedem Zeitpunkt alle Endknoten gleichzeitig bearbeiten. Dabei tritt das Problem auf, dass die Arten von durchzuführenden Schritte für verschiedene Endknoten verschieden sein können. D.h., bezüglich manchen Endknoten kann ein Leseschritt durchzuführen sein, während andere Endknoten expandiert oder reduziert werden müssen. Um dafür zu sorgen, dass für alle Endknoten der noch zu bearbeitende Suffix der Eingabe derselbe ist, führen wir einen Leseschritt erst dann durch, wenn für alle Endknoten solcher ansteht.

Indem wir zunächst die gegebene kontextfreie Grammatik G in eine äquivalente kontextfreie Grammatik G', die gewisse Normalformeigenschaften hat, transformieren, können wir dafür sorgen, dass stets alle Endknoten einen Leseschritt oder alle Endknoten keinen Leseschritt durchzuführen haben. Eine kontextfreie Grammatik in dieser Normalform erfordert während der Simulation keine Überprüfung, ob in allen Endknoten ein Leseschritt ansteht oder nicht. Wir definieren zunächst diese Normalform:

Sei $G = (V, \Sigma, P, S)$ eine kontextfreie Grammatik. Wir sagen, G ist in *Greibach-Normalform* (GNF), falls jede Produktion in P von der Form $A \to \alpha$ mit $\alpha \in \Sigma V^*$ ist. G ist in *strenger* Greibach-Normalform, falls jede Produktion in P von der Form $A \to \alpha$ mit $\alpha \in \Sigma N^*$ ist. G ist in *2-Standardform* (2GNF), falls G in Greibach-Normalform ist und $|\alpha| \leq 3$ für alle Produktionen $A \to \alpha \in P$.

1.2 Die Syntaxanalyse

Bevor wir uns überlegen, wie wir eine beliebige gegebene kontextfreie Grammatik G in eine äquivalente kontextfreie Grammatik G' in Greibach-Normalform transformieren, spezifizieren wir die Simulation des Kellerautomaten M_G, wobei wir voraussetzen, dass die zugrundeliegende kontextfreie Grammatik in strenger Greibach-Normalform ist.

Da G in strenger Greibach-Normalform ist, folgt immer auf einen Expansionsschritt ein Leseschritt. Also können wir den Expansionsschritt und den nachfolgenden Leseschritt zusammenfassen. Dies bedeutet, dass wir beim Expansionsschritt nur Alternativen $a\alpha$ berücksichtigen, für die a das nächste zu lesende Symbol der Eingabe ist. Endknoten des Graphen, die nicht expandiert werden können, da für diese keine derartigen Alternativen existieren, können nicht mehr zu einer akzeptierenden Rechnung führen und können somit auch entfernt werden. Ein Knoten, dessen sämtlichen Nachfolger auf diese Art und Weise entfernt wurden, kann selbst entfernt werden. Nach dem Expansionsschritt werden solange Reduktionen durchgeführt, wie dies möglich ist. Dann wird der nächste Expansionsschritt für alle Endknoten des Graphen durchgeführt. Somit erhalten wir den folgenden Algorithmus. Aus Gründen der Lesbarkeit indizieren wir bei der Beschreibung des Algorithmus die Knoten im Graphen mit dem Zeitpunkt, in dem sie dem Graphen hinzugefügt werden. In einer Implementierung ist dies nicht nötig.

Algorithmus: ALLGEMEINE KONTEXTFREIE ANALYSE (ALLKFA)

Eingabe: eine kontextfreie Grammatik $G = (V, \Sigma, P, S)$ in strenger Greibach-Normalform und $w = a_1 a_2 \ldots a_n \in \Sigma^*$.

Ausgabe: 1, falls $w \in L(G)$ und 0 sonst.

Methode:

(1) Initialisiere den Graphen $\mathcal{G} = (\mathcal{V}, \mathcal{E})$ durch

$$\mathcal{V} := \{[S' \to .S]_0\}; \quad \mathcal{E} := \emptyset;$$

(2) $i := 1;$
while $i \leq n$
  do
  (E) Expandiere alle Endknoten von $\mathcal{G}$ und führe gleichzeitig den korrespondierenden Leseschritt durch. D.h., für jeden Endknoten $[A \to \alpha_1.B\alpha_2]_l$ und jede Alternative $a_i\beta$ für B erweitere $\mathcal{V}$ und $\mathcal{E}$ durch

$$\mathcal{V} := \mathcal{V} \cup \{[B \to a_i.\beta]_i\};$$
$$\mathcal{E} := \mathcal{E} \cup \{([A \to \alpha_1.B\alpha_2]_l, [B \to a_i.\beta]_i)\}.$$

Entferne alle Endknoten, die nicht expandiert wurden, d.h., einen Index $< i$ haben.

Entferne solange Knoten, deren Nachfolger alle entfernt wurden, bis kein solcher Knoten mehr existiert.
(R) Reduziere den Graphen $\mathcal{G}$.
$i := i + 1$
od;
(3) **if** $[S' \to S.]_n \in \mathcal{V}$
    then
        Ausgabe $:= 1$
    else
        Ausgabe $:= 0$
fi.

Wir betrachten nun die Durchführung des Reduktionsschrittes (R) etwas genauer. Nach Durchführung des Expansionsschrittes kann es Endknoten geben, deren Bearbeitungspunkt hinter der gesamten rechten Seite der Produktion steht. Ein derartiger Knoten heißt *reduzierbar*. Ein Endknoten hat nach dem Expansionsschritt genau dann diese Eigenschaft, wenn die rechte Seite der korrespondierenden Produktion a_i ist. Ein reduzierbarer Knoten wird nun aus $\mathcal{G}$ entfernt. Während des Reduktionsschrittes können für einen Knoten u im Graphen $\mathcal{G}$ folgende Fälle eintreten:

1. Alle seine Nachfolger sind reduzierbar und werden entfernt.
2. Er hat sowohl Nachfolger, die entfernt werden, als auch Nachfolger, die nicht entfernt werden.
3. Alle seine Nachfolger werden nicht entfernt.

Im Fall 1 wird der Bearbeitungspunkt des Knotens u um eine Position nach rechts geschoben. Im Fall 2 duplizieren wir den Knoten u nebst den eingehenden Kanten und schieben den Bearbeitungspunkt des Duplikats um eine Position nach rechts. Im Fall 3 wird bezüglich des Knotens u keine Manipulation des Graphen vorgenommen. Der Knoten u bzw. sein Duplikat kann im Fall 1 bzw. im Fall 2 selbst wiederum reduzierbar werden.

Zum Beweis der Korrektheit des Algorithmus ist zu zeigen, dass nach jeder Durchführung des Blockes der **while**-Schleife die Pfade vom Startknoten zu einem Endknoten in $\mathcal{G}$ eineindeutig zu den möglichen Kellerinhalten korrespondieren. Dies kann leicht mittels vollständiger Induktion bewiesen werden. Als nächstes werden wir den benötigten Speicherplatz und die verwendete Rechenzeit unserer Simulation analysieren.

Der benötigte Speicherplatz ist sicher durch die maximale Größe des Graphen $\mathcal{G} = (\mathcal{V}, \mathcal{E})$ begrenzt. Pro Schleifendurchlauf kreiert der Algorithmus ALLKFA dasselbe Blatt maximal einmal. Da jedes Blatt zu einem Item korrespondiert, ist diese Anzahl sicher durch die Anzahl der verschiedenen Items begrenzt und somit konstant. Also gilt $|\mathcal{V}| = O(n)$ und somit auch $|\mathcal{E}| = O(n^2)$, wobei die Konstante von der Grammatikgröße abhängt.

1.2 Die Syntaxanalyse

Es ist klar, dass sowohl für die Initialisierung des Graphen als auch für die Ausgabe lediglich konstante Zeit benötigt wird. Für die Expansion der Blätter nebst des Leseschrittes wird pro Schleifendurchlauf und Blatt nur konstante Zeit benötigt. Also ist die hierfür benötigte Zeit durch $O(n)$ begrenzt, wobei die Konstante wiederum von der Grammatikgröße abhängt. Jeder Knoten kann während der Durchführung der Expansionsschritte maximal einmal entfernt werden. Das Entfernen eines Knotens benötigt proportional zum Eingangsgrad viel Zeit. Also ist die Gesamtzeit für das Entfernen von Knoten und Kanten während der Expansionsschritte durch $O(n^2)$ begrenzt.

Wird der Reduktionsschritt (R) mittels Rückwärts-Tiefensuche durchgeführt, dann ist pro Schleifendurchlauf die hierzu benötigte Zeit proportional zur Größe des Graphen und somit $O(n^2)$. Die benötigte Zeit für das Duplizieren ist pro Schleifendurchlauf sicher durch die Größe des Graphen beschränkt. Anstatt die eingehenden Kanten eines duplizierten Knotens zu verdoppeln, könnte man das Duplikat mit dem ursprünglichen Knoten verketten, wodurch sich pro Schleifendurchlauf die für das Duplizieren benötigte Zeit auf $O(n)$ reduzieren würde. Um die Zugriffszeit auf die Kanten möglichst klein zu halten, verkettet man die Duplikate direkt mit einem „Masterknoten" auf den alle eingehenden Kanten zeigen. Also ist die Gesamtlaufzeit für die Durchführung der Reduktionsschritte $O(n^3)$, wobei die Konstante von der Größe der Grammatik abhängt. Demnach haben wir folgenden Satz bewiesen:

Satz 1.10 *Sei* $G = (V, \Sigma, P, S)$ *eine kontextfreie Grammatik in strenger Greibach-Normalform,* $w \in \Sigma^*$ *und* $|w| = n$. *Dann kann in Zeit* $O(n^3)$ *und Platz* $O(n^2)$ *entschieden werden, ob* $w \in L(G)$.

> **Übung 1.15:**
> a) *Beweisen Sie die Korrektheit des Algorithmus ALLKFA.*
> b) *Geben Sie eine* $O(n^3)$*-Implementierung des Algorithmus ALLKFA an.*

Falls die kontextfreie Grammatik G eindeutig und reduziert ist, vermindert sich die benötigte Zeit zu $O(n^2)$. Dies folgt aus folgender Betrachtung: Die Durchführung des Reduktionsschrittes ist im allgemeinen Fall so aufwendig, da während der Rückwärts-Tiefensuche ein Knoten über viele seiner ausgehenden Kanten besucht werden kann. Falls wir zeigen könnten, dass während der Rückwärts-Tiefensuche jeder Knoten über maximal eine seiner ausgehenden Kanten betreten werden kann, dann reduziert sich die pro Schleifendurchlauf für den Reduktionsschritt benötigte Zeit auf $O(n)$, was zu einer Gesamtlaufzeit von $O(n^2)$ führen würde. Dies werden wir nun beweisen.

Nehmen wir an, dass es im Graphen G einen Knoten $[A \to \alpha.B\beta]_l$ gibt, der während des i-ten Reduktionsschrittes über zwei verschiedene ausgehende Kanten besucht wird. Dann existieren in G zwei verschiedene Linksableitungen der Linkssatzform

$a_1 a_2 \ldots a_i . \beta$. Da G reduziert ist, gilt $\beta \stackrel{*}{\Rightarrow} w$ für ein $w \in \Sigma^*$. Dies bedeutet insbesondere, dass $a_1 a_2 \ldots a_i w \in L(G)$ und dass es zwei verschiedene Linksableitungen für $a_1 a_2 \ldots a_i w$ in G gibt. Dies ist ein Widerspruch zur Eindeutigkeit von G. Also ist unsere Annahme falsch. Insgesamt haben wir den folgenden Satz bewiesen:

Satz 1.11 *Sei* $G = (V, \Sigma, P, S)$ *eine eindeutige, reduzierte kontextfreie Grammatik in strenger Greibach-Normalform,* $x \in \Sigma^*$ *und* $|x| = n$. *Dann kann in Zeit* $O(n^2)$ *und Platz* $O(n^2)$ *entschieden werden, ob* $x \in L(G)$ *ist.*

1.2.3 Normalformen für kontextfreie Grammatiken

Offen ist noch, wie wir eine gegebene kontextfreie Grammatik in eine äquivalente kontextfreie Grammatik in Greibach-Normalform bzw. in 2-Standardform transformieren. Hierzu ist es zunächst nützlich, so genannte ε- und Kettenregeln zu eliminieren.

Sei $V = (V, \Sigma, P, S)$ eine kontextfreie Grammatik. Seien $A, B \in N$. Eine Produktion $A \to \varepsilon$ heißt ε-*Regel*. Eine Produktion $A \to B$ heißt *Kettenregel*.

Satz 1.12 *Sei* $G = (V, \Sigma, P, S)$ *eine kontextfreie Grammatik. Wir können aus G eine kontextfreie Grammatik* $G' = (V', \Sigma, P', S')$ *mit*

1. $L(G') = L(G)$,
2. $A \to \varepsilon \in P' \Leftrightarrow (\varepsilon \in L(G) \land A = S')$ *und*
3. S' *erscheint nicht auf der rechten Seite einer Produktion in* P'

konstruieren.

Beweis: Seien $n = |N|$ und $W_1 = \{A \in N \mid A \to \varepsilon \in P\}$. Für $k \geq 1$ sei

$$W_{k+1} := W_k \cup \{A \in N \mid A \to \alpha \in P \text{ für ein } \alpha \in W_k^*\}.$$

Folgende Eigenschaften ergeben sich unmittelbar aus der Konstruktion:

1. $W_i \subseteq W_{i+1}$ für alle $i \geq 1$.
2. Falls $W_i = W_{i+1}$, dann gilt $W_i = W_{i+m}$ für alle $m \geq 1$.
3. $W_{n+1} = W_n$.
4. $W_n = \{A \in N \mid A \stackrel{*}{\underset{G}{\Rightarrow}} \varepsilon\}$.
5. $\varepsilon \in L(G) \Leftrightarrow S \in W_n$.

W_n enthält exakt diejenigen Nichtterminale, aus denen ε abgeleitet werden kann. Betrachten wir eine Produktion $A \to \gamma B \delta \in P$ und eine Ableitung $S \stackrel{*}{\Rightarrow} \alpha A \beta \Rightarrow \alpha \gamma B \delta \beta \stackrel{*}{\Rightarrow} w$. Falls in dieser Ableitung aus B das leere Wort ε abgeleitet wird, dann könnte auch A direkt durch $\gamma \delta$ anstatt durch seine Alternative $\gamma B \delta$ ersetzt

1.2 Die Syntaxanalyse

werden. Die Idee ist nun, für jede Alternative α der Grammatik G diejenigen neuen Alternativen hinzuzunehmen, die wir durch Entfernung von Variablen in W_n aus α konstruieren können. Formal definieren wir $G' := (V \cup \{S'\}, \Sigma, P', S')$, wobei $P' := \{S' \to S\} \cup \{S' \to \varepsilon \mid S \in W_n\} \cup \{A \to A_1 A_2 A_3 \ldots A_k \mid k \geq 1, A_i \in V, \exists \alpha_1, \ldots, \alpha_{k+1} \in W_n^*,$ so dass $A \to \alpha_1 A_1 \alpha_2 A_2 \ldots \alpha_k A_k \alpha_{k+1} \in P\}$.

Gemäß unserer Definition erscheint S' nicht auf der rechten Seite einer Produktion. Ferner gilt $\varepsilon \in L(G') \Leftrightarrow S' \to \varepsilon \in P' \Leftrightarrow S \in W_n \Leftrightarrow \varepsilon \in L(G)$. Mittels Induktion über die Länge der Ableitungen lässt sich $L(G') = L(G)$ beweisen. ∎

Übung 1.16:

a) Führen Sie den Beweis von Satz 1.12 zu Ende. D.h., zeigen Sie $L(G') = L(G)$.

b) Entwickeln Sie einen einfachen iterativen Algorithmus, der, gegeben W_n, das Produktionensystem P' der Grammatik G' berechnet.

Eine kontextfreie Grammatik, die Satz 1.12 erfüllt, heißt ε-frei. Als nächstes werden wir die Kettenregeln in einer kontextfreien Grammatik eliminieren.

Satz 1.13 *Für jede kontextfreie Grammatik $G = (V, \Sigma, P, S)$ gibt es eine kontextfreie Grammatik $G' = (V, \Sigma, P', S)$, so dass $L(G') = L(G)$ und P' nur Produktionen der Form*

$$S \to \varepsilon$$
$$A \to \alpha \quad \alpha \in (V \setminus \{S\})^+, |\alpha| \geq 2$$
$$A \to a \quad a \in \Sigma$$

enthält.

Beweis: O.B.d.A. erfülle G bereits Satz 1.12. Seien für alle $A \in N$

$$W_0(A) := \{A\} \text{ und für } i \geq 0$$
$$W_{i+1}(A) := W_i(A) \cup \{B \in N \mid C \to B \in P \text{ für ein } C \in W_i(A)\}.$$

Aus der Konstruktion ergeben sich unmittelbar die folgenden Eigenschaften:

1. $W_i(A) \subseteq W_{i+1}(A)$ für alle $i \geq 0$.
2. Falls $W_i(A) = W_{i+1}(A)$, dann gilt $W_i(A) = W_{i+m}(A)$ für alle $m \geq 1$.
3. $W_n(A) = W_{n+1}(A)$, wobei $n = |N|$.
4. $W_n(A) = \{B \in N \mid A \overset{*}{\underset{G}{\to}} B\}$.

$W_n(A)$ enthält exakt diejenige Nichtterminale, dia aus A unter alleiniger Verwendung von Kettenregeln ableitbar sind. Die Idee ist nun, die Alternativen dieser Variablen zu Alternativen von A zu machen, so dass diese direkt aus A ohne Verwendung von Kettenregeln ableitbar sind. Demzufolge definieren wir $G' = (V, \Sigma, P', S)$, wobei

$$P' := \bigcup_{A \in N} \{A \to \alpha \mid \alpha \notin N \text{ und } B \to \alpha \in P \text{ für ein } B \in W_n(A)\}.$$

$L(G') = L(G)$ kann leicht mittels vollständiger Induktion verifiziert werden. ∎

Eine kontextfreie Grammatik $G = (V, \Sigma, P, S)$ ist in *Chomsky-Normalform*, falls P nur Produktionen der Form

$$A \to BC \quad B, C \in N \setminus \{S\}$$
$$A \to a \quad a \in \Sigma$$
$$S \to \varepsilon$$

enthält.

Satz 1.14 *Für jede kontextfreie Grammatik $G = (V, \Sigma, P, S)$ existiert eine kontextfreie Grammatik $G' = (V', \Sigma, P', S)$ in Chomsky-Normalform mit $L(G') = L(G)$.*

Beweis: O.B.d.A. erfülle G bereits Satz 1.13. Wir führen die Transformation in zwei Schritten durch. Zunächst kreieren wir eine kontextfreie Grammatik $\overline{G} = (\overline{V}, \Sigma, \overline{P}, S)$, die nur Produktionen der Form

$$A \to \alpha \quad \alpha \in (N \setminus \{S\})^* \text{ und } |\alpha| \geq 2$$
$$A \to a$$
$$S \to \varepsilon$$

enthält. Dann ersetzen wir in $\overline{P}$ jede Produktion $A \to \alpha$ mit $|\alpha| > 2$ durch $|\alpha| - 1$ Produktionen $A \to \alpha_1, A \to \alpha_2, \ldots, A \to \alpha_{|\alpha|-1}$, wobei $|\alpha_i| = 2$ für $1 \leq i \leq |\alpha|-1$.

$\overline{G}$ erhalten wir aus G, indem wir für alle $a \in \Sigma$ eine neue Hilfsvariable H_a kreieren, die Produktion $H_a \to a$ dem Produktionssystem hinzufügen und in allen Produktionen, deren rechte Seite Länge ≥ 2 haben, das Terminalzeichen a durch H_a ersetzen. Es ergibt sich unmittelbar, dass $L(\overline{G}) = L(G)$.

G' erhalten wir aus $\overline{G}$, indem wir jede Produktion $A \to B_1 B_2 \ldots B_r, r > 2$ durch die Produktionen

$$A \to B_1 C_1, \, C_1 \to B_2 C_2, \ldots, C_{r-3} \to B_{r-2} C_{r-2}, \text{ und } C_{r-2} \to B_{r-1} B_r$$

ersetzen. Dabei sind $C_1, C_2, \ldots, C_{r-2}$ neue Symbole. $L(G') = L(\overline{G})$ ist einfach zu verifizieren. ∎

1.2 Die Syntaxanalyse

> **Übung 1.17:**
> a) Führen Sie die Beweise der Sätze 1.13 und 1.14 zu Ende. D.h., zeigen sie jeweils $L(G') = L(G)$.
>
> b) Zeigen sie, dass die Konstruktion im Beweis von Satz 1.12 die Größe der Grammatik exponentiell vergrößern kann.
>
> c) Zeigen Sie, dass man zu jeder kontextfreien Grammatik $G = (V, \Sigma, P, S)$ eine kontextfreie Grammatik $G' = (V', \Sigma, P', S')$ konstruieren kann, die Satz 1.12 erfüllt und deren Größe höchstens um einen konstanten Faktor größer ist als $|G|$.
>
> *Hinweis:* Verkürzen Sie zunächst die Längen der rechten Seiten der Produktionen in P und wenden Sie dann auf die resultierende Grammatik die Konstruktion im Beweis zu Satz 1.12 an.

Sei $G = (V, \Sigma, P, S)$ eine beliebige ε-freie kontextfreie Grammatik. Unser Ziel ist nun die Entwicklung eines Verfahrens, das G in eine äquivalente kontextfreie Grammatik $G' = (V', \Sigma, P', S)$ in Greibach-Normalform transformiert. Wir werden zunächst G in eine kontextfreie Grammatik transformieren, deren Produktionen bis auf eventuell vorhandene Kettenregeln die Greibach-Normalformbedingungen erfüllen.

Eine kontextfreie Grammatik $G = (V, \Sigma, P, S)$ ist in *erweiterter Greibach-Normalform*, wenn jede Produktion von der Form

$A \to a\alpha$ mit $a \in \Sigma$, $\alpha \in (V \setminus \{S\})^*$,
$A \to B$ mit $B \in N \setminus \{S\}$ oder
$S \to \varepsilon$

ist. Produktionen vom Typ $A \to a\alpha$ mit $a \in \Sigma$ erfüllen bereits die Greibach-Normalformbedingungen. Unser Ziel ist nun, Produktionen vom Typ $A \to B\alpha$, $B \in N \setminus \{S\}$ durch Produktionen, die die Greibach-Normalformbedingungen erfüllen, zu ersetzen. Die Idee hierzu ist die folgende: Für alle $B \in N \setminus \{S\}$ möchten wir eine kontextfreie Grammatik $G_B = (V_B, V, P_B, S_B)$ konstruieren, so dass

1. G_B in erweiterter Greibach-Normalform ist. D.h., für jede Produktion $A \to \alpha \in P_B$ gilt $\alpha = a\gamma$ mit $a \in V$, oder $\alpha \in N_B := V_B \setminus V$.
2. $S_B \to \alpha \in P_B$ impliziert, dass $\alpha = a\gamma$ mit $a \in \Sigma$ und $\gamma \in (V_B \setminus \{S_B\})^*$.

Beachten Sie, dass V das Terminalalphabet von G_B ist. Die Idee ist nun eine zu G äquivalente kontextfreie Grammatik H in erweiterter Greibach-Normalform, indem wir

1. in G jede Produktion $A \to B\alpha$, $B \in N \setminus \{S\}$ durch die Menge $\{A \to a\gamma\alpha \mid S_B \to a\gamma \in P_B\}$ von Produktionen ersetzen und

2. für alle $B \in N \setminus \{S\}$ die Produktionenmenge $\bar{P}_B := P_B \setminus \{S_B \to \alpha \mid \alpha$ ist Alternative von $S_B\}$ hinzufügen und für alle $C \in N \setminus \{S\}$ jede Produktion $A \to C\alpha \in P_B$ durch die Produktionenmenge $\{A \to a\gamma\alpha \mid S_C \to a\gamma \in P_C\}$ ersetzen.

Für die Konstruktion von G_B interessieren wir uns für Linksableitungen der Form

$$B \Rightarrow a\gamma \quad \text{oder} \quad B \underset{lm}{\overset{*}{\Rightarrow}} C\alpha \Rightarrow a\gamma\alpha,$$

wobei $a \in \Sigma, C \in N \setminus \{S\}$ und $\alpha, \gamma \in (V \setminus \{S\})^*$.

In obiger Linksableitung werden bis auf die letzte Ersetzung nur Alternativen aus $N(V \setminus \{S\})^*$ gewählt. Die letzte Ersetzung wählt für C eine Alternative aus $\Sigma(V \setminus \{S\})^*$. Eine derartige Linksableitung nennen wir *terminal*. Wir schreiben dann

$$B \underset{tlm}{\Rightarrow} a\gamma \quad \text{bzw.} \quad B \underset{tlm}{\overset{*}{\Rightarrow}} a\gamma\alpha.$$

Sei $L_B = \{a\delta \in \Sigma(V \setminus \{S\})^* \mid B \underset{tlm}{\overset{*}{\Rightarrow}} a\delta\}$. Unser Ziel ist die Konstruktion einer kontextfreien Grammatik $G_B = (V_B, V, P_B, S_B)$, so dass

1. $L(G_B) = L_B$ und
2. jede Alternative einer Variablen mit einem Symbol in V beginnt oder selbst eine Variable ist.

Bezeichne N_B die Variablenmenge von G_B, d.h., $N_B = V_B \setminus V$. Zur Konstruktion von P_B betrachten wir eine terminale Linksableitung

$$B \Rightarrow D_1\alpha_1 \Rightarrow D_2\alpha_2\alpha_1 \Rightarrow \cdots \Rightarrow D_t\alpha_t \ldots \alpha_1 \Rightarrow a\gamma\alpha_t \ldots \alpha_1$$

genauer. Es gilt $a \in \Sigma, D_i \in N \setminus \{S\}$ und $\gamma, \alpha_i \in (V \setminus \{S\})^*$ für $1 \le i \le t$. Der korrespondierende terminale String in L_B ist dann $a\gamma\alpha = a\gamma\alpha_t \ldots \alpha_1$.

Für $A \in N$ bezeichne $W(A)$ die Menge der Variablen, die aus A unter alleiniger Anwendung von Kettenregeln abgeleitet werden können. D.h., $W(A) = \{C \in N \mid A \underset{G}{\overset{*}{\Rightarrow}} C\}$. Wir werden nun die Produktionen in P_B derart definieren, dass eine terminale Linksableitung rückwärts durch eine Rechtsableitung simuliert wird. Die zu obiger terminalen Linksableitung korrespondierende Rechtsableitung sieht folgendermaßen aus:

$$S_B \Rightarrow a\gamma D_{B,t} \Rightarrow a\gamma\alpha_t D_{B,t-1} \Rightarrow \cdots \Rightarrow a\gamma\alpha_t \ldots \alpha_2 D_{B,1} \Rightarrow a\gamma\alpha_t \ldots \alpha_1.$$

Abbildung 1.11 illustriert diese Vorgehensweise anhand der korrespondierenden Ableitungsbäume.

1.2 Die Syntaxanalyse

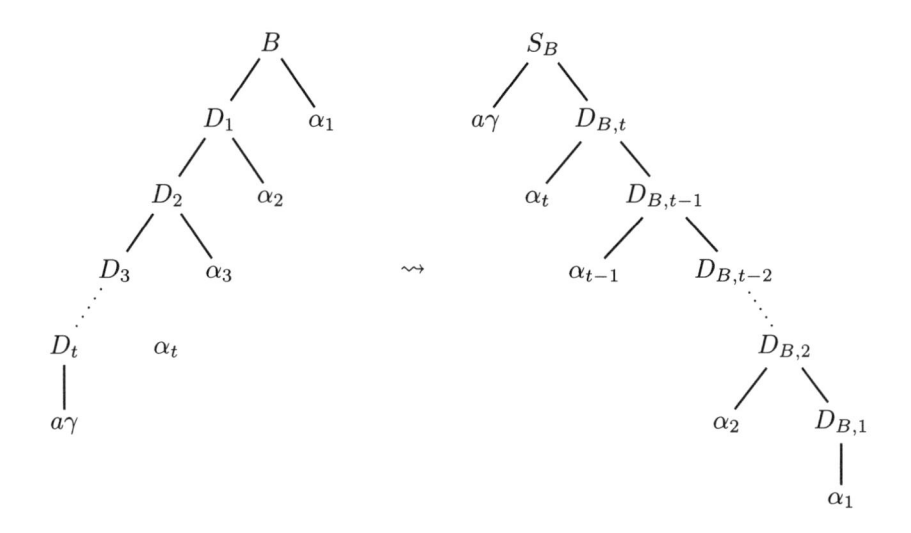

Abbildung 1.11: Ableitungsbäume einer terminalen Linksableitung und der korrespondierenden Rechtsableitung.

In der simulierenden Rechtsableitung gibt es drei Arten von Produktionen:

1. Produktionen mit dem Startsymbol S_B auf der linken Seite, die so genannten *Startproduktionen*. Diese Produktionen korrespondieren zu Produktionen in G, deren rechten Seiten mit einem Symbol aus Σ beginnen.

2. Produktionen mit einer Variablen aus $N_B \setminus \{S_B\}$ auf der rechten Seite, die so genannten *inneren Produktionen*. Diese Produktionen korrespondieren zu Produktionen in G, deren rechten Seiten mit einem Symbol aus $N \setminus \{S\}$ beginnen.

3. Produktionen mit keiner Variablen aus $N_B \setminus \{S_B\}$ auf der rechten Seite, die so genannten *finalen Produktionen*. Diese Produktionen korrespondieren zu Produktionen in G, deren linken Seiten in $W(B)$ und deren erstes Symbol der rechten Seiten in $N \setminus \{S\}$ sind.

Insgesamt erhalten wir die kontextfreie Grammatik $G_B = (V_B, V, P_B, S_B)$, wobei

$$V_B = \{A_B \mid A \in N\} \cup V \quad \text{und}$$

$$\begin{aligned}
P_B = \ & \{S_B \to a\gamma \mid C \to a\gamma \in P \text{ für } C \in W(B), a \in \Sigma, \gamma \in V^*\} \\
& \cup \{S_B \to a\gamma C_B \mid C \to a\gamma \in P, a \in \Sigma, \gamma \in V^*\} \\
& \cup \{C_B \to \alpha D_B \mid D \to C\alpha \in P, D \in N \setminus \{S\}, C \in N, \alpha \in V^*\} \\
& \cup \{C_B \to \alpha \mid D \to C\alpha \in P, D \in W(B), C \in N, \alpha \in V^+\}.
\end{aligned}$$

Lemma 1.6 *Die Grammatik G_B besitzt folgende Eigenschaften:*

a) $L(G_B) = L_B$.

b) $|G_B| \leq 3|G|$.

c) $S_B \to \alpha \in P_B$ *impliziert* $\alpha = a\delta$ *für ein* $a \in \Sigma$.

d) G_B *ist bezüglich des Terminalalphabets V in erweiterter Greibach-Normalform.*

e) *Für alle* $B, C \in N \setminus \{S\}$, $B \neq C$ *gilt* $N_B \cap N_C = \emptyset$.

Beweis:

a) Ausgehend von einer beliebigen Ableitung in G_B bzw. in G kann a) leicht durch die Konstruktion der korrespondierenden Ableitung in der anderen Grammatik G bzw. G_B bewiesen werden.

b) $|G_B| \leq 3|G|$ folgt direkt aus folgenden Beobachtungen:
  i) Jede Produktion von G, deren rechte Seite mit einem Zeichen aus Σ beginnt, korrespondiert zu höchstens zwei Startproduktionen von G_B und sonst zu keiner Produktion.
  ii) Jede andere Produktion korrespondiert zu höchstens einer inneren und höchstens einer finalen Produktion von G_B.
  iii) Die Länge einer Startproduktion ist höchstens gleich der Länge der korrespondierenden Produktion plus eins. Die Länge einer anderen Produktion ist höchstens gleich der Länge der korrespondierenden Produktion in G.

c) – e) folgen direkt aus der Konstruktion. ∎

Wir erhalten nun die zu G äquivalente kontextfreie Grammatik $H = (V', \Sigma, P', S)$, indem wir folgenden Algorithmus durchführen:

Algorithmus $G \leadsto H$

Eingabe: kontextfreie Grammatiken $G = (V, \Sigma, P, S)$, $G_B = (V_B, V, P_B, S_B)$ für alle $B \in N \setminus \{S\}$.

Ausgabe: zu G äquivalente kontextfreie Grammatik $H = (V', \Sigma, P', S)$ in erweiterter Greibach-Normalform.

Methode:
  (1) $P' := P$;
  (2) **for** alle $B \in N \setminus \{S\}$
      do
        $P' := P' \cup P_B$
      od;
  (3) Ersetze in P' für alle $B, E \in N \setminus \{S\}$
      - jede Produktion $A \to B\alpha$ durch $A \to S_B\alpha$ und

1.2 Die Syntaxanalyse

      -     jede Produktion $A_E \to B\alpha$ durch $A_E \to S_B\alpha$;
(4) Ersetze in P' für alle $B, E \in N \setminus \{S\}$
      -     jede Produktion $A \to S_B\alpha$ durch $\{A \to a\gamma\alpha \mid S_B \to a\gamma \in P_B\}$ und
      -     jede Produktion $A_E \to S_B\alpha$ durch $\{A_E \to a\gamma\alpha \mid S_B \to a\gamma \in P_B\}$;
(5) **for** alle $B \in N \setminus \{S\}$
    do
        $P' := P' \setminus \{S_B \to \alpha \mid S_B \to \alpha \in P_B\}$
    od.

Lemma 1.7 *Die Grammatik $H = (V', \Sigma, P', S)$ besitzt folgende Eigenschaften:*

a) $L(H) = L(G)$.

b) $|H| = O(|G|^3)$.

c) *H ist in erweiterter Greibach-Normalform.*

d) *Für alle $B \in N \setminus \{S\}$ wurde G_B durch eine äquivalente kontextfreie Grammatik G'_B der Größe $O(|G|^2)$ ersetzt.*

e) *Falls G keine Kettenregeln enthält, dann ist H bereits in Greibach-Normalform.*

f) *Alle Kettenregeln in P' sind von der Form $D_E \to C_E, E \in N \setminus \{S\}$.*

Beweis:

a) Schritt (1) und Schritt (2) initialisieren P', indem sie P und für alle $B \in N \setminus \{S\}$ das Produktionssystem P_B einfügen. Aus der Konstruktion folgt direkt, dass Schritt (3) die generierte Sprache nicht ändert. Schritt 4 ersetzt nur einige Variablen durch alle möglichen Alternativen. Schritt 5 entfernt Produktionen, deren linke Seiten auf keiner rechten Seite einer Produktion vorkommen. Also gilt $L(H) = L(G)$.

b) Es gilt $|G_B| = O(|G|)$ für alle $B \in N \setminus \{S\}$. Nach der Durchführung von Schritt (3) ist daher die Größe der Grammatik $O(|G|^2)$ und somit nach Durchführung von Schritt (4) $O(|G|^3)$.

c) Aus der Konstruktion folgt direkt, dass H in erweiterter Greibach-Normalform ist.

d) Da $|G_B| = O(|G|)$ vor der Durchführung von Schritt (4) für alle $B \in N \setminus \{S\}$ folgt direkt aus der Konstruktion, dass Schritt (4) G_B durch eine äquivalente kontextfreie Grammatik G'_B der Größe $O(|G|^2)$ ersetzt.

e) Nur während der Konstruktion von inneren Produktionen, die zu Produktionen $C \to D \in P$, also zu Kettenregeln in G, korrespondieren, entstehen Kettenregeln in H. Hieraus folgt direkt e).

f) Aus denselben Argumenten wie bei e) folgt f).

∎

Falls H Kettenregeln enthält, dann müssen wir diese noch eliminieren. Hierzu verwenden wir das Standardverfahren, das wir bereits kennengelernt haben. Dies vergrößert lediglich jede Grammatik G'_B in H um einen Faktor $O(|G|)$. Insgesamt haben wir somit folgenden Satz bewiesen:

Satz 1.15 *Sei $G = (V, \Sigma, P, S)$ eine beliebige ε-freie kontextfreie Grammatik. Dann existiert eine äquivalente kontextfreie Grammatik $G' = (V', \Sigma, P', S)$ in Greibach-Normalform, so dass $|G'| = O(|G|^3)$, falls G keine Kettenregeln enthält, und $|G'| = O(|G|^4)$ andernfalls.*

Übung 1.18:

a) Arbeiten Sie die Beweise der Lemmata 1.6 und 1.7 aus.

b) Transformieren Sie eine gegebene kontextfreie Grammatik in Greibach-Normalform nach strenger Greibach-Normalform. Welche Vergrößerung der Grammatik müssen Sie in Kauf nehmen?

1.3 Eigenschaften von kontextfreien Sprachen

Nehmen wir an, dass wir mit der Aufgabe, für eine gegebene Sprache L einen Akzeptor zu konstruieren, konfrontiert werden. Wenn wir wüssten, dass L nicht regulär bzw. nicht kontextfrei ist, dann würden wir nicht versuchen, einen endlichen Automaten bzw. einen Kellerautomaten für L zu konstruieren. Demnach sind Werkzeuge nützlich, die uns für eine gegebene Sprache den Beweis, dass sie nicht regulär bzw. nicht kontextfrei ist, ermöglichen. Der Satz 1.4 impliziert eine Methode, die Nichtregularität einer Sprache zu beweisen. Es genügt zu zeigen, dass L nicht als Vereinigung von einigen Äquivalenzklassen einer rechtsinvarianten Äquivalenzrelation von endlichem Index darstellbar ist. Ein weiteres Werkzeug beinhaltet das so genannte Pumping-Lemma. Wir können sowohl für reguläre als auch für kontextfreie Sprachen beweisen, dass sie ein Pumping-Lemma erfüllen. Falls eine gegebene Sprache das korrespondierende Pumping-Lemma nicht erfüllt, dann ist sie nicht regulär bzw. nicht kontextfrei.

Eine andere Aufgabe könnte sein, aus einer gegebenen Menge von kontextfreien Sprachen durch Anwendung von gewissen Operationen weitere Sprachen zu konstruieren. Wüssten wir, dass die Klasse der kontextfreien Sprachen unter Anwendung dieser Operationen abgeschlossen ist, dann wüssten wir auch, dass die konstruierten Sprachen wiederum kontextfrei sind.

1.3.1 Das Pumping-Lemma

Zunächst werden wir das einfachere Pumping-Lemma für reguläre Mengen herleiten. Falls eine Sprache L regulär ist, dann existiert ein deterministischer endlicher Automat $M = (Q, \Sigma, \delta, q_0, F)$, der L akzeptiert. Sei $n = |Q|$. Betrachten wir eine Eingabe $x_1 x_2 \ldots x_m$ mit $m \geq n$. Für $i = 1, 2, \ldots, m$ sei $\delta(q_0, x_1 x_2 \ldots x_i) = q_i$. Da $n = |Q|$ müssen zwei der Zustände $q_0, q_1, \ldots, q_n$ gleich sein. Also existieren $0 \leq j < k \leq n$ mit $q_j = q_k$.

Nehmen wir an, dass $x_1 x_2 \ldots x_m \in L(M)$, d.h., $q_m \in F$. Dann gilt für alle $l \in \mathbb{N}_0$

$$x_1 x_2 \ldots x_j (x_{j+1} x_{j+2} \ldots x_k)^l x_{k+1} \ldots x_m \in L(M).$$

Somit haben wir gezeigt, dass jeder String x in $L(M)$, dessen Länge größer als die Anzahl von Zuständen von M ist, einen nichtleeren Teilstring enthält, der innerhalb von x beliebig oft wiederholt werden kann, ohne dass sich an der Tatsache, dass der String von M akzeptiert wird, etwas ändert. Somit haben wir folgendes *Pumping-Lemma für reguläre Mengen* bewiesen:

Lemma 1.8 *Sei L eine reguläre Menge. Dann gibt es eine Konstante n, so dass für alle $z \in L$ mit $|z| \geq n$ gilt:*

$z = uvw$, so dass $|uv| \leq n$, $|v| \geq 1$ und $uv^i w \in L$ für alle $i \geq 0$. Weiterhin gilt, dass n nicht größer ist, als die Anzahl der Zustände eines minimalen endlichen Automaten, der L akzeptiert.

Mit Hilfe des Pumping-Lemmas können wir für gewisse Sprachen zeigen, dass sie nicht regulär sind.

Beispiel 1.7 Sei $L = \{0^m \$ 0^m \mid m \in \mathbb{N}\}$. Nehmen wir an, dass L regulär ist. Dann existiert eine Konstante $n > 0$, so dass bezüglich n das Pumping-Lemma erfüllt ist. Betrachten wir $x = 0^m \$ 0^m \in L$ mit $m > n$. Dann existiert v mit $x = uvw$, $|v| \geq 1$ und $uv^i w \in L$ für alle $i \geq 0$. Betrachten wir den String $uv^0 w = uw$. Falls v das Symbol \$ enthält, dann enthält uw dieses Symbol nicht. Andernfalls ist die Anzahl der Nullen vor und hinter dem Symbol \$ in uw unterschiedlich. In beiden Fällen liegt uw nicht in der Sprache L, was dem Pumping-Lemma widerspricht. Also ist L nicht regulär. ♦

Das *Pumping-Lemma für kontextfreie Sprachen* ist etwas komplizierter.

Lemma 1.9 *Sei L eine beliebige kontextfreie Sprache. Dann gibt es eine Konstante n, die nur von L abhängt, so dass jedes $z \in L$ mit $|z| \geq n$ geschrieben werden kann als $z = uvwxy$ mit*

1. *$|vx| \geq 1$,*

2. $|vwx| \leq n$ und
3. $uv^i wx^i y \in L$ für alle $i \geq 0$.

Beweis: Sei $G = (V, \Sigma, P, S)$ eine kontextfreie Grammatik in Chomsky-Normalform mit $L(G) = L \setminus \{\varepsilon\}$.

Folgende einfache Beobachtung ist für den Beweis zentral: Ableitungsbäume bezüglich kontextfreie Grammatiken in Chomsky-Normalform besitzen, bis auf die Väter von Blättern, nur innere Knoten mit zwei Söhnen. Binärbäume mit $\geq 2^k$ Blättern haben Höhe $\geq k$. Also haben Ableitungsbäume bezüglich kontextfreie Grammatiken in Chomsky-Normalform für Strings der Länge 2^k Höhe $\geq k + 1$.

Setze $k = |N|$ und $n = 2^k$. Falls $z \in L(G)$ und $|z| \geq n$, dann enthält jeder Ableitungsbaum T für z einen Pfad P der Länge $\geq k + 1$.

Sei P solch ein Pfad. P enthält mindestens $k + 2$ Knoten. Bis auf den letzten Knoten, dem Blatt, sind alle Knoten auf P mit einer Variablen markiert. Wegen $|N| = k$ erscheint mindestens eine Variable zweimal als Markierung auf P.

Seien r und s die beiden untersten Knoten auf P mit gleicher Markierung. Sei r näher zur Wurzel und sei A die Markierung von r und von s. Dann ist die Länge des Teilpfades auf P von r zum Blatt $\leq k + 1$.

Betrachten wir die Teilwörter von z, die aus r bzw. s abgeleitet werden. Diese induzieren die in Abbildung 1.12 beschriebene Zerlegung von z in Teilwörter $uvwxy$. Da G in Chomsky-Normalform ist und die zum Knoten r korrespondierende Regel die Form $A \to BC$ hat, gilt $vx \neq \varepsilon$, also $|vx| \geq 1$. Wir können nun den Ableitungsbaum T auf folgende Art und Weise modifizieren:

1. Wir ersetzen den Teilbaum mit Wurzel r durch den Teilbaum mit Wurzel s. Dies ergibt einen Ableitungsbaum für $uwy = uv^0 wx^0 y$.

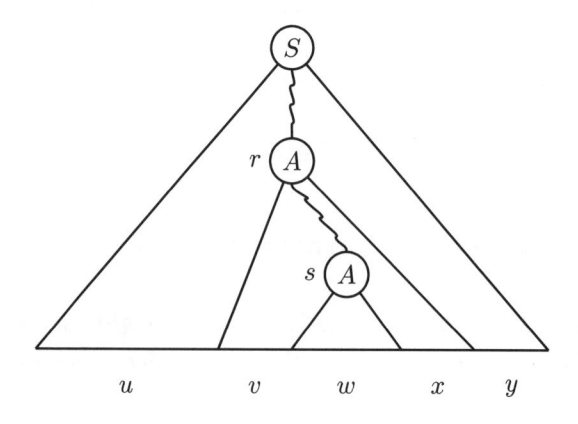

Abbildung 1.12: Zerlegung von z in $uvwxy$.

1.3 Eigenschaften von kontextfreien Sprachen

2. Wir ersetzen den Teilbaum mit Wurzel s durch den Teilbaum mit Wurzel r. Dies ergibt einen Ableitungsbaum für uv^2wx^2y.

Für $i > 1$ erhalten wir einen Ableitungsbaum für uv^iwx^iy, indem wir die Modifikation 2. Art $(i-1)$-mal hintereinander durchführen.

Damit haben wir die drei Eigenschaften für die Zerlegung von z bewiesen. ∎

Mit Hilfe des Pumping-Lemmas können wir nun für gewisse Sprachen zeigen, dass sie nicht kontextfrei sind.

Beispiel 1.8 Betrachten wir $L := \{a^ib^ic^i \mid i \geq 1\}$. Nehmen wir an, dass L kontextfrei ist. Sei n die Konstante aus dem Pumping-Lemma. Betrachten wir $z := a^nb^nc^n$. Dann folgt aus dem Pumping-Lemma, dass z eine Zerlegung $z = uvwxy$ mit $vx \neq \varepsilon$, $|vwx| \leq n$ und $uv^iwx^iy \in L$ für alle $i \geq 0$ hat.

Wegen $|vwx| \leq n$ enthält vx kein a oder kein c. O.B.d.A. enthalte vx kein c. Dann enthält $uv^0wx^0y = uwy$ n c's. Jedoch ist die Anzahl der a's kleiner als n oder die Anzahl der b's kleiner als n. Also gilt $uwy \notin L$, was dem Pumping-Lemma widerspricht. Also ist L nicht kontextfrei. ♦

1.3.2 Abschlusseigenschaften

Wir werden nun einige Operationen dahingehend untersuchen, ob die Klasse der kontextfreien Sprachen unter Anwendung dieser Operationen abgeschlossen ist oder nicht.

Satz 1.16 *Die Klasse der kontextfreien Sprachen ist unter Vereinigung, Konkatenation und Kleene-Abschluss abgeschlossen.*

Beweis: Seien L_1 und L_2 kontextfreie Sprachen, die durch die kontextfreien Grammatiken $G_1 := (V_1, \Sigma_1, P_1, S_1)$ und $G_2 := (V_2, \Sigma_2, P_2, S_2)$ generiert werden.

Durch Umbenennung von Variablen können wir erreichen, dass $N_1 \cap N_2 = \emptyset$. Sei $S' \notin V_1 \cup V_2$. Dann gilt:

1. $G_3 := (V_1 \cup V_2 \cup \{S'\}, \Sigma_1 \cup \Sigma_2, P_3, S')$ mit $P_3 := P_1 \cup P_2 \cup \{S' \to S_1 \mid S_2\}$ generiert $L_1 \cup L_2$.
2. $G_4 := (V_1 \cup V_2 \cup \{S'\}, \Sigma_1 \cup \Sigma_2, P_4, S')$ mit $P_4 := P_1 \cup P_2 \cup \{S' \to S_1S_2\}$ generiert $L_1 \cdot L_2$.
3. $G_5 := (V_1 \cup \{S'\}, \Sigma_1, P_5, S')$ mit $P_5 := P_1 \cup \{S' \to S_1S' \mid \varepsilon\}$ generiert L_1^*.

∎

Satz 1.17 *Die Klasse der kontextfreien Sprachen ist nicht unter Durchschnitt und nicht unter Komplementbildung abgeschlossen.*

Beweis: Betrachten wir die Sprachen $L_1 = \{a^i b^i c^j \mid i, j \geq 1\}$ und $L_2 = \{a^i b^j c^j \mid i, j \geq 1\}$. Beide Sprachen sind kontextfrei. Da $L = \{a^i b^i c^i \mid i \geq 1\}$ nicht kontextfrei ist, ist wegen $L = L_1 \cap L_2$ die Klasse der kontextfreien Sprachen nicht unter Durchschnitt abgeschlossen.

Da die Klasse der kontextfreien Sprachen unter Vereinigung abgeschlossen ist, ist sie wegen $L_1 \cap L_2 = \overline{\overline{L_1} \cup \overline{L_2}}$ nicht unter Komplementbildung abgeschlossen. ∎

Übung 1.19:

a) Beweisen Sie formal, dass die im Beweis zu Satz 1.16 konstruierten Grammatiken G_3, G_4 bzw. G_5 die Sprachen $L_1 \cup L_2$, $L_1 \cdot L_2$ bzw. L_1^* generieren.

b) Zeigen Sie, dass die im Beweis zu Satz 1.17 konstruierten Sprachen L_1 und L_2 kontextfrei sind.

1.4 Ergänzende Übungsaufgaben

Übung 1.20: *Beschreiben Sie die Sprachen, die durch folgende reguläre Ausdrücke dargestellt werden:*

a) $0(0,1)^*0$

b) $((\varepsilon|0)1^*)^*$

c) $(0|1)^*0(0|1)(0|1)$

d) $0^*10^*10^*10^*10^*$

e) $(00|11)^*((01|10)(00|11)^*(01|10)(00|11)^*)^*$

Übung 1.21: *Schreiben Sie für folgende Mengen reguläre Definitionen:*

a) Alle Strings über $\{A, B, \ldots, Z\}$, in denen die Buchstaben in aufsteigender lexikographischer Ordnung sind.

b) Alle Strings über $\{0, 1\}$, die nicht den Teilstring 011 enthalten.

Übung 1.22: *Beweisen Sie, dass jede endliche Menge $L \subset \Sigma^*$ von einem endlichen Automaten akzeptiert wird.*

Übung 1.23: *Seien L_1 und L_2 reguläre Mengen. Konstruieren Sie einen deterministischen endlichen Automaten, der $L_1 \cap L_2$ akzeptiert.*

1.4 Ergänzende Übungsaufgaben

Übung 1.24: Sei L eine reguläre Menge. Ist die Menge $L' = \{a_2 a_1 a_4 a_3 \ldots a_{2n} a_{2n-1} \mid a_1 a_2 \ldots a_{2n} \in L\}$ regulär? Beweisen Sie Ihre Antwort.

Übung 1.25: Beweisen oder widerlegen Sie folgende Aussagen für reguläre Ausdrücke r, s und t:

a) $(rs|r)^* r = r(sr|r)^*$

b) $s(rs|s)^* r = rr^* s(rr^* s)^*$

c) $(r|s)^* = r^* | s^*$

Übung 1.26: Sei Σ ein endliches Alphabet. Für $R \subset \Sigma \times \Sigma$ sei $H_R = \{a_1 a_2 \ldots a_k \mid k \geq 2, (a_i, a_{i+1}) \in R, 1 \leq i < k\}$. Zeigen Sie, dass H_R regulär ist.

Übung 1.27: Betrachten Sie den regulären Ausdruck $\alpha = (a|b)^* ab | aa$.

a) Erstellen Sie mit Hilfe des Algorithmus RA $\leadsto$ NEA schrittweise das Zustandsdiagramm eines nichtdeterministischen endlichen Automaten, der die von α beschriebene Sprache akzeptiert.

b) Wandeln Sie den nichtdeterministischen endlichen Automaten aus a) in einen deterministischen endlichen Automaten um. Geben Sie insbesondere für jeden Zustand Ihres deterministischen endlichen Automaten an, zu welcher Teilmenge von Zuständen des nichtdeterministischen endlichen Automaten er korrespondiert.

Übung 1.28: Zeigen Sie, dass der Durchschnitt einer kontextfreien Sprache mit einer regulären Menge kontextfrei ist.

Übung 1.29: Betrachten Sie die durch folgende Produktionen definierte kontextfreie Grammatik G: $S \to aAB$, $A \to aBBC$, $A \to a$, $B \to bCC$, $B \to b$ und $C \to c$. Geben Sie die Menge aller Items von G an. Simulieren Sie manuell gemäß des Algorithmus ALLKFA die Analyse des Wortes $aabcc$.

Übung 1.30: Geben Sie eine kontextfreie Grammatik an, die eine unendliche Folge von Expansionen zulässt, ohne dass ein Leseschritt durchgeführt werden muss.

Übung 1.31: Modifizieren Sie den Algorithmus ALLKFA derart, dass die gegebene kontextfreie Grammatik nicht in einer Normalform sein muss.

Übung 1.32: Wandeln Sie mit Hilfe der Algorithmen PROD und ERREICH die durch das Produktionensystem $P = \{S \to aBa, B \to Sb|bCC|DaB, C \to abb|DD, D \to aDB, E \to aC\}$ gegebene kontextfreie Grammatik in eine äquivalente reduzierte kontextfreie Grammatik um. Bringen Sie die so erhaltene Grammatik nach Chomsky-Normalform.

Übung 1.33: Sei G eine kontextfreie Grammatik in Chomsky-Normalform. Wie lang ist die Ableitung eines Wortes $w \in L(G)$ der Länge n in G?

Übung 1.34: Zeigen Sie, dass folgende Sprachen nicht kontextfrei sind:

a) $\{a^i b^j c^k \mid i < j < k\}$

b) $\{a^i b^j \mid j = i^2\}$

c) $\{w \mid w \in \{a, b, c\}^*$ und die Anzahl der a's, b's und c's in w sind gleich$\}$

Übung 1.35: *Ist $\{ww^R w \mid w \in \{a, b\}^*\}$ kontextfrei? Dabei gilt $w^R = a_n a_{n-1} \ldots a_1$ für $w = a_1 a_2 \ldots a_n$. Beweisen Sie Ihre Antwort.*

Übung 1.36: *Sei die kontextfreie Grammatik G durch das Produktionensystem $P = \{S \to aSbS \mid bSaS \mid \varepsilon\}$ definiert. Zeigen Sie, dass G mehrdeutig ist. Welche Sprache generiert G?*

1.5 Literaturhinweise

HOPCROFT und ULLMAN [HU79] führen den Ursprung endlicher Zustandssysteme auf eine Arbeit von MCCULLOCH und PITTS [MP43] aus dem Jahre 1943 zurück. KLEENE [Kle56] führte 1956 reguläre Ausdrücke ein, simulierte die neuronalen Netze von MCCULLOCH und PITTS mittels endlicher Automaten und bewies die Äquivalenz dieser beiden Konzepte. Nichtdeterministische endliche Automaten wurden 1959 von RABIN und SCOTT [RS59] eingeführt. Sie bewiesen auch deren Äquivalenz zu den deterministischen endlichen Automaten. Satz refsat:1.4 stammt von NERODE [Ner58] und wurde unabhängig von ihm in einer etwas schwächeren Form von MYHILL [Myh57] bewiesen. 1971 hat HOPCROFT [Hop71] einen $O(kn \log n)$-Algorithmus zur Minimierung eines endlichen Automaten mit n Zuständen und einem Alphabet der Größe k vorgestellt. Die hier vorgestellte Implementierung der Standardmethode stammt von BLUM [Blu96].

Kontextfreie Grammatiken wurden 1956 von CHOMSKY [Cho56] eingeführt. Die Bedeutung der Datenstruktur Keller für die Verarbeitung von Sprachen wurde in den frühen 50er Jahren erkannt. OETTINGER [Oet61] und SCHÜTZENBERGER [Sch63] haben 1961 bzw. 1963 erstmals das Konzept des Kellerautomaten formalisiert. Die Äquivalenz von kontextfreien Grammatiken und Kellerautomaten wurde von CHOMSKY [Cho62] und von EVEY [Eve63] Anfang der 60er Jahre gezeigt. Die hier vorgestellte deterministische Simulation des für eine kontextfreie Grammatik konstruierten Kellerautomaten wurde aus didaktischen Gründen entwickelt und erinnert an den Ende der 60er Jahre entwickelten Algorithmus von EARLEY [Ear70].

Die Chomsky-Normalform bassiert auf eine Arbeit von CHOMSKY [Cho59] aus dem Jahre 1959. BLUM [Blu83] hat gezeigt, dass die Transformation einer kontextfreien Grammatik in Chomsky-Normalform mitunter notwendigerweise eine drastische Vergrößerung der Grammatik nach sich zieht. 1965 führte GREIBACH [Gre65] die Greibach-Normalform ein und zeigte, dass jede kontextfreie Grammatik in Greibach-Normalform überführt werden kann. Jedoch hat ihr Algorithmus mitunter eine exponentielle Vergrößerung der Grammatik zur Folge. 1967 hat ROSENKRANTZ [Ros67] einen Algorithmus zur Transformation einer beliebigen kontextfreien Grammatik nach Greibach-Normalform publiziert, der lediglich eine polynomielle Vergrößerung der

1.5 Literaturhinweise

Grammatik nach sich zieht. Die hier vorgestellte Methode zur Greibach-Normalform-Transformation wurde von KOCH in seiner Diplomarbeit entwickelt und dann von BLUM vereinfacht und verbessert [BK99].

Sowohl das Pumping-Lemma für reguläre Mengen, das Pumping-Lemma für kontextfreie Sprachen als auch die Abschlusseigenschaften für kontextfreie Sprachen sind von BAR-HILLEL, PERLES und SHAMIR [BHPS61].

Ein Standardwerk über Compilerbau ist inzwischen das Buch von AHO, SETHI und ULLMAN [ASU86]. Ist man an der Theorie des Übersetzerbaus interessiert, dann sind nach wie vor die beiden Bücher, die AHO und ULLMAN [AU72, AU73] zu Beginn der 70er Jahre geschrieben haben, eine empfehlenswerte Lektüre. Bücher neueren Datums über Compilerbau sind von WAITE und GOOS [WG84], KASTENS [Kas90] und WILHELM und MAURER [WM92].

2 Theoretische Berechenbarkeit

2.1 Der Begriff des Algorithmus

Wir haben im Kapitel 1 endliche und Kellerautomaten kennen gelernt. Beispiel 1.8 zeigt, dass die Sprache $L = \{a^n b^n c^n \mid n \in \mathbb{N}\}$ nicht von diesen Automaten akzeptiert werden kann. Dies bedeutet auch, dass diese Automaten nicht die charakteristische Funktion von L berechnen können. Es ist jedoch nicht schwer, einen Algorithmus zu entwickeln, der die charakteristische Funktion von L berechnet. Auch für andere Funktionen würden wir ohne zu zögern sagen, dass diese berechenbar sind. Im Grunde genommen haben wir eine Intuition, was wir berechnen können. Unser Ziel ist es, Automaten zu entwickeln, die exakt die Menge der intuitiv berechenbaren Funktionen berechnen. Zunächst werden wir genauer spezifizieren, was wir unter intuitiv berechenbar verstehen.

Intuitiv berechenbar ist eine Funktion f, falls es einen Algorithmus gibt, der für ein beliebiges x aus dem Definitionsbereich von f, der *Eingabe* des Algorithmus, den Funktionswert $f(x)$ berechnet. Unter einem *Algorithmus* verstehen wir ein Rechenverfahren, das folgende Eigenschaften hat:

1. Die Rechenvorschrift besteht aus einem endlichen Text.
2. Der Ablauf einer Berechnung geschieht schrittweise als Folge von elementaren Rechenschritten.
3. In jedem Stadium einer Rechnung ist eindeutig bestimmt, welcher Rechenschritt als nächster durchgeführt wird.
4. Der nächste Rechenschritt hängt nur von der Eingabe und den bisher berechneten Zwischenergebnissen ab.

Als erstes drängt sich die Frage nach der Existenz von nichtberechenbaren Funktionen auf. Die Antwort hierauf gibt folgender Satz:

Satz 2.1 *Es existiert eine nichtberechenbare Funktion* $f : \mathbb{N} \to \{0, 1\}$.

Beweis: Sei Σ ein endlicher Zeichenvorrat, so dass jeder Algorithmus durch eine endliche Zeichenkette über Σ beschrieben werden kann. Da somit jeder Algorithmus

2.2 Die μ-rekursiven Funktionen

als String aus Σ^* darstellbar ist, gibt es höchstens abzählbar viele berechenbare Funktionen. Also existiert eine surjektive Abbildung $s : \mathbb{N} \to \{f \mid f : \mathbb{N} \to \{0,1\}$ ist berechenbar $\}$. Bezeichne f_i die i-te berechenbare Funktion, d.h., $f_i = s(i)$. Ziel ist nun die Konstruktion einer Funktion $g : \mathbb{N} \to \{0,1\}$, die zu allen Funktionen $f_i, i \in \mathbb{N}$ verschieden ist. Sei g wie folgt definiert:

$$g(i) := \begin{cases} 1 & \text{falls } f_i(i) = 0 \\ 0 & \text{falls } f_i(i) = 1. \end{cases} \tag{2.1}$$

Dann hat g die gewünschte Eigenschaft. Wäre nämlich $g = f_j$ für ein $j \in \mathbb{N}$, dann wäre $g(j) = f_j(j)$. Nach Definition ist aber $g(j) \neq f_j(j)$. Also ist g nicht berechenbar. ∎

Die zur Konstruktion von g angewandte Methode heißt *Diagonalverfahren* oder *Diagonalisierung*. Sie ist eine grundlegende Methode der Theoretischen Informatik und wird uns noch des Öfteren begegnen. Obige Charakterisierung eines Algorithmus ist informell und lässt daher auch viele denkbare Formalisierungen zu. Als nächstes werden wir uns mit der Frage nach einer einfachen Formalisierung, die eine exakte Charakterisierung der Klasse der im intuitiven Sinn berechenbaren Funktionen zulässt, beschäftigen. Einer der ersten Ansätze führte zur Definition der μ-rekursiven Funktionen.

Übung 2.1:
a) *Zeigen Sie, dass jedes Alphabet Σ mit $|\Sigma| \geq 2$ die Eigenschaft hat, dass jeder Algorithmus als eine endliche Zeichenkette über Σ dargestellt werden kann. Gilt dies auch, falls $|\Sigma| = 1$?*

b) *Geben Sie eine Aufzählung von Σ^* an.*

2.2 Die μ-rekursiven Funktionen

Folgende Idee führte zur Definition der so genannten primitiv rekursiven Funktionen:

1. Definiere einige einfache Grundfunktionen, die im intuitiven Sinn berechenbar sind.
2. Definiere einfache Rechenregeln, mittels denen man aus berechenbaren Funktionen neue gewinnt.

Die in diesem Sinn berechenbaren Funktionen sind dann diejenigen, die man durch endlich viele Anwendungen der Rechenregeln aus den Grundfunktionen gewinnen kann.

Die Klasse der *primitiv rekursiven Funktionen* ist die kleinste Klasse P von Funktionen, die

1. $\forall r, s \in \mathbb{N}_0$ die *konstante Funktion* $c_s^r : \mathbb{N}_0^r \to \mathbb{N}_0$ mit $c_s^r(x) := s$,
2. die *Nachfolgerfunktion* $N : \mathbb{N}_0 \to \mathbb{N}_0$ mit $N(x) := x + 1$ und
3. $\forall r \in \mathbb{N}$, $\forall 1 \leq i \leq r$ die *Projektion* $p_i^r : \mathbb{N}_0^r \to \mathbb{N}_0$ mit $p_i^r(x_1, \ldots, x_r) := x_i$

enthält und unter den nachfolgend definierten Operationen Substitution und primitive Rekursion abgeschlossen ist.

Eine Funktion $h : \mathbb{N}_0^m \to \mathbb{N}_0$ entsteht durch *Substitution* der Funktionen $g_1, g_2, \ldots, g_r : \mathbb{N}_0^m \to \mathbb{N}_0$ in $f : \mathbb{N}_0^r \to \mathbb{N}_0$ falls $h(x) = f(g_1(x), \ldots, g_r(x))$.

Eine Funktion $h : \mathbb{N}_0^{r+1} \to \mathbb{N}_0$ entsteht durch *primitive Rekursion* aus $g : \mathbb{N}_0^r \to \mathbb{N}_0$ und $f : \mathbb{N}_0^{r+2} \to \mathbb{N}_0$ falls $\forall x \in \mathbb{N}_0^r, n \in \mathbb{N}_0$

$$h(0, x) = g(x) \text{ und } h(n+1, x) = f(n, h(n, x), x). \qquad (2.2)$$

Falls $h(n+1, x)$ nicht von allen drei Komponenten n, $h(n, x)$ und x abhängt, dann lässt man bei der Definition der Funktion häufig diejenigen Komponenten weg, von denen die Funktion nicht abhängt.

Übung 2.2:

a) Zeigen Sie, dass die Tatsache, dass h aus g und f durch primitive Rekursion entsteht, h eindeutig festlegt.

b) Zeigen Sie, dass jede im intuitiven Sinn berechenbare Funktion f als eine Funktion $f' : \mathbb{N}_0^r \to \mathbb{N}_0^s$, $r, s \in \mathbb{N}$ interpretiert werden kann. Ist dies auch für $r = s = 1$ möglich?

Aus obiger Definition folgt direkt folgendes Lemma:

Lemma 2.1 *Eine Funktion f ist genau dann primitiv rekursiv, wenn es eine endliche Folge $f_1, f_2, \ldots, f_s$ von Funktionen gibt, für die gilt:*
1. $f = f_s$.
2. *Für alle $i \leq s$ gilt:*
    (a) f_i ist eine der oben definierten Grundfunktionen oder
    (b) f_i entsteht direkt aus einigen f_j, $j < i$ durch Substitution oder durch primitive Rekursion.

$f_1, f_2, \ldots, f_s$ heißt *Ableitung* von f.

Beispiel 2.1 Die Funktion $f : \mathbb{N}_0^2 \to \mathbb{N}_0$, mit $f(x, y) = x + y$ ist primitiv

2.2 Die μ-rekursiven Funktionen

rekursiv, da f_1, f_2, f_3 mit $f_1(x) = p_1^1(x)$, $f_2(x) = N(x)$ und $f_3(0,y) = f_1(y)$, $f_3(x+1, y) = f_2(f_3(x,y))$ eine Ableitung von f ist. Also kann die Addition mittels primitiver Rekursion aus der Projektion und der Nachfolgerfunktion gebildet werden.

Die *Vorgängerfunktion* $V : \mathbb{N}_0 \to \mathbb{N}_0$ mit

$$V(x) := \begin{cases} 0 & \text{falls } x = 0 \\ x - 1 & \text{sonst} \end{cases} \qquad (2.3)$$

ist primitiv rekursiv, da f_1, f_2, f_3 mit

$$f_1(x) := c_0^1(x), \qquad (2.4)$$
$$f_2(x) := p_1^1(x) \quad \text{und} \qquad (2.5)$$
$$f_3(0) := f_1(0), \; f_3(x+1) := f_2(x) \qquad (2.6)$$

eine Ableitung von V ist. D.h., wir haben die Vorgängerfunktion mittels primitiver Rekursion aus der konstanten Nullfunktion und der Projektion gebildet.

Die *modifizierte Differenz* $x \mathbin{\dot{-}} y$, wobei

$$x \mathbin{\dot{-}} y := \begin{cases} x - y & \text{falls } x - y > 0 \\ 0 & \text{sonst} \end{cases} \qquad (2.7)$$

ist primitiv rekursiv, da $x \mathbin{\dot{-}} 0 = p_1^1(x)$ und $x \mathbin{\dot{-}} (y+1) = V(x \mathbin{\dot{-}} y)$. ♦

Übung 2.3: Zeigen Sie, dass folgende Funktionen primitiv rekursiv sind:
a) $x \cdot y$, $\quad x^y$.

b) $\mathrm{sg}(x) := \begin{cases} 1 & \text{falls } x > 0 \\ 0 & \text{sonst.} \end{cases}$

c) $x \operatorname{div} y$, $\quad x \bmod y$.

d) $s(x) := \max\{i \mid i \leq x, 1/2\, i(i+1) \leq x\}$.

Eine einfache Methode zur Beschreibung von Eigenschaften ist die Verwendung von *Prädikaten*. Ein *r-stelliges Prädikat* P über $\mathbb{N}_0$ ist eine Teilmenge von $\mathbb{N}_0^r$. Üblicherweise schreibt man $P(x_1, x_2, \ldots, x_r)$ anstatt $(x_1, x_2, \ldots, x_r) \in P$. Die *charakteristische Funktion* eines r-stelligen Prädikates P ist die Funktion

$c_P : \mathbb{N}_0^r \to \mathbb{N}_0$, wobei

$$c_P(x_1, x_2, \ldots, x_r) := \begin{cases} 1 & \text{falls } P(x_1, x_2, \ldots, x_r) \\ 0 & \text{sonst.} \end{cases} \qquad (2.8)$$

Ein Prädikat heißt *primitiv rekursiv*, falls seine charakteristische Funktion primitiv rekursiv ist. Seien P und Q r-stellige Prädikate. Dann bezeichne $P \wedge Q$ die Menge $P \cap Q$, $P \vee Q$ die Menge $P \cup Q$ und $\neg P$ die Menge $\mathbb{N}_0^r \setminus P$.

Lemma 2.2 *Seien P und Q primitiv rekursive r-stellige Prädikate. Dann sind auch die Prädikate $P \wedge Q$, $P \vee Q$ und $\neg P$ primitiv rekursiv.*

Beweis: Es gilt

$$c_{P \wedge Q}(x_1, \ldots, x_r) = c_P(x_1, \ldots, x_r) \cdot c_Q(x_1, \ldots, x_r),$$
$$c_{P \vee Q}(x_1, \ldots, x_r) = \operatorname{sg}(c_P(x_1, \ldots, x_r) + c_Q(x_1, \ldots, x_r)) \text{ und}$$
$$c_{\neg P}(x_1, \ldots, x_r) = 1 - c_P(x_1, \ldots, x_r).$$

Da die jeweils verwendeten Funktionen primitiv rekursiv sind, sind auch $c_{P \wedge Q}$, $c_{P \vee Q}$ und $c_{\neg P}$ primitiv rekursiv. ■

Übung 2.4: *Zeigen Sie, dass die zweistelligen Prädikate $=$, $<$ und $\leq$ primitiv rekursiv sind.*

Prädikate kann man zur Definition von Funktionen mittels Fallunterscheidung verwenden. Der nächste Satz zeigt, dass bei der Verwendung von primitiv rekursiven Prädikaten und primitiv rekursiven Funktionen die neu definierte Funktion auch primitiv rekursiv ist.

Satz 2.2 *Seien $P_1, \ldots, P_k$ paarweise disjunkte r-stellige primitiv rekursive Prädikate und seien $f_1, \ldots, f_k : \mathbb{N}_0^r \to \mathbb{N}_0$ primitiv rekursive Funktionen. Dann ist die Funktion $g : \mathbb{N}_0^r \to \mathbb{N}_0$ mit*

$$g(x_1, \ldots, x_r) := \begin{cases} f_1(x_1, \ldots, x_r) & \text{falls } P_1(x_1, \ldots, x_r) \\ f_2(x_1, \ldots, x_r) & \text{falls } P_2(x_1, \ldots, x_r) \\ \vdots \\ f_k(x_1, \ldots, x_r) & \text{falls } P_k(x_1, \ldots, x_r) \\ 0 & \text{sonst} \end{cases}$$

primitiv rekursiv.

Beweis: Es gilt

$$g(x_1, \ldots, x_r) = \sum_{i=1}^{k} c_{P_i}(x_1, \ldots, x_r) \cdot f_i(x_1, \ldots, x_r). \tag{2.9}$$

2.2 Die μ-rekursiven Funktionen

Da Summation und Produktbildung primitiv rekursive Funktionen sind, ist auch g primitiv rekursiv.

∎

Abbildungen, die Funktionen in Funktionen abbilden, heißen *Operatoren*. Für eine Funktion $f : \mathbb{N}_0^{r+1} \to \mathbb{N}_0$ sei die Abbildung $\mu_b f : \mathbb{N}_0^{r+1} \to \mathbb{N}_0$ definiert durch

$$\mu_b f(n, x_1, \ldots, x_r) := \begin{cases} \min\{m \mid m \leq n \wedge f(m, x_1, \ldots, x_r) = 0\} & \text{falls solches } m \in \mathbb{N}_0 \\ & \text{existiert} \\ 0 & \text{sonst.} \end{cases}$$

μ_b heißt *beschränkter μ-Operator*.

Satz 2.3 *Sei $f : \mathbb{N}_0^{r+1} \to \mathbb{N}_0$ primitiv rekursiv. Dann ist auch $\mu_b f : \mathbb{N}_0^{r+1} \to \mathbb{N}_0$ primitiv rekursiv.*

Beweis: Es gilt

$$\mu_b f(0, x) = 0 \quad \forall x \in \mathbb{N}_0^r \quad \text{und}$$

$$\mu_b f(n+1, x) := \begin{cases} \mu_b f(n, x) & \text{falls } \mu_b f(n, x) \neq 0 \\ n+1 & \text{falls } \mu_b f(n, x) = 0 \wedge f(0, x) \neq 0 \\ & \wedge f(n+1, x) = 0 \\ 0 & \text{sonst.} \end{cases}$$

Betrachten wir folgende Funktion $g : \mathbb{N}_0^{r+2} \to \mathbb{N}_0$, wobei

$$g(n, t, x) := \begin{cases} t & \text{falls } 0 \leq z \leq n \text{ mit } f(z, x) = 0 \text{ existiert} \\ n+1 & \text{falls kein solches } z \text{ existiert und } f(n+1, x) = 0 \\ 0 & \text{sonst.} \end{cases}$$

Satz 2.2 impliziert, dass g primitiv rekursiv ist. Nun können wir $\mu_b f$ folgendermaßen schreiben:

$$\mu_b f(0, x) = 0 \text{ für alle } x \in \mathbb{N}_0^r \text{ und} \qquad (2.10)$$
$$\mu_b f(n+1, x) = g(n, f(n, x), x) \qquad (2.11)$$

Also entsteht $\mu_b f$ durch primitive Rekursion aus f und g und ist somit primitiv rekursiv.

∎

Als nächstes zeigen wir, dass es intuitiv berechenbare Funktionen gibt, die nicht primitiv rekursiv sind. Dies bedeutet insbesondere, dass die Klasse der primitiv rekursiven Funktionen nicht zur Formalisierung der Klasse der im intuitiven Sinn berechenbaren Funktionen ausreicht.

Satz 2.4 *Es gibt eine intuitiv berechenbare Funktion, die nicht primitiv rekursiv ist.*

Beweis: Wir beweisen den Satz mittels Diagonalisierung. D.h., wir werden eine intuitiv berechenbare Funktion $h : \mathbb{N}_0 \to \mathbb{N}_0$ mittels Diagonalisierung über die primitiv rekursiven Funktionen definieren. Zunächst überlegen wir uns, dass jede Ableitung einer primitiv rekursiven Funktion als String über einem festen Alphabet Σ dargestellt werden kann. Sei Σ das Alphabet bestehend aus

- $c, N, p, f, =, (,), +, 0, 1, x, n,$
- hochgestellten und tiefgestellten Ziffern $0, 1, \ldots, 9$ zum Indizieren von Funktionssymbolen c, p, f und Variablen x,
- " , " und
- Zwischenraum $\sqcup$.

Es ist klar, dass jede Ableitung als String über Σ dargestellt werden kann. Darüberhinaus gilt:

1. Für ein gegebenes $w \in \Sigma^+$ kann durch ein mechanisches Rechenverfahren entschieden werden, ob w die Ableitung einer primitiv rekursiven Funktion $f : \mathbb{N}_0 \to \mathbb{N}_0$ kodiert. Hierzu überlegt man sich, wie eine Ableitung einer primitiv rekursiven Funktion gemäß unserer Definition konkret aussieht und was dann eine geeignete Kodierung mit Hilfe des Alphabets Σ ist. Dann muss nur noch überprüft werden, ob w gemäß obiger Überlegungen eine Ableitung einer primitiv rekursiven Funktion kodiert.
2. Man kann alle Strings in Σ^+ aufzählen, indem man alle Strings der Länge 1, dann alle Strings der Länge 2 usw. geordnet generiert.
3. Für gegebenes i kann die i-te Ableitung G_i, die aufgezählt wird, durch folgendes Verfahren effektiv berechnet werden:
   (a) Zähle Σ^+ auf und entscheide für jeden aufgezählten String w, ob dieser eine Ableitung einer primitiv rekursiven Funktion kodiert. Zähle dabei die Anzahl der bisher gefundenen Kodierungen einer Ableitung einer primitiv rekursiven Funktion mit.
   (b) Sobald die i-te Ableitung gefunden ist, halte mit dieser an.

Bezeichne g_i die durch G_i kodierte rekursive Funktion. Sei $h : \mathbb{N}_0 \to \mathbb{N}_0$ definiert durch $h(i) := g_i(i) + 1$. Die Funktion h hat folgende Eigenschaften:

2.2 Die μ-rekursiven Funktionen

1. h ist im intuitiven Sinn berechenbar. (Berechne $G_i, g_i(i)$ und addiere 1.)
2. h ist nicht primitiv rekursiv. (Wäre h primitiv rekursiv, dann würde eine Ableitung H von h existieren und ein $j \in \mathbb{N}$ mit $H = G_j$. Dann wäre $g_j(j) = h(j) = g_j(j) + 1$.)

∎

Übung 2.5: Entwickeln Sie einen Algorithmus, der für ein gegebenes $w \in \Sigma^*$ entscheidet, ob w die Ableitung einer primitiv rekursiven Funktion $f : \mathbb{N}_0 \to \mathbb{N}_0$ kodiert. Kann Ihr Algorithmus auf einem Kellerautomaten implementiert werden? Begründen Sie Ihre Antwort.

Da über alle primitiv rekursiven Funktionen diagonalisiert wurde, ist obige Beweisführung nicht konstruktiv. ACKERMANN [Ack28] hat explizit eine intuitiv berechenbare Funktion konstruiert, die nicht primitiv rekursiv ist (siehe [Her78]).

Beim Beweis des obigen Satzes haben wir lediglich zwei Eigenschaften der primitiv rekursiven Funktionen verwendet:

1. Alle „Programme" (Ableitungen) primitiv rekursiver Funktionen können effektiv generiert und auf einheitliche Art und Weise ausgewertet werden.
2. Da alle primitiv rekursiven Funktionen total sind, konnte die Diagonalisierung durchgeführt werden.

Also kann die Klasse aller totalen berechenbaren Funktionen nicht konstruktiv charakterisiert werden. D.h., man kann die Programme aller totalen berechenbaren Funktionen nicht effektiv aufzählen und auf einheitliche Art und Weise auswerten. Wir werden sehen, dass die Klasse aller berechenbaren Funktionen (d.h. inklusive der berechenbaren partiellen Funktionen) konstruktiv charakterisierbar ist. Hierzu werden wir zunächst eine Operation, die auch partielle Funktionen erzeugt, definieren.

Sei $f : \mathbb{N}_0^{r+1} \to \mathbb{N}_0$ eine Funktion. Dann ist die Funktion $\mu f : \mathbb{N}_0^r \to \mathbb{N}_0$ definiert durch

$$\mu f(x) := \begin{cases} \min\{n \geq 0 \mid f(n,x) = 0 \text{ und} \\ \quad f(m,x) \text{ ist definiert } \forall\, m < n\} & \text{falls solches } n \in \mathbb{N}_0 \text{ existiert} \\ \text{nicht definiert} & \text{sonst.} \end{cases}$$

μ heißt μ-*Operator*. Die Klasse der μ-*rekursiven Funktionen* ist die kleinste Klasse R von Funktionen, für die gilt:

1. Alle konstanten Funktionen, die Nachfolgerfunktion sowie alle Projektionen sind in R.

2. R ist abgeschlossen unter Substitution, primitiver Rekursion und der Anwendung des μ-Operators.

Wir werden sehen, dass die Klasse der μ-rekursiven Funktionen eine Charakterisierung der im intuitiven Sinn berechenbaren Funktionen darstellt. Zunächst konstruieren wir einen Automat, der exakt die intuitiv berechenbaren Funktionen berechnet. Dieser Automat heißt Turingmaschine.

2.3 Turingmaschinen

Turingmaschinen berechnen exakt die intuitiv berechenbaren Funktionen. Eine *k-Band-Turingmaschine* besteht aus einer endlichen Steuereinheit, der *endlichen Kontrolle* und k einseitig unendlichen *Bändern*. Jedes Band ist in Bandquadrate, die jeweils ein Zeichen des endlichen *Bandalphabets* speichern können, aufgeteilt. Die Bandquadrate eines Bandes sind von links mit 0 beginnend durchnummeriert. Das Bandquadrat 0 enthält jeweils das Sonderzeichen \$. Die endliche Kontrolle besitzt für jedes Band einen *Lese/Schreib–Kopf* (L/S–Kopf), mittels dessen zu einem Zeitpunkt ein Bandquadrat gelesen bzw. überschrieben werden kann. Die endliche Kontrolle befindet sich zu jedem Zeitpunkt in einem von endlich vielen möglichen *Zuständen*. Formal definieren wir:

Eine *(deterministische) k-Band Turingmaschine* (DTM) M ist ein 5-Tupel $M = (Q, \Sigma, \delta, q_0, F)$, wobei

1. Q eine endliche Menge von *Zuständen*,
2. Σ ein endliches *Bandalphabet* mit $Q \cap \Sigma = \emptyset$ und $\{0, 1, \#, \_, \$\} \subseteq \Sigma$,
3. $\delta : Q \times \Sigma^k \to Q \times \Sigma^k \times \{-1, 0, 1\}^k$ die *Übergangsfunktion*
   ($-1, 1, 0$ stehen hier für die Kopfbewegungen ein Bandquadrat nach links, nach rechts, keine Bewegung),
4. q_0 der *Startzustand* und
5. $F := \{q_e \mid \delta(q_e, a) \text{ ist für kein } a \in \Sigma^k \text{ definiert}\}$ die Menge der *Endzustände*

sind.

$\delta(q, a_1, a_2, \ldots, a_k) = (q', c_1, c_2, \ldots, c_k, s_1, \ldots, s_k)$ wird folgendermaßen interpretiert:

Liest M im Zustand q für $1 \leq i \leq k$ auf dem i-ten Band $a_i \in \Sigma$, dann überschreibt M für jedes i auf dem i-ten Band das gelesene a_i mit c_i, führt die durch s_i spezifizierte Kopfbewegung durch und geht in den Zustand q' über. Zu jedem Zeitpunkt ist die Turingmaschine eindeutig durch

- den aktuellen Zustand der endlichen Kontrolle,

2.3 Turingmaschinen

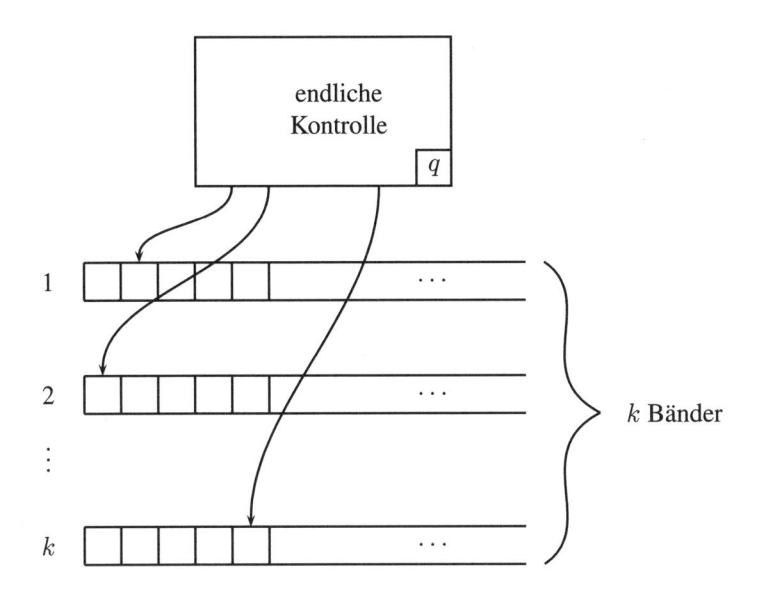

Abbildung 2.1: k-Band Turingmaschine.

- den Bandinhalt der Bänder und
- die Positionen der L/S–Köpfe auf den Bändern

spezifiziert. Eine derartige Spezifikation heißt *Konfiguration* der Turingmaschine. Zu Beginn befindet sich die Turingmaschine M in folgender *Startkonfiguration*:

1. q_0 ist der Zustand der endlichen Kontrolle.
2. Die Eingabe der Länge n steht auf den Bandquadraten $1, 2, \ldots, n$ des ersten Bandes.
3. Alle übrigen Bandquadrate der k-Bänder, bis auf das Bandquadrat 0, das \$ enthält, sind mit dem Sonderzeichen ␣ (in Worten „Blank") beschrieben.
4. Alle L/S–Köpfe stehen auf dem ersten Bandquadrat des zugehörigen Bandes.

Ein L/S-Kopf darf sich niemals über das linke Bandende hinaus bewegen. Der Inhalt des Bandquadrates 0 darf niemals überschrieben werden. Links von einem L/S-Kopf darf niemals ␣ die Inschrift eines Bandquadrates sein.

$\Gamma \subseteq \Sigma$ mit der Eigenschaft, dass Γ die kleinste Teilmenge von Σ ist, so dass $w \in \Gamma^*$ für alle Eingaben w von M, heißt *Eingabealphabet* von M.

Eine Konfiguration K mit der Eigenschaft, dass der aktuelle Zustand q ein Endzustand ist, heißt *Endkonfiguration*. Seien K und K' Konfigurationen der Turingmaschine M. Wir schreiben $K \vdash_M K'$, falls K mittels einmaliger Anwendung von δ nach K' übergeht. K' heißt dann auch *Nachfolgekonfiguration* von K. $\stackrel{*}{\vdash}_M$ bezeichnet die reflexive, transitive Hülle der Übergangsfunktion $\vdash_M$. Eine endliche Folge $K_0, K_1, \ldots, K_t$ heißt *endliche Rechnung von M auf der Eingabe w*, falls

1. K_0 die Startkonfiguration von M bei der Eingabe w,
2. $K_i \vdash_M K_{i+1}$ für $0 \le i < t$ und
3. K_t eine Endkonfiguration

sind. Falls es eine endliche Rechnung von M auf der Eingabe w gibt, dann sagen wir, dass M bei der Eingabe w anhält. Eine Turingmaschine heißt *regulär*, falls am Ende jeder endlichen Rechnung alle L/S–Köpfe auf dem Bandquadrat 1 des zugehörigen Bandes stehen.

Wir werden nun die durch eine Turingmaschine M berechnete Funktion spezifizieren. Sei $n \in \mathbb{N}_0$. Dann bezeichnet $\mathrm{bin}(n)$ die Binärdarstellung von n ohne führende Nullen. D.h.,

- $\mathrm{bin}: \mathbb{N}_0 \to \{0,1\}^+$ ist eine injektive Funktion und
- $\mathrm{bin}^{-1}: \{0,1\}^+ \to \mathbb{N}_0$ mit $\mathrm{bin}^{-1}(w_1 w_2 \ldots w_s) := \sum_{i=1}^{s} w_i 2^{s-i}$ ist die Umkehrfunktion von bin.

Jede Turingmaschine M mit Bandalphabet Σ definiert die eventuell partielle Funktion $f_M : \Sigma^* \to \Sigma^*$, wobei $f_M(w)$ die Inschrift des ersten Bandes am Ende der Rechnung von M bei der Eingabe w ist. M definiert für jedes $r \in \mathbb{N}$ die Funktion $f_M^r : \mathbb{N}_0^r \to \mathbb{N}_0$, wobei

$$f_M^r(x_1, x_2, \ldots, x_r) := \begin{cases} \mathrm{bin}^{-1}(y) & \text{falls } M \text{ bei Eingabe} \\ & \mathrm{bin}(x_1)\#\mathrm{bin}(x_2)\#\ldots\#\mathrm{bin}(x_r) \\ & \text{mit der Inschrift } y \in \{0,1\}^+ \\ & \text{auf Band 1 anhält.} \\ \text{undefiniert} & \text{sonst.} \end{cases}$$

Eine Funktion $f : \Sigma^* \to \Sigma^*$ ($f : \mathbb{N}_0^r \to \mathbb{N}_0$) heißt *turingberechenbar*, falls eine Turingmaschine M mit $f = f_M$ ($f = f_M^r$) existiert.

Unser Ziel ist nun, die Gleichheit der Klasse der μ-rekursiven Funktionen und der Klasse der turingberechenbaren Funktionen zu beweisen. Zunächst zeigen wir, dass jede μ-rekursive Funktion auch turingberechenbar ist.

Satz 2.5 *Jede μ-rekursive Funktion ist turingberechenbar.*

2.3 Turingmaschinen

Beweis: Wir werden zunächst zeigen, dass die Grundfunktionen durch reguläre Einband-Turingmaschinen berechnet werden können. Danach werden wir uns überlegen, wie wir die Operationen Substitution, primitive Rekursion und Anwendung des μ-Operators mittels regulärer Turingmaschinen realisieren.

Lemma 2.3 *Die Nachfolgerfunktion, die konstanten Funktionen und die Projektionen können durch reguläre Einband-Turingmaschinen berechnet werden.*

Beweis: Durch explizite Angabe der Turingmaschine.

$\square$

Lemma 2.4 *Seien $f : \mathbb{N}_0^r \to \mathbb{N}_0$ und $g_i : \mathbb{N}_0^m \to \mathbb{N}_0$, $1 \leq i \leq r$ Funktionen, die durch reguläre k-Band-Turingmaschinen $F, G_1, G_2, \ldots, G_r$ berechnet werden. Sei h diejenige Funktion, die durch Substitution der g_i in f entsteht. Dann gibt es eine reguläre $(k+2)$-Band Turingmaschine M, die h berechnet.*

Beweis: Die endliche Kontrolle von H enthält die endlichen Kontrollen der Turingmaschinen $F, G_1, G_2, \ldots, G_r$. Dies ist möglich, da die Anzahl dieser Turingmaschinen endlich ist. H lässt nun nacheinander G_i, $1 \leq i \leq r$ auf seiner Eingabe laufen und speichert die berechneten Ergebnisse. Anschließend lässt H die Turingmaschine F mit den zwischengespeicherten Ergebnissen als Eingabe laufen. Zur Durchführung dieser Idee konstruieren wir zunächst eine reguläre $(k+2)$-Band Turingmaschine G'_i, $1 \leq i \leq r$, die sich folgendermaßen verhält:

(1) G'_i kopiert den Inhalt von Band 1 auf Band 3. (Abgekürzt schreiben wir hierfür Band 3 := Band 1.)

(2) G'_i lässt die k-Band-Turingmaschine G_i auf den Bändern $3, 4, \ldots, k+2$ laufen.

(3) Der Inhalt von Band 2 wird wie folgt modifiziert:

$$\text{Band 2} := \begin{cases} \text{Band 3} & \text{falls } i = 1 \\ \text{Band 2\#Band 3} & \text{falls } i > 1. \end{cases}$$

(4) Die Bänder $3, 4, \ldots, k+2$ werden gelöscht, d.h., die Inhalte der Bandquadrate > 0 werden mit $\sqcup$ überschrieben.

H lässt nacheinander $G'_1, G'_2, \ldots, G'_r$ laufen. Dabei gilt

$$\text{Startkonfiguration }(G'_i) := \begin{cases} \text{Startkonfiguration von } H & \text{falls } i = 1 \\ \text{Endkonfiguration von } G'_{i-1} & \text{falls } i > 1. \end{cases}$$

Danach lässt H nun F auf den Bändern $2, 3, \ldots, k+1$ laufen, wobei die Startkonfiguration von F sich aus der Endkonfiguration von G'_r ergibt. Zum Schluss löscht H

Band 1, kopiert Band 2 auf Band 1 und fährt die L/S-Köpfe auf das Bandquadrat 1 der korrespondierenden Bänder.

Aus der Konstruktion folgt unmittelbar, dass H bei der Eingabe $\text{bin}(x_1)\# \text{bin}(x_2) \# \ldots \# \text{bin}(x_m)$ die Funktion $f(g_1(x_1, \ldots, x_m), \ldots, g(x_1, \ldots, x_m))$ berechnet.
□

Übung 2.6:

a) *Beweisen Sie Lemma 2.3.*

b) *Konstruieren Sie explizit reguläre Turingmaschinen für die im Beweis von Lemma 2.4 verwandten grundlegenden Operationen*

- *kopiere den Inhalt von Band i auf Band j,*
- *lösche Band i und*
- *hänge den Inhalt von Band i an den Inhalt von Band j.*

c) *Führen Sie die Konstruktion im Beweis des Lemmas 2.4 unter Verwendung von b) explizit durch.*

Lemma 2.5 *Seien $g : \mathbb{N}_0^r \to \mathbb{N}_0$ und $f : \mathbb{N}_0^{r+2} \to \mathbb{N}_0$ Funktionen, die von regulären k-Band-Turingmaschinen G und F berechnet werden. Sei h eine Funktion, die durch primitive Rekursion aus g und f definiert ist. Dann gibt es eine reguläre $(k+4)$-Band-Turingmaschine H, die h berechnet.*

Beweis: Die endliche Kontrolle der Turingmaschine H enthält die endlichen Kontrollen der Turingmaschinen G und F. Die Bänder 1 und 4 dienen als Zähler. Band 1 enthält die Anzahl der noch durchzuführenden Berechnungen der Turingmaschine F, während Band 4 die Anzahl der bereits durchgeführten Berechnungen von F enthält. Der Inhalt von Band 2 ist immer $\text{bin}(x_1)\# \text{bin}(x_2)\# \ldots \# \text{bin}(x_r)$. Band 3 dient zur Speicherung der Binärdarstellung $\text{bin}(h(i, x_1, x_2, \ldots, x_r))$ des zuletzt berechneten Funktionswertes $h(i, x_1, x_2, \ldots, x_r)$. Wird nun H mit der Eingabe $\text{bin}(n)\# \text{bin}(x_1)\# \ldots \# \text{bin}(x_r)$ gestartet, dann steht nach dem i-ten Durchlauf der **while**-Schleife $\text{bin}(n-i)$ auf Band 1, $\text{bin}(x_1)\# \ldots \# \text{bin}(x_r)$ auf Band 2, $\text{bin}(h(i, x_1, \ldots, x_r))$ auf Band 3 und $\text{bin}(i)$ auf Band 4. H verhält sich folgendermaßen:

(1) Kopiere den hinter dem ersten # stehenden Inhalt von Band 1 auf Band 2;

(2) Lösche Band 1 ab dem ersten #;

(3) Band 3 := Band 2;

(4) H lässt G auf den Bändern $3, 4, \ldots, k+2$ laufen;

(5) Band 4 := 0;

(6) Lösche Bänder $5, 6, \ldots, k+2$;

(7) **while** Band 1 $\neq 0$

2.3 Turingmaschinen

    do

        Band 5 := Band 4;

        Band 5 := Band 5 # Band 3;

        Band 5 := Band 5 # Band 2;

        Lass F auf den Bändern $5, 6, \ldots, k+4$ laufen;

        Band 3 := Band 5;

        Lösche die Bänder $5, 6, \ldots, k+4$;

        Band 1 := Band 1 $-$ 1;

        Band 4 := Band 4 $+$ 1;

    od;

(8) Band 1 := Band 3;

(9) Fahre die L/S-Köpfe auf das Bandquadrat 1 der korrespondierenden Bänder.

Aus der Konstruktion folgt unmittelbar, dass H die primitive Rekursion korrekt durchführt.

$\square$

Im obigen Beweis haben wir im Grunde genommen eine **for**-Schleife mittels einer **while**-Schleife realisiert. Dies bedeutet, dass primitive Rekursion der Durchführung einer **for**-Schleife entspricht.

Übung 2.7:

a) *Beweisen Sie formal die Korrektheit der Konstruktion.*

b) *Wandeln Sie die **while**-Schleife in eine **for**-Schleife um.*

Lemma 2.6 *Sei $f : \mathbb{N}_0^{r+1} \to \mathbb{N}_0$ eine Funktion, die durch eine reguläre k-Band-Turingmaschine F berechnet wird. Dann gibt es eine reguläre $(k+3)$-Band-Turingmaschine M, die μf berechnet.*

Beweis: Die endliche Kontrolle von M enthält die endliche Kontrolle von F. M führt derart eine **while**-Schleife durch, dass folgende Invariante stets erfüllt ist:

Wird M mit der Eingabe $\text{bin}(x_1)\#\ldots\#\text{bin}(x_r)$ gestartet, dann steht nach dem i-ten Durchlauf der **while**-Schleife $\text{bin}(f(i-1, x_1, x_2, \ldots, x_r))$ auf Band 1, $\text{bin}(x_1)$ $\#\ldots\#\text{bin}(x_r)$ auf Band 2 und $\text{bin}(i)$ auf Band 3. M verhält sich folgendermaßen:

(1) Band 2 := Band 1;

(2) Band 1 := 1;

(3) Band 3 := 0;

(4) **while** Band 1 $\neq 0$

    do

        Band 4 := Band 3;

>   Band 4 := Band 4 # Band 2;
> M lässt F auf den Bändern $4, 5, \ldots, k+3$ laufen.
>   Band 1 := Band 4;
>   Lösche die Bänder $4, 5, \ldots, k+3$;
>   Band 3 := Band 3 + 1
>   **od**;
> (5) Band 1 := Band 3 $-$ 1;
> (6) Fahre die L/S-Köpfe auf das Bandquadrat 1 der korrespondierenden Bänder.

Da im Block der **while**-Schleife der Inhalt von Band 3 um eins erhöht wird, muss nach der Terminierung die letzte Erhöhung zurückgenommen werden, damit auf Band 1 das korrekte Ergebnis steht. Aus der Konstruktion folgt unmittelbar die Korrektheit von M.

□

Obiger Beweis ergibt, dass die Anwendung des μ-Operators der Durchführung einer **while**-Schleife entspricht. Da jede μ-rekursive Funktion durch endlich viele Anwendungen von Substitution, primitiver Rekursion und des μ-Operators aus endlich vielen Grundfunktionen berechenbar ist, kann jede μ-rekursive Funktion mittels der Hintereinanderausführung von endlich vielen Turingprogrammen vom obigen Typ berechnet werden. Also folgt unmittelbar aus den Lemmata 2.3 - 2.6 die Behauptung des Satzes 2.5.

■

Als nächstes werden wir beweisen, dass jede turingberechenbare Funktion $f : \mathbb{N}_0^r \to \mathbb{N}_0$ auch μ-rekursiv ist. Das folgende Lemma vereinfacht uns die Arbeit:

Lemma 2.7 *Jede turingberechenbare Funktion kann von einer regulären Einband–Turingmaschine berechnet werden.*

Beweis: Gegeben eine beliebige k-Band-Turingmaschine M, konstruieren wir eine reguläre Einband-Turingmaschine M', die M simuliert. Das Band von M' enthält $2k$ Spuren, von denen zwei jeweils ein Band der Turingmaschine M simulieren. Eine dieser Spuren enthält den Bandinhalt, die andere die Position des L/S–Kopfes. Abbildung 2.2 beschreibt die Struktur des Bandes der Turingmaschine M'. Um einen Rechenschritt von M zu simulieren, besucht M' alle Bandquadrate, in denen eine L/S–Kopfmarkierung steht und speichert das zugehörige Bandsymbol in der endlichen Kontrolle. Nachdem M' alle notwendigen Informationen gesammelt hat, wird der nächste Rechenschritt entschieden und durchgeführt. D.h., M' besucht alle markierten Zellen und ändert deren Inhalte gemäß des durchgeführten Rechenschrittes ab. Ebenso werden gemäß des Rechenschrittes die L/S-Kopfmarkierungen modifiziert. Nach Beendigung der Simulation ersetzt M' für jedes Bandquadrat seinen Inhalt durch den Inhalt seiner zweiten Spur (siehe Abbildung 2.3). Nach Beendigung der Berechnung

2.3 Turingmaschinen

Kopf 1				↓			1. Spur
Band 1	$	a	a	b	c	b	2. Spur
Kopf 2		↓					3. Spur
Band 2	$	b	b	a	c		4. Spur
				⋮			
Kopf k				↓			
Band k	$	c	a	b	b	a	$2k$. Spur

Abbildung 2.2: Band von M'.

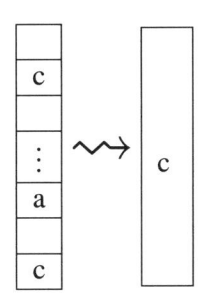

Abbildung 2.3: Konstruktion des Funktionswertes.

enthält das Band von M' somit den korrekten Funktionswert. Zum Schluss fährt M' seinen L/S-Kopf auf das Bandquadrat 1. ∎

Die Konfiguration K einer Einband–Turingmaschine kann eindeutig dargestellt werden, indem der Bandinhalt als String geschrieben und der Zustand im String direkt vor dem Inhalt desjenigen Bandquadrates, auf dem der L/S–Kopf steht, plaziert wird. D.h., wir schreiben $K = \$a_1 a_2 \ldots a_{k-1} q a_k \ldots a_t$, wobei

- $\$a_1 a_2 \ldots a_t$ der aktuelle Bandinhalt,
- q der aktuelle Zustand und
- das k-te Bandquadrat die Position des L/S–Kopfes

sind.

Satz 2.6 *Sei $f : \mathbb{N}_0^r \to \mathbb{N}_0$ turingberechenbar. Dann ist f auch μ-rekursiv.*

Beweis: Da f turingberechenbar ist, existiert eine reguläre Einband–Turingmaschine $M = (Q, \Sigma, \delta, q_0, F)$, die f berechnet. Wir werden μ-rekursive Funktionen definieren, die die Arbeitsweise von M simulieren. Folgende Schwierigkeit tritt dabei auf:

Turingmaschinen operieren auf Zeichenreihen, während μ-rekursive Funktionen auf Zahlen operieren. Das bedeutet, dass es sinnvoll ist, zunächst Zeichenreihen durch

Zahlen zu kodieren. D.h., wir definieren eine injektive Abbildung $\psi : (Q \cup \Sigma)^* \to \mathbb{N}_0$. Die Kodierung wird dergestalt sein, dass einfache Operationen auf Zeichenreihen (andere benötigen wir nicht) durch einfache primitiv rekursive Funktionen simuliert werden können. Bezeichne K eine Konfiguration von M. D.h., wir schreiben $K = uqv$, für $u, v \in \Sigma^*, q \in Q$.

Bezeichne $\Delta(K)$ die eindeutige Nachfolgerkonfiguration von K. Zentral für den Beweis des Satzes ist die Konstruktion einer primitiv rekursiven Funktion, die, angewandt auf die Kodierung einer beliebigen Konfiguration, die Kodierung der eindeutig bestimmten Nachfolgerkonfiguration konstruiert. Des Weiteren benötigen wir eine primitiv rekursive Funktion, die für eine beliebige gegebene natürliche Zahl feststellt, ob sie die Kodierung einer Endkonfiguration ist. Beides liefert das folgende Lemma:

Lemma 2.8 *Es gibt primitiv rekursive Funktionen* $\tilde{\Delta} : \mathbb{N}_0 \to \mathbb{N}_0$ *und* $\mathrm{END} : \mathbb{N}_0 \to \mathbb{N}_0$, *so dass für alle Konfigurationen K von M*

a) $\tilde{\Delta}(\psi(K)) = \psi(\Delta(K))$ *und*

b) $\mathrm{END}(\psi(K)) = \begin{cases} 0 & \text{falls } K \text{ Endkonfiguration} \\ 1 & \text{sonst.} \end{cases}$

Bevor wir ψ genauer spezifizieren und Lemma 2.8 beweisen, skizzieren wir den Beweis des Satzes zu Ende.

Ausgehend von der Kodierung $\psi(K)$ einer Konfiguration K konstruiert die Funktion $\tilde{\Delta}$ die Kodierung der eindeutig bestimmten Nachfolgerkonfiguration, also derjenigen Konfiguration von M, die aus K nach genau einem Rechenschritt von M entsteht. Wir benötigen auch für beliebige $n > 0$ die Kodierung derjenigen Konfiguration K', die aus K nach genau n Schritten von M entsteht. Hierzu konstruieren wir mittels einmaliger Anwendung von primitiver Rekursion auf $\tilde{\Delta}$ folgende primitiv rekursive Funktion $D : \mathbb{N}_0^2 \to \mathbb{N}_0$ durch

$$D(0, x) := x \quad \text{und} \quad D(n+1, x) := \tilde{\Delta}(D(n, x)) \text{ für } n \geq 0. \tag{2.12}$$

Mittels Induktion über n kann leicht bewiesen werden, dass $D(n, \psi(K))$ die gewünschte Kodierung liefert.

Des Weiteren benötigen wir die Anzahl der Rechenschritte, die M, gestartet in der Konfiguration K, durchführt. Diese erhalten wir mittels folgender μ-rekursiven Funktion $A : \mathbb{N}_0 \to \mathbb{N}_0$:

$$A(x) := \begin{cases} \min\{i \mid D(i, x) \text{ ist Kodierung} \\ \quad \text{einer Endkonfiguration }\} & \text{falls solches } i \text{ existiert} \\ \text{undefiniert} & \text{sonst.} \end{cases}$$

A ist μ-rekursiv, da $A = \mu g$ für $g : \mathbb{N}_0^2 \to \mathbb{N}_0$ mit $g(i, x) := \mathrm{END}(D(i, x))$.

2.3 Turingmaschinen

Demnach ist $A(\psi(K))$, falls der Wert definiert ist, die Anzahl der Rechenschritte, die M, gestartet in der Konfiguration K, durchführt. Ist der Wert $A(\psi(K))$ undefiniert, dann gelangt M in keine Endkonfiguration. $D(A(\psi(K)), \psi(K))$ ist im Fall, dass $A(\psi(K))$ definiert ist, die Kodierung derjenigen Endkonfiguration, in die M, gestartet in der Konfiguration K, gelangt.

Wir benötigen noch primitiv rekursive Funktionen, die für ein gegebenes Element des Definitionsbereiches die Kodierung der korrespondierenden Startkonfiguration, bzw. aus der Kodierung einer Endkonfiguration den korrespondierenden Funktionswert berechnen. Die Existenz solcher Funktionen zeigt das folgende Lemma:

Lemma 2.9 *Es gibt primitiv rekursive Funktionen $E : \mathbb{N}_0^r \to \mathbb{N}_0$ und $F : \mathbb{N}_0 \to \mathbb{N}_0$, so dass für alle x, $x_i \in \mathbb{N}_0$, $1 \leq i \leq r$ und für alle $q \in Q$*

a) $E(x_1, x_2, \ldots, x_r) = \psi(\$q_0 \operatorname{bin}(x_1) \# \operatorname{bin}(x_2) \# \ldots \# \operatorname{bin}(x_r))$ und

b) $F(\psi(\$q \operatorname{bin}(x))) = x$.

Wegen $f(x_1, x_2, \ldots, x_r) = F(D(A(E(x_1, x_2, \ldots, x_r)), E(x_1, x_2, \ldots, x_r)))$ folgt dann die Behauptung des Satzes. Zum Beweis des Satzes verbleiben also noch

- die Definition von ψ,
- der Beweis von Lemma 2.8 und
- der Beweis von Lemma 2.9.

Zur Definition von ψ sei $|Q \cup \Sigma| = p$. Wir interpretieren einen String über $Q \cup \Sigma$ als eine $(p+1)$-näre Zahl y und bilden diese auf die korrespondierende Zahl in $\mathbb{N}_0$ ab. Sei $Q \cup \Sigma = \{a_1, a_2, \ldots, a_p\}$. D.h., wir nummerieren die Zeichen von $Q \cup \Sigma$ in irgendeiner Reihenfolge mit 1 beginnend durch. Dann definieren wir die Kodierung $\psi : (Q \cup \Sigma)^* \to \mathbb{N}_0$ durch

$$\psi(\varepsilon) := 0$$
$$\psi(a_i) := i \qquad\qquad a_i \in Q \cup \Sigma$$
$$\psi(v_1 v_2 \ldots v_s) := \sum_{j=1}^{s} \psi(v_j)(p+1)^{s-j} \qquad v_j \in Q \cup \Sigma.$$

Übung 2.8: *Beweisen Sie, dass die Abbildung ψ injektiv ist.*

Bevor wir nun die Lemmata 2.8 und 2.9 beweisen, simulieren wir einige einfache Operationen auf $(Q \cup \Sigma)^*$ wie Konkatenation, Längenbestimmung eines Strings, Präfixbildung usw. durch primitiv rekursive Funktionen.

Lemma 2.10 *Es gibt primitiv rekursive Funktionen* L, CONCAT, PREFIX, SUFFIX, FIRST, LAST, SELECT, *so dass* $\forall b, c \in (Q \cup \Sigma)^*$ *und* $i \in \{0, 1, \ldots, |b|\}$ *gilt:*

a) $\mathrm{L}(\psi(b)) = |\psi(b)|$.
b) $\mathrm{CONCAT}(\psi(b), \psi(c)) = \psi(bc)$.
c) $\mathrm{PREFIX}(\psi(b), i) = \begin{cases} \psi(b_1 b_2 \ldots b_i) & \text{falls } i > 0 \\ \psi(\varepsilon) & \text{falls } i = 0. \end{cases}$
d) $\mathrm{SUFFIX}(\psi(b), i) = \begin{cases} \psi(b_i \ldots b_{|b|}) & \text{falls } i > 0 \\ \psi(\varepsilon) & \text{falls } i = 0. \end{cases}$
e) $\mathrm{FIRST}(\psi(b)) = \psi(b_1)$.
f) $\mathrm{LAST}(\psi(b)) = \psi(b_{|b|})$.
g) $\mathrm{SELECT}(\psi(b), i) = \begin{cases} \psi(b_i) & \text{falls } i > 0 \\ \psi(\varepsilon) & \text{falls } i = 0. \end{cases}$

Beweis: Wir geben einfach diese Funktionen an.

a) $\mathrm{L}(x) = \min\{m \mid m \leq x \wedge (p+1)^m > x\}$.
b) $\mathrm{CONCAT}(x, y) = x(p+1)^{\mathrm{L}(y)} + y$.
c) $\mathrm{PREFIX}(x, i) = \begin{cases} x \div (p+1)^{\mathrm{L}(x)-i} & \text{falls } i > 0 \\ 0 & \text{falls } i = 0. \end{cases}$
d) $\mathrm{SUFFIX}(x, i) = \begin{cases} x \bmod (p+1)^{\mathrm{L}(x)-i+1} & \text{falls } i > 0 \\ 0 & \text{falls } i = 0. \end{cases}$
e) $\mathrm{FIRST}(x) = \mathrm{PREFIX}(x, 1)$.
f) $\mathrm{LAST}(x) = \mathrm{SUFFIX}(x, \mathrm{L}(x))$.
g) $\mathrm{SELECT}(x, i) = \begin{cases} \mathrm{FIRST}(\mathrm{SUFFIX}(x, i)) & \text{falls } i > 0 \\ 0 & \text{falls } i = 0. \end{cases}$

Es ist leicht zu zeigen, dass obige Funktionen primitiv rekursiv sind.

□

Übung 2.9: *Zeigen Sie, dass die im Beweis des Lemmas 2.10 definierten Funktionen primitiv rekursiv sind.*

Unter Verwendung der soeben definierten primitiv rekursiven Funktionen beweisen wir die Lemmata 2.8 und 2.9.

Beweis des Lemmas 2.8: Sei $\psi(Q) = \{\psi(q) \mid q \in Q\}$. Das Prädikat $x \in \psi(Q)$ ist nur für endlich viele x wahr. Also folgt direkt aus Satz 2.2, dass dieses Prädikat primitiv rekursiv ist. Zur Vereinfachung der Schreibweise verwenden wir für $\mathrm{SELECT}(x, i)$ bzw. $\mathrm{CONCAT}(x, y)$ die Schreibweisen $x_{(i)}$ bzw. $[x, y]$ und schreiben $[x, y, z]$ für $[[x, y], z]$. Sei $q(x) = min\{i \mid i < \mathrm{L}(x) \wedge x_{(i)} \in \psi(Q)\}$. Falls x die Kodierung einer

2.3 Turingmaschinen

Konfiguration der Turingmaschine ist, dann bezeichnet $q(x)$ gerade die Position des L/S-Kopfes auf dem Band. D.h., für $x = \psi(uqv)$, $u, v \in \Sigma^*$, $q \in Q$ gilt $q(x) = |u|+1$. Für $x = \psi(ubqav)$ möchten wir die Kodierungen $\psi(u)$, $\psi(v)$ und $\psi(bqa)$ konstruieren. Seien

$$u(x) := \mathrm{PREFIX}(x, q(x) \dot{-} 2),$$
$$v(x) := \mathrm{SUFFIX}(x, q(x) + 2) \text{ und}$$
$$w(x) := [x_{(q(x)\dot{-}1)}, x_{(q(x))}, x_{(q(x)+1)}].$$

Die Funktionen q, u, v und w sind alle primitiv rekursiv. Ferner gilt für $x = \psi(ubqav)$ mit $u \in \Sigma^*$, $b \in \Sigma \cup \{\varepsilon\}$, $b \neq \varepsilon$ falls $u \neq \varepsilon$, $q \in Q$, $a \in \Sigma$ und $v \in \Sigma^*$: $u(x) = \psi(u)$, $v(x) = \psi(v)$ und $w(x) = \psi(bqa)$.

Als nächstes definieren wir eine primitiv rekursive Funktion $\tilde{\delta} : \mathbb{N}_0 \to \mathbb{N}_0$, die der Übergangsfunktion δ entspricht. Sei $y = \psi(bqa)$ mit $b \in \Sigma \cup \{\varepsilon\}$, $q \in Q$ und $a \in \Sigma$. Wir definieren:

$$\tilde{\delta}(y) := \begin{cases} \psi(bcq') & \text{falls } \delta(q,a) = (q', c, +1) \\ \psi(bq'c) & \text{falls } \delta(q,a) = (q', c, 0) \\ \psi(q'bc) & \text{falls } \delta(q,a) = (q', c, -1). \end{cases}$$

In allen anderen Fällen definieren wir $\tilde{\delta}(y) = 0$. Da $\tilde{\delta}(y)$ nur für endlich viele y von 0 verschieden ist, folgt wiederum unmittelbar aus Satz 2.2, dass $\tilde{\delta}$ primitiv rekursiv ist. Nun können wir die Funktionen $\tilde{\Delta}$ und END definieren. Seien für $x \in \mathbb{N}_0$

$$\tilde{\Delta}(x) := [u(x), \tilde{\delta}(w(x)), v(x)] \text{ und}$$
$$\mathrm{END}(x) := \begin{cases} 0 & \text{falls } x_{(q(x))} \in \{\psi(e) \mid e \in F\} \\ 1 & \text{sonst.} \end{cases}$$

Aus der Konstruktion folgt direkt, dass $\tilde{\Delta}$ und END das Gewünschte berechnen und primitiv rekursiv sind.

□

Beweis des Lemmas 2.9: a) Gesucht ist eine primitiv rekursive Funktion $E : \mathbb{N}_0^r \to \mathbb{N}_0$ mit $E(x_1, \ldots, x_r) = \psi(\$q_0 \operatorname{bin}(x_1)\# \ldots \# \operatorname{bin}(x_r))$. Wir konstruieren zunächst eine primitiv rekursive Funktion B, die, gegeben $i, x \in \mathbb{N}_0$, das i.-letzte Bit in der Binärdarstellung von x berechnet. Betrachten wir hierzu die primitiv rekursive Funktion $B : \mathbb{N}_0^2 \to \mathbb{N}_0$ mit

$$B(i,x) := (x \mod 2^i) \div 2^{i-1}, \tag{2.13}$$

wobei $\div$ die ganzzahlige Division bezeichnet.

Sei
$$P(n,x) := \sum_{i=1}^{n} \psi(B(i,x)) \cdot (p+1)^{i-1}. \tag{2.14}$$

Dann gilt
$$P(L(\psi(\mathrm{bin}(x))), x) = \psi(\mathrm{bin}(x)). \tag{2.15}$$

Wegen
$$P(n+1, x) = \psi(B(n+1, x)) \cdot (p+1)^{n+1-1} + P(n, x) \tag{2.16}$$

erhalten wir P aus B mittels primitiver Rekursion. Also ist P auch primitiv rekursiv.

Wir erhalten nun die Funktion E mit Hilfe der Funktion P durch endlich viele Anwendungen von CONCAT. Es gilt:

$$E(x_1, \ldots, x_r) = [\psi(\$), \psi(q_0), P(L(\psi(\mathrm{bin}(x_1))), x_1), \psi(\#), \ldots,$$
$$\psi(\#), P(L(\psi(\mathrm{bin}(x_r))), x_r)]. \tag{2.17}$$

Aus der primitiven Rekursivität von P, L und CONCAT folgt dann die primitive Rekursitivität von E.

b) Gesucht ist eine primitiv rekursive Funktion $F : \mathbb{N}_0 \to \mathbb{N}_0$ mit $F(\psi(\$q\,\mathrm{bin}(x))) = x$. Sei $G : \mathbb{N}_0 \to \mathbb{N}_0$ definiert durch $G(y) = \mathrm{SUFFIX}(y, q(y) + 1)$. Dann gilt $G(y) = \psi(\mathrm{bin}(x))$ für $y = \psi(\$q\,\mathrm{bin}(x))$. Unser Ziel ist die Konstruktion einer primitiv rekursiven Funktion $H : \mathbb{N}_0 \to \mathbb{N}_0$ mit $H(\psi(\mathrm{bin}(x))) = x$. Dann gilt

$$F(\psi(\$q\,\mathrm{bin}(x))) = H(G(\psi(\$q\,\mathrm{bin}(x)))). \tag{2.18}$$

O.B.d.A. seien $a_1 = 0$ und $a_2 = 1$. Dann gilt $\psi(0) = 1$ und $\psi(1) = 2$. Die gesuchte Funktion H ist dann definiert durch

$$H(x) = \sum_{i=1}^{L(\mathrm{bin}(x))} ((x \bmod (p+1)^i \div (p+1)^{i-1}) - 1) \cdot 2^{i-1}. \tag{2.19}$$

Gemäß unserer Definition ist die Funktion H primitiv rekursiv. ∎

Übung 2.10: *Beweisen Sie die Korrektheit der Dekodierungsfunktion H.*

Insgesamt haben wir bewiesen, dass eine Funktion f genau dann μ-rekursiv ist, wenn f turingberechenbar ist. Aus der Turingmaschine, die f berechnet, gewinnt man gemäß dem Beweis von Satz 2.6 eine Ableitung der Funktion f, in der der μ-Operator genau einmal, nämlich bei der Definition der Funktion A, verwendet wird. Also erhalten wir das folgende Korollar:

Korollar 2.1 (Kleene'sche Normalform) *Falls $f : \mathbb{N}_0^r \to \mathbb{N}_0$ μ-rekursiv ist, dann gibt es primitiv rekursive Funktionen $p : \mathbb{N}_0^{r+1} \to \mathbb{N}_0$ und $q : \mathbb{N}_0^{r+1} \to \mathbb{N}_0$, so dass $f(x) = q(\mu p(x), x)$.*

Die Klasse der μ-rekursiven Funktionen und die Klasse der turingberechenbaren Funktionen wurden auf ganz verschiedene Art und Weise definiert. Trotzdem sind beide Klassen identisch. Seit den dreißiger Jahren sind zahlreiche weitere Versuche unternommen worden, die Klasse der im intuitiven Sinn berechenbaren Funktionen formal zu charakterisieren. Ähnlich wie oben konnte man für all diese Charakterisierungen beweisen, dass exakt die Klasse der μ-rekursiven Funktionen definiert wurden. Schon 1936 stellte Church die folgende, inzwischen allgemein akzeptierte These auf:

Church'sche These: *Die Klasse der im intuitiven Sinn berechenbaren Funktionen ist gleich der Klasse der μ-rekursiven Funktionen.*

Diese These kann nicht bewiesen werden.

2.4 Entscheidbarkeit und Aufzählbarkeit

Bisher haben wir uns mit der Berechnung von Funktionen beschäftigt. In diesem Kapitel werden wir uns mit der Entscheidbarkeit befassen. Ein derartiges Problem kann als Wortproblem bezüglich einer Sprache definiert werden. Das Wortproblem besteht dann darin, für eine gegebene Eingabe zu entscheiden, ob sie Element der zugrunde liegende Sprache ist oder nicht.

Sei Σ ein endliches Alphabet. Eine Sprache $L \subseteq \Sigma^*$ heißt *rekursiv* oder auch *entscheidbar*, falls ihre *charakteristische Funktion* $c_L : \Sigma^* \to \{0, 1\}$ mit

$$c_L(x) := \begin{cases} 1 & \text{falls } x \in L \\ 0 & \text{sonst} \end{cases} \quad (2.20)$$

turingberechenbar ist. Zudem werden wir uns in diesem Kapitel mit der rekursiven Aufzählbarkeit befassen. L heißt *rekursiv aufzählbar*, falls die partielle Funktion c_L^* mit

$$c_L^*(x) := \begin{cases} 1 & \text{falls } x \in L \\ \text{undefiniert} & \text{sonst} \end{cases} \quad (2.21)$$

turingberechenbar ist.

Berechnet eine Turingmaschine M für eine Sprache L die Funktion c_L oder c_L^*, dann schreiben wir $L(M) = L$. Wir sagen, M akzeptiert x genau dann, wenn $x \in L(M)$. Gegeben eine beliebige Turingmaschine M und eine Eingabe x für M möchten wir entscheiden, ob die Turingmaschine M mit der Eingabe x anhält oder nicht. Diese informelle Problemstellung heißt *Halteproblem für Turingmaschinen*. Zunächst werden wir das Halteproblem für Turingmaschinen als Sprache über einem endlichen Alphabet $\Gamma = \{0, 1, \#\}$ formulieren.

Ziel ist nun, eine beliebige Turingmaschine $M = (Q, \Sigma, \delta, q_0, F)$ als einen String über Γ auszudrücken. Seien die Elemente von $Q \cup \Sigma$ mit 0 beginnend derart durchnummeriert, dass

- die ersten $p := |Q|$ Zahlen die Zustände bezeichnen (d.h., $Q = \{q_0, q_1, \ldots, q_{p-1}\}$), wobei q_0 der Startzustand und $F := \{q_{p-|F|}, \ldots, q_{p-1}\}$ die Menge der Endzustände sind und
- $\Sigma := \{a_p, a_{p+1}, \ldots, a_r\}$.

$\delta(q_i, a_j) = (q_{i'}, a_{j'}, c)$ wird durch den String

$$\#\# \operatorname{bin}(i)\# \operatorname{bin}(j)\# \operatorname{bin}(i')\# \operatorname{bin}(j')\# \operatorname{bin}(m),$$

wobei

$$m := \begin{cases} 0 & \text{falls } c = -1 \\ 1 & \text{falls } c = 0 \\ 2 & \text{falls } c = +1 \end{cases}$$

kodiert. Wir können nun die Turingmaschine M wie folgt kodieren:

$$\#\#\#\# \operatorname{bin}(0)\# \ldots \# \operatorname{bin}(p-1)\#\#\# \operatorname{bin}(p)\# \ldots$$
$$\ldots \# \operatorname{bin}(r)\#\#\# \operatorname{bin}(p-|F|)\# \ldots \# \operatorname{bin}(p-1)\#\Delta\#\#\#\#,$$

wobei Δ die Strings bezüglich δ in beliebiger Reihenfolge enthält.

Bezeichne $\langle M \rangle$ die oben definierte Kodierung von M. Eine beliebige Eingabe $w := a_{i_1} a_{i_2} \ldots a_{i_n}$ von M kann durch $\operatorname{bin}(i_1)\# \operatorname{bin}(i_2)\# \ldots \# \operatorname{bin}(i_n)\#\#$ kodiert werden. Wir bezeichnen diese Kodierung mit $\langle w \rangle$. Das Halteproblem für Turingmaschinen ist nun durch die Sprache

$$H := \{x \in \{0, 1, \#\}^* \mid x = \langle M \rangle \langle w \rangle \text{ für eine TM } M, \text{ die auf Eingabe } w \text{ hält}\}$$

definiert.

Übung 2.11: *Entwickeln Sie einen Algorithmus, der, gegeben ein String $x \in \{0, 1, \#\}^*$, entscheidet, ob $x = \langle M \rangle \langle w \rangle$ für eine Turingmaschine M mit Eingabe w.*

Wir werden zeigen, dass das Halteproblem für Turingmaschinen nicht entscheidbar ist. Zum Beweis der Unentscheidbarkeit des Halteproblems formulieren wir zunächst eine eingeschränkte Version des Halteproblems und beweisen deren Unentscheidbarkeit.

2.4 Entscheidbarkeit und Aufzählbarkeit

Dann zeigen wir, dass die Entscheidbarkeit des Halteproblems auch die Entscheidbarkeit der eingeschränkten Version implizieren würde.

Mittels folgender Abbildung ψ können wir einen String über $\{0, 1, \#\}$ durch einen String über $\{0, 1\}$ kodieren:

$$\psi : \{0, 1, \#\} \to \{0, 1\}^2 \text{ mit } \begin{cases} \psi(0) & := 00 \\ \psi(1) & := 01 \\ \psi(\#) & := 11. \end{cases} \quad (2.22)$$

Wir erweitern ψ auf $\{0, 1, \#\}^+$ durch

$$\psi(a_1 a_2 \ldots a_n) := \psi(a_1)\psi(a_2)\ldots\psi(a_n). \quad (2.23)$$

Das *eingeschränkte Halteproblem* H_e für Turingmaschinen ist durch die Sprache

$$H_e := \{x \in \{0, 1\}^+ \mid x = \psi(\langle M \rangle) \text{ für eine TM } M \text{ und } M \text{ hält auf } x\}$$

definiert.

Satz 2.7 H_e *ist nicht entscheidbar.*

Beweis: Nehmen wir an, dass H_e entscheidbar ist. Dann gibt es eine Turingmaschine M, die die charakteristische Funktion c_{H_e} von H_e berechnet. Wir konstruieren nun eine Turingmaschine M', die auf den Eingaben in $\{0, 1\}^*$ folgendermaßen operiert:

- Die endliche Kontrolle von M' enthält die endliche Kontrolle der Turingmaschine M.
- Falls M bei Eingabe x den Wert 0 ausgeben würde, dann hält M' an.
- Falls M bei Eingabe x den Wert 1 ausgeben würde, dann gerät M' in eine Endlosschleife, hält also nicht an.

Betrachten wir nun das Verhalten von M' bei der Eingabe $\psi(\langle M' \rangle)$. Es gilt:

$$M' \text{ hält auf } \psi(\langle M' \rangle) \Leftrightarrow M \text{ bei Eingabe } \psi(\langle M' \rangle) \text{ gibt 0 aus.}$$
$$\Leftrightarrow \psi(\langle M' \rangle) \notin H_e$$
$$\Leftrightarrow M' \text{ hält nicht auf } \psi(\langle M' \rangle).$$

Dies ist ein Widerspruch. Also ist unsere Annahme falsch und somit H_e nicht entscheidbar. ∎

Korollar 2.2 H *ist nicht entscheidbar.*

Beweis: Betrachten wir $x \in \{0,1\}^*$ mit $x = \psi(\langle M \rangle)$ für eine Turingmaschine M. Es gilt nun $x \in H_e \Leftrightarrow \langle M \rangle \langle x \rangle \in H$.

Da $\langle M \rangle \langle x \rangle$ einfach aus x konstruierbar ist, würde aus der Entscheidbarkeit von H auch die Entscheidbarkeit von H_e folgen.

■

Übung 2.12:

1) Versuchen Sie, analog zum Beweis von Satz 2.7, direkt die Unentscheidbarkeit von H zu beweisen. Begründen Sie, warum Ihr Versuch fehlschlägt.

2) a) Zeigen Sie, dass jede rekursive Sprache auch rekursiv aufzählbar ist.
   b) Geben Sie eine Sprache an, die rekursiv aufzählbar, aber nicht rekursiv ist.
   c) Zeigen Sie, dass für eine rekursiv aufzählbare Sprache L gilt:
   L ist rekursiv $\Leftrightarrow \overline{L}$ ist rekursiv aufzählbar.

3) Konstruieren Sie eine Turingmaschine U mit Bandalphabet $\{0, 1, \#, \textvisiblespace\}$, die sich auf einer beliebigen Eingabe $\langle M \rangle \langle w \rangle$, M ist eine Einband-Turingmaschine und w eine Eingabe für M, genauso verhält, wie M auf w. Solch eine Turingmaschine heißt universelle Turingmaschine.

Hinweis: Konstruieren Sie zunächst eine universelle Mehrband-Turingmaschine. Mittels Anwendung von Lemma 2.7 erhalten Sie dann eine universelle Einband-Turingmaschine.

Folgende Technik werden wir in den Kapiteln 5 und 6 mehrmals anwenden:

Nehmen wir an, dass eine universelle Turingmaschine U eine Folge

$$F := \langle M_1, x_1 \rangle, \langle M_2, x_2 \rangle, \langle M_3, x_3 \rangle, \ldots \tag{2.24}$$

von Turingmaschinen nebst zugehörigen Eingaben aufzählt. Jede dieser Turingmaschinen kann bei der zugehörigen Eingaben anhalten oder nicht. Unser Ziel ist, die Ausgaben aller Turingmaschinen, die anhalten, rekursiv aufzuzählen. Da wir für gegebenes $i \in \mathbb{N}$ nicht wissen, ob die Turingmaschine M_i bei Eingabe x_i anhält, können wir nicht einfach $\mathbb{N}$ aufzählen und, sobald i aufgezählt wird, M_i auf der Eingabe x_i simulieren. Falls M_i niemals anhält, dann kämen wir für noch nicht aufgezählte j nicht mehr zur Simulation der Turingmaschine M_j bei Eingabe x_j. Die Idee ist ganz einfach. Anstatt $\mathbb{N}$ zählen wir $\mathbb{N} \times \mathbb{N}$ auf. Wenn das Paar (i, n) aufgezählt wird, dann simuliert die universelle Turingmaschine die Turingmaschine M_i bei der Eingabe x_i für n Schritte. Falls M_i innerhalb dieser n Schritte anhält, dann gibt U die Ausgabe von M_i aus. Damit für dieselbe Maschine die Ausgabe nicht mehrmals ausgegeben wird, ist es sinnvoll, eine Aufzählung zu wählen, die in der ersten Komponente monoton wachsend und in der zweiten Komponente für feste erste Komponente streng monoton wachsend ist. Bei solcher Aufzählung gibt U nur dann die Ausgabe aus, wenn M_i

nach exakt n Schritten hält. Dann würde für $m > n$ keine Ausgabe mehr erfolgen. Es ist leicht zu zeigen, dass obige Simulation das Gewünschte leistet. Falls wir die Folge $\langle M_1, x_1 \rangle, \langle M_2, x_2 \rangle, \langle M_3, x_3 \rangle, \ldots$ auf diese Art und Weise simulieren, dann sagen wir, dass die Folge *parallel verschränkt* simuliert wird.

Übung 2.13: *Arbeiten Sie die parallel verschränkte Simulation aus. Beweisen Sie, dass Ihr Verfahren das Gewünschte leistet.*

2.5 Ergänzende Übungsaufgaben

Übung 2.14: *Konstruieren Sie eine Turingmaschine, die die charakteristische Funktion der Sprache $L = \{a^n b^n c^n \mid n \in \mathbb{N}\}$ berechnet. Beweisen Sie, dass die von Ihnen konstruierte Turingmaschine korrekt ist.*

Übung 2.15: *Konstruieren Sie Turingmaschinen, die folgende Funktionen berechnen: $\lceil \log n \rceil, n!$ und n^2.*

Übung 2.16: *Sei Γ ein Alphabet. Konstruieren Sie eine reguläre Einband-Turingmaschine, die, falls die Bandinschrift aus Γ^+ ist, diese um eine Position nach rechts shiftet und das frei gewordene Bandquadrat mit einem Sonderzeichen überschreibt.*

Übung 2.17: *Ist das Halteproblem für Turingmaschinen rekursiv aufzählbar? Begründen Sie Ihre Antwort.*

Übung 2.18: *Seien $L_1, L_2 \subseteq \Sigma^*$ rekursiv aufzählbare Sprachen. Sind dann auch immer $L_1 \cap L_2$ bzw. $L_1 \setminus L_2$ rekursiv aufzählbar? Begründen Sie Ihre Antwort.*

2.6 Literaturhinweise

Algorithmische Verfahren zur Behandlung algebraischer Probleme wurden bereits im ersten Jahrtausend von den Arabern entwickelt. Die heute übliche Bezeichnung *Algorithmus* ist vermutlich aus dem Namen des arabischen Mathematikers AL CHWARIZMI (um 800) abgeleitet. Die von den Arabern eingeführten Methoden wurden in den nachfolgenden Jahrhunderten (u.a. von DESCARTES und LEIBNIZ) weiterentwickelt. Bereits LEIBNIZ hat die Frage nach dem Wesen von Algorithmen aufgeworfen. Insbesondere fragte man sich, ob alle mathematischen Probleme mit Hilfe von algorithmischen Methoden lösbar sind. Jedoch erst Mathematiker des 20. Jahrhunderts hatten bei der Suche nach einer Antwort auf diese Fragen Erfolg. Mitte der 30er Jahre wurden verschiedene Vorschläge zur Formalisierung des Begriffes Algorithmus gemacht. Darunter waren die von KLEENE eingeführten μ-rekursiven Funktionen und die Turingberechenbarkeit, die aus den von TURING entwickelten Turingmaschinen resultiert. Die Church'sche These hat CHURCH 1936 bezüglich der von ihm eingeführten λ-definierbaren und den von GÖDEL eingeführten rekursiven Funktionen formuliert. Mittlerweile hat sich aus den Anfängen ein eigenständiges Gebiet der Mathematik - die Rekursionstheorie - entwickelt. Die hier gewählte Darstellung lehnt sich an die von PAUL [Pau78] an. Einen guten Einstieg in dieses Thema bieten die Bücher von HERMES [Her78] und von MACHTEY und YOUNG [MY78]. Weiterführend sind der Klassiker von ROGERS [Rog67] und die Bücher von BÖRGER [Bör92] und SOARE [Soa87].

3 Praktische Berechenbarkeit

Im vorangegangenen Kapitel haben wir uns mit der Frage der prinzipiellen Berechenbarkeit einer Funktion bzw. der Entscheidbarkeit eines Problems befasst. Eine Funktion ist insbesondere auch dann berechenbar, wenn jede Turingmaschine den gewünschten Funktionswert frühestens in 100 Jahren ausgeben würde. Da wir das Ergebnis niemals erfahren würden, ist eine derartige Funktion für uns in der Tat nicht berechenbar. Dies wirft die Frage nach der Charakterisierung der „für uns berechenbaren Funktionen" auf. Solche Funktionen nennen wir *praktisch berechenbar*.

Welche Rolle spielt nun unser „primitives" Rechnermodell der Turingmaschine in Bezug auf die Charakterisierung der Klasse der praktisch berechenbaren Funktionen? In der Realität arbeiten wir ja nicht mit Turingmaschinen, sondern mit immer effizienter werdenden Computern. Mit dieser Fragestellung werden wir uns zunächst beschäftigen und im Anschluss daran die Klasse der praktisch berechenbaren Funktionen charakterisieren. Hierzu definieren wir zunächst die verbrauchte Rechenzeit bzw. den verwendeten Speicherplatz einer Turingmaschinenberechnung. Die *Zeit*, die eine k-Band Turingmaschine M bei einer Eingabe x benötigt, ist gleich der Anzahl der Rechenschritte, die M durchführt. Der benötigte *Platz* ist die Anzahl der unterschiedlichen Bandquadrate, die M während der Rechnung besucht. Seien $s, t : \mathbb{N}_0 \to \mathbb{N}_0$ Funktionen und M eine Turingmaschine. M heißt $t()$-*zeitbeschränkt*, falls M für alle Eingaben x nach maximal $t(|x|)$ Schritten anhält. M heißt $s()$-*platzbeschränkt*, falls M bei jeder Eingabe x maximal $s(|x|)$ Platz benötigt.

Da wir uns häufig nicht für konstante Faktoren bezüglich der Laufzeit oder des Speicherplatzes interessieren, führen wir folgende Bezeichnungen ein: Seien $g : \mathbb{N} \to \mathbb{R}^+$ und $f : \mathbb{N} \to \mathbb{R}^+$ Funktionen. Wir schreiben dann $g(n) = O(f(n))$, falls eine Konstante c und $n_0 \in \mathbb{N}$ existieren, so dass $g(n) \leq cf(n)$ für alle $n \geq n_0$. Falls eine Konstante $d > 0$ und $n_0 \in \mathbb{N}$ existieren, so dass $g(n) \geq df(n)$ für alle $n \geq n_0$, dann schreiben wir $g(n) = \Omega(f(n))$. Wir schreiben $g(n) = \Theta(f(n))$, falls $g(n) = O(f(n))$ und $g(n) = \Omega(f(n))$.

3.1 Die Random Access Maschine

Eine *Random Access Maschine (RAM)* modelliert einen Computer, der seine Instruktionen nicht selbst modifizieren darf. Eine RAM besteht aus einem Eingabeband, einem Ausgabeband, einem Programm und einem Speicher. Sowohl das *Eingabeband*

3 Praktische Berechenbarkeit

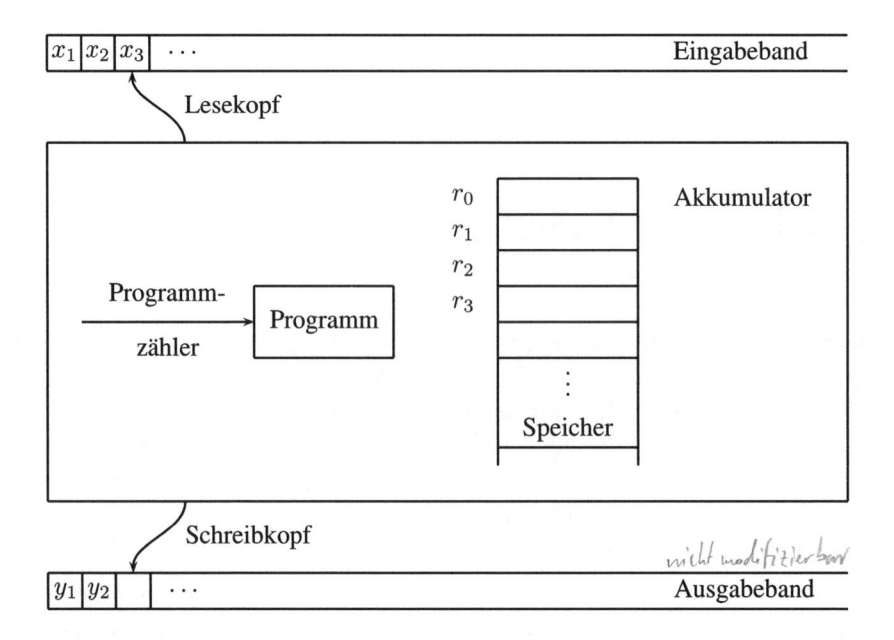

Abbildung 3.1: Eine Random Access Maschine.

als auch das *Ausgabeband* besteht aus einer Folge von Bandquadraten, die jeweils eine ganze Zahl aufnehmen können. Das Eingabeband besitzt einen Lesekopf und darf nur einmal gelesen werden. Das Ausgabeband besitzt einen Schreibkopf und darf nur einmal beschrieben werden. Immer nachdem ein Symbol vom Eingabeband gelesen wurde, wird der Lesekopf um eine Position nach rechts gerückt. Zu Beginn steht der Schreibkopf auf dem ersten Bandquadrat und alle Bandquadrate des Ausgabebandes enthalten ein Sonderzeichen ␣, das *Blanksymbol*. Immer nachdem eine ganze Zahl ausgedruckt wurde, wird der Schreibkopf um eine Position nach rechts bewegt. Lese- und Schreibkopf können nur von links nach rechts bewegt werden. Dies impliziert unmittelbar, dass das Eingabeband nur einmal gelesen und dass einmal Ausgedrucktes nicht mehr geändert werden kann. Der *Speicher* besteht aus einer beliebig langen Folge $r_0, r_1, r_2, \ldots, r_i, \ldots$ von Registern. Jedes Register kann eine beliebige ganze Zahl aufnehmen. Obige Abstraktion ist sinnvoll, falls

1. die Größe des Problems klein genug ist, so dass es ausschließlich im Hauptspeicher eines Computers gelöst werden kann und
2. die verwendeten ganzen Zahlen klein genug sind, so dass diese in ein Wort eines Computers passen.

Das Programm ist nicht im Speicher abgelegt. Daher nehmen wir auch an, dass es sich selbst nicht modifizieren kann. Es besteht aus einer Folge von eventuell markierten Instruktionen. Es gibt

3.1 Die Random Access Maschine

- Eingabe/Ausgabe (E/A)-Instruktionen,
- arithmetische Instruktionen,
- indirekte Adressierung und
- bedingte Sprünge.

Das erste Register r_0 dient als *Akkumulator*. Jede Instruktion besteht aus zwei Teilen, dem Operationscode und der Adresse. Tabelle 3.1 enthält die einzelnen RAM-Instruktionen.

Tabelle 3.1: Auflistung der RAM-Instruktionen.

	Operationscode	Adresse
1	LOAD	Operand
2	STORE	Operand
3	ADD	Operand
4	SUB	Operand
5	MULT	Operand
6	DIV	Operand
7	READ	Operand
8	WRITE	Operand
9	JUMP	Marke
10	JGTZ	Marke
11	JZERO	Marke
12	HALT	

Im Prinzip können wir die Instruktionenmenge derart erweitern, dass die RAM den von uns gewünschten Computer modelliert. Ein *Operand* kann

$= i$ d.h. die ganze Zahl i selbst,

$\quad i$ womit der Inhalt des Registers r_i gemeint ist und

$*i$ für indirekte Adressierung, d.h., der Operand ist der Inhalt des Registers r_j, wobei j diejenige ganze Zahl ist, die im Register r_i steht,

sein. Im folgenden bezeichnet $c(i)$ den *Inhalt* von Register r_i, d.h., diejenige ganze Zahl, die in r_i gespeichert ist. Zu Beginn gilt $c(i) = 0$, $\forall i \geq 0$. Sei a ein Operand. Dann bezeichnet $v(a)$ den Wert von a. Das heißt, $v(=i) = i$, $v(i) = c(i)$ und $v(*i) = c(c(i))$. Der Effekt jeder Instruktion ist in Tabelle 3.2 beschrieben.

Als nächstes interessieren wir uns für die Kosten einer RAM-Instruktion. Die Ausführungszeit einer RAM-Instruktion setzt sich zusammen aus

1. der Zeit für die Bereitstellung der Operanden (d.h. die Speicherzugriffszeit) und
2. der Zeit für die Ausführung der RAM-Instruktion (d.h. für den Kernbefehl).

Tabelle 3.2: Effekt der RAM-Instruktionen.

	Instruktion	Effekt
1.	LOAD a	$c(0) := v(a)$
2.	STORE i	$c(i) := c(0)$
	STORE $*i$	$c(c(i)) := c(0)$
3.	ADD a	$c(0) := c(0) + v(a)$
4.	SUB a	$c(0) := c(0) - v(a)$
5.	MULT a	$c(0) := c(0) \cdot v(a)$
6.	DIV a	$c(0) := \lfloor c(0)/v(a) \rfloor$
7.	READ i	$c(i) :=$ aktuelles Eingabesymbol
	READ $*i$	$c(c(i)) :=$ aktuelles Eingabesymbol
8.	WRITE a	Drucke $v(a)$
9.	JUMP b	Der Programmzähler wird auf die Instruktion mit Markierung b gesetzt
10.	JGTZ b	**if** $c(0) > 0$ **then** JUMP b
11.	JZERO b	**if** $c(0) = 0$ **then** JUMP b
12.	HALT	Beende die Berechnung

Wir unterscheiden zwei Kostenkriterien, das *Einheitskostenmaß* und das *logarithmische Kostenmaß*. Beim Einheitskostenmaß abstrahieren wir von der Größe der Zahlen, mit denen operiert wird und zählen für jeden Speicherzugriff und für jede Ausführung eines Kernbefehls eine Zeiteinheit. Beim logarithmischen Kostenmaß wird die Größe der Operanden berücksichtigt. Die Kosten werden proportional zur Länge $L(\ )$ der Darstellung der Zahlen berechnet. Bei der Verwendung der Binärdarstellung ergibt sich für die Länge $L(n)$ der Zahl n

$$L(n) = \begin{cases} 1 & \text{falls } n = 0 \\ \lfloor \log n \rfloor + 1 & \text{sonst.} \end{cases} \quad (3.1)$$

Das Einheitskostenmaß ist dann realistisch, wenn ein Programm nur Zahlen verwendet, die in eine Speicherzelle eines realen Computers passen. Die Kosten einer RAM-Instruktion unter dem logarithmischen Kostenmaß ergeben sich aus den Tabellen 3.3 und 3.4.

Tabelle 3.3: Kosten für die Bereitstellung des Operanden.

Operand a	Kosten $t(a)$
$= i$	$L(i)$
i	$L(i) + L(c(i))$
$*i$	$L(i) + L(c(i)) + L(c(c(i)))$

3.1 Die Random Access Maschine

Tabelle 3.4: Kosten für die Ausführung der RAM-Instruktion.

1	LOAD a	$t(a)$
2	STORE i	$L(c(0)) + L(i)$
	STORE $*i$	$L(c(0)) + L(i) + L(c(i))$
4	ADD a	$L(c(0)) + t(a)$
4	SUB a	$L(c(0)) + t(a)$
5	MULT a	$L(c(0)) + t(a)$
6	DIV a	$L(c(0)) + t(a)$
7	READ i	$L(\text{Eingabe}) + L(i)$
7	READ $*i$	$L(\text{Eingabe}) + L(i) + L(c(i))$
8	WRITE a	$t(a)$
9	JUMP b	$L(b)$
10	JGTZ b	$L(c(0)) + L(b)$
11	JZERO b	$L(c(0)) + L(b)$
12	HALT	1

Da in einem realen Computer ein Programm sich selbst modifizieren kann, stellt sich die Frage, ob es eine starke Einschränkung ist, dieses zu verbieten. Die Antwort ist nein. Man kann die RAM um diese Möglichkeit erweitern und erhält dann die sogenannte *Random Access Stored Program Machine (RASP)*. Es ist leicht zu zeigen, dass eine RASP von einer RAM mit lediglich konstantem Zeitverlust simuliert werden kann. D.h., es existiert eine Konstante c, so dass jedes RASP-Programm, welches bei einer Eingabe der Länge n die Zeit $T(n)$ benötigt, von einer RAM in Zeit $\leq cT(n)$ simuliert werden kann (siehe [AHU74], Kapitel 1.4).

Der Beweis, dass eine RAM effizient eine Turingmaschine simulieren kann, ist einfach.

Übung 3.1: *Zeigen Sie, dass eine $t(\ )$-zeitbeschränkte Turingmaschine von einer RAM in Zeit*
a) $O(t(\ ))$ bei Einheitskostenmaß und
b) $O(t(\ )\log t(\ ))$ bei logarithmischem Kostenmaß
simuliert werden kann.

Eine RAM kann bei Verwendung des Einheitskostenmaßes nicht mit lediglich polynomiellem Zeitverlust durch eine Turingmaschine simuliert werden. Gestartet mit der ganzen Zahl 2 im Akkumulator, benötigt die RAM lediglich n Multiplikationen, um die Zahl 2^{2^n} zu erzeugen. Eine Turingmaschine benötigt $\Omega(2^n)$ Bandquadrate, um eine derartige Zahl zu speichern, also auch $\Omega(2^n)$ Zeit, um diese Zahl hinzuschreiben. Wenn wir das realistischere logarithmische Kostenmaß zugrunde legen, dann verbessert sich die Situation wesentlich.

Satz 3.1 *Sei f eine Funktion, die durch eine RAM R in Zeit t() unter dem logarithmischen Kostenmaß berechnet wird. Dann gibt es eine 6-Band Turingmaschine M, die f in Zeit $O(t^2())$ berechnet.*

Beweis: Jeweils ein Band von M dient zur Simulation des Eingabe- bzw. des Ausgabebandes. Der Speicher von R wird durch ein eigenes Band simuliert. Zusätzlich erhält M ein Band für den Akkumulator, ein Band für den Operanden und ein weiteres Band, das als „Schmierpapier" dient. Das Speicherband enthält Paare (i_j, c_j), deren Komponenten binär dargestellt werden und durch das Sonderzeichen # voneinander separiert sind. Paare werden durch ## voneinander getrennt. Das linke Ende des Speicherbandes ist durch ## und das rechte Ende durch ### markiert. Das Speicherband hat somit die in Abbildung 3.2 beschriebene Struktur.

| ## | i_1 | # | c_1 | ## | i_2 | # | c_2 | ## | ... | ## | i_k | # | c_k | ### | ... |

Abbildung 3.2: Speicherband der DTM M, die die RAM R simuliert.

Für $1 \leq j \leq k$ ist c_j der Inhalt des Registers i_j. Wir werden nun die einzelnen RAM-Instruktionen auf der Turingmaschine simulieren. Zur Durchführung eines Speicherzugriffs auf das Register I liest die Turingmaschine das Speicherband von links nach rechts, bis $\#\#i_j\#$ mit $i_j = I$ gefunden ist. Im Fall von LOAD I wird c_j auf das Akkumulatorband kopiert. Zur Durchführung der Instruktion STORE I kopiert M alles was rechts von $\#\#i_j\#c_j$ steht auf das Band, das als Schmierpapier dient und überschreibt dann c_j mit dem Inhalt des Akkumulatorbandes. Anschließend kopiert M wieder den Inhalt des Schmierbandes auf das Speicherband. Falls kein i_j mit $i_j = I$ existiert, dann wird im Fall STORE I das letzte # mit $I\#c\#\#\#$, wobei c der Inhalt des Akkumulators ist, überschrieben. Da wir das logarithmische Kostenmaß verwenden, ist die Länge des verwendeten Speicherbandes durch $O(t(n))$ beschränkt. Also kann jeder Speicherzugriff in Zeit $O(t(n))$ durchgeführt werden.

Unter der Annahme, dass der Operand auf dem Operandenband steht, überlegen wir uns nun die Simulation der anderen Operationen. Bis auf die arithmetischen Operationen ist es leicht einzusehen, dass die Turingmaschine nicht mehr Zeit benötigt, als die RAM. Addition und Subtraktion können unter Verwendung der Schulmethode, wobei das Ergebnis auf das Schmierband geschrieben wird, leicht in Zeit $O(k_1 + k_2)$ von M ausgeführt werden, wobei k_1 und k_2 die Längen der beiden Operanden sind. Die Schulmethode für die Multiplikation bzw. für die Division kann derart implementiert werden, dass M hierfür lediglich die Zeit $O(k_1 k_2)$ benötigt, wobei k_1 und k_2 die Längen der beiden Operanden bezeichnet. Die Idee hierbei ist z.B. für die Multiplikation nicht, wie in der Schule gelernt, zunächst alle k_2 Zwischenergebnisse zu berechnen und dann diese zu addieren, sondern stets das neue Zwischenergebnis zur bisherigen Zwischensumme aufzuaddieren. Die RAM benötigt für jede Operation mindestens die

Zeit $k_1 + k_2$. Wegen $ab \leq a^2 + b^2 \leq (a+b)^2$ ergibt sich für die benötigte Gesamtzeit zur Durchführung aller Multiplikationen bzw. Divisionen

$$\underbrace{A_{MD} \cdot O(t(n))}_{\text{Speicherzugriff}} + \underbrace{O(t^2(n))}_{\text{Ausführung}},$$

wobei A_{MD} die Anzahl der Multiplikationen und Divisionen bezeichnet. Da R höchstens $t(n)$ Operationen ausführt, gilt für die benötigte Gesamtzeit $GT(n)$ der Simulation

$$GT(n) \leq \underbrace{O(t^2(n))}_{\text{Speicherzugriff}} + \underbrace{O(t(n))}_{\text{Operationen} \neq \text{MULT, DIV}} + \underbrace{O(t^2(n))}_{\text{MULT, DIV}} = O(t^2(n)).$$

∎

Übung 3.2: Arbeiten Sie für die im Beweis zu Satz 3.1 konstruierte Turingmaschine M die Implementierung der Schulmethode für die Addition, Subtraktion, Multiplikation und Division aus.

3.2 Die Sprachklassen P und NP

Für die Entwicklung einer Theorie der praktischen Berechenbarkeit beschränken wir uns auf die Berechnung der charakteristischen Funktion c_L von Sprachen $L \subseteq \Sigma^*$. Wir werden uns später noch überlegen, dass dies keine Einschränkung bedeutet. Im allgemeinen wird c_L als praktisch berechenbar angesehen, wenn c_L durch ein Computerprogramm auf einem Rechner in Polynomzeit berechnet werden kann. Dies bedeutet, dass ein Polynom $p_L : \mathbb{N} \to \mathbb{N}$ existiert, so dass für jedes $x \in \Sigma^*$ die Rechenzeit durch $p_L(|x|)$ begrenzt ist. Die Klasse aller Sprachen, deren charakteristische Funktion durch ein Computerprogramm in Polynomzeit berechenbar ist, bezeichnen wir mit P. Natürlich impliziert praktische Berechenbarkeit, dass der Grad des Polynoms nicht „zu groß" ist. Darauf werden wir hier nicht weiter eingehen. Falls wir uns lediglich für die Polynomialität der Rechenzeit interessieren, dann folgt aus obigen Überlegungen, dass wir uns auf die Turingmaschine als Rechner beschränken können. Dies führt zur folgenden Definition der Sprachklasse P:

$$\text{P} = \{L \mid \exists \text{ Polynom } p_L \text{ und eine } p_L()\text{-zeitbeschränkte DTM, die } c_L \text{ berechnet}\}.$$

Eine DTM $M = (Q, \Sigma, \delta, q_0, F)$ heißt *Akzeptor*, falls $F = \{q_+, q_-\}$. Wir sagen, M *akzeptiert (verwirft)* die Eingabe x, falls M bei Eingabe x im Zustand q_+ (q_-) anhält. $L(M) = \{x \mid M \text{ akzeptiert } x\}$ ist die von M akzeptierte Sprache. Demnach können wir auch

$$\text{P} = \{L \mid L = L(M) \text{ für einen polynomiell zeitbeschränkten Akzeptor } M\}$$

schreiben.

Sei $L \subseteq \Sigma^*$ und $L \in$ P. Dann existiert ein Programm Π_L, das für alle $x \in \Sigma^*$ in bezüglich $|x|$ polynomieller Zeit den Wert $c_L(x)$ und einen Beweis für die Korrektheit von $c_L(x)$ konstruiert. Häufig treten in der Praxis Sprachen $L \subseteq \Sigma^*$ auf, für die gilt:

1. Es ist kein Programm Π_L mit obiger Eigenschaft bekannt.
2. Bekannt ist ein Programm Π'_L, das für alle $x \in \Sigma^*$ und Beweiskandidaten $B(x)$ für $c_l(x) = 1$ in bezüglich $|x|$ polynomieller Zeit überprüft, ob $B(x)$ ein korrekter Beweis für $c_L(x) = 1$ ist.

Dies werden wir anhand eines konkreten Beispiels illustrieren: Sei $G = (V, E)$ ein ungerichteter Graph und $k \in \mathbb{N}$. $V' \subseteq V$ heißt k-*Clique von* G, falls $|V'| = k$ und $(i, j) \in E \; \forall \; i, j \in V', i \neq j$. Das *Cliqueproblem* ist durch folgende Sprache definiert:

Clique $:= \{x \mid x$ ist Kodierung eines ungerichteten Graphen $G = (V, E)$
und einer natürlichen Zahl k mit G enthält eine k-Clique$\}$.

Eine Kodierung könnte folgendermaßen aussehen: $|V|$#Liste der Kanten#k. Dabei sind die Knoten von 1 bis $|V|$ durchnummeriert, eine Kante zwischen i und j durch das Paar (i, j) und Zahlen binär dargestellt. Das heißt, $\Sigma = \{0, 1, \#, (,)\}$. Es ist kein polynomieller Algorithmus bekannt, der das Cliqueproblem entscheidet. Ein Beweiskandidat $B(x)$ besteht aus der Angabe einer Knotenmenge V' der Kardinalität k. Zur Überprüfung, ob V' eine k-Clique ist, genügt es, für alle $i, j \in V'$ nachzuschauen, ob $(i, j) \in E$. Dies kann natürlich in Polynomzeit geschehen. Alle derzeit bekannten Algorithmen zur Lösung des Cliqueproblems überprüfen im wesentlichen nacheinander jeden Beweiskandidaten. Da es für $k \approx \frac{|V|}{2}$ exponentiell viele Beweiskandidaten gibt, haben diese Algorithmen im worst case exponentielle Laufzeit.

Nehmen wir an, dass wir einen Mechanismus haben, der irgendwie einen Beweiskandidaten $B(x)$ in Zeit $O(|B(x)|)$ hinschreibt und dieser auch ein korrekter Beweis für $c_L(x) = 1$ ist, falls solcher existiert. Dann könnten wir L durch einen derartigen Algorithmus in Polynomzeit entscheiden. Die Klasse aller Sprachen, die durch derartige Algorithmen in Polynomzeit entscheidbar sind, heißt NP (für nichtdeterministisch polynomiell). Wir werden nun NP formal definieren. Hierzu erweitern wir zunächst unser Turingmaschinenmodell, indem wir einen derartigen Mechanismus einbauen.

Eine *nichtdeterministische k-Band-Turingmaschine* (NTM) ist ein 5-Tupel $M = (Q, \Sigma, \delta, q_0, F)$, wobei Q, Σ, q_0 und F wie bei der deterministischen Turingmaschine definiert sind und δ eine Funktion $\delta : \quad Q \times \Sigma^k \to 2^{Q \times \Sigma^k \times \{-1,0,+1\}^k}$ ist. Die Interpretation von

$$\delta(q, a_1, a_2, \ldots, a_k) = \\ \{(q'_1, c_{11}, \ldots, c_{1k}, s_{11}, s_{12}, \ldots, s_{1k}), \ldots, (q'_t, c_{t1}, \ldots, c_{tk}, s_{t1}, \ldots, s_{tk})\}$$

ist die folgende:

3.2 Die Sprachklassen P und NP

Liest M im Zustand q für $1 \leq i \leq k$ auf dem i-ten Band das Zeichen $a_i \in \Sigma$, dann kann M ein beliebiges der t Tupel in $\delta(q, a_1, a_2, \ldots, a_k)$ auswählen und geht dann in die durch dieses Tupel definierte Folgekonfiguration (siehe Definition der DTM) über.

Eine NTM $M = \{Q, \Sigma, \delta, q_0, F\}$ mit $F = \{q_+, q_-\}$ heißt *nichtdeterministischer Akzeptor* (NA). $L(M) = \{x \mid \exists$ akzeptierende Berechnung von M auf Eingabe $x\}$ ist die *von M akzeptierte* Sprache.

Sei M ein nichtdeterministischer Akzeptor. Die von M auf der Eingabe x benötigte Zeit $T_M(x)$ ist definiert durch

$$T_M(x) := \begin{cases} \min\{t \mid \exists \text{ eine akzeptierende Berechnung} \\ \phantom{\min\{} \text{der Länge } t \text{ von } M \text{ auf Eingabe } x\} & \text{falls } x \in L(M) \\ 0 & \text{sonst.} \end{cases}$$

Sei $t : \mathbb{N} \to \mathbb{N}$ eine Funktion. M heißt $t()$-*zeitbeschränkt*, falls für alle Eingaben x gilt: $T_M(x) \leq t(|x|)$. Wir definieren nun

$$\text{NP} := \{L \mid L = L(M) \text{ für einen polynomiell zeitbeschränkten NA } M\}.$$

Mittels eines nichtdeterministischen Akzeptors kann der oben beschriebene Mechanismus leicht implementiert werden. In einem Vorpass wird nichtdeterministisch ein Beweiskandidat derart generiert, dass im Prinzip jeder mögliche Beweiskandidat generiert werden könnte. Dann wird dieser deterministisch überprüft.

Eine NTM kann Nichtdeterminismus während der *gesamten* Berechnung anwenden. Dies sieht allgemeiner als die in der informellen Definition von NP beschriebenen Algorithmen aus. Jedoch können hierdurch bedingt keine neuen Sprachen nach NP gelangen. Dies sieht man folgendermaßen ein: Sei M eine NTM, die auch zwischendurch Nichtdeterminismus anwendet. M kann durch eine NTM M', die zunächst die gesamte Berechnung von M nichtdeterministisch kreiert und dann deterministisch verifiziert, dass diese in der Tat eine akzeptierende Berechnung von M ist, simuliert werden. Da M polynomiell zeitbeschränkt ist, ist offensichtlich M' auch polynomiell zeitbeschränkt. Darüber hinaus verwendet M' den Nichtdeterminismus in der gewünschten Art und Weise.

> **Übung 3.3:** *Zeigen Sie, dass ein $t()$-zeitbeschränkter nichtdeterministischer Akzeptor von einem $2^{O(t())}$-zeitbeschränkten deterministischen Akzeptor simuliert werden kann.*

Da jeder deterministische Akzeptor auch ein nichtdeterministischer Akzeptor ist, gilt offensichtlich P $\subseteq$ NP. Das berühmteste offene Problem der Informatik ist das *P ? NP-Problem*, d.h., die Frage, ob P = NP oder P $\subsetneq$ NP.

Oben haben wir das Cliqueproblem direkt als Sprache formuliert. Üblicherweise sind derartige Probleme als ein *Problem mit ja/nein-Antwort* formuliert. Für das Cliqueproblem könnte eine derartige Formulierung folgendermaßen aussehen:

Cliqueproblem

Gegeben: Ein ungerichteter Graph $G = (V, E)$ und $k \in \mathbb{N}$.

Frage: Enthält G eine k-Clique?

Mit obiger Problemstellung haben wir als Sprache einfach die Menge aller Kodierungen von Eingaben, die eine ja-Antwort implizieren, assoziiert. In der Praxis tritt ein Problem häufig nicht als solches mit ja/nein-Antwort, sondern als ein *Optimierungs-* oder ein *funktionales Problem* auf. Wir werden am Beispiel des Handlungsreisenden-Problems zeigen, wie derartige Fragestellungen auf Probleme mit ja/nein-Antwort reduziert werden können.

Problem des Handlungsreisenden

Gegeben: n Städte $\{1, 2, \ldots, n\}$ und für alle $i, j \in \{1, 2, \ldots, n\}$ Kosten $c(i,j) \in \mathbb{N}_0$ für die direkte Reise von i nach j.

Gesucht: Eine kostengünstigste Rundreise (d.h., jede Stadt wird genau einmal betreten und genau einmal verlassen).

Eine Eingabe könnte ein Graph $G = (V, E)$ mit $V = \{1, \ldots, n\}, E \subseteq V \times V$ und eine Abbildung $c : E \to \mathbb{N}_0$ sein.

Formulierung als Problem mit ja/nein-Antwort

Gegeben: $G = (V, E)$, $c : E \to \mathbb{N}_0$ und $t \in \mathbb{N}_0$.

Frage: Gibt es eine Rundreise mit Gesamtkosten $\leq t$?

Häufiger wird in der Praxis folgende Formulierung als Optimierungsproblem auftreten:

Formulierung als Optimierungsproblem

Gegeben: $G = (V, E)$ und $c : E \to \mathbb{N}_0$.

Problem: Bestimme die Kosten einer kostengünstigsten Rundreise.

Dieses Optimierungsproblem kann wie folgt auf das Problem mit ja/nein-Antwort reduziert werden:

Sei $k = \sum_{e \in E} c(e)$. Man löst nun das Optimierungsproblem unter Verwendung des Problems mit ja/nein-Antwort mittels Binärsuche auf dem Intervall $[0..k]$. Dies leistet folgendes Programmstück:

(1) MIN := 0; MAX := k;
(2) **while** MAX − MIN ≥ 1
   do
     $t := \lfloor \frac{MIN+MAX}{2} \rfloor$;
     Löse: „Gibt es eine Rundreise mit Gesamtkosten ≤ t? ";
     if ja
       then
         MAX := t
       else
         MIN := $t + 1$
     fi
   od.

Zur Lösung des Optimierungsproblems genügt somit die Lösung von $\lceil \log k \rceil$ Problemen mit ja/nein-Antworten. Wegen $\log(a + b) \leq \log a + \log b$ für $a, b \geq 2$ gilt $\log k \leq \sum_{e \in E} \log c(e)$. Also ist $\log k$ sicher durch die Länge der Eingabe beschränkt. Also impliziert die Existenz eines polynomiellen Algorithmus für das Problem mit ja/nein-Antwort auch die Existenz eines polynomiellen Algorithmus für das Optimierungsproblem.

In der Praxis wird man meistens nicht mit der Angabe der Kosten einer kostengünstigsten Rundreise zufrieden sein. Vielmehr möchte man auch eine kostengünstigste Rundreise bestimmen. Dies führt zur funktionalen Problemformulierung:

Formulierung als funktionales Problem

Gegeben: $G = (V, E)$, $c : E \to \mathbb{N}_0$.

Problem: Bestimme eine Rundreise minimaler Kosten.

Auch dieses Problem lässt sich auf das Problem mit ja/nein-Antwort reduzieren. Hierzu verwenden wir zunächst das Optimierungsproblem, um die Kosten t_0 einer kostengünstigsten Rundreise zu bestimmen. Danach verwenden wir unter Kenntnis von t_0 insgesamt $|E|$-mal das Problem mit ja/nein-Antwort, um eine Rundreise minimaler Kosten zu berechnen. Dies leistet das folgende Programmstück:

(1) Bestimme unter Verwendung des Optimierungsproblems die Kosten t_0 einer kostengünstigsten Rundreise;
(2) $E' := E$;
   for alle $e \in E$
     do
       $E' := E' \setminus \{e\}$
       Löse „Gibt es eine Rundreise mit Gesamtkosten t_0 in $G' := (V, E')$"
     if nein

        then (*Es existiert keine optimale Rundreise, die e nicht enthält*)
            $E' := E' \cup \{e\}$
    fi
od.

Nach der Terminierung des Programmstücks definiert E' gerade eine Rundreise minimaler Kosten. Da das Optimierungsproblem einmal und das Problem mit ja/nein-Antwort $|E|$-mal angewandt werden, impliziert die Existenz eines polynomiellen Algorithmus zur Lösung des Problems mit ja/nein-Antwort auch die Existenz eines polynomiellen Algorithmus zur Lösung des funktionalen Problems.

3.3 NP-vollständige Probleme

Wir haben mittels Reduktion gezeigt, dass ein polynomieller Algorithmus für das Handlungsreisendenproblem mit ja/nein-Antwort einen polynomiellen Algorithmus für das Optimierungs- bzw. für das funktionale Problem impliziert. Wir werden nun den Begriff der *Reduktion* dazu verwenden, „schwierigste" Probleme in NP formal zu definieren. Eine Sprache $L \in$ NP ist ein „schwierigstes" Problem in NP, falls ein polynomieller Algorithmus für L einen polynomiellen Algorithmus für alle Sprachen in NP impliziert. Wir werden solche Sprachen NP-vollständig nennen. Des Weiteren werden wir für einige Probleme zeigen, dass sie NP-vollständig sind.

Seien Σ und Γ Alphabete. Eine Abbildung $f : \Sigma^* \to \Gamma^*$ heißt *polynomielle Transformation*, falls f von einer polynomiell zeitbeschränkten DTM berechnet werden kann. Seien $L_1 \subseteq \Sigma^*$ und $L_2 \subseteq \Gamma^*$ Sprachen. Dann heißt L_1 *polynomiell reduzierbar auf* L_2 ($L_1 \leq_{pol} L_2$), falls es eine polynomielle Transformation $f : \Sigma^* \to \Gamma^*$ mit $x \in L_1 \Leftrightarrow f(x) \in L_2$ für alle $x \in \Sigma^*$ gibt. Eine Sprache L heißt *NP-hart*, falls für alle $L' \in$ NP: $L' \leq_{pol} L$. Eine Sprache L heißt *NP-vollständig*, falls

1. $L \in$ NP und
2. L NP-hart ist.

Folgender Satz beschreibt zwei wichtige Implikationen der NP-Vollständigkeit:

Satz 3.2 *Sei L_0 NP-vollständig. Dann gilt:*

a) $L_0 \in P \Leftrightarrow P = NP$ *und*

b) $L_0 \leq_{pol} L_1 \wedge L_1 \in NP \Rightarrow L_1$ *ist NP-vollständig.*

Beweis: a) Aus P = NP folgt sicher, dass $L_0 \in$ P. Es verbleibt noch der Beweis der anderen Richtung.

3.3 NP-vollständige Probleme

Sei $L_0 \in P$. Dann existiert ein Polynom $p()$ und eine $p()$-zeitbeschränkte DTM M mit $L(M) = L_0$. Betrachten wir $L \in NP$ beliebig. Da L_0 NP-vollständig ist, existiert eine polynomielle Transformation f, so dass $x \in L \Leftrightarrow f(x) \in L_0$. Sei M' eine polynomiell zeitbeschränkte DTM, die f berechnet. Sei das Polynom $q()$ eine obere Schranke für die Laufzeit von M'. Wir konstruieren nun mit Hilfe von M und M' eine polynomiell zeitbeschränkte DTM M'', die L akzeptiert. M'' arbeitet wie folgt:

(1) Auf Eingabe x verhält sich M'' wie M' und berechnet $f(x)$ in $q(|x|)$ Schritten.

(2) In maximal $q(|x|)$ Schritten geht M'' in die Startkonfiguration von M bei Eingabe $f(x)$ über.

(3) M'' entscheidet mit Hilfe von M in $p(|f(x)|)$ Schritten, ob $f(x) \in L_0$.

(4) M'' akzeptiert x genau dann, wenn $f(x) \in L_0$.

Es ist klar, dass $L(M'') = L$. Ferner gilt

$$\begin{aligned} T_{M''}(x) &\leq 2q(|x|) + p(|f(x)|) \\ &\leq 2q(|x|) + p(q(|x|)) \\ &\leq r(x) \end{aligned}$$

für ein Polynom r. Also gilt $L \in P$.

b) Sei $L \in NP$ beliebig. Zu zeigen ist, dass $L \leq_{\text{pol}} L_1$. Wegen der NP-Vollständigkeit von L_0 existiert eine polynomielle Transformation f mit $x \in L \Leftrightarrow f(x) \in L_0$. Ferner existiert wegen $L_0 \leq_{\text{pol}} L_1$ eine polynomielle Transformation g mit $y \in L_0 \Leftrightarrow g(y) \in L_1$. Also gilt

$$x \in L \Leftrightarrow f(x) \in L_0 \Leftrightarrow g(f(x)) \in L_1. \tag{3.2}$$

D.h., die Abbildung $g \circ f$ transformiert L auf L_1. Da sowohl f als auch g in Polynomzeit berechenbar sind, kann auch $g \circ f$ durch eine polynomiell zeitbeschränkte DTM berechnet werden. ∎

Satz 3.2 hat folgende Interpretation: a) impliziert, dass NP-vollständige Probleme die schwierigsten Probleme in NP sind. b) impliziert folgende einfache Technik, um die NP-Vollständigkeit einer Sprache zu beweisen:

1. Zeige zunächst für eine Sprache $L_0 \in NP$, dass L_0 NP-vollständig ist. D.h., zeige $L \leq_{\text{pol}} L_0$ für alle $L \in NP$.

2. Um für ein Sprache L_1 die NP-Vollständigkeit zu beweisen, genügt es dann, $L_1 \in NP$ und $L_0 \leq_{\text{pol}} L_1$ zu zeigen. Hierbei kann L_0 durch eine beliebige Sprache L'_0, für die die NP-Vollständigkeit bereits bewiesen ist, ersetzt werden.

Wir werden nun für ein erstes Problem, das Erfüllbarkeitsproblem der Aussagenlogik, die NP-Vollständigkeit beweisen. Zur Definition dieses Problems benötigen wir zunächst einige Bezeichnungen.

Sei $V = \{x_1, x_2, \ldots\}$ eine unendliche Menge von (aussagenlogischen) *Variablen*. Sei $x_i \in V$. Dann sind x_i und $\overline{x}_i$ *Literale*. Seien $y_1, y_2, \ldots, y_k$ Literale. Dann ist $(y_1 \vee y_2 \vee \ldots \vee y_k)$ eine *Klausel* vom Grad k. Seien $c_1, c_2, \ldots, c_m$ Klauseln vom Grad $\leq k$. Dann ist $\alpha = c_1 \wedge c_2 \wedge \ldots \wedge c_m$ ein *Ausdruck in konjunktiver Normalform* mit höchstens k Literalen pro Klausel. Eine *Belegung* oder auch *Einsetzung* der Variablen ist eine Abbildung $\psi : V \to \{0, 1\}$. Hierbei entspricht 0 dem Wahrheitswert *false* und 1 dem Wahrheitswert *true*. Wir erweitern ψ induktiv auf Literale, Klauseln und Ausdrücke.

$$\psi(y) := \begin{cases} \psi(x_i) & \text{falls } y = x_i \\ 1 - \psi(x_i) & \text{falls } y = \overline{x}_i, \end{cases}$$
$$\psi(y_1 \vee y_2 \vee \ldots \vee y_k) := \max\{\psi(y_i) \mid 1 \leq i \leq k\} \text{ und}$$
$$\psi(c_1 \wedge c_2 \wedge \ldots \wedge c_m) := \min\{\psi(c_j) \mid 1 \leq j \leq m\}.$$

Ein Ausdruck α heißt *erfüllbar*, falls eine Belegung ψ mit $\psi(\alpha) = 1$ existiert. SAT (SAT(k)) bezeichnet die Menge aller erfüllbaren Ausdrücke in konjunktiver Normalform (mit höchstens k Literalen pro Klausel). Das Problem, ob ein gegebener Ausdruck in konjunktiver Normalform erfüllbar ist, d.h., in SAT liegt, heißt *Erfüllbarkeitsproblem der Aussagenlogik*.

Satz 3.3 SAT *ist NP-vollständig.*

Beweis: Eine NTM kann eine Einsetzung ψ mit $\psi(\alpha) = 1$ für eine gegebene Eingabe α nichtdeterministisch kreieren, falls solche existiert und in Polynomzeit deterministisch überprüfen, ob in der Tat $\psi(\alpha) = 1$ ist. Also gilt SAT $\in$ NP. Zu zeigen ist noch $L \leq_{\text{pol}}$ SAT für alle $L \in$ NP. Sei $L \in$ NP beliebig. Dann existiert ein $p()$-zeitbeschränkter Einband-NA M mit $L(M) = L$ für ein Polynom $p()$. (Verwenden Sie die Konstruktion im Beweis von Lemma 2.7 und überzeugen Sie sich hiervon.) Unser Ziel ist, gegeben eine beliebige Eingabe x für M, einen Ausdruck $\alpha(x)$ in konjunktiver Normalform zu konstruieren, der genau dann erfüllbar ist, wenn M die Eingabe x akzeptiert. Sei $M = (Q, \Sigma, \delta, q_0, \{q_+, q_-\})$ mit

1. $Q := \{q_0, q_1, \ldots, q_s\}$, wobei $q_{s-1} = q_-$ und $q_s = q_+$
2. $\Sigma := \{a_1, a_2, \ldots, a_r\}$, wobei $a_1 = \textvisiblespace$ und $a_2 = \$$ und
3. der Eigenschaft, dass Haltekonfigurationen sich unendlich oft wiederholen. Wir erreichen dies, indem wir die Übergangsfunktion δ für $1 \leq i \leq s, 1 \leq j \leq r$ wie folgt erweitern:
   Falls $\delta(q_i, a_j) = \emptyset$, dann füge $\delta(q_i, a_j) := \{(q_i, a_j, 0)\}$ hinzu.

3.3 NP-vollständige Probleme

Seien $x \in \Sigma^*$ eine beliebige Eingabe von M und $n := |x|$ die Länge dieser Eingabe. Zunächst charakterisieren wir eine akzeptierende Berechnung von M bei Eingabe x: Es gilt $x \in L(M)$ genau dann, wenn eine Folge $K_0, K_1, \ldots, K_{p(n)}$ von Konfigurationen, die folgende Bedingungen erfüllt, existiert:

1. K_0 ist die Startkonfiguration von M bei Eingabe x,
2. K_{i+1} ist eine Folgekonfiguration von K_i für $0 \leq i \leq p(n) - 1$ und
3. der Zustand in $K_{p(n)}$ ist q_s.

Die Übergangsfunktion $\delta : Q \times \Sigma \to 2^{Q \times \Sigma \times \{-1, 0, +1\}}$ definiert eine Relation aus $(Q \times \Sigma) \times (Q \times \Sigma \times \{-1, 0, +1\})$. Wir nummerieren die Tupel dieser Relation in beliebiger Reihenfolge durch. Sei m die Anzahl dieser Tupel. Unser Ziel ist die Konstruktion eines Ausdrucks $\alpha(x)$, der genau dann erfüllbar ist, wenn M die Eingabe x akzeptiert. Hierbei verwenden wir die in Tabelle 3.5 definierten Variablen.

Tabelle 3.5: Zur Simulation benötigte Variablen.

Variablen		beabsichtigte Bedeutung
$q_{t,k}$	$0 \leq t \leq p(n), 0 \leq k \leq s$	$q_{t,k} = 1 \Leftrightarrow q_k$ ist der Zustand von K_t.
$a_{t,i,j}$	$0 \leq t, i \leq p(n), 1 \leq j \leq r$	$a_{t,i,j} = 1 \Leftrightarrow a_j$ ist der Inhalt des i-ten Bandquadrates in K_t.
$s_{t,i}$	$0 \leq t, i \leq p(n)$	$s_{t,i} = 1 \Leftrightarrow$ In K_t steht der L/S-Kopf auf Bandquadrat i.
$b_{t,l}$	$0 \leq t < p(n), 1 \leq l \leq m$	$b_{t,l} = 1 \Leftrightarrow$ Das Tupel l findet Anwendung beim Übergang von K_t nach K_{t+1}.

Als nächstes definieren wir die Ausdrücke, die den Variablen die beabsichtigte Bedeutung geben. Dabei müssen die Ausdrücke folgende Bedingungen sicherstellen:

1. *Startbedingungen:*
   K_0 ist die Startkonfiguration. D.h., q_0 ist der Zustand, der L/S-Kopf steht auf dem 1. Bandquadrat und \$$x_\sqcup{}^{p(n)-n}$ ist der Bandinhalt.

2. *Randbedingungen:*
   Für alle K_t, $0 \leq t \leq p(n)$ gilt:
   - M ist in genau einem Zustand,
   - der L/S-Kopf steht auf genau einem Bandquadrat,
   - jedes Bandquadrat enthält genau ein Zeichen und
   - falls $t < p(n)$, dann findet beim Übergang nach K_{t+1} genau ein Tupel der Übergangsrelation seine Anwendung.

3. *Übergangsverhalten:*
   Für $0 \leq t < p(n)$ ergibt sich der Zustand, die Position des L/S-Kopfes und die Bandinschrift von K_{t+1} aus K_t und dem Tupel, das beim Übergang von K_t nach K_{t+1} seine Anwendung findet.

Seien nun S, R und U diejenigen Ausdrücke, die die Startbedingungen, die Randbedingungen und das Übergangsverhalten sicherstellen. $\alpha(x)$ ist dann definiert durch

$$\alpha(x) := S \wedge R \wedge U \wedge q_{p(n),s}.$$

Wir konstruieren nun S, R und U. Sei $x = a_{j_1} \ldots a_{j_n}$. Dann leistet

$$S := q_{0,0} \wedge s_{0,1} \wedge a_{0,0,2} \wedge a_{0,1,j_1} \wedge a_{0,2,j_2} \wedge \ldots \wedge a_{0,n,j_n} \wedge a_{0,n+1,1} \wedge \ldots \wedge a_{0,p(n),1}$$

das Gewünschte. Die Anzahl der benötigten Literale ist $p(n) + 3$.

Zur Konstruktion von R überlegen wir uns zunächst, wie wir für eine gegebene Variablenmenge $\{x_1, x_2, \ldots, x_l\}$ ausdrücken, dass genau eine dieser Variablen wahr ist. Es gilt

Genau-eine$(x_1, \ldots, x_l)$ = Mindestens-eine$(x_1, \ldots, x_l) \wedge$ Höchstens-eine$(x_1, \ldots, x_l)$,

wobei

$$\begin{aligned}
\text{Mindestens-eine}(x_1, \ldots, x_l) &= x_1 \vee \ldots \vee x_l \text{ und} \\
\text{Höchstens-eine}(x_1, \ldots, x_l) &= \neg\text{Mindestens-zwei}(x_1, \ldots, x_l) \\
&= \neg(\bigvee_{1 \leq i < j \leq l} (x_i \wedge x_j)) \\
&\underset{\text{de Morgan}}{=} \bigwedge_{1 \leq i < j \leq l} (\overline{x}_i \vee \overline{x}_j).
\end{aligned}$$

Der Ausdruck Genau-eine$(x_1, \ldots, x_l)$ ist in konjunktiver Normalform und enthält $l + 2\sum_{j=1}^{l-1} j = l^2$ Literale. Seien

$$\begin{aligned}
R_{\text{Zustände}}(t) &:= \text{Genau-eine}(q_{t,0}, q_{t,1}, \ldots, q_{t,s}) \\
R_{\text{Position}}(t) &:= \text{Genau-eine}(s_{t,1}, s_{t,2}, \ldots, s_{t,p(n)}) \\
R_{\text{Band}}(t) &:= \bigwedge_{0 \leq i \leq p(n)} \text{Genau-eine}(a_{t,i,1}, \ldots, a_{t,i,r}) \\
R_{\text{Übergang}}(t) &:= \text{Genau-eine}(b_{t,1}, b_{t,2}, \ldots, b_{t,m}).
\end{aligned}$$

Alle Ausdrücke sind in konjunktiver Normalform und enthalten insgesamt

$$(s+1)^2 + p^2(n) + p(n)r^2 + m^2$$

Literale.

3.3 NP-vollständige Probleme

Ferner stellt

$$R := \bigwedge_{0 \leq t \leq p(n)} (R_{\text{Zustände}}(t) \wedge R_{\text{Position}}(t) \wedge R_{\text{Band}}(t) \wedge R_{\text{Übergang}}(t))$$

die Randbedingungen sicher und enthält

$$(p(n)+1)((s+1)^2 + p^2(n) + p(n)r^2 + m^2) = O(p^3(n))$$

Literale.

Sei $U(t)$, $0 \leq t < p(n)$, der Ausdruck, der die Korrektheit des Übergangs von K_t nach K_{t+1} sicherstellt. Dann muss $U(t)$ konkret folgende Bedingungen gewährleisten:

1. Falls M zum Zeitpunkt t das i-te Bandquadrat nicht liest, dann ändert sich der Inhalt dieses Bandquadrates nicht.

2. Falls M zum Zeitpunkt t das i-te Bandquadrat liest und beim Übergang nach K_{t+1} das l-te Tupel $((q_{k_l}, a_{j_l}), (q_{\tilde{k}_l}, a_{\tilde{j}_l}, r_l))$ der Übergangsrelation seine Anwendung findet, dann gilt zum Zeitpunkt t:
   - q_{k_l} ist der Zustand von M und
   - a_{j_l} ist der Inhalt des i-ten Bandquadrates

   und zum Zeitpunkt $t+1$
   - $q_{\tilde{k}_l}$ ist der Zustand von M,
   - $a_{\tilde{j}_l}$ ist der Inhalt des i-ten Bandquadrates und
   - $i + r_l$ ist die Position des L/S-Kopfes.

$U(t)$ muss also Implikationen ausdrücken. Wir schreiben $x \rightarrow y$ für x impliziert y. Es gilt: $x \rightarrow y \equiv \overline{x} \vee y$. Also gewährleistet folgender Ausdruck die erste Bedingung:

$$\bigwedge_{1 \leq j \leq r} ((\overline{s}_{t,i} \wedge a_{t,i,j}) \rightarrow a_{t+1,i,j}) \equiv \bigwedge_{1 \leq j \leq r} (s_{t,i} \vee \overline{a}_{t,i,j} \vee a_{t+1,i,j})$$

Den Ausdruck für die zweite Bedingung überlegt man sich analog. Dies führt zu folgendem Ausdruck in konjunktiver Normalform für $U(t)$:

$$U(t) := \bigwedge_{0 \leq i \leq p(n)} \left[\bigwedge_{1 \leq j \leq r} (s_{t,i} \vee \overline{a}_{t,i,j} \vee a_{t+1,i,j}) \wedge \bigwedge_{1 \leq l \leq m} [(\overline{s}_{t,i} \vee \overline{b}_{t,l} \vee q_{t,k_l}) \right.$$

$$\wedge (\overline{s}_{t,i} \vee \overline{b}_{t,l} \vee a_{t,i,j_l})$$
$$\wedge (\overline{s}_{t,i} \vee \overline{b}_{t,l} \vee q_{t+1,\tilde{k}_l})$$
$$\wedge (\overline{s}_{t,i} \vee \overline{b}_{t,l} \vee a_{t+1,i,\tilde{j}_l})$$
$$\left. \wedge (\overline{s}_{t,i} \vee \overline{b}_{t,l} \vee s_{t+1,i+r_l})] \right].$$

Es gilt dann $U = \bigwedge_{0 \leq t < p(n)} U(t)$. Da $U(t)$ insgesamt $(p(n) + 1)(3r + 15m)$ Literale enthält, ist $(p(n) + 1)^2(3r + 15m)$ die Anzahl der Literale in U. $\alpha(x) = S \wedge R \wedge U \wedge q_{p(n),s}$ ist demnach ein Ausdruck in konjunktiver Normalform und besteht aus

$$\begin{aligned}
& p(n) + 3 \\
& + (p(n) + 1)((s+1)^2 + p^2(n) + p(n)r^2 + m^2) \\
& + (p(n) + 1)^2(3r + 15m) + 1 \\
& = O(p^3(n))
\end{aligned}$$

Literalen.

Übung 3.4: Zeigen Sie, dass in Polynomzeit eine Kodierung von $\alpha(x)$, die den Platz $O(p^3(n) \cdot \log p(n))$ benötigt, konstruiert werden kann.

Also ist die oben definierte Abbildung eine polynomielle Transformation. Es verbleibt noch die Korrektheit der Behauptung „$\alpha(x)$ ist erfüllbar $\Leftrightarrow x \in L$" zu zeigen.

„$\Leftarrow$"

Wegen $x \in L$ existiert eine Berechnung von M, die x in $p(n)$ Schritten akzeptiert, wobei $n := |x|$. D.h., es existiert eine Folge $K_0, K_1, \ldots, K_{p(n)}$ von Konfigurationen, so dass

i) K_0 Startkonfiguration bei Eingabe x,

ii) K_{t+1} Folgekonfiguration von K_t, $0 \leq t < p(n)$ und

iii) $K_{p(n)}$ akzeptierende Konfiguration

sind. Wir definieren nun eine Einsetzung ψ, die $\alpha(x)$ erfüllt. Für $0 \leq t \leq p(n)$, $0 \leq k \leq s$, $1 \leq i \leq p(n)$, $1 \leq j \leq r$ und $1 \leq l \leq m$ setzen wir

$$\psi(q_{t,k}) := \begin{cases} 1 \text{ falls } q_k \text{ Zustand in } K_t \\ 0 \text{ sonst,} \end{cases}$$

$$\psi(a_{t,i,j}) := \begin{cases} 1 \text{ falls } a_j \text{ das } i\text{-te Zeichen der Bandinschrift von } K_t \\ 0 \text{ sonst,} \end{cases}$$

$$\psi(s_{t,i}) := \begin{cases} 1 \text{ falls in } K_t \text{ das } i\text{-te Bandquadrat gelesen wird} \\ 0 \text{ sonst,} \end{cases}$$

$$\psi(b_{t,l}) := \begin{cases} 1 \text{ falls beim Übergang von } K_t \text{ nach } K_{t+1} \text{ das} \\ \quad l\text{-te Tupel der Übergangsrelation verwendet wird} \\ 0 \text{ sonst.} \end{cases}$$

Es ist leicht zu sehen, dass ψ den Ausdruck $\alpha(x)$ erfüllt.

3.3 NP-vollständige Probleme

„⇒"

Sei ψ eine Einsetzung, die $\alpha(x)$ erfüllt. Dann gilt $\psi(R) = 1$ und somit auch $\psi(\text{genau-eine}(q_{t,0}, \ldots, q_{t,s})) = 1$ für $0 \le t \le p(n)$. Also gibt es für jedes t genau ein k, etwa $k(t)$, mit $\psi(q_{t,k}) = 1$. Genauso überlegen wir uns, dass für jedes $0 \le t \le p(n)$ genau ein i, etwa $i(t)$, mit $\psi(s_{t,i}) = 1$ und falls $t \ne p(n)$ genau ein l, etwa $l(t)$, mit $\psi(b_{t,l}) = 1$ und für jedes $0 \le i \le p(n)$ genau ein j, etwa $j(t,i)$, mit $\psi(a_{t,i,j}) = 1$ existieren. Also beschreiben die wahren Variablen für jedes $0 \le t \le p(n)$ genau eine Konfiguration K_t und falls $t \ne p(n)$ genau ein Tupel der Übergangsrelation, nämlich: Wegen $\psi(S) = 1$ gilt $k(0) = 0, i(0) = 1$, usw. Also ist K_0 die Startkonfiguration bei

Zustand:	$q_{k(t)}$,
Bandinschrift:	$a_{j(t,0)} a_{j(t,1)} \cdots a_{j(t,p(n))}$,
Position L/S-Kopf:	$i(t)$ und
Tupel:	$((q_{k_{l(t)}}, a_{j_{l(t)}}), (q_{\tilde{k}_{l(t)}}, a_{\tilde{j}_{l(t)}}, r_{l(t)}))$.

Eingabe x. Wegen $\psi(q_{p(n)}, s) = 1$ ist $K_{p(n)}$ eine akzeptierende Konfiguration. Wegen $\psi(U) = 1$ gilt $\psi(U(t)) = 1$ für $0 \le t < p(n)$. Also gilt $\psi(s_{t,i} \vee \overline{a}_{t,i,j} \vee a_{t+1,i,j}) = 1$ für $1 \le j \le r$. Daraus folgt $j(t+1,i) = j(t,i)$ für $i \ne i(t)$. Somit kann sich die Bandinschrift nur unter dem L/S-Kopf ändern.

Für $i = i(t)$ und $l = l(t)$ (d.h., $\psi(s_{t,i(t)}) = \psi(b_{t,l(t)}) = 1$), folgt aus $\psi(\overline{s}_{t,i(t)} \vee \overline{b}_{t,l(t)} \vee q_{t,k_{l(t)}}) \wedge \ldots \wedge \psi(\overline{s}_{t,i(t)} \vee \overline{b}_{t,l(t)} \vee s_{t+1,i+r_{l(t)}}) = 1$ auch $\psi(q_{t,k_{l(t)}}) = \psi(a_{t,i(t),j_{l(t)}}) = \psi(q_{t+1,\tilde{k}_{l(t)}}) = \psi(a_{t+1,i(t),\tilde{j}_{l(t)}}) = \psi(s_{t+1,i+r_{l(t)}}) = 1$. Also ist das $l(t)$-te Tupel der Übergangsrelation auf K_t anwendbar und findet in der Tat beim Übergang von K_t nach K_{t+1} seine Anwendung. Insgesamt folgt, dass $K_0, K_1, \ldots, K_{p(n)}$ eine akzeptierende Rechnung für die Eingabe x ist. Also gilt $x \in L$. ∎

In der Praxis ist es nützlich zu wissen, ob ein zu lösendes Problem NP-vollständig ist oder nicht. Im Fall der NP-Vollständigkeit wird man in der Regel nicht versuchen, einen polynomiellen Algorithmus zur Lösung des Problems zu konstruieren. Dies würde ja im Fall des Erfolges P = NP implizieren und man hätte das berühmteste offene Problem der Informatik gelöst. Vielmehr wird man das Problem mit gewissen Standardmethoden, die wir später kennen lernen werden, angehen.

Für viele in der Praxis auftretende Probleme hat es sich erwiesen, dass sie NP-vollständig sind. Für den Beweis der NP-Vollständigkeit geht man in der Regel nicht mehr den mühevollen Weg und reduziert alle Probleme in NP polynomiell auf das betrachtete Problem. Vielmehr reduziert man ein bereits bekanntes NP-vollständiges Problem auf das betrachtete Problem und wendet Satz 3.2.b an. Wir werden diese Vorgehensweise nun anhand von einigen Beispielen demonstrieren.

Satz 3.4 SAT(3) *ist NP-vollständig.*

Beweis: Es genügt SAT $\leq_{\text{pol}}$ SAT(3) zu zeigen. Hierzu ersetzen wir eine beliebige Klausel $x_1 \vee x_2 \vee \ldots \vee x_t$ durch eine Konjunktion von Klauseln vom Grad ≤ 3. Seien $y_1, y_2, \ldots, y_t$ zusätzliche Variablen. Betrachten wir

$$\alpha := (x_1 \vee \neg y_1) \wedge (y_1 \vee x_2 \vee \neg y_2) \wedge \ldots \wedge (y_{t-1} \vee x_t \vee \neg y_t) \wedge y_t.$$

Sei $\psi : \{x_1, x_2, \ldots, x_t\} \to \{0, 1\}$ eine Einsetzung. Zu zeigen ist noch, dass es genau dann eine Erweiterung $\psi' : \{x_1, x_2, \ldots, x_t, y_1, y_2, \ldots y_t\} \to \{0, 1\}$ von ψ mit $\psi'(\alpha) = 1$ gibt, wenn $\psi(x_1 \vee x_2 \vee \ldots \vee x_t) = 1$.

Sei $\psi : \{x_1, x_2, \ldots, x_t\} \to \{0, 1\}$ eine Einsetzung mit $\psi(x_1 \vee x_2 \vee \ldots \vee x_t) = 1$. Dann gilt $\psi(x_i) = 1$ für ein $i \in \{1, 2, \ldots, t\}$. Sei $i_0 := \min\{i \mid \psi(x_i) = 1\}$. Setze

$$\psi'(z) := \begin{cases} \psi(x_j) & \text{falls } z = x_j \\ 0 & \text{falls } z = y_j \text{ mit } j < i_0 \\ 1 & \text{sonst.} \end{cases} \quad (3.3)$$

Dann gilt $\psi'(\alpha) = 1$.

Wir beweisen die andere Richtung indirekt. Betrachten wir hierzu eine Einsetzung $\psi' : \{x_1, \ldots, x_t, y_1, \ldots, y_t\} \to \{0, 1\}$ mit $\psi'(\alpha) = 1$. Nehmen wir an, dass $\psi'(x_1 \vee x_2 \vee \ldots \vee x_t) = 0$. Dann gilt $\psi'(x_i) = 0$ für alle $i \in \{1, 2, \ldots, t\}$. Also gelten folgende Implikationen:

1. Klausel in α $\Rightarrow$ $\psi'(\neg y_1) = 1$ $\Rightarrow$ $\psi'(y_1) = 0$
2. Klausel in α $\Rightarrow$ $\psi'(\neg y_2) = 1$ $\Rightarrow$ $\psi'(y_2) = 0$
$\vdots$
t. Klausel in α $\Rightarrow$ $\psi'(\neg y_t) = 1$ $\Rightarrow$ $\psi'(y_t) = 0$.

Da y_t die letzte Klausel in α ist, folgt direkt $\psi'(\alpha) = 0$. Dies widerspricht jedoch der Annahme $\psi'(\alpha) = 1$.

Betrachten wir nun einen beliebigen Ausdruck in konjunktiver Normalform. Durch Ersetzung jeder Klausel mit mehr als drei Literalen erhalten wir einen Ausdruck in konjunktiver Normalform mit höchstens drei Literalen pro Klausel. Obige Überlegungen implizieren, dass der neue Ausdruck genau dann erfüllbar ist, wenn auch der alte Ausdruck erfüllbar ist. Die Transformation kann leicht in Polynomzeit durchgeführt werden. ∎

Satz 3.5 *Das Cliqueproblem ist NP-vollständig.*

Beweis: Clique $\in$ NP ist klar. Eine Knotenmenge V' mit $|V'| = k$ wird nichtdeterministisch kreiert und dann deterministisch überprüft, ob sie eine k-Clique des Eingabegraphen bildet. Wir zeigen, dass SAT(3) $\leq_{\text{pol}}$ Clique.

3.3 NP-vollständige Probleme

Sei $\alpha = c_1 \wedge c_2 \wedge \ldots \wedge c_k$ ein Ausdruck in konjunktiver Normalform mit höchstens drei Literalen pro Klausel. Für $1 \leq i \leq k$ sei $c_i = x_{i_1}^{\beta_{i_1}} \vee x_{i_2}^{\beta_{i_2}} \vee x_{i_3}^{\beta_{i_3}}$, wobei $\beta_{i_l} \in \{0,1\}$, $1 \leq l \leq 3$, $x^1 = x$ und $x^0 = \overline{x}$. Falls c_i weniger als drei Literale enthält, dann verkürzt sich die Klausel entsprechend. Bezeichne i_r die Anzahl der Literale in c_i.

Betrachten wir den Graphen $G = (V, E)$ mit $V = \{v_{i_l} \mid 1 \leq i \leq k \text{ und } 1 \leq l \leq i_r\}$ und $E = \{(v_{i_l}, v_{j_m}) \mid i \neq j \text{ und } (x_{i_l} \neq x_{j_m} \text{ oder } \beta_{i_l} = \beta_{j_m})\}$.

Diese Konstruktion kann wie folgt interpretiert werden: Zwei Knoten werden genau dann durch eine Kante miteinander verbunden, wenn es eine Einsetzung gibt, die beide korrespondierenden Literale wahr macht. Es ist offensichtlich, dass der Graph G in Polynomzeit aus α konstruiert werden kann. Wir zeigen nun, dass α genau dann erfüllbar ist, wenn G eine k-Clique enthält.

Nehmen wir hierzu an, dass α erfüllbar ist, d.h. $\psi(\alpha) = 1$ für ein Einsetzung ψ. Dann gibt es für jedes $1 \leq i \leq k$ ein l, etwa $l(i)$ mit $\psi(x_{i_l}^{\beta_{i_l}}) = 1$. Wähle $V' := \{v_{i_{l(i)}} \mid 1 \leq i \leq k\}$. Seien $v_{i_h}, v_{i_m} \in V'$ mit $i \neq j$. D.h., $\psi(x_{i_h}^{\beta_{i_h}}) = \psi(x_{i_m}^{\beta_{i_m}}) = 1$. Dann gilt $x_{i_h} \neq x_{i_m}$ oder $\beta_{i_h} = \beta_{i_m}$. Also gilt $(v_{i_h}, v_{j_m}) \in E$. Also ist V' eine k-Clique.

Sei $V' \subseteq V$ eine k-Clique. Da $i \neq j$ für alle $(v_{i_h}, v_{j_m}) \in E$, hat V' die Form $V' = \{v_{i_{l(i)}} \mid 1 \leq i \leq k\}$. Sei

$$\psi(z) := \begin{cases} 1 & \text{falls } z = x_{i_{l(i)}} \text{ für ein } i \text{ und } \beta_{i_{l(i)}} = 1 \\ 0 & \text{falls } z = x_{i_{l(i)}} \text{ für ein } i \text{ und } \beta_{i_{l(i)}} = 0 \\ \text{beliebig} & \text{sonst.} \end{cases}$$

ψ ist wohldefiniert. Wäre $\psi(z)$ durch Zeile 1 und Zeile 2 der Definition widersprüchlich definiert, dann wäre $x_{i_{l(i)}} = x_{j_{l(j)}}$ und $\beta_{i_{l(i)}} \neq \beta_{j_{l(j)}}$ für ein Paar i, j, $i \leq j$. Dann wäre $(v_{i_{l(i)}}, v_{j_{l(j)}}) \notin E$ und somit V' keine k-Clique.

Wegen $\psi(x_{i_{l(i)}}^{\beta_{i_{l(i)}}}) = 1$, $1 \leq i \leq k$, gilt $\psi(\alpha) = 1$. Also erfüllt ψ den Ausdruck α.

∎

Überdeckende Knotenmenge (ÜK)

Gegeben: Ein ungerichteter Graph $G = (V, E), k \in \mathbb{N}$.

Frage: Gibt es eine Knotenmenge $V' \subseteq V$ mit $|V'| = k$, so dass für jede Kante $(v, w) \in E$ gilt $v \in V'$ oder $w \in V'$?

Satz 3.6 *ÜK ist NP-vollständig.*

Beweis: ÜK $\in$ NP ist offensichtlich. Wir zeigen Clique $\leq_{\text{pol}}$ ÜK. Sei $G = (V, E)$

ein Graph und k eine natürliche Zahl. Betrachten wir das Komplement $\overline{G}$ zu G, d.h., $\overline{G} := (V, V \times V \setminus E)$. Sei $k' := |V| - k$. Dann hat G eine k-Clique genau dann, wenn $\overline{G}$ eine überdeckende Knotenmenge der Größe k' besitzt. Offensichtlich kann die Transformation in Polynomzeit durchgeführt werden. ∎

$(0,1)$-Integer-Programmierung (IP)

Gegeben: Integer-Matrix C, Integer-Vektor d.
Frage: Gibt es einen $(0,1)$-Vektor c, so dass $C \cdot c \geq d$?

Satz 3.7 *IP ist NP-vollständig.*

Beweis: IP $\in$ NP ist offensichtlich. Wir werden zeigen, dass SAT $\leq_{\text{pol}}$ IP. Sei $\alpha = z_1 \wedge \ldots \wedge z_k$ ein beliebiger Ausdruck in konjunktiver Normalform. Seien $x_1, x_2, \ldots, x_m$ die Variablen, die in α vorkommen. Wir definieren C und d durch $C := (c_{ij})_{1 \leq i \leq k, 1 \leq j \leq m}$ und $d := (d_i)_{1 \leq i \leq k}$, wobei

$$c_{ij} := \begin{cases} 1 & \text{falls } x_j \text{ Literal in } z_i \\ -1 & \text{falls } \overline{x}_j \text{ Literal in } z_i \\ 0 & \text{sonst} \end{cases}$$

und

$$d_i := 1 - |\{x_j \mid \overline{x}_j \text{ ist Literal in } z_i\}|.$$

Offensichtlich kann die Transformation in Polynomzeit durchgeführt werden. Wir zeigen nun, dass α genau dann erfüllbar ist, wenn ein $(0,1)$-Vektor c mit $C \cdot c \geq d$ existiert.

Sei $\psi : \{x_1, x_2, \ldots, x_m\} \to \{0, 1\}$ eine Einsetzung mit $\psi(\alpha) = 1$. In Abhängigkeit von ψ definieren wir nun einen $(0,1)$-Vektor c mit $C \cdot c \geq d$. Seien $c_j := \psi(x_j)$ für $1 \leq j \leq m$. Wegen $\psi(z_i) = 1$ gibt es ein $x_j \in z_i$ mit $\psi(x_j) = 1$ oder ein $\overline{x}_j \in z_i$ mit $\psi(x_j) = 0$. Also gilt $\sum_{x_j \in z_i} \psi(x_j) \geq 1$ oder $\sum_{\overline{x}_j \in z_i} \psi(x_j) < |\{x_j \mid \overline{x}_j \text{ ist Literal in } z_i\}|$. Also gilt für $1 \leq i \leq k$

$$(C \cdot c)_i = \sum_{j=1}^{m} c_{ij} \cdot c_j = \sum_{x_j \in z_i} \psi(x_j) - \sum_{\overline{x}_j \in z_i} \psi(x_j) \geq 1 - \sum_{\overline{x}_j \in z_i} 1 = d_i.$$

Sei c ein $(0,1)$-Vektor mit $Cc \geq d$. Definiere $\psi : \{x_1, x_2, \ldots, x_m\} \to \{0, 1\}$ durch $\psi(x_j) := c_j$. Nehmen wir an, dass $\psi(\alpha) = 0$. Dann existiert $i \in \{1, 2, \ldots, k\}$ mit

3.3 NP-vollständige Probleme

$\psi(z_i) = 0$. Also gilt

$$\psi(x_j) = c_j = \begin{cases} 0 & \text{falls } x_j \in z_i \\ 1 & \text{falls } \overline{x}_j \in z_i \end{cases}$$

und somit

$$d_i \leq (C \cdot c)_i = \sum_{x_j \in z_i} c_j - \sum_{\overline{x}_j \in z_i} c_j = -\sum_{\overline{x}_j \in z_i} 1 < d_i,$$

was wegen $d_i = d_i$ nicht sein kann. Also gilt $\psi(\alpha) = 1$. ∎

Hamiltonscher Kreis (HK)

Gegeben: Ein ungerichteter Graph $G = (V, E)$.

Frage: Gibt es einen Kreis in G, der jeden Knoten $v \in V$ genau einmal enthält?

Satz 3.8 *HK ist NP-vollständig.*

Beweis: HK $\in$ NP ist offensichtlich. Wir werden SAT(3) $\leq_{\text{pol}} HK$ zeigen. Sei $\alpha = z_1 \wedge z_2 \wedge \ldots \wedge z_k$ ein beliebiger Ausdruck in konjunktiver Normalform mit maximal drei Literalen pro Klausel. Seien $x_1, \ldots, x_m$ die Variablen, die in α vorkommen. Unsere Konstruktion enthält den Entwurf von speziellen Komponenten mit gewissen Eigenschaften, was in vielen interessanten NP-Vollständigkeitsbeweisen vorkommt. Sei der in Abbildung 3.3 dargestellte Graphen A ein Teilgraph eines Graphen G, so dass

1. keine anderen Kanten zu Knoten in $A \setminus \{u, u', v, v'\}$ inzident sind und
2. G einen Hamiltonschen Kreis c enthält.

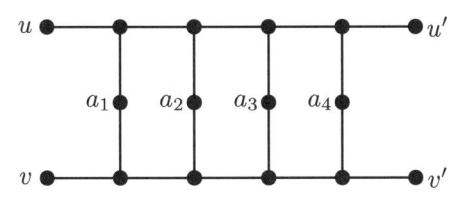

Abbildung 3.3: Graph A.

Dann sieht man durch einfaches Überprüfen der Möglichkeiten ein, dass c den Teilgraphen A in einer der beiden in der Abbildung 3.4 beschriebenen Art und Weisen durchquert.

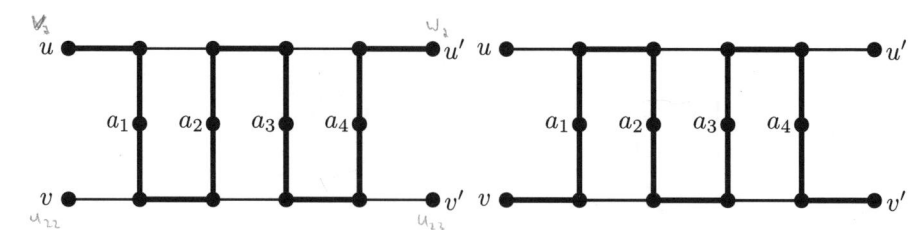

Abbildung 3.4: Durchquerungen von A der 1. und der 2. Art.

Der Graph A verhält sich so, als existiere in G ein Paar (u, u') und (v, v') von Kanten mit der Eigenschaft, dass jeder Hamiltonsche Kreis genau eine der beiden Kanten durchqueren muss.

Sei der in Abbildung 3.5 dargestellte Graph B ein Teilgraph eines Graphen G, so dass

1. keine anderen Kanten zu Knoten in $B \setminus \{u_1, u_4\}$ inzident sind und
2. G einen Hamiltonschen Kreis c enthält.

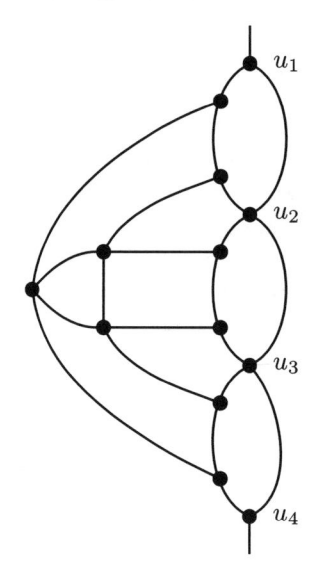

Abbildung 3.5: Teilgraph B.

Dann verifiziert man durch Überprüfen aller Möglichkeiten, dass

a) c nicht alle Kanten (u_1, u_2), (u_2, u_3) und (u_3, u_4), die sogenannten *Klauselkanten* durchqueren kann und

b) jede echte Teilmenge von $\{(u_1, u_2), (u_2, u_3), (u_3, u_4)\}$ Teil von c sein kann.

Wir kürzen die Beschreibung dieser Graphen wie in den Abbildungen 3.6 und 3.7 beschrieben ab und sagen im Fall von Abbildung 3.6, dass die Kanten (u, u') und (v, v') durch einen *A-Verbinder* miteinander verbunden sind.

3.3 NP-vollständige Probleme

Abbildung 3.6: Teilgraph A

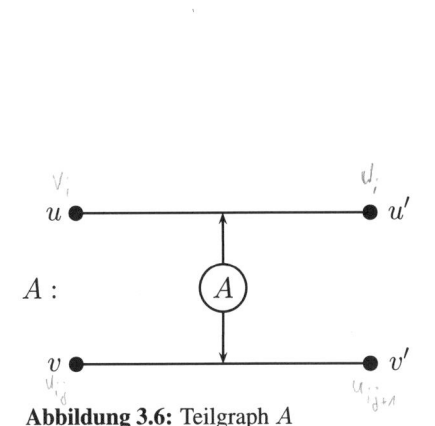

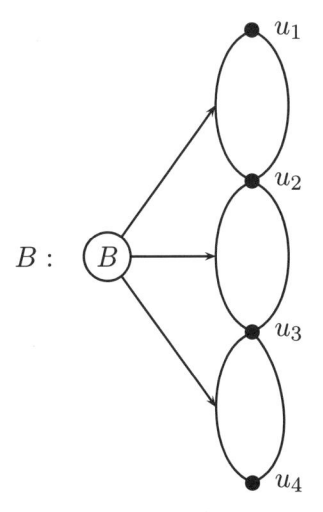

Abbildung 3.7: Teilgraph B

Wir konstruieren nun den Graphen $G = (V, E)$. Falls eine Klausel weniger als drei Literale besitzt, dann können wir durch verdoppeln oder verdreifachen eines Literals dieser Klausel erreichen, dass die Klausel exakt drei Literale enthält. Also können wir o.B.d.A. annehmen, dass alle Klauseln im Ausdruck aus genau drei Literalen bestehen. Für jede Klausel z_i, $1 \leq i \leq k$, besitzt G eine Kopie des Graphen B. D.h., für z_i enthält G den in Abbildung 3.5 skizzierten Teilgraphen B. Die Knoten u_1, u_2, u_3 und u_4 erhalten i als weiteren Index.

Diese k Kopien sind in Serie miteinander verbunden. Für jede Variable x_i, $1 \leq i \leq m$, enthält G zwei Knoten v_i und w_i sowie zwei Kopien der Kante (v_i, w_i), die sogenannten *Linkskopie* und *Rechtskopie* von (v_i, w_i). Eine solche Kante heißt *Literalkante*. Zudem enthält G die Kante (w_i, v_{i+1}) für $1 \leq i < m$ und die Kanten (u_{11}, v_1) und (u_{k4}, w_m).

Als nächstes inkorporieren wir die Natur der Klauseln von α in G. Für $1 \leq i \leq k$ verbinden wir die Kante $(u_{ij}, u_{i(j+1)})$ mit der

$$\begin{cases} \text{Linkskopie der Kante } (v_l, w_l), & \text{falls } x_l \ j\text{-tes Literal in } z_i \\ \text{Rechtskopie der Kante } (v_l, w_l), & \text{falls } \overline{x}_l \ j\text{-tes Literal in } z_i \end{cases}$$

durch einen A-Verbinder. Zwei Kanten werden mittels eines A-Verbinders verbunden, indem diese durch die fünf oberen bzw. fünf unteren Kanten des A-Verbinders ersetzt werden. Falls ein Literal in mehreren Klauseln vorkommt, dann wird die korrespondierende Literalkante mit mehreren Klauselkanten verbunden. Wir realisieren dies, indem wir die zur Literalkante korrespondierenden Teile der A-Verbinder in Serie miteinander verbinden. In Abbildung 3.8 ist der soeben konstruierte Graph $G = (V, E)$ skizziert.

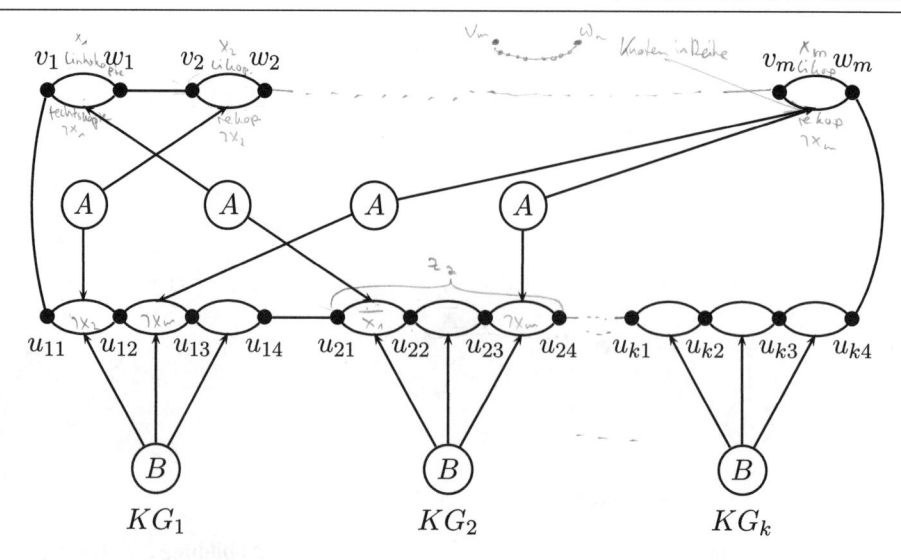

Abbildung 3.8: Der konstruierte Graph $G = (V, E)$.

Übung 3.5: *Geben Sie eine formale Definition des Graphen $G = (V, E)$ an.*

Es ist leicht zu zeigen, dass obige Transformation in Polynomzeit durchführbar ist. Wir zeigen nun, dass G genau dann einen Hamiltonschen Kreis enthält, wenn α erfüllbar ist.

Sei ψ eine Einsetzung mit $\psi(\alpha) = 1$. Wir erhalten dann auf folgende Art und Weise einen Hamiltonschen Kreis c.

1. ψ legt für alle $j \in \{1, 2, \ldots, m\}$ fest, welche Kopie der Kante (v_j, w_j) von c durchlaufen wird:

$$c \text{ durchquert die} \begin{cases} \text{Linkskopie von } (v_j, w_j), & \text{falls } \psi(x_j) = 1 \\ \text{Rechtskopie von } (v_j, w_j), & \text{falls } \psi(x_j) = 0. \end{cases}$$

2. c durchquert (u_{11}, v_1) und (w_m, u_{k4}).

3. Da ψ den Ausdruck α erfüllt folgt aus Teil 1 der Konstruktion und der Eigenschaft des Graphen A, dass in jedem Klauselgraphen KG_i mindestens eine der Kanten $(u_{ij}, u_{i(j+1)})$ nicht durchlaufen wird. Die anderen müssen eventuell durchlaufen werden. Wegen der Eigenschaft des Graphen B kann c demgemäß ergänzt werden.

Insgesamt ist dann c ein Hamiltonscher Kreis in G.

3.3 NP-vollständige Probleme

Sei c ein Hamiltonscher Kreis in G. Dann durchläuft c für jedes j exakt eine der Kopien der Kante (v_j, w_j). Sei ψ wie folgt definiert:

$$\psi(x_j) := \begin{cases} 1 & \text{falls } c \text{ die Linkskopie von } (v_j, w_j) \text{ durchquert} \\ 0 & \text{falls } c \text{ die Rechtskopie von } (v_j, w_j) \text{ durchquert.} \end{cases}$$

Wir müssen uns noch davon überzeugen, dass ψ jede der Klauseln z_i, $1 \leq i \leq k$ erfüllt. Betrachten wir hierzu den Klauselgraphen KG_i und die korrespondierenden A-Verbinder. Wegen der Eigenschaft a) des Graphen B kann c nicht alle Kanten $(u_{ij}, u_{i(j+1)})$, $1 \leq j \leq 3$, durchlaufen. Nehmen wir an, dass c die Kante $(u_{il}, u_{i(l+1)})$ nicht durchläuft. Dann muss c wegen der Eigenschaft vom A-Verbinder diejenige Kante durchlaufen, die mit $(u_{il}, u_{i(l+1)})$ über einen A-Verbinder verbunden ist. Aus der Konstruktion folgt nun direkt, dass ψ das korrespondierende Literal in Klausel z_i erfüllt. ∎

Korollar 3.1 *Das Problem des Handlungsreisenden (HR) ist NP-vollständig.*

Beweis: Wir zeigen, dass HK ein Spezialfall von HR ist. Sei $G = (V, E)$ ein ungerichteter Graph. Sei die Kostenfunktion $c : V \times V \to \mathbb{N}_0$ definiert durch

$$c(i, j) := \begin{cases} 1 & \text{falls } (i, j) \in E \\ 2 & \text{sonst.} \end{cases}$$

Dann gibt es genau dann eine Rundreise der Länge $|V|$, wenn G einen Hamiltonschen Kreis enthält. ∎

3-Färbbarkeit von Graphen (3-FÄ)

Gegeben: Ein ungerichteter Graph $G = (V, E)$.

Frage: Kann V legal mit drei Farben gefärbt werden? Dabei bedeutet legal, dass benachbarte Knoten stets unterschiedlich gefärbt sind.

Satz 3.9 *3-FÄ ist NP-vollständig.*

Beweis: 3-FÄ $\in$ NP ist offensichtlich. Eine Färbung der Knoten mit drei Farben kann nichtdeterministisch kreiert und dann deterministisch auf Legalität überprüft werden. Wir werden SAT(3) $\leq_{\text{pol}}$ 3-FÄ zeigen. Sei $\alpha = z_1 \wedge z_2 \wedge \ldots \wedge z_k$ ein beliebiger Ausdruck in konjunktiver Normalform mit maximal drei Literalen pro Klausel. Seien $x_1, x_2, \ldots, x_m$ die Variablen, die in α vorkommen. Falls eine Klausel weniger als drei Literale besitzt, dann können wir durch verdoppeln oder verdreifachen eines Literals dieser Klausel erreichen, dass diese Klausel exakt drei Literale enthält. Also können wir o.B.d.A. an nehmen, dass alle Klauseln im Ausdruck aus genau drei Literalen bestehen. Sei $z_i = a_i \vee b_i \vee c_i$ für $1 \leq i \leq m$.

Die Idee besteht darin, einen Graphen $G = (V, E)$ zu konstruieren, der für jede Variable x_i, $1 \leq i \leq m$ zwei Knoten v_i und $\overline{v}_i$, die zu den beiden Literalen x_i und $\overline{x}_i$ korrespondieren, enthält. Diese Knoten nennen wir *Literalknoten*. Ziel ist es, diesen Graphen mit den drei Farben T, F und B derart legal zu färben, dass die Literalknoten nur Farben aus $\{T, F\}$ erhalten und Literalknoten, die zur selben Variablen korrespondieren, stets unterschiedlich gefärbt sind. Dies erreichen wir, indem wir für $1 \leq i \leq m$ die Knoten v_i und $\overline{v}_i$ jeweils durch eine Kante miteinander verbinden, drei zusätzliche Knoten B, T und F, von denen jeder mit jeden anderen durch eine Kante verbunden ist, hinzufügen und dann noch jeden Literalknoten mit dem Knoten B verbinden. In Abbildung 3.9 ist dieser Graph skizziert.

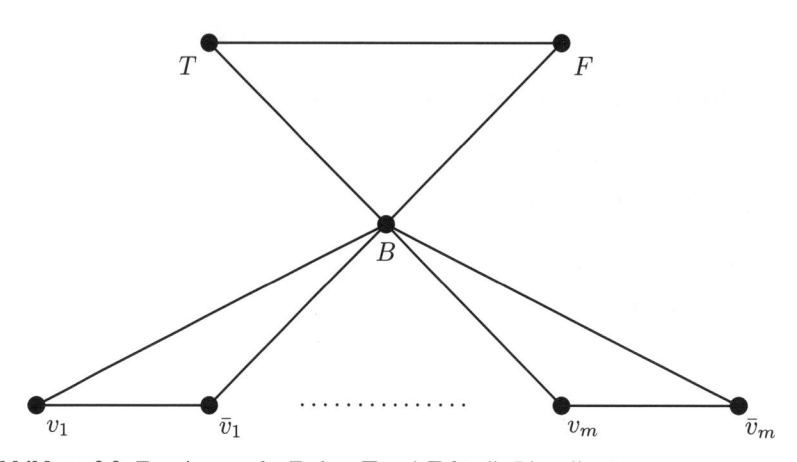

Abbildung 3.9: Erzwingung der Farben T und F für die Literalknoten.

Jede legale Färbung des Graphen G muss die Knoten B, T und F paarweise unterschiedlich färben. Wir identifizieren dann die jeweilige Farbe mit den Knoten. Da jeder Literalknoten mit dem Knoten B durch eine Kante verbunden ist, können diese nur mit T oder F gefärbt sein. Da für jedes $1 \leq i \leq m$ die Literalknoten v_i und $\overline{v}_i$ durch eine Kante verbunden sind, müssen diese unterschiedlich gefärbt sein.

Des Weiteren möchten wir durch Hinzufügen weiterer Hilfsknoten und Kanten erzwingen, dass der resultierende Graph genau dann legal mit drei Farben färbbar ist, wenn der zugrunde liegende Ausdruck α erfüllbar ist. Hierzu fügen wir für jede Klausel $z_i = a_i \vee b_i \vee c_i$ den in Abbildung 3.10 beschrieben Graphen hinzu. Dabei sind a_i, b_i und c_i betreffende Literalknoten während $w_{i1}, w_{i2}, \ldots, w_{i6}$ neue Knoten sind. Die zu verschiedenen Klauseln korrespondierenden neuen Knoten sind paarweise disjunkt. Wir nennen den zur Klausel z_i korrespondierenden Graphen *Klauselgraph* Z_i. Der Knoten w_{i6} heißt *Wurzelknoten* des Klauselgraphen Z_i.

3.3 NP-vollständige Probleme

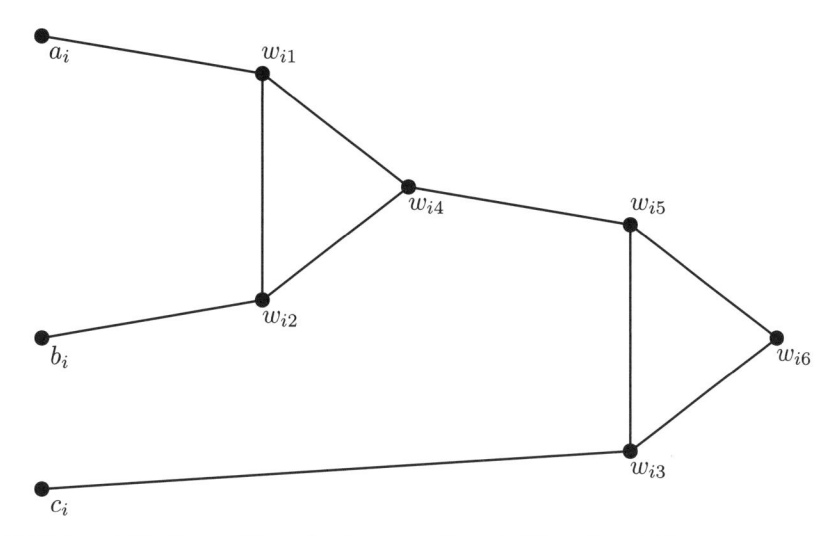

Abbildung 3.10: Der zur Klausel z_i korrespondierende Klauselgraph Z_i.

Sei x ein Knoten und f eine 3-Färbung des Graphen. Bezeichne $f(x)$ die Farbe des Knotens x bezüglich der Färbung f. Durch Überprüfen aller möglichen Färbungen verifiziert man leicht die folgenden Eigenschaften des Klauselgraphen Z_i:

1. Jede Färbung f der Knoten a_i, b_i und c_i mit $T \in \{f(a_i), f(b_i), f(c_i)\}$ kann zu einer legalen 3-Färbung für Z_i derart erweitert werden, dass $f(w_{i6}) = T$.
2. Falls f eine legale 3-Färbung von Z_i mit $f(a_i) = f(b_i) = f(c_i)$ ist, dann gilt $f(w_{i6}) = f(a_i)$.

Jede Einsetzung ψ für die Variablen in α gibt für jedes $1 \leq i \leq m$ exakt einem Literal aus $\{x_i, \overline{x}_i\}$ den Wert 1. Das andere Literal hat Wert 0. Die Idee ist nun, in einer Einsetzung dem zum Literal mit Wert 1 die Farbe T und dem anderen Literal die Farbe F zuzuordnen. Umgekehrt möchten wir bezüglich einer legalen 3-Färbung diejenige Einsetzung für α konstruieren, die jeweils das zu dem mit T gefärbten Literalknoten korrespondierende Literal den Wert 1 gibt. Gemäß obiger Eigenschaften der Klauselgraphen müssen wir noch dafür sorgen, dass in jeder legalen 3-Färbung des Graphen G die Wurzelknoten der Klauselgraphen die Farbe T erhalten. Hierzu verbinden wir für jeden Klauselgraphen seinen Wurzelknoten mit den Knoten B und F durch eine Kante. Insgesamt erhalten wir somit den Graphen $G = (V, E)$, wobei

$$V := \{v_i, \overline{v}_i, w_{i1}, \ldots, w_{i6} \mid 1 \leq i \leq m\} \cup \{B, F, T\}$$

und

$$E := \{(B,F),(F,T),(T,B)\}$$
$$\cup \{(v_i, \overline{v_i}) \mid 1 \leq i \leq m\}$$
$$\cup \{(v_i, B),(\overline{v_i}, B) \mid 1 \leq i \leq m\}$$
$$\cup \{(a_i, w_{i1}),(b_i, w_{i2}),(c_i, w_{i3}) \mid 1 \leq i \leq m\}$$
$$\cup \{(B, w_{i6}),(F, w_{i6}) \mid 1 \leq i \leq m\}$$
$$\cup \{(w_{i1}, w_{i2}),(w_{i1}, w_{i4}),(w_{i2}, w_{i4}) \mid 1 \leq i \leq m\}$$
$$\cup \{(w_{i3}, w_{i5}),(w_{i3}, w_{i6}),(w_{i5}, w_{i6}) \mid 1 \leq i \leq m\}$$
$$\cup \{(w_{i4}, w_{i5}) \mid 1 \leq i \leq m\}.$$

Offensichtlich kann dieser Graph in Polynomzeit aus α konstruiert werden. Wir zeigen nun, dass α genau dann erfüllbar ist, wenn G 3-färbbar ist.

Sei α erfüllbar, d.h., $\psi(\alpha) = 1$ für eine Einsetzung ψ. Färbe dann jeden Literalknoten, der zu einem Literal dem ψ den Wert 1 zuordnet, korrespondiert mit T und jeden anderen Literalknoten mit F. Färbe die Knoten B, F bzw. T mit B, F bzw. T. Da ψ den Ausdruck α erfüllt, besitzt gemäß unserer Konstruktion jeder Klauselgraph mindestens einen Literalknoten, der mit T gefärbt ist. Gemäß obiger ersten Eigenschaft der Klauselgraphen kann für jeden Klauselgraphen die Färbung derart legal fortgesetzt werden, dass der korrespondierende Wurzelknoten die Farbe T erhält. Wähle für jeden Klauselgraphen eine derartige Fortsetzung. Die so konstruierte Färbung ist eine legale 3-Färbung des Graphen G.

Sei f eine legale 3-Färbung des Graphen G. Gemäß unserer Konstruktion ist für jeden Klauselgraphen der Wurzelknoten mit T gefärbt. Obige zweite Eigenschaft der Klauselgraphen impliziert, dass jede Klauselgraph mindestens einen Literalknoten enthält, der mit T gefärbt ist. Für $1 \leq i \leq m$ definieren wir dann

$$\psi(x_i) := \begin{cases} 1 & \text{falls } f(v_i) = T \\ 0 & \text{sonst} \end{cases}$$

Da $(v_i, \overline{v_i}) \in E$ gilt $f(v_i) \neq f(\overline{v_i})$. Also gilt für jeden mit T markiert Literalknoten, dass ψ das korrespondierende Literal erfüllt. Da jeder Klauselgraph solchen Literalknoten enthält, erfüllt ψ jede Klausel. Also erfüllt ψ den Ausdruck α. ∎

Beim Beweis der NP-Vollständigkeit haben wir uns davon überzeugt, dass eine Transformation in Polynomzeit implementierbar ist, indem wir eine Implementierung der Transformation auf einem Computer skizziert haben. Da wir polynomielle Transformation bezüglich deterministischen Turingmaschinen definiert haben, bedeutet dies, dass wir implizit Satz 3.1 angewandt haben.

Da in der Praxis häufig NP-vollständige Probleme gelöst werden müssen, stellt sich die Frage: Wie geht man solches Problem an?

Als erstes wird man sich fragen, ob in der Tat das NP-vollständige Problem gelöst werden muss oder ob es genügt, einen Spezialfall des Problems zu lösen. Für diesen könnte es möglicherweise einen polynomiellen Algorithmus geben. Ist dies nicht der Fall, dann hat man im wesentlichen noch folgende zwei Alternativen:

1. Berechne eine Lösung durch „geschicktes" Betrachten aller Lösungskandidaten.
2. Berechne eine „nahezu" optimale Lösung durch Verwendung von Approximationsalgorithmen.

Übung 3.6:
a) *Zeigen Sie, dass der im Beweis von Satz 3.8 konstruierte Graph $G = (V, E)$ in Polynomzeit konstruiert werden kann.*
b) *Der konstruierte Graph $G = (V, E)$ hat zwischen zwei Knoten mitunter mehr als eine Kante. Zeigen Sie, dass das Problem NP-vollständig bleibt, wenn wir Mehrfachkanten verbieten.*

3.4 Kryptographie

Die Theorie der NP-Vollständigkeit hatte bisher vor allem destruktive Aspekte. Für viele in der Praxis relevante Probleme ist es gelungen, deren NP-Vollständigkeit zu beweisen. Für NP-vollständige Probleme sind nur Algorithmen bekannt, die im worst case exponentielle Zeit benötigen. Falls $P \neq NP$, dann sind NP-vollständige Probleme nicht praktisch lösbar. Dies wird auch von einem Großteil der in der theoretischen Informatik tätigen Wissenschaftlern angenommen. Trotzdem hat die Theorie der NP-Vollständigkeit auch äußerst konstruktive Aspekte. Sie hat zu revolutionierenden neuen Ideen in der Kryptographie geführt. In den nächsten beiden Abschnitten werden wir zwei dieser Entwicklungen vorstellen. Dabei werden wir Algorithmen entwerfen, die Zufallsentscheidungen treffen. Solche Algorithmen heißen *probabilistisch* oder auch *randomisiert*.

3.4.1 Public-Key Kryptosysteme

Nehmen wir an, dass Alice und Bob über ein öffentliches Netz kommunizieren möchten, ohne dass eine unbefugte Person den Inhalt der Kommunikation erfährt. Dies macht erforderlich, dass die Botschaften vor der Übermittlung verschlüsselt werden. Nehmen wir weiter an, dass Alice und Bob bisher keine Gelegenheit hatten, einen gemeinsamen geheimen Schlüssel, mittels dem sie ihre Korrespondenz verschlüsseln könnten, auszutauschen. Ein solcher kann nun nicht über den öffentlichen Kanal übermittelt werden, da dieser dann auch einer unbefugten Person bekannt werden könnte. Es stellt sich nun die Frage, wie Alice und Bob aus dem Dilemma herauskommen. Gerade die Theorie der NP-Vollständigkeit stimulierte Mitte der siebziger Jahre folgende einfache Idee, die die Kryptographie revolutionierte:

Alice und Bob nehmen an einem System teil, in dem jeder Teilnehmer zwei Schlüssel besitzt, einen zum Chiffrieren von Botschaften und einen zum Dechiffrieren der mit seinem Schlüssel chiffrierten Botschaften. Der Schlüssel zum Chiffrieren ist öffentlich. Jeder kann sich diesen z.B. über das Internet besorgen. Den Schlüssel zum Dechiffrieren hält jeder Teilnehmer geheim. Falls es nun ohne Kenntnis des privaten Schlüssels praktisch nicht möglich ist, chiffrierten Text zu dechiffrieren, dann können Alice und Bob ihre Korrespondenz wie folgt abwickeln:

Jeder verschlüsselt seine Botschaften mit dem öffentlichen Schlüssel des Partners. Dieser kann diese mit seinem geheimen Schlüssel wieder dechiffrieren. Einer unbefugten Person ist es nicht möglich, der Korrespondenz zu folgen. Zwar kann sie die Botschaften abhören, versteht diese jedoch nicht, da sie die beiden geheimen Schlüssel nicht kennt und es somit praktisch unmöglich ist, den chiffrierten Text zu entschlüsseln.

Derartige Systeme heißen *Public-Key Kryptosysteme*. Formal können wir diese folgendermaßen definieren:

Ein *Kryptosystem* ist ein Fünftupel $(P, C, K, \mathcal{E}, \mathcal{D})$, wobei

1. P die Menge der möglichen Klartexte,
2. C die Menge der möglichen verschlüsselten Texte,
3. K die Menge der möglichen Schlüssel,
4. $\mathcal{E} = \{E_k \mid k \in K\}$ die Menge der Chiffrierfunktionen $E_k : P \to C$ und
5. $\mathcal{D} = \{D_k \mid k \in K\}$ die Menge der Dechiffrierfunktionen $D_k : C \to P$

sind. Für jedes $e \in K$ gibt es ein $d \in K$, so dass für alle $p \in P$ gilt $D_d(E_e(p)) = p$.

Ein Kryptosystem heißt *symmetrisch*, falls der Chiffrierschlüssel e und der zugehörige Dechiffrierschlüssel d identisch sind oder d aus e leicht zu berechnen ist. Andernfalls heißt das Kryptosystem *asymmetrisch*. Ein *Public-Key Kryptosystem* ist ein asymmetrisches Kryptosystem, das folgende Eigenschaften besitzt:

1. Beide Schlüssel e und d können für jeden Teilnehmer mit vertretbaren Aufwand erzeugt werden.
2. Der private Schlüssel d kann unter Kenntnis des zugehörigen öffentlichen Schlüssels e nicht mit vertretbaren Aufwand berechnet werden.

Einem Public-Key Kryptosystem liegt immer eine nicht praktisch berechenbare Funktion zugrunde. In der Tat gibt es Public-Key Kryptosysteme, bei denen diese Funktion zu einem NP-vollständigen Problem korrespondiert. Überraschenderweise verwenden die populärsten Public-Key Kryptosysteme Funktionen, für die man nicht weiß ob sie

3.4 Kryptographie

NP-vollständig sind. Ein Beispiel hierfür ist die *Faktorisierung* von ganzen Zahlen. Zwar kennt man keinen polynomiellen Algorithmus für die Faktorisierung von ganzen Zahlen, jedoch ist nicht bekannt, ob die Faktorisierung NP-vollständig ist oder nicht. Das bekannteste Public-Key Kryptosystem, das *RSA-Kryptosystem*, verwendet gerade die Faktorisierung. Wir werden nun das RSA-Kryptosystem kennenlernen.

Nehmen wir an, dass der zu verschlüsselnde Klartext x stets ein $(n-1)$-Bitstring ist, d.h., $P = \{0,1\}^{n-1}$. Wir interpretieren den Klartext $x = x_{n-2}x_{n-3}\ldots x_1 x_0$ als die natürliche Zahl $\sum_{i=0}^{n-2} x_i 2^i$. Für jeden Teilnehmer des RSA-Kryptosystem werden mit Hilfe des folgenden Algorithmus beide Schlüssel erzeugt:

Algorithmus SCHLÜSSELERZEUGUNG

(1) Wähle zufällig zwei große Primzahlen p und q, so dass
   a) $p \neq q$,
   b) Die Binärdarstellungen von p und q mindestens $n/2$ Bits lang sind und
   c) $2^{n-1} \leq pq < 2^n$.
(2) Berechne $N := pq$ und $\Phi(N) := (p-1)(q-1)$.
(3) Wähle zufällig $e \in \{2, 3, \ldots, \Phi(N) - 2\}$ mit $\mathrm{ggT}(e, \Phi(N)) = 1$.
(4) Berechne das Inverse d von e modulo $\Phi(N)$. D.h., berechne d mit $1 < d < \Phi(N)$ und $de \equiv 1 \mod \Phi(N)$. Wegen $\mathrm{ggT}(e, \Phi(N)) = 1$ existiert d.
(5) Veröffentliche den öffentlichen Schlüssel $k := (N, e)$ und halte den privaten Schlüssel $s := (N, d)$ geheim.
(6) Vergesse p, q und $\Phi(N)$. D.h., lösche diese Zahlen im Computer.

Nehmen wir an, dass Bob Alice eine Nachricht x schicken möchte. Bob kennt natürlich den Klartext x und auch Alice's öffentlichen Schlüssel (N, e). Bob chiffriert x wie folgt:

$$y := x^e \mod N$$

und schickt y zu Alice.

Alice kennt ihren eigenen privaten Schlüssel (N, d) und berechnet

$$x^* := y^d \mod N.$$

Folgende Fragen drängen sich nun auf:

1. Ist das Verfahren korrekt; d.h., gilt $x^* = x$?
2. Ist das Verfahren gut handbar? Insbesondere, wie berechnet man schnell
   a) große zufällige Primzahlen,
   b) d aus e,
   c) Potenzen modulo N? Da dies für jede Nachricht getan werden muss, muss dies sehr effizient möglich sein.

3. Ein potentieller Angreifer kennt (N, e, y) und möchte irgendwie x ermitteln. Welche Zeit benötigt er um x zu berechnen? Ist dies schwierig genug?

Zur Beantwortung dieser Fragen werden elementare Kenntnisse aus der Zahlentheorie, wie z.B. der kleine Fermatsche Satz, benötigt. Diesbezüglich wird auf die Literatur verwiesen.

Wir überlegen uns zunächst, dass das Verfahren korrekt ist. D.h., wir beweisen, dass $x^* = x$ gilt. Wegen $ed \equiv 1 \mod N$ existiert ein $k \in \mathbb{Z}$, so dass

$$ed = 1 + k(p-1)(q-1).$$

Wir unterscheiden zwei Fälle: Falls $\text{ggT}(x, p) \neq p$, d.h., $\text{ggT}(x, p) = 1$, also $x \not\equiv 0 \mod p$, dann impliziert der kleine Fermatsche Satz

$$x^{p-1} \equiv 1 \mod p.$$

Nach Exponentiation beider Seiten mit $k(q-1)$ gefolgt von beidseitiger Multiplikation mit x erhalten wir

$$x^{1+k(p-1)(q-1)} \equiv x \mod p.$$

Falls $\text{ggT}(x, p) = p$, d.h., $x \equiv 0 \mod p$, dann gilt auch

$$x^{1+k(p-1)(q-1)} \equiv 0 \mod p$$

und somit auch

$$x^{1+k(p-1)(q-1)} \equiv x \mod p.$$

Also gilt in beiden Fällen $x^{ed} \equiv x \mod p$. Genauso zeigt man $x^{ed} \equiv x \mod q$. Da p und q verschiedene Primzahlen sind, folgt hieraus

$$x^{ed} \equiv x \mod N.$$

Also gilt $x^* \equiv (x^e)^d \equiv x \mod N$ und somit wegen $x < N$ auch $x^* = x$. Somit haben wir die Korrektheit des RSA-Verfahrens bewiesen.

Große zufällige Primzahlen erhält man, indem man zufällig eine große ungerade Zahl erzeugt und dann testet, ob diese eine Primzahl ist. Dies wiederholt man solange, bis man eine Primzahl gefunden hat. Der Primzahlsatz besagt, dass für eine natürliche Zahl x die Anzahl der Primzahlen $\leq x$ ungefähr $\frac{x}{\ln x}$ ist. Also findet man auf diese Art und Weise hinreichend schnell eine Primzahl, falls der Primzahltest effizient durchgeführt werden kann. Effiziente probabilistische Algorithmen für den Primzahltest kennt man bereits seit über dreißig Jahren. Mittlerweile kann der Primzahltest auch deterministisch in polynomieller Zeit durchgeführt werden.

Zur Berechnung einer Inversen modulo $\Phi(N)$ modifiziert man den Euklidschen Algorithmus zur Berechnung des größten gemeinsamen Teilers.

3.4 Kryptographie

Als nächstes werden wir uns einige Gedanken bezüglich der Sicherheit des RSA-Kryptosystems machen. Ein Gegner kennt den öffentlichen Schlüssel (N, e) und den chiffrierten Text $y = x^e \mod N$. Das RSA-Kryptosystem ist unsicher, wenn der Gegner hieraus

B1: den Klartext x,

B2: den Wert $\Phi(N)$,

B3: den privaten Schlüssel (N, d) oder

B4: einen Faktor p oder q von N

berechnen könnte. Folgende Implikationen sind leicht zu beweisen:

Satz 3.10 $B_4 \Leftrightarrow B_2 \Rightarrow B_3 \Rightarrow B_1$.

Übung 3.7: *Beweisen Sie Satz 3.10.*

Etwas umfangreicher ist der Beweis von $B_3 \Rightarrow B_4$ und kann in der Literatur nachgelesen werden. Obwohl allgemein vermutet wird, dass eine polynomielle Berechnung des Klartextes x auch die Berechnung eines Faktors p oder q von N und somit die Berechnung der Primfaktorzerlegung von N impliziert, ist der Beweis für diese Vermutung nach wie vor offen.

Übung 3.8: *Entwickeln Sie einen Algorithmus, der für gegebene a, b und n mit $O(\log |b|)$ Multiplikationen und Restberechnungen modulo n die Potenz $a^b \mod n$ berechnet.*
Hinweis: Betrachten Sie die Binärdarstellung von b und überlegen Sie sich, wie Sie $a^b \mod n$ mittels wiederholten Quadrierens berechnen können.

3.4.2 Zero-Knowledge Beweise

Üblicherweise identifiziert sich ein Benutzer eines Systems mittels eines Passwortes. Diese Vorgehensweise könnte auch bei der elektronischen Kommunikation für die Identifikation eines Gesprächspartners verwandt werden. Vor Beginn der Kommunikation hat Bob Alice sein persönliches Passwort mitgeteilt und sendet später dieses immer mit der Botschaft mit. Dies hat allerdings den Nachteil, dass Alice die Kenntnis des persönlichen Passwortes dahingehend verwenden könnte, dass sie sich gegenüber einer dritten Person fälschlicherweise als Bob identifiziert. Es gibt verschiedene Möglichkeiten diesen einfachen Fall des Missbrauchs auszuschließen. Wir werden eine dieser Möglichkeiten, die Verwendung von sogenannten Zero-Knowledge Beweisen, kennen lernen. Bob hat ein persönliches Geheimnis und identifiziert sich gegenüber

Alice, indem er beweist, dass er das Geheimnis kennt, ohne Alice irgend etwas über das Geheimnis zu verraten. Mehr noch, wir können beweisen, dass die Kenntnis von Bob's Beweis Alice nichts nutzt, um Kenntnis über Bob's Geheimnis zu erlangen. Das ganze geschieht mittels eines Frage/Antwort-Protokolls. Es werden einige Runden durchgeführt, in denen Alice eine Frage stellt, Bob in Anhängigkeit dieser eine private Berechnung durchführt und dann antwortet. Nach Abschluss aller Runden akzeptiert oder verwirft Alice Bob's Beweis. Ein derartiges Protokoll heißt *interaktives Beweissystem*. Wir werden zunächst interaktive Beweissysteme formal definieren und dann, anhand eines Beispiels, Zero-Knowledge Beweise einführen und charakterisieren. Bob hat oben die Rolle des *Beweisers* eingenommen, während Alice die Rolle des *Verifizierers* gespielt hat.

Ein Frage/Antwort-Protokoll heißt *interaktives Beweissystem* für ein Entscheidungsproblem Π, falls unter der Voraussetzung, dass der Verifizierer stets dem Protokoll folgt, folgende zwei Eigenschaften erfüllt sind:

1. *Vollständigkeit*

   Falls $x \in \Pi$, dann akzeptiert der Verifizierer stets den Beweis des Beweisers hierfür.

2. *Folgerichtigkeit*

   Falls $x \notin \Pi$, dann ist die Wahrscheinlichkeit, dass der Verifizierer den Beweis des Beweisers akzeptiert, sehr klein.

Wir werden für das Nichtisomorphieproblem von Graphen ein interaktives Beweissystem angeben. Hierzu definieren wir zunächst das *Graphenisomorphieproblem*.

Graphenisomorphie (GI)

Gegeben: Zwei ungerichtete Graphen $G_0 = (V_0, E_0)$ und $G_1 = (V_1, E_1)$.

Frage: Gibt es eine Bijektion $\pi : V_0 \to V_1$, so dass für alle $u, v \in V_0$ gilt:

$$(u, v) \in E_0 \Leftrightarrow (\pi(u), \pi(v)) \in E_1?$$

Das *Graphennichtisomorphieproblem* (NGI) ist dann gerade das Komplement des Graphenisomorphieproblems.

Offensichtlich liegt das Graphenisomorphieproblem in NP. Man kann eine geeignete Bijektion nichtdeterministisch erzeugen und dann in Polynomzeit entscheiden, ob diese Bijektion die gewünschte Eigenschaft hat. Es ist kein polynomieller Algorithmus für das Graphenisomorphieproblem bekannt. Allerdings ist es bisher auch nicht gelungen, die NP-Vollständigkeit des Graphenisomorphieproblems zu beweisen. Die Frage, ob das Graphenisomorphieproblem NP-vollständig ist oder nicht ist eines der berühmten offenen Problemen der Komplexitätstheorie. Folgendes Protokoll ist ein interaktives Beweissystem für das Graphennichtisomorphieproblem.

3.4 Kryptographie

Interaktives Beweissystem für NGI

Eingabe: $G_0 = (V_0, E_0)$ und $G_1 = (V_1, E_1)$ mit $V_0 = V_1 = \{1, 2, \ldots, n\}$.

Protokoll:
Wiederhole folgende Schritte n-mal:
(1) Der Verifizierer wählt zufällig $i \in \{0, 1\}$, eine zufällige Permutation π von $\{1, 2, \ldots, n\}$, berechnet dann das Bild H von G_i unter der Permutation π und sendet H dem Beweiser.
(2) Der Beweiser bestimmt einen Wert $j \in \{0, 1\}$ mit G_j ist isomorph zu H und sendet j dem Verifizierer.
(3) Der Verifizierer überprüft, ob $i = j$.

Der Verifizierer akzeptiert genau dann den Beweis des Beweisers, wenn in jeder Runde $i = j$ gilt.

Falls die Eingabegraphen G_0 und G_1 nicht isomorph sind, dann kann der Beweiser in jeder Runde den eindeutigen zu H isomorphen Graphen bestimmen und dessen Index dem Verifizierer mitteilen. Demzufolge gilt in jeder Runde $i = j$. Also ist das Protokoll vollständig. Falls nun aber G_0 und G_1 isomorph sind, dann ist in jeder Runde H sowohl zu G_0 als auch zu G_1 isomorph. Der Beweiser kann nichts anderes tun, als irgendwie ein $j \in \{0, 1\}$ zu wählen und an den Verifizierer zu schicken. Die Wahrscheinlichkeit, dass in allen n Runden $i = j$ gilt ist somit 2^{-n}. Also ist das Protokoll folgerichtig und stellt somit gemäß obiger Definition ein interaktives Beweissystem für das Graphennichtisomorphieproblem dar.

Der Verifizierer benötigt insgesamt lediglich in der Eingabegröße polynomielle Zeit. Da für das Graphenisomorphieproblem kein polynomieller Algorithmus bekannt ist, ist unklar, ob für die Berechnungen des Beweisers auch polynomielle Zeit ausreicht.

Üblicherweise vereinbart man für interaktive Beweissysteme, dass dem Verifizierer lediglich in der Eingabegröße polynomielle Zeit zur Verfügung steht, während der Beweiser unbegrenzte Rechenzeit verwenden darf. Falls der Beweiser auch nur polynomielle Zeit verwendet, dann heißt das interaktive Beweissystem *polynomiell*.

Für Zero-Knowledge Beweise werden wir verlangen, dass dem Beweiser auch lediglich polynomielle Zeit zur Verfügung steht. Ein perfekter Zero-Knowledge Beweis hat die zusätzliche Eigenschaft, dass der Verifizierer durch die Teilnahme an einem Protokoll keine Information über den Beweis erhält, die er nicht auch ohne die Beteiligung des Beweisers in Polynomzeit erhalten könnte. Wir werden dies nun anhand eines interaktiven Beweissystems für das Graphenisomorphieproblem erläutern.

Zero-Knowledge Beweis für GI

Eingabe: $G_0 = (V, E_0)$ und $G_1 = (V, E_1)$ mit $V = \{1, 2, \ldots, n\}$.

Protokoll:
Wiederhole folgende Schritte n-mal:
(1) Der Beweiser wählt eine zufällige Permutation π von $\{1, 2, \ldots, n\}$, berechnet $H = \pi(G_0)$ und schickt dann H an den Verifizierer.
(2) Der Verifizierer wählt zufällig $i \in \{0, 1\}$ und sendet i an den Beweiser.
(3) Der Beweiser berechnet die Permutation ρ von $\{1, 2, \ldots, n\}$, so dass $H = \rho(G_i)$ und sendet ρ an den Verifizierer.
(4) Der Verifizierer überprüft, ob $H = \rho(G_i)$.
Der Verifizierer akzeptiert genau dann den Beweis des Beweisers, wenn in jeder Runde $H = \rho(G_i)$ gilt.

Beachte, dass die Kenntnis der Permutation σ mit $\sigma(G_1) = G_0$ die Berechnung von ρ in Polynomzeit ermöglicht. Falls $i = 0$, dann gilt $\rho = \pi$. Andernfalls leistet die Hintereinanderausführung von σ und π das Gewünschte. D.h., es gilt $\rho = \pi \circ \sigma$. Der Beweiser kennt σ, benötigt also nur polynomielle Zeit.

Wenn G_0 und G_1 isomorph sind, dann gilt in jeder Runde $H = \rho(G_i)$. Also ist das interaktive Beweissystem vollständig. Andernfalls bleibt dem Beweiser nichts anderes übrig als den Wert i, den der Verifizierer wählen wird, zu raten und dem Verifizierer eine zufällige isomorphe Kopie von G_i zu übermitteln. Hier geht ein, dass der Beweiser zunächst die isomorphe Kopie H von G_0 übermittelt und dann erst der Verifizierer $i \in \{0, 1\}$ bestimmt. Die Wahrscheinlichkeit, dass dies dem Beweiser in allen n Runden gelingt, ist 2^{-n}. Demzufolge ist das Protokoll folgerichtig und somit ein interaktives Beweissystem.

Unser Ziel ist zu beweisen, dass das Protokoll ein Zero-Knowledge Beweis ist. Hierzu stellen wir uns zunächst die Frage, ob der Verifizierer irgendwelche Information erhält, die ihm hilft, eine Permutation σ mit $\sigma(G_1) = G_0$ zu berechnen. Zur Beantwortung dieser Frage betrachten wir eine Runde des Protokolls:

In einer Runde wird dem Verifizierer eine zufällige Kopie H der Graphen G_0 und G_1 zuzüglich einer Permutation, die G_0 oder G_1 nach H abbildet, übermittelt. Beachte, dass die Graphen G_0 und G_1 isomorph sind. Jedoch verrät der Beweiser dem Verifizierer keine Permutation, die den anderen Graphen nach H abbildet. Die einzelnen Runden sind voneinander unabhängig.

Nun kann sich aber der Verifizierer selbst isomorphe Kopien von G_0 oder G_1 nebst der zugehörigen Permutation erzeugen, jedoch nicht eine Permutation, die den anderen Graphen auf die isomorphe Kopie abbildet. Somit könnte der Verifizierer ohne Hilfe des Beweisers eine Runde simulieren. Demzufolge scheint das Protokoll dem Verifizierer keine Information zu geben, die dieser sich nicht auch selbst ohne Hilfe des Beweisers verschaffen könnte. Diese Beobachtungen werden wir nun formalisieren und dann auch formal beweisen, dass das Protokoll dem Verifizierer keine zusätzliche Information gibt.

3.4 Kryptographie

Die Sicht des Verifizierers des interaktiven Beweises ist eine *Abschrift*, die folgende Information enthält:

1. Graphen G_0 und G_1,
2. alle Botschaften, die zwischen dem Beweiser und dem Verifizierer verschickt werden und
3. alle Zufallszahlen, die der Verifizierer für die Generierung seiner Botschaften verwendet.

Also können wir eine Abschrift T des obigen interaktiven Beweises für GI folgendermaßen hinschreiben:

$$T := (G_0, G_1); (H_1, i_1, \rho_1); \ldots; (H_n, i_n, \rho_n) \tag{3.4}$$

Folgender Algorithmus generiert ohne Teilnahme an einem interaktiven Beweis eine korrekt aussehende Abschrift.

Algorithmus SIMULATOR

Eingabe: isomorphe Graphen $G_0 = (V, E_0)$ und $G_1 = (V, E_1)$, $V = \{1, 2, \ldots, n\}$

Ausgabe: Abschrift T

Methode:

(1) $T := (G_0, G_1)$
(2) **for** $j = 1$ **to** n
    do
        Wähle zufällig $i_j \in \{0, 1\}$;
        Wähle zufällige Permutation ρ_j von $\{1, 2, \ldots, n\}$;
        $H_j := \rho_j(G_{i_j})$;
        $T := T; (H_j, i_j, \rho_j)$
    od.

Obiger probabilistischer Algorithmus benötigt in Länge der Eingabe lediglich polynomielle Zeit. Wir werden nun beweisen, dass eine von obigen Algorithmus berechnete Abschrift nicht von einer durch ein Protokoll des obigen interaktiven Beweissystems erstellte Abschrift unterschieden werden kann.

Seien hierfür IB ein polynomielles, interaktives Beweissystem für ein Entscheidungsproblem Π und S ein polynomieller Simulator für IB. Für alle $x \in \Pi$ bezeichne $\tau(x)$ die Menge der möglichen Abschriften von IB und $F(x)$ die Menge der möglichen von S konstruierten Abschriften bei der Eingabe x. Für alle $T \in \tau(x)$ sei $p_\tau(T)$ die Wahrscheinlichkeit, dass T durch IB produziert wird. Für alle $T \in F(x)$ sei $p_F(T)$ die Wahrscheinlichkeit, dass T die Ausgabe des Simulators S ist.

Wir sagen genau dann, dass IB bezüglich dem Verifizierer *perfekt zero-knowledge* ist, wenn für alle $x \in \Pi$ folgendes erfüllt ist:

1. $\tau(x) = F(x)$ und
2. $p_\tau(T) = p_F(T)$ für alle $T \in \tau(x)$.

Satz 3.11 *Falls der Verifizierer sich an das Protokoll hält, dann ist das obige interaktive Beweissystem für GI perfekt zero-knowledge.*

Beweis: Nehmen wir an, dass die Eingabegraphen $G_0 = (V, E_0)$ und $G_1 = (V, E_1)$, wobei $V = \{1, 2, \ldots, n\}$, isomorph sind.

Eine Abschrift T ist das Paar (G_0, G_1) gefolgt von einer Folge von n Tripeln der Form (H, i, ρ), wobei $i \in \{0, 1\}$, ρ eine Permutation von $\{1, 2, \ldots, n\}$ und $H = \rho(G_i)$ sind. Sei $\mathcal{R}$ die Menge aller derartigen Tripel. Da die Wahl von i und ρ den Graphen H festlegt, gilt $|\mathcal{R}| = 2n!$.

Aus der Konstruktion folgt unmittelbar, dass $\tau(x) = F(x)$ für alle Eingaben x. Unser Ziel ist zu beweisen, dass $p_\tau(T) = p_F(T)$ für alle Abschriften $T \in \tau(x)$.

Betrachten wir $(H, i, \rho) \in \mathcal{R}$. Wir werden nun die Wahrscheinlichkeit, dass dieses Tripel in der j-ten Runde des Simulators bzw. des interaktiven Beweises gewählt wird, berechnen.

Betrachten wir zunächst den Simulator. Jedes Tripel wird mit derselben Wahrscheinlichkeit $(2n!)^{-1}$ gewählt.

Die Analyse, mit welcher Wahrscheinlichkeit ein Tripel in der j-ten Runde des interaktiven Beweises gewählt wird, gestaltet sich etwas schwieriger. Der Beweiser wählt eine zufällige Permutation π, berechnet $H := \pi(G_0)$ und definiert

$$\rho := \begin{cases} \pi & \text{falls } i = 0 \\ \pi \circ \sigma & \text{falls } i = 1 \end{cases}$$

Der Verifizierer wählt $i \in \{0, 1\}$. Falls nun $i = 0$, dann sind alle $n!$ Permutationen gleichwahrscheinlich, da $\rho = \pi$ und π zufällig gewählt worden ist. Andernfalls gilt $\rho = \pi \circ \sigma$, wobei π zufällig gewählt worden und σ eine feste Permutation ist. Also sind auch hier alle $n!$ Permutationen gleichwahrscheinlich. Es tritt also unabhängig davon, wie der Verifizierer den Wert $i \in \{0, 1\}$ wählt, jede der $n!$ Permutationen mit derselben Wahrscheinlichkeit auf.

Nehmen wir nun an, dass der Verifizierer sich an das Protokoll hält und $i \in \{0, 1\}$ zufällig wählt. Dann tritt jedes Paar (i, ρ) mit Wahrscheinlichkeit $(2n!)^{-1}$ auf. Da der Graph H durch i und ρ festgelegt wird, wird jedes Tripel $(H, i, \rho) \in \mathcal{R}$ mit Wahrscheinlichkeit $(2n!)^{-1}$ gewählt.

Da sowohl während des Laufes des Simulators, als auch während der Durchführung des interaktiven Beweises die Tripel der Abschrift voneinander unabhängig gewählt werden, gilt $p_\tau(T) = p_F(T) = (2n!)^{-n}$ für alle $T \in \tau(x)$. ∎

Das oben entwickelte interaktive Beweissystem für GI ist perfekt zero-knowledge, falls sich der Verifizierer an das Protokoll hält. Nun könnte aber der Verifizierer Interesse daran haben, Information über die Permutation σ zu erhalten, da er sich eventuell später fälschlicherweise als Beweiser ausgeben möchte. Aus diesem Grund könnte er sich nicht an das Protokoll halten. Aber auch in diesem Fall kann man beweisen, dass das interaktive Beweissystem perfekt zero-knowledge ist.

3.5 Ergänzende Übungsaufgaben

Übung 3.9: *Eine Funktion $f : \mathbb{N} \to \mathbb{N}$ heißt Schrittfunktion, wenn es eine DTM gibt, die für alle $n \in \mathbb{N}$ bei jeder Eingabe der Länge n nach genau $f(n)$ Schritten anhält. Zeigen Sie, dass die Funktionen*

$$f : \mathbb{N} \to \mathbb{N} \text{ mit } f(n) = n^2, \quad 2^n, \quad n^2 \cdot 2^n$$

Schrittfunktionen sind.

Übung 3.10: *Konstruieren Sie eine NTM, die folgende Menge akzeptiert:*

a) $L = \{w \in \{0,1\}^* \mid \exists 1 \leq r < s \leq k : w = 10^{i_1}10^{i_2}\ldots 10^{i_k} \text{ und } i_r = i_s\}$.

b) $L = \{x\#y \mid x, y \in \{0,1\}^* \text{ und } x \text{ ist ein Teilwort von } y\}$.

Übung 3.11: *Zeigen Sie, dass im Fall P = NP die Sprache $L = \{0, 1\}$ NP-vollständig ist.*

Übung 3.12*: *Bezeichne DTIME($f()$) die Menge der Sprachen, die von einer $f()$-zeitbeschränkten DTM akzeptiert werden. NTIME($f()$) ist analog definiert. Sei $t : \mathbb{N} \to \mathbb{N}$ mit $t(n) \geq \log n$ für alle $n \in \mathbb{N}$ eine Schrittfunktion. Zeigen Sie, dass im Fall $P = NP$ folgende Gleichung gilt: $\bigcup_{c \in \mathbb{N}} \text{DTIME}(c^{t(n)}) = \bigcup_{c \in \mathbb{N}} \text{NTIME}(c^{t(n)})$.*

Übung 3.13:

a) *Geben Sie einen Ausdruck in konjunktiver Normalform an, der genau dann wahr ist, wenn genau eine oder alle der Variablen $\{x_1, x_2, \ldots, x_n\}$ wahr sind. Wieviele Literale enthält Ihr Ausdruck?*

b) *Geben Sie einen Ausdruck in konjunktiver Normalform an, der genau dann wahr ist, wenn die Anzahl der wahren Variablen in $\{x_1, x_2, \ldots, x_n\}$ gerade ist. Wieviele Literale enthält Ihr Ausdruck?*

Übung 3.14**: *Zeigen Sie, dass $\text{SAT}(2) \in P$.*
Hinweis: Stellen Sie sich eine Klausel $x \vee y$ als Konjunktion der Implikationen $\overline{x} \to y$ und $\overline{y} \to x$ vor. Die Erfüllbarkeit eines Ausdruckes hängt dann mit der Existenz von Kreisen $x_i \to \cdots \to \overline{x_i} \to \cdots \to x_i$ zusammen.

Übung 3.15**: *Sei $M \subseteq W \times X \times Y$ gegeben, wobei W, X und Y paarweise disjunkte Mengen der Kardinalität q sind.*

a) *Zeigen Sie, dass die Frage, ob M ein perfektes Matching enthält, d.h., ob $M' \subseteq M$ existiert, so dass $|M'| = q$ und paarweise verschiedene Elemente in M' keine gemeinsame Koordinate haben, nur dann in Polynomzeit beantwortet werden kann, wenn P = NP ist.*

b) *Definieren Sie das analoge Problem für $M \subseteq W \times X$. Ist dieses Problem auch NP-vollständig?*

Übung 3.16: *Für $L \subseteq \Sigma^*$ sei das Komplement $\overline{L}$ von L definiert durch $\overline{L} = \Sigma^* \setminus L$. Sei coNP = $\{\overline{L} \mid L \in \text{NP}\}$. Definieren Sie coNP-Vollständigkeit analog zur NP-Vollständigkeit und geben Sie einige coNP-vollständige Sprachen an.*

3.6 Literaturhinweise

Mitte der 60er Jahre definierten COBHAM [Cob64] und EDMONDS [Edm65] erstmals unabhängig voneinander, wenn auch unter anderen Namen, die Klasse P. Edmonds definierte auch NP und vermutete, dass P $\neq$ NP. Unter Verwendung von Methoden aus der Rekursionstheorie zeigte COOK [Coo71] 1971 für das Erfüllbarkeitsproblem der Aussagenlogik erstmals die NP-Vollständigkeit eines Problems. KARP [Kar72] hat 1972 die Methode der polynomiellen Reduktion verfeinert und für eine Vielzahl von Problemen deren NP-Vollständigkeit gezeigt. Seitdem wurden für hunderte von Problemen von einer Vielzahl von Wissenschaftlern deren NP-Vollständigkeit bewiesen. Aus den Anfängen zu Beginn der 70er Jahren hat sich mittlerweile eine Theorie der NP-Vollständigkeit entwickelt. 1979 haben GAREY und JOHNSON [GJ79] eine ausgezeichnete Abhandlung hierüber erstellt.

Über die NP-Vollständigkeit hinausgehend hat sich seit den 60er Jahren ein eigenständiges Gebiet, die „Komplexitätstheorie", entwickelt. Diese nimmt, im Gegensatz zur Rekursionstheorie, den Aufwand einer Berechnung mit in die Betrachtung herein. PAUL [Pau78] hat 1978 eine sehr gute Monographie zur Komplexitätstheorie geschrieben, die den Stand der Forschung zum damaligen Zeitpunkt widerspiegelt. Das Buch von WAGNER und WECHSUNG [WW86] enthält eine nahezu vollständige Auflistung der bis Ende 1984 publizierten Ergebnisse. Einen guten Einstieg in das Gebiet der Komplexitätstheorie ermöglichen die neueren Bücher von REISCHUK [Rei90], PAPADIMITRIOU [Pap94] und WEGENER [Weg03].

Eine populäre Methode zur Lösung von NP-vollständigen Optimierungsproblemen bilden die so genannten Approximationsalgorithmen. Gute Bücher hierzu sind von VIJAY VAZIRANI [Vaz01] von AUSIELLO, CRESCENZI, GAMBOSI, KANN, MARCHETTI-SPACCAMELA und PROTASI [ACG+99] sowie das von HOCHBAUM herausgegebene Buch [Hoc97] mit teilweise ausgezeichneten Übersichtsartikeln. Zu Beginn der neunziger Jahre haben ARORA, LUND, MOTWANI, SUDAN und SZEGE-

3.6 Literaturhinweise

DY [ALM+98] das mittlerweile berühmte PCP-Theorem bewiesen. Dies ermöglicht unter der Annahme, dass $P \neq NP$, den Beweis der Nichtapproximierbarkeit von NP-vollständigen Optimierungsproblemen.

Seit mehr als zwei Jahrzehnte haben eine Vielzahl von Wissenschaftlern Anstrengungen unternommen, Erkenntnisse über die Struktur der einzelnen Komplexitätsklassen zu gewinnen. Dabei wurden verstärkt Methoden der Rekursionstheorie mit einbezogen. Es hat sich das Gebiet der „Strukturellen Komplexitätstheorie" entwickelt. Mehr darüber findet man in den Büchern von BALCÁZAR, DÍAZ und GABARRÓ [BDG88, BDG90].

In ihrer bahnbrechenden Arbeit [DH76] haben 1976 DIFFIE und HELLMAN Public-Key Kryptosysteme eingeführt. Bereits zwei Jahre später publizierten RIVEST, SHAMIR und ADLEMAN [RSA78] das nach wie vor verbreiteste Public-Key Kryptosystem, das sogenannte RSA Public-Key Kryptosystem. Ein effizienter probabilistischer Algorithmus für den Primzahltest haben Mitte der siebziger Jahre erstmals SOLOVAY und STRASSEN [SS77] eingeführt. Seitdem wurden von verschiedenen Wissenschaftler weitere polynomielle probabilistische Algorithmen für den Primzahltest entwickelt. Jahrzehntelang war es ein offenes Problem, ob der Primzahltest auch deterministisch in polynomieller Zeit durchführbar ist. Dies haben AGRAWAL, KAYAL und SAXENA in ihrer sensationellen Arbeit [AKS04] bewiesen. Eine ausgezeichnete Abhandlung über Algorithmen für den Primzahltest ist von DIETZFELBINGER [Die04].

Probabilistische und randomisierte Algorithmen finden über den Primzahltest hinaus ihre Anwendung. Bücher über randomisierte Algorithmen sind von MOTWANI und RAGHAVAN [MR95] und von MITZENMACHER und UPFAL [MU05].

Interaktive Beweissysteme und auch Zero-Knowledge Beweise wurden 1982 von GOLDWASSER, MICALI und RACKOFF vorgestellt [GMR89]. Interaktive Beweissysteme erwiesen sich nicht nur für kryptographische Anwendungen nützlich, sondern haben auch in anderen Bereichen der Komplexitätstheorie zu bahnbrechenden Ergebnissen geführt. Einen guten Überblick diesbezüglich gibt das kompakt geschriebene Buch von GOLDREICH [Gol99]. Obere Schranken für das Graphenisomorphieproblem findet man in dem Buch [Blu04] von BLUM. Seit den siebziger Jahren hat sich die Kryptographie zu einem eigenständigen Gebiet entwickelt. Einen guten Einstieg in dieses Gebiet geben die Bücher von BUCHMANN [Buc99] und von STINSON [Sti95]. Einen guten Überblick über das gesamte Gebiet gibt das Handbuch von MENEZES, VAN OORSCHOT und VANSTONE [MvOV97].

4 Die klassische Informationstheorie

Was ist Information und wie misst man diese? Nehmen wir an, dass wir ein File in einem Computer gespeichert haben. Ist die Anzahl der hierfür benötigten Bits ein Maß für die in dem File enthaltene Information? Die richtige Antwort auf diese Frage ist „nein". Der durch das File belegte Speicherplatz ist kein Maß für die in dem File enthaltene Information, sondern lediglich derjenige Platz, der für eine gewisse Repräsentation dieser Information benötigt wird. Diese Repräsentation muss nicht die effizienteste unter den möglichen Repräsentationen sein. Die 9. Sinfonie von Beethoven oder die 7. Sinfonie von Bruckner benötigen für ihre Speicherung eine Vielzahl von Bits. Wenn jedoch eine der beiden Sinfonien und nichts anderes nächsten Sonntag gespielt wird, dann genügt ein Bit zur Spezifikation, was nächsten Sonntag gespielt wird. Wenn Bob in der Regel mit dem Auto zur Arbeit fährt, dann enthält die Aussage „Bob ist heute mit dem Auto zur Arbeit gefahren" wenig Information. Dahingegen enthält die Aussage „Bob ist heute mit dem Fahrrad zur Arbeit gefahren" sehr viel Information. Demzufolge hat die Größe der Information etwas mit dem Kontext, in dem die Information steht, der Anzahl der möglichen Ereignissen und auch mit der Wahrscheinlichkeit, mit der das Ereignis eintritt, zu tun. Je mehr Wahlmöglichkeiten man hat, umso mehr Information wird benötigt, um das Resultat der Auswahl zu spezifizieren. Je geringer die Wahrscheinlichkeit, dass ein Ereignis eintritt, umso größer die Information, dass dieses Ereignis eingetreten ist.

4.1 Die Entropie

Sei E ein Ereignis, das mit Wahrscheinlichkeit $p(E) > 0$ eintritt. Wir sagen dann, dass die Mitteilung, dass das Ereigniss E eingetreten ist,

$$I(E) := \log \frac{1}{p(E)} \tag{4.1}$$

Informationseinheiten enthält. Falls $p(E) = 1$, dann gilt $I(E) = \log 1 = 0$. Dies entspricht auch der Intuition. Die Tatsache, dass ein sicheres Ereignis eingetreten ist, birgt keine Information in sich. Je kleiner $p(E)$ umso größer ist $I(E)$. Falls $p(E) = \frac{1}{2}$,

4.1 Die Entropie

dann gilt $I(E) = 1$. Das heißt, ein Bit Information erhalten wir, wenn eine von zwei gleichwahrscheinlichen Alternativen, nämlich E und $\neg E$, spezifiziert wird.

Betrachte ein Zufallsexperiment mit n elementaren Ereignissen $a_1, a_2, \ldots, a_n$, welche mit den Wahrscheinlichkeiten $p_1, p_2, \ldots, p_n$ eintreten. Dabei gilt $p_i \geq 0$ für $1 \leq i \leq n$ und $\sum_{i=1}^{n} p_i = 1$, d.h., $p = p_1, p_2, \ldots, p_n$ ist eine *Wahrscheinlichkeitsverteilung*. Wir schreiben auch $p(a_i)$ für die Wahrscheinlichkeit, dass das Ereignis a_i eintritt. Ein einfaches Beispiel für ein derartiges Zufallsexperiment ist die gedächtnislose Informationsquelle. Eine *gedächtnislose Informationsquelle* erzeugt eine Folge von Symbolen aus einem festen endlichen Quellalphabet $S = \{a_1, a_2, \ldots, a_n\}$.

Abbildung 4.1: Eine gedächtnislose Quelle.

Sukzessive werden Symbole unabhängig von der bisher generierten Symbolfolge gemäß einer Wahrscheinlichkeitsverteilung $p(a_i) = p_i$, $1 \leq i \leq n$ generiert. Falls das Symbol a_i generiert wird, dann erhalten wir $I(a_i) = \log \frac{1}{p_i}$ Bits an Information. Dies geschieht mit Wahrscheinlichkeit p_i. Demzufolge ist die mittlere Informationsgröße, die wir pro Symbol von der Quelle erhalten,

$$\sum_{i=1}^{n} p_i I(a_i) = \sum_{i=1}^{n} p_i \log \frac{1}{p_i}. \tag{4.2}$$

Das Beispiel der gedächtnislosen Informationsquelle legt folgende Definition nahe: Für eine endliche Wahrscheinlichkeitsverteilung $p = p_1, p_2, \ldots, p_n$ definieren wir die *Entropie* H_n durch

$$H_n := H_n(p_1, p_2, \ldots, p_n) := -\sum_{i=1}^{n} p_i \log p_i. \tag{4.3}$$

Dabei definieren wir $p_i \log p_i = 0$, falls $p_i = 0$. Wegen $\lim_{x \to 0} x \log x = 0$ ist dies sinnvoll.

Beispiel 4.1 Seien $S = \{a_1, a_2, a_3\}$, $p(a_1) = \frac{1}{2}$, $p(a_2) = p(a_3) = \frac{1}{4}$. Dann ergibt sich die Entropie H_3 aus $H_3 = \frac{1}{2} \log 2 + \frac{1}{4} \log 4 + \frac{1}{4} \log 4 = \frac{3}{2}$.
♦

Wir können $I(a_i)$ als diejenige Information interpretieren, die benötigt wird, um zu spezifizieren, dass das Ereignis a_i eintritt. $H_n(p_1, p_2, \ldots, p_n)$ kann dann entweder als *mittlere Informationsgröße* pro Ausgang eines Zufallsexperimentes oder als die *mittlere Unsicherheit*, die ein Beobachter vor Ausgang des Zufallsexperimentes hat, interpretiert werden. Beide Sichtweisen unterscheiden sich lediglich im Zeitpunkt der Betrachtung, nämlich nach oder vor Ausgang des Zufallsexperimentes.

Es stellt sich nun die Frage, ob Eigenschaften der Entropie mit unserer Intuition bezüglich der Eigenschaften der mittleren Unsicherheit oder auch der mittleren Information pro Ausgang eines Zufallsexperimentes übereinstimmen. So würden wir erwarten, dass diese niemals negativ sein kann oder auch, dass diese durch die Hinzunahme eines weiteren elementaren Ereignisses mit Wahrscheinlichkeit null nicht verändert wird. Daher leiten wir nun einige Eigenschaften der Entropie her und überzeugen uns, dass diese mit unserer Intuition übereinstimmen. Folgendes Lemma ist offensichtlich:

Lemma 4.1 *Sei $p_i, 1 \leq i \leq n$ eine Wahrscheinlichkeitsverteilung. Dann gilt:*

a) $H_n(p_1, p_2, \ldots, p_n) \geq 0$.

b) $p_j = 1$ und $p_i = 0$ für $i \neq j$ impliziert $H_n(p_1, p_2, \ldots, p_n) = 0$.

c) $H_{n+1}(p_1, p_2, \ldots, p_n, 0) = H_n(p_1, p_2, \ldots, p_n)$.

Der natürliche Logarithmus $\ln x$ ist definiert durch $\ln x = \log_e x$, wobei e die Euler'sche Zahl ist. Für den Beweis des nächsten Lemmas benötigen wir folgende Eigenschaft des natürlichen Logarithmus:

Für $x \geq 0$ gilt

$$\ln x \leq x - 1 \Leftrightarrow \ln \frac{1}{x} \geq 1 - x. \tag{4.4}$$

In 4.4 gilt genau dann Gleichheit, wenn $x = 1$.

Übung 4.1: Beweisen Sie, $\ln x < x - 1$ für $x > 0, x \neq 1$ und $\ln x = x - 1$ für $x = 1$.

Mittels der Ungleichung 4.4 können wir eine weitere nützliche Ungleichung beweisen. Seien hierzu $p_1, p_2, \ldots, p_n$ und $q_1, q_2, \ldots, q_n$ zwei Wahrscheinlichkeitsverteilungen. Wegen

$$\log_a x = \frac{1}{\log_b a} \log_b x \tag{4.5}$$

gilt

$$\sum_{i=1}^{n} p_i \log \frac{q_i}{p_i} = \frac{1}{\ln 2} \sum_{i=1}^{n} p_i \ln \frac{q_i}{p_i}. \tag{4.6}$$

4.1 Die Entropie

Nach Anwendung von 4.4 auf jeden Summanden erhalten wir:

$$\sum_{i=1}^{n} p_i \log \frac{q_i}{p_i} \leq \frac{1}{\ln 2} \sum_{i=1}^{n} p_i \left(\frac{q_i}{p_i} - 1 \right) \tag{4.7}$$

$$= \frac{1}{\ln 2} \left(\sum_{i=1}^{n} q_i - \sum_{i=1}^{n} p_i \right) \tag{4.8}$$

$$= 0. \tag{4.9}$$

Dies kann wie folgt geschrieben werden:

$$\sum_{i=1}^{n} p_i \log \frac{1}{p_i} + \sum_{i=1}^{n} p_i \log q_i \leq 0. \tag{4.10}$$

Nach Subtraktion von $\sum_{i=1}^{n} p_i \log q_i$ auf beiden Seiten unter Berücksichtigung der Rechenregeln für den Logarithmus erhalten wir

$$\sum_{i=1}^{n} p_i \log \frac{1}{p_i} \leq \sum_{i=1}^{n} p_i \log \frac{1}{q_i}. \tag{4.11}$$

Die Ungleichung 4.4 ist genau dann nicht strikt, wenn $x = 1$. Also ist die Ungleichung 4.7 genau dann nicht strikt, wenn $p_i = q_i$ für alle $1 \leq i \leq n$. Demzufolge gilt in der Ungleichung 4.11 genau dann Gleichheit, wenn $p_i = q_i$ für $1 \leq i \leq n$. Folgendes Lemma gibt uns eine obere Schranke für die Entropie.

Lemma 4.2 *Sei $p_i, 1 \leq i \leq n$ eine Wahrscheinlichkeitsverteilung. Dann gilt:*
a) $\log n \geq H_n(p_1, p_2, \ldots, p_n)$.
b) $\log n = H_n(p_1, p_2, \ldots, p_n)$ *genau dann, wenn $p_i = \frac{1}{n}$ für $1 \leq i \leq n$.*

Beweis: Als erstes werden wir beweisen, dass $\log n$ eine obere Schranke für die Entropie ist. Hierzu beweisen wir, dass die Differenz von $\log n$ und der Entropie stets nichtnegativ ist. Es gilt

$$\log n - H_n(p_1, p_2, \ldots, p_n) = \sum_{i=1}^{n} p_i \log n + \sum_{i=1}^{n} p_i \log p_i \tag{4.12}$$

$$= \sum_{i=1}^{n} p_i \log n p_i \tag{4.13}$$

$$= \log e \sum_{i=1}^{n} p_i \ln n p_i. \tag{4.14}$$

Anwendung von 4.4 ergibt:

$$\log n - H_n(p_1, p_2, \ldots, p_n) \geq \log e \sum_{i=1}^{n} p_i \left(1 - \frac{1}{np_i}\right) \quad (4.15)$$

$$= \log e \left(\sum_{i=1}^{n} p_i - \frac{1}{n} \sum_{i=1}^{n} \frac{p_i}{p_i}\right) \quad (4.16)$$

$$= 0. \quad (4.17)$$

Also gilt $\log n \geq H_n(p_1, p_2, \ldots, p_n)$. Analog zu unseren Überlegungen bezüglich der Ungleichung 4.11 können beweisen wir, dass $H_n(p_1, p_2, \ldots, p_n)$ genau dann den Wert $\log n$ annimmt, wenn $p_i = \frac{1}{n}$ für $1 \leq i \leq n$. ∎

Übung 4.2: *Beweisen Sie Lemma 4.2 b).*

Was ist die Entropie eines Zufallsexperimentes, das durch die Kombination zweier Zufallsexperimente entsteht? Entspricht diese stets unserer Intuition über die mittlere Unsicherheit bezüglich des Ausganges zweier kombinierten Zufallsexperimente? Diese Fragen möchten wir nun beantworten. Seien A und B zwei Zufallsexperimente, deren möglichen elementaren Ereignisse $a_1, a_2, \ldots, a_n$ bzw. $b_1, b_2, \ldots, b_m$ sind. Das kombinierte Zufallsexperiment $A \otimes B$ ist dann die Realisierung beider Zufallsexperimente A und B. Die elementaren Ereignisse des Zufallsexperimentes $A \otimes B$ sind gerade die Paare (a_k, b_l), $1 \leq k \leq n$, $1 \leq l \leq m$. Bezeichne π_{kl} die Wahrscheinlichkeit, dass das Ereignis (a_k, b_l) eintritt. Dann ist die korrespondierende Entropie $H_{nm}(A \otimes B)$ gegeben durch

$$H_{nm}(A \otimes B) = -\sum_{k=1}^{n}\sum_{l=1}^{m} \pi_{kl} \log \pi_{kl}. \quad (4.18)$$

Somit ergeben sich folgende Wahrscheinlichkeiten:

a) Die Wahrscheinlichkeit

$$p_k = \sum_{l=1}^{m} \pi_{kl} \quad (4.19)$$

für das Ereignis a_k im ersten Experiment, unabhängig vom Ausgang des zweiten Experimentes.

4.1 Die Entropie

b) Die Wahrscheinlichkeit

$$q_l = \sum_{k=1}^{n} \pi_{kl} \qquad (4.20)$$

für das Ereignis b_l im zweiten Experiment, unabhängig vom Ausgang des ersten Experimentes.

c) Für $q_l > 0$ die Wahrscheinlichkeit

$$p_{lk} = \frac{\pi_{kl}}{q_l} \qquad (4.21)$$

für das Ereignis a_k im Experiment A unter der Voraussetzung, dass im Experiment B das Ereignis b_l eintritt.

d) Für $p_k > 0$ die Wahrscheinlichkeit

$$q_{kl} = \frac{\pi_{kl}}{p_k} \qquad (4.22)$$

für das Ereignis b_l im Experiment B unter der Voraussetzung, dass im Experiment A das Ereignis a_k eintritt.

Falls im Experiment A das Ereignis a_k mit Wahrscheinlichkeit $p_k > 0$ eintritt, dann erhalten wir somit die *bedingte Entropie* $H_m(B|a_k)$ des Experimentes B unter der Annahme, dass im Experiment A das Ereignis a_k eintritt, durch

$$H_m(B|a_k) = -\sum_{l=1}^{m} q_{kl} \log q_{kl}. \qquad (4.23)$$

Falls $p_k = 0$, dann gilt $H_m(B|a_k) = 0$.

Die durch das Experiment A *bedingte Entropie* $H_m(B \mid A)$ des Experimentes B ist dann

$$H_m(B|A) = \sum_{k=1}^{n} p_k H_m(B|a_k) \qquad (4.24)$$

$$= -\sum_{k=1}^{n} \sum_{l=1}^{m} p_k q_{kl} \log q_{kl}. \qquad (4.25)$$

Analog erhalten wir

$$H_n(A|b_l) = -\sum_{k=1}^{n} p_{lk} \log p_{lk} \tag{4.26}$$

$$H_n(A|B) = -\sum_{k=1}^{n}\sum_{l=1}^{m} q_l p_{lk} \log p_{lk}. \tag{4.27}$$

Wir werden nun einige Eigenschaften der oben definierten Entropien beweisen.

Lemma 4.3

$$H_{nm}(A \otimes B) = H_n(A) + H_m(B|A) = H_m(B) + H_n(A|B)$$

Beweis: Gemäß 4.18, 4.22 und 4.25 gilt:

$$H_{nm}(A \otimes B) = -\sum_{k=1}^{n}\sum_{l=1}^{m} \pi_{kl} \log \pi_{kl} \tag{4.28}$$

$$= -\sum_{k=1}^{n}\sum_{l=1}^{m} p_k q_{kl} \log(p_k q_{kl}) \tag{4.29}$$

$$= -\sum_{k=1}^{n} p_k \underbrace{\left(\sum_{l=1}^{m} q_{kl}\right)}_{=1} \log p_k - \sum_{k=1}^{n}\sum_{l=1}^{m} p_k q_{kl} \log q_{kl} \tag{4.30}$$

$$= H_n(A) + H_m(B|A). \tag{4.31}$$

Die andere Gleichung beweist man analog. ∎

Übung 4.3: *Beweisen Sie* $H_{nm}(A \otimes B) = H_m(B) + H_n(A|B)$.

Lemma 4.3 impliziert direkt folgendes Lemma:

Lemma 4.4 *Für zwei Zufallsexperimente A und B gilt*

$$H_n(A) - H_n(A|B) = H_m(B) - H_m(B|A).$$

Seien A und B zwei unabhängige Zufallsexperimente. Dann gilt:

$$\pi_{kl} = p_k q_l, \; q_{kl} = q_l \text{ und } p_{lk} = p_k. \tag{4.32}$$

4.1 Die Entropie

Somit erhalten wir für unabhängige Zufallsexperimente

$$H_m(B|A) = H_m(B) \text{ und } H_n(A|B) = H_n(A). \tag{4.33}$$

Also folgt aus Lemma 4.3 direkt:

Lemma 4.5 *Seien A und B unabhängige Zufallsexperimente. Dann gilt*

$$H_{nm}(A \otimes B) = H_n(A) + H_m(B).$$

Dies entspricht exakt unserer Intuition, dass bei der Kombination zweier unabhängiger Zufallsexperimente sich die mittleren Unsicherheiten addieren. Folgendes Lemma besagt, dass die Kenntnis über den Ausgang eines Zufallsexperimentes A die Entropie eines Zufallsexperimentes B nur reduzieren kann. Dies bedeutet, dass die Entropie unserer Intuition, dass zusätzliches Wissen nur nützlich sein kann, gerecht wird.

Lemma 4.6 *Für zwei beliebige Zufallsexperimente A und B gilt*

$$H_m(B|A) \leq H_m(B).$$

Obiges Lemma kann unter Verwendung der berühmten "Jensen's Ungleichung" in wenigen Zeilen bewiesen werden. Daher werden wir zunächst Jensen's Ungleichung und dann das Lemma beweisen. Hierzu benötigen wir einige Notationen.

Eine Funktion $f(x)$ heißt *konvex* über ein Intervall $[a, b]$, falls für alle $x_1, x_2 \in [a, b]$ und alle $0 \leq \lambda \leq 1$

$$f(\lambda x_1 + (1 - \lambda)x_2) \leq \lambda f(x_1) + (1 - \lambda)f(x_2). \tag{4.34}$$

f heißt *strikt konvex*, falls in obiger Ungleichung nur in den Fällen $\lambda = 0$ und $\lambda = 1$ die Gleichheit gilt. Eine Funktion f heißt *(strikt) konkav*, falls $-f$ (strikt) konvex ist.

Die Definition einer konvexen Funktion kann folgendermaßen geometrisch interpretiert werden: Alle Punkte auf der Verbindungslinie zweier beliebiger Punkte

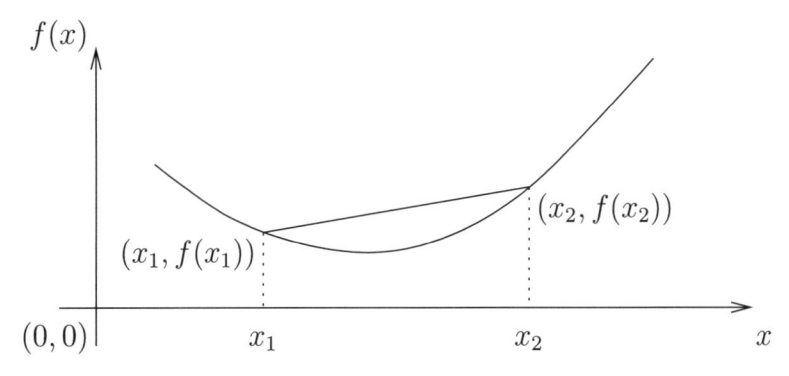

Abbildung 4.2: Konvexe Funktion.

$(x_1, f(x_1))$ und $(x_2, f(x_2))$ des Graphen einer konvexen Funktion f liegen auf oder oberhalb des Graphen von f. Abbildung 4.2 enthält den Graphen einer konvexen Funktion. Die Funktion in Abbildung 4.3 ist weder konvex noch konkav.

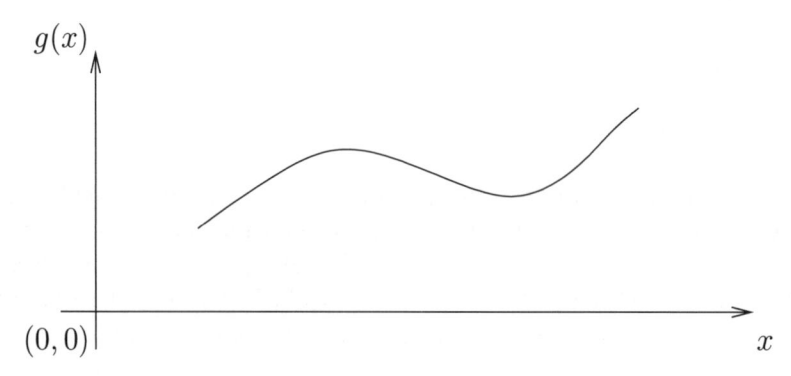

Abbildung 4.3: Nichtkonvexe und nichtkonkave Funktion.

Übung 4.4: *Beweisen Sie, dass die Logarithmusfunktion konkav ist.*

Als nächstes werden wir Jensen's Ungleichung beweisen.

Satz 4.1 *Sei $f : [a, b] \to \mathbb{R}$ eine stetige konvexe Funktion. Dann gilt für alle $n \in \mathbb{N}$, $x_1, x_2, \ldots, x_n \in [a, b]$ und $\lambda_1, \lambda_2, \ldots, \lambda_n \in [0, 1]$ mit $\sum_{k=1}^{n} \lambda_k = 1$*

$$f\left(\sum_{k=1}^{n} \lambda_k x_k\right) \leq \sum_{k=1}^{n} \lambda_k f(x_k).$$

Beweis: Wir beweisen den Satz durch Induktion über n.

Falls $n = 2$, dann gilt $\lambda_2 = 1 - \lambda_1$. Somit folgt die Behauptung

$$f(\lambda_1 x_1 + (1 - \lambda_1) x_2) \leq \lambda_1 f(x_1) + (1 - \lambda_1) f(x_2)$$

direkt aus der Definition von konvexen Funktionen.

Nehmen wir an, dass die Behauptung für $n = l \geq 2$ wahr ist. Wir beweisen nun die Behauptung für $n = l + 1$.

Betrachte $\lambda_1, \lambda_2, \ldots, \lambda_{l+1} \in [0, 1]$ mit $\sum_{k=1}^{n} \lambda_k = 1$. Falls $\lambda_{l+1} = 1$, dann ist die Behauptung trivialerweise erfüllt. Nehmen wir also $\lambda_{l+1} \neq 1$ an. Für $k = 1, 2, \ldots, l$ definieren wir

$$\lambda_k' := \frac{\lambda_k}{1 - \lambda_{l+1}}. \tag{4.35}$$

4.1 Die Entropie

Durch Anwendung der Definition von konvexen Funktionen und der Induktionsannahme erhalten wir:

$$f\left(\sum_{k=1}^{l+1} \lambda_k x_k\right) = f\left(\lambda_{l+1} x_{l+1} + (1 - \lambda_{l+1}) \sum_{k=1}^{l} \lambda'_k x_k\right) \tag{4.36}$$

$$\leq \lambda_{l+1} f(x_{l+1}) + (1 - \lambda_{l+1}) f\left(\sum_{k=1}^{l} \lambda'_k x_k\right) \tag{4.37}$$

$$\leq \lambda_{l+1} f(x_{l+1}) + (1 - \lambda_{l+1}) \sum_{k=1}^{l} \lambda'_k f(x_k) \tag{4.38}$$

$$= \sum_{k=1}^{l+1} \lambda_k f(x_k), \tag{4.39}$$

womit Jensen's Ungleichung bewiesen ist. ∎

Aus obigem Satz folgt direkt folgendes Korollar:

Korollar 4.1 *Sei* $f : [a,b] \to \mathbb{R}$ *stetig und konkav. Dann gilt für alle* $n \in \mathbb{N}$, $x_1, x_2, \ldots, x_n \in [a,b]$ *und* $\lambda_1, \lambda_2, \ldots, \lambda_n \in [0,1]$ *mit* $\sum_{k=1}^{n} \lambda_k = 1$

$$f\left(\sum_{k=1}^{n} \lambda_k x_k\right) \geq \sum_{k=1}^{n} \lambda_k f(x_k).$$

Nun ist der Beweis des Lemmas 4.6 einfach. Hierzu benötigen wir, dass die Funktion $f(x) := -x \log x$ stetig und konkav ist.

Beweis (Lemma 4.6): Die Anwendung des Korollars 4.1 mit $a = 0$, $b = 1$, $f(x) = -x \log x$, $\lambda_k = p_k$ und $x_k = q_{kl}$ und von 4.22 und 4.20 ergeben für jedes $1 \leq l \leq m$:

$$-\sum_{k=1}^{n} p_k q_{kl} \log q_{kl} \leq -\left(\sum_{k=1}^{n} p_k q_{kl}\right) \log \left(\sum_{k=1}^{n} p_k q_{kl}\right) \tag{4.40}$$

$$= -\left(\sum_{k=1}^{n} \pi_{kl}\right) \log \left(\sum_{k=1}^{n} \pi_{kl}\right) \tag{4.41}$$

$$= -q_l \log q_l. \tag{4.42}$$

Wegen 4.25 erhalten wir somit:

$$H_m(B|A) = -\sum_{k=1}^{n} p_k q_{kl} \log q_{kl} \qquad (4.43)$$

$$\leq -\sum_{l=1}^{m} q_l \log q_l \qquad (4.44)$$

$$= H_m(B). \qquad (4.45)$$

■

Übung 4.5: *Zeigen Sie, dass die Funktion $f(x) := -x \log x$ stetig und konkav ist.*

Wenn die Zufallsexperimente A und B unabhängig sind, dann gilt im Lemma 4.6 die Gleichheit. Betrachten wir nun den anderen Extremfall, in dem der Ausgang des Zufallsexperimentes A vollständig den Ausgang des Zufallsexperimentes B bestimmt. D.h., jedes a_k des Experimentes A tritt nur mit einem spezifischen Ereignis b_l des Experimentes B zusammen auf. Dann geht nach Ausgang des Experimentes A die Unsicherheit über den Ausgang des Experimentes B vollständig verloren. Demzufolge müsste $H_m(B|A) = 0$ sein. Dies muss allerdings bewiesen werden.

Übung 4.6: *Zeigen Sie, dass $H_m(B|A) = 0$, falls der Ausgang des Experimentes A eindeutig den Ausgang des Experimentes B bestimmt.*

Wegen Lemma 4.3 gilt dann auch $H_{nm}(A \otimes B) = H_n(A)$. Betrachte folgende Quantität:

$$H_n(A) - H_n(A|B) = H_n(A) + H_m(B) - H_{nm}(A \otimes B). \qquad (4.46)$$

Wir haben uns überlegt, dass die Entropie gerade so definiert ist, dass $H_n(A)$ die mittlere Information pro Ausgang des Experimentes A und $H_n(A|B)$ die mittlere Information pro Ausgang des Experimentes A unter Kenntnis des Ausganges des Experimentes B sind. Somit ist

$$I(A, B) := H_n(A) - H_n(A|B) \qquad (4.47)$$

diejenige *Information, die in B über A enthalten ist.* Aus Lemma 4.3 folgt direkt, dass $I(A, B)$ auch diejenige *Information ist, die in A über B enthalten ist.*

Wir haben als Maß der Unsicherheit über den Ausgang eines Zufallsexperimentes die Entropie definiert und im Einzelnen uns überlegt, dass in verschiedenen Situationen die aus dieser Definition resultierenden Ergebnisse mit unserer Intuition übereinstimmen. Nun stellt sich die Frage, ob die Entropie die einzige Funktion ist, die diese

4.1 Die Entropie

Eigenschaft hat. Zur Beantwortung dieser Frage stellen wir einige Axiome, die eine Funktion für das Maß der Unsicherheit über den Ausgang eines Zufallsexperimentes erfüllen sollte, auf und beweisen, dass alle Funktionen, die diese Axiome erfüllen, als Produkt der Entropie mit einer positiven Konstanten geschrieben werden können. Diesen *Eindeutigkeitssatz für die Entropie* werden wir nun beweisen.

Satz 4.2 *Sei $H_1(1), H_2(p_1, p_2), \ldots, H_n(p_1, p_2, \ldots, p_n), \ldots$ eine Folge von Funktionen, so dass für jedes n die nichtnegative Funktion $H_n(p_1, p_2, \ldots, p_n)$ auf der Menge $\{(p_1, p_2, \ldots, p_n) \mid p_i \geq 0, \sum_{i=1}^n p_i = 1\}$ definiert ist. Ferner seien folgende Axiome erfüllt:*

(A1) Für jedes n ist die Funktion $H_n(p_1, p_2, \ldots, p_n)$ eine bezüglich all ihrer Argumente stetige und symmetrische Funktion.

(A2) Für jedes n gilt $H_{n+1}(p_1, p_2, \ldots, p_n, 0) = H_n(p_1, p_2, \ldots, p_n)$.

(A3) Für jedes n gilt $H_n(p_1, p_2, \ldots, p_n) \leq H_n(\frac{1}{n}, \frac{1}{n}, \ldots, \frac{1}{n})$ und Gleichheit genau dann, wenn $p_i = \frac{1}{n}$ für $1 \leq i \leq n$.

(A4) Falls $\pi_{kl} \geq 0$ für $1 \leq k \leq n, 1 \leq l \leq m$, $\sum_{k=1}^n \sum_{l=1}^m \pi_{kl} = 1$ und $p_k = \sum_{l=1}^m \pi_{kl}$, dann gilt

$$H_{nm}(\pi_{11}, \ldots, \pi_{nm}) = H_n(p_1, \ldots, p_n) + \sum_{k=1}^n p_k H_m\left(\frac{\pi_{k1}}{p_k}, \ldots, \frac{\pi_{km}}{p_k}\right).$$

Dann gilt für alle n

$$H_n(p_1, p_2, \ldots, p_n) = -c \sum_{k=1}^n p_k \log p_k,$$

wobei c eine positive Konstante ist.

Dass die Entropie obige Axiome erfüllt, haben wir bereits bewiesen. Das vierte Axiom korrespondiert zu zusammengesetzten Experimenten.

Beweis: Wir beweisen den Satz zunächst für den Spezialfall $p_k = \frac{1}{n}, 1 \leq k \leq n$, dann für beliebige rationale Wahrscheinlichkeiten und schließlich für den allgemeinen Fall.

Sei $p_k = \frac{1}{n}$ für $1 \leq k \leq n$. Dann definieren wir für alle $n \in \mathbb{N}$

$$L(n) := H_n\left(\frac{1}{n}, \frac{1}{n}, \ldots, \frac{1}{n}\right). \tag{4.48}$$

Wegen Lemma 4.2 gilt $-\sum_{k=1}^n \frac{1}{n} \log \frac{1}{n} = \log n$. Somit haben wir folgendes zu beweisen:

$$L(n) = c \log n, \text{ für eine Konstante } c > 0. \tag{4.49}$$

Zunächst werden wir zeigen, dass $L(n)$ eine in n streng monoton wachsende Funktion ist. Die Anwendung der Axiome (A2) und (A3) ergibt:

$$L(n) = H_n\left(\frac{1}{n}, \frac{1}{n}, \ldots, \frac{1}{n}\right) \tag{4.50}$$

$$= H_{n+1}\left(\frac{1}{n}, \frac{1}{n}, \ldots, \frac{1}{n}, 0\right) \tag{4.51}$$

$$< H_{n+1}\left(\frac{1}{n+1}, \frac{1}{n+1}, \ldots, \frac{1}{n+1}\right) \tag{4.52}$$

$$= L(n+1). \tag{4.53}$$

Also ist die Funktion $L(n)$ streng monoton wachsend. Als nächstes zeigen wir

$$L(n^r) = rL(n) \text{ für alle } r, n \in \mathbb{N}. \tag{4.54}$$

Wir beweisen die Gleichung 4.54 mittels Induktion über r. Der Fall $r = 1$ ist trivial. Nehmen wir an, dass die Behauptung für r, $r \geq 2$ wahr ist. Wir beweisen nun die Gleichung 4.54 für $r + 1$.

Die Anwendung des Axioms (A4) für $m = n^r$, $\pi_{kl} = \frac{1}{n^{r+1}}$ für $1 \leq k \leq n, 1 \leq l \leq m$ und $p_k = \frac{1}{n}$ und der Induktionsannahme ergibt:

$$H_{n^{r+1}}\left(\frac{1}{n^{r+1}}, \ldots, \frac{1}{n^{r+1}}\right) = H_n\left(\frac{1}{n}, \ldots, \frac{1}{n}\right)$$
$$+ \sum_{k=1}^{n} \frac{1}{n} H_{n^r}\left(\frac{1}{n^r}, \ldots, \frac{1}{n^r}\right) \tag{4.55}$$

$$= L(n) + L(n^r) \tag{4.56}$$

$$= L(n) + rL(n) \tag{4.57}$$

$$= (r+1)L(n), \tag{4.58}$$

womit die Gleichung 4.54 bewiesen ist.

Um zu zeigen, dass $L(n) = c \log n$ für eine Konstante c, wählen wir $v, r, t \in \mathbb{N}$ derart, dass ein $s \in \mathbb{N}$ existiert mit

$$r^s \leq v^t \leq r^{s+1}. \tag{4.59}$$

> **Übung 4.7:** Charakterisieren Sie die möglichen Wahlen von $v, r, t \in \mathbb{N}$, so dass ein $s \in \mathbb{N}$ mit $r^s \leq v^t \leq r^{s+1}$ existiert.

Logarithmieren der Ungleichungen 4.59 ergibt

$$s \log r \leq t \log v \leq (s+1) \log r. \tag{4.60}$$

4.1 Die Entropie

Dies ist äquivalent zu

$$\frac{s}{t} \leq \frac{\log v}{\log r} \leq \frac{s+1}{t}. \tag{4.61}$$

Da $L(n)$ monoton wachsend ist, folgt aus 4.59 und 4.54

$$L(r^s) \leq L(v^t) \leq L(r^{s+1}) \tag{4.62}$$
$$\Leftrightarrow sL(r) \leq tL(v) \leq (s+1)L(r) \tag{4.63}$$
$$\Leftrightarrow \frac{s}{t} \leq \frac{L(v)}{L(r)} \leq \frac{s+1}{t}. \tag{4.64}$$

Aus 4.61 und 4.64 folgt

$$\left|\frac{L(v)}{L(r)} - \frac{\log v}{\log r}\right| \leq \frac{1}{t}. \tag{4.65}$$

Da die linke Seite obiger Ungleichung unabhängig von t ist und wir t beliebig groß wählen können, gilt:

$$\frac{L(v)}{L(r)} = \frac{\log v}{\log r} \tag{4.66}$$

$$\Rightarrow \frac{L(v)}{\log v} = \frac{L(r)}{\log r} \tag{4.67}$$

Da wir v und r "nahezu" beliebig wählen können, folgt somit

$$L(n) = c \log n, \tag{4.68}$$

wobei c eine Konstante ist. Da $L(n)$ streng monoton wachsend ist, gilt $c > 0$.
Insgesamt haben wir die Behauptung für den Spezialfall $p_k = \frac{1}{n}$, $1 \leq k \leq n$ bewiesen.
Nehmen wir nun an, dass alle p_k rationale Zahlen sind. Wegen Axiom (A2) können wir o.B.d.A. annehmen, dass alle p_k größer null sind. D.h.,

$$p_k = \frac{m_k}{m} \quad \text{für } 1 \leq k \leq n, m_k \in \mathbb{N}, 1 \leq k \leq n \text{ und } m = \sum_{k=1}^{n} m_k. \tag{4.69}$$

Wir beweisen die Behauptung, indem wir geeignete π_{kl}, $1 \leq k \leq n$, $1 \leq l \leq m$ wählen und das Axiom (A4) anwenden. Sei stets

$$q_{kl} := \frac{\pi_{kl}}{p_k}. \tag{4.70}$$

Anstatt π_{kl} definieren wir q_{kl}. Der Wert von π_{kl} ergibt sich dann wegen 4.70 aus $\pi_{kl} = q_{kl} p_k$. Betrachte folgende Werte für q_{kl}:

$$q_{kl} := \begin{cases} 0 & \text{falls } 1 \leq l \leq \sum_{s=1}^{k-1} m_s \\ \frac{1}{m_k} & \text{falls } (\sum_{s=1}^{k-1} m_s) + 1 \leq l \leq \sum_{s=1}^{k} m_s \\ 0 & \text{falls } (\sum_{s=1}^{k} m_s) + 1 \leq l \leq m \end{cases} \quad (4.71)$$

Dann erhalten wir folgende Werte für π_{kl}:

$$\pi_{kl} = \begin{cases} 0 & \text{falls } 1 \leq l \leq \sum_{s=1}^{k-1} m_s \\ \frac{1}{m} & \text{falls } (\sum_{s=1}^{k-1} m_s) + 1 \leq l \leq \sum_{s=1}^{k} m_s \\ 0 & \text{falls } (\sum_{s=1}^{k} m_s) + 1 \leq l \leq m \end{cases} \quad (4.72)$$

Mittels Anwendung von Axiom (A4) für diese Werte erhalten wir:

$$H_{nm}(\pi_{11}, \ldots, \pi_{nm}) = H_n(p_1, \ldots, p_n) + \sum_{k=1}^{n} p_k H_m\left(\frac{\pi_{k1}}{p_k}, \ldots, \frac{\pi_{km}}{p_k}\right). \quad (4.73)$$

Wegen 4.72 erhalten wir nach wiederholter Anwendung von Axiom (A2):

$$H_m\left(\frac{1}{m}, \ldots, \frac{1}{m}\right) = H_n(p_1, \ldots, p_n) + \sum_{k=1}^{n} p_k H_m\left(\frac{\pi_{k1}}{p_k}, \ldots, \frac{\pi_{km}}{p_k}\right). \quad (4.74)$$

Wegen 4.71 erhalten wir nach wiederholter Anwendung von Axiom (A2):

$$H_m\left(\frac{1}{m}, \ldots, \frac{1}{m}\right) = H_n(p_1, \ldots, p_n) + \sum_{k=1}^{n} p_k H_{m_k}\left(\frac{1}{m_k}, \ldots, \frac{1}{m_k}\right). \quad (4.75)$$

Also gilt

$$L(m) = H_n(p_1, \ldots, p_n) + \sum_{k=1}^{n} p_k L(m_k). \quad (4.76)$$

Oben haben wir gezeigt, dass $L(n) = c \log n$ für alle $n \in \mathbb{N}$. Also gilt

$$c \log m = H_n(p_1, \ldots, p_n) + c \sum_{k=1}^{n} p_k \log m_k \quad (4.77)$$

$$= H_n(p_1, \ldots, p_n) + c \sum_{k=1}^{n} p_k \log m p_k \quad (4.78)$$

$$= H_n(p_1, \ldots, p_n) + c \sum_{k=1}^{n} p_k \log m + c \sum_{k=1}^{n} p_k \log p_k \quad (4.79)$$

Nach Auflösung der obigen Gleichung nach $H_n(p_1, \ldots, p_n)$ erhalten wir

$$H_n(p_1, \ldots, p_n) = -c \sum_{k=1}^{n} p_k \log p_k. \tag{4.80}$$

Damit haben wir die Behauptung für rationale p_k, $1 \leq k \leq n$ bewiesen.

Aufgrund der in Axiom (A1) geforderten Stetigkeit der Funktionen H_n, $n \in \mathbb{N}$ gilt die für rationale Wahrscheinlichkeiten bewiesene Gleichung 4.80 auch für beliebige Wahrscheinlichkeitsverteilungen. ∎

4.2 Einführung in die Kodierungstheorie

Im vorangegangenen Kapitel haben wir die Entropie als Maß für die mittlere Information pro Ausgang eines Zufallexperimentes definiert und analysiert. Nun werden wir uns mit der Kodierung von Information beschäftigen. Es überrascht nicht, dass auch hierbei die Entropie eine wichtige Rolle spielt. Zunächst benötigen wir einige Definitionen.

Sei Σ ein Alphabet. Eine *binäre Kodierung* ψ von Σ ist eine injektive Abbildung $\psi : \Sigma \to \{0,1\}^+$. $\psi(\Sigma)$ ist dann ein *Binärkode* für Σ. Ein Binärkode heißt *präfixfrei*, wenn $\psi(a)$ kein Präfix von $\psi(b)$ ist, für beliebige $a, b \in \Sigma, a \neq b$. Sei $x \in \Sigma^+$ ein Text. Sei $x := a_1 a_2 \ldots a_n$. Ein präfixfreier Kode $\psi(\Sigma)$ ermöglicht folgende einfache Kodierung $\psi(x)$ von x: Wir konkatenieren die Kodewörter der einzelnen Buchstaben in x. D.h., $\psi(x) := \psi(a_1)\psi(a_2)\ldots\psi(a_n)$. Ein präfixfreier Binärkode $\psi(\Sigma)$ heißt *optimal* für den Text $x \in \Sigma^+$, falls $\psi(x)$ minimale Länge hat. D.h.,

$$|\psi(t)| = \min\{|\psi'(t)| \,|\, \psi'(\Sigma) \text{ ist ein präfixfreier Binärkode für } \Sigma\}.$$

Ein präfixfreier Binärkode ψ (oder kurz *Präfixkode*) für Σ kann durch einen Binärbaum $T_\Sigma(\psi)$ derart repräsentiert werden, dass gilt:

1. $T_\Sigma(\psi)$ besitzt $|\Sigma|$ Blätter, die jeweils mit einem paarweise verschiedenen Symbol aus Σ beschriftet sind.

2. Wenn wir die linke ausgehende Kante eines inneren Knotens mit 0 und die rechte ausgehende Kante mit 1 beschriften, dann ist $\psi(a)$ für alle $a \in \Sigma$ gleich der Beschriftung des Pfades von der Wurzel zu dem Blatt, das a enthält.

$T_\Sigma(\psi)$ ist ein Trie, der eine präfixfreie Menge $S \subset \{0,1\}^+$ repräsentiert. Dabei gilt $|S| = |\Sigma|$ und jedes Element in S korrespondiert zu einem Element in Σ. Wir illustrieren diese Beobachtung anhand eines konkreten Beispiels.

Beispiel 4.2 Sei $\Sigma := \{a, b, c, d\}$. Betrachte den Kode ψ, definiert durch $\psi(a) := 101$, $\psi(b) := 0$, $\psi(c) := 11$ und $\psi(d) := 100$. Offensichtlich ist ψ ein Präfixkode. Die Abbildung 4.4 enthält den korrespondierenden Trie $T_\Sigma(\psi)$.

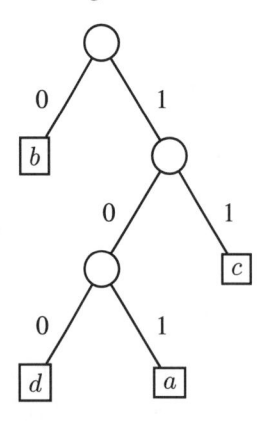

Abbildung 4.4: Trie $T_\Sigma(\psi)$ für Präfixkode ψ.

♦

Analog kann man sich überlegen, dass jeder binäre Trie mit n Blättern zu einem Präfixkode für ein Alphabet Σ mit $|\Sigma| = n$ korrespondiert. Präfixkodes verwenden keine innere Knoten des korrespondierenden Tries zur Repräsentation des Kodewortes eines Buchstabens des Quellalphabets Σ. Zwar könnten wir das Quellalphabet $\Sigma' = \{a, b, c, d\}$ durch $\{0, 01, 10, 11\}$ kodieren, was jedoch zu einem nicht präfixfreien Binärkode führen würde. Auch existiert für Σ' kein Präfixkode mit Kodewortlängen $1, 2, 2, 2$. Die berühmte *Kraft-Ungleichung* charakterisiert exakt, für welche vorgegebenen Folgen von Kodewortlängen ein Präfixkode existiert.

Satz 4.3 *Sei $l_1, l_2, \ldots, l_n$ eine Folge von natürlichen Zahlen. Dann gibt es genau dann einen präfixfreien Binärkode mit Kodewortlängen $l_1, l_2, \ldots, l_n$, wenn*

$$\sum_{i=1}^{n} 2^{-l_i} \leq 1.$$

Beweis:

„$\Rightarrow$"
Oben haben wir uns überlegt, dass jeder Präfixkode zu einem binären Trie korrespondiert. Dabei entsprechen die Kodewortlängen den Tiefen der Blätter im Trie. Also genügt es zu zeigen, dass für jeden binären Trie T mit n Blättern

$$S(T) := \sum_{i=1}^{n} 2^{-l_i} \leq 1, \tag{4.81}$$

wobei l_i die Tiefe des i-ten Blattes bezeichnet. Wir beweisen dies mittels Induktion über die maximale Tiefe t_{max} eines Blattes in T.

4.2 Einführung in die Kodierungstheorie

Falls $t_{max} = 0$, dann besteht T nur aus einem Blatt der Tiefe 0 und es gilt $S(T) = 2^{-0} = 1$. Falls $t_{max} = 1$, dann besitzt T entweder ein oder zwei Blätter der Tiefe 1. Also gilt $S(T) \leq \sum_{i=1}^{2} 2^{-1} = 1$.

Nehmen wir an, dass 4.81 für alle Tries mit $t_{max} \leq k$, $k \geq 1$ erfüllt ist. Wir zeigen nun, dass dann 4.81 auch für alle Tries mit $t_{max} = k + 1$ gilt.

Sei T ein beliebiger Trie mit $t_{max} = k+1$. Dann besitzt T eines der folgenden beiden in Abbildung 4.5 skizzierten Aussehen:

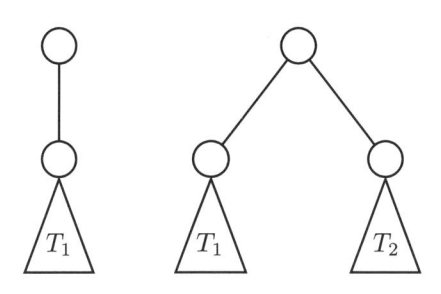

Abbildung 4.5: Aussehen des Tries T.

In T_i, $i \in \{1,2\}$ ist die maximale Tiefe eines Blattes $\leq k$, so dass auf jeden der Unterbäume die Induktionsannahme anwendbar ist. Da die Tiefe der Blätter in T_i, $i \in \{1,2\}$ exakt um eins geringer ist als in T, erhalten wir

$$S(T) = \frac{1}{2}(S(T_1) + S(T_2)) \leq \frac{1}{2}(1+1) = 1. \qquad (4.82)$$

„$\Leftarrow$"

Es genügt zu zeigen, dass für jede Folge $L = l_1, l_2, \ldots, l_n$ mit $\sum_{i=1}^{n} 2^{-l_i} \leq 1$ ein binärer Trie T mit n Blättern und $S(T) = \sum_{i=1}^{n} 2^{-l_i}$ existiert. T heißt dann L-passend. Wir beweisen dies mittels Induktion über den maximalen Wert l_{max} in der Folge L. Wir können o.B.d.A. $l_1 \leq l_2 \leq \ldots \leq l_n$ annehmen.

Falls $l_{max} = 1$, dann gilt wegen $\sum_{i=1}^{n} 2^{-l_i} \leq 1$ entweder $L = 1$ oder $L = 1, 1$, so dass folgende Tries jeweils L-passend sind:

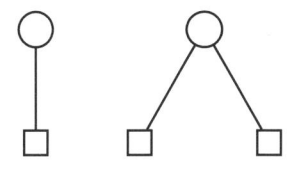

Abbildung 4.6: L-passende Tries für $l_{max} = 1$.

Nehmen wir an, dass für jede Folge L mit $l_{max} \leq k$, $k \geq 1$ ein L-passender Trie existiert.

Wir konstruieren nun für eine beliebige Folge L mit $\sum_{l_i \in L} 2^{-l_i} \leq 1$ und $l_{max} = k+1$ einen L-passenden Trie T. Die Idee ist, L in zwei Teilfolgen L_1 und L_2 aufzuteilen und in jeder dieser Teilfolgen die Werte um eins zu reduzieren. Dann wenden wir auf jede der sich ergebenden Teilfolgen die Induktionsannahme an und bauen aus den sich resultierenden Tries einen Trie für L.

Es stellt sich nun die Frage, wo die Folge L in zwei Teilfolgen L_1 und L_2 geteilt werden soll. Diese Frage beantwortet das folgende Lemma:

Lemma 4.7 *Sei* $L = l_1 \leq l_2 \leq \ldots \leq l_n$ *eine Folge von n natürlichen Zahlen mit* $\sum_{i=1}^{n} 2^{-l_i} \leq 1$. *Dann existiert* $p \in \{1, 2, \ldots, n\}$ *mit* $\sum_{i=1}^{p} 2^{-l_i} = \frac{1}{2}$ *oder es gilt* $\sum_{i=1}^{n} < \frac{1}{2}$.

Bevor wir obiges Lemma beweisen, führen wir den Beweis des Satzes zu Ende. Falls p existiert, dann setzen wir

$$L_1 := l_1, l_2, \ldots, l_p \quad \text{und} \quad L_2 := l_{p+1}, \ldots, l_n. \tag{4.83}$$

Andernfalls setzen wir

$$L_1 := L. \tag{4.84}$$

Nehmen wir an, dass $L_1 \neq 1$. Den Sonderfall $L_1 = 1$ behandeln wir anschließend.

Für $i \in \{1, 2\}$ reduziere in L_i alle Werte um eins. Sei L_i' die resultierende Liste. Dann ist der maximale Wert in L_i' sicher $\leq k$, so dass auf L_i' die Induktionsannahme anwendbar ist. Sei T_i ein L_i'-passender Trie. Der in Abbildung 4.7 definierte Trie T ist dann L-passend.

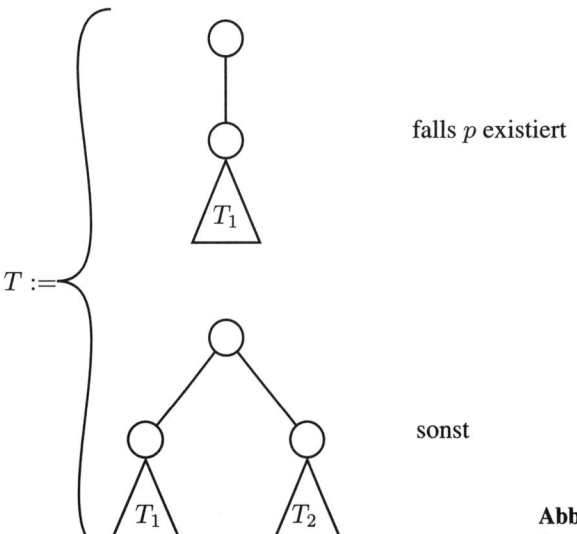

Abbildung 4.7: L-passender Trie für $l_{max} = k+1$ falls $L_1 \neq 1$.

4.2 Einführung in die Kodierungstheorie

Falls $L_1 = 1$, dann wenden wir auf L'_2 die Induktionsvoraussetzung an. Sei T_2 der konstruierte L'_2-passende Trie. Der in Abbildung 4.8 definierte Trie T ist dann L-passend.

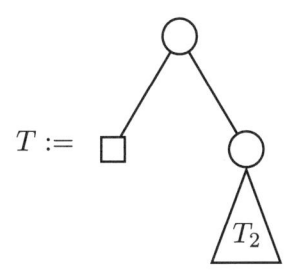

$T :=$

Abbildung 4.8: L-passender Trie für $l_{max} = k+1$ falls $L_1 = 1$. ∎

Offen ist noch der Beweis des Lemmas 4.7.

Beweis (Lemma 4.7): Wir konstruieren sukzessive L_1. Hierzu arbeiten wir L von links nach rechts ab. Bezeichne l_q stets den letzten Wert aus L, der zu L_1 hinzugenommen worden ist. D.h., in L_1 sind bisher $l_1, l_2, \ldots, l_q$. Während der Konstruktion wird stets folgende Invariante erfüllt sein:

- Falls $\sum_{i=1}^{q} 2^{-l_i} \neq 2^{-1}$ und $q < n$, dann gilt $2^{-1} - \sum_{i=1}^{q} 2^{-l_i} = s 2^{-l_{q+1}}$ für ein $s \geq 1$.

Wegen $l_1 \geq 1$ gilt $2^{l_1-1} \geq 1$. Somit folgt aus $2^{-1} = 2^{(l_1-1)} 2^{-l_1}$, dass die Invariante vor Hinzunahme von l_1 erfüllt ist.

Nehmen wir an, dass die Invariante vor Hinzunahme von l_{q+1}, $q \geq 0$ erfüllt ist. Falls $\sum_{i=1}^{q} 2^{-l_i} = 2^{-1}$, dann gilt $p = q$ und wir sind fertig. Falls $\sum_{i=1}^{q} 2^{-l_i} \neq 2^{-1}$ und $q = n$, dann gilt $\sum_{i=1}^{n} 2^{-l_i} < 2^{-1}$ und wir sind auch fertig. Andernfalls folgt aus der Invariante

$$2^{-1} - \sum_{i=1}^{q} 2^{-l_i} = s 2^{-l_{q+1}} \text{ für ein } s \geq 1. \tag{4.85}$$

Dies impliziert

$$2^{-1} - \sum_{i=1}^{q+1} 2^{-l_i} = (s-1) 2^{-l_{q+1}}. \tag{4.86}$$

Falls $s = 1$, dann gilt $p = q+1$ und wir sind fertig. Falls $s > 1$ und $q+1 = n$, dann gilt $\sum_{i=1}^{n} 2^{-l_i} < 2^{-1}$ und wir sind auch fertig. Falls $s > 1$ und $q+1 < n$, dann impliziert $l_{q+2} = l_{q+1} + r$ für ein $r \geq 0$, dass $2^{-l_{q+1}} = 2^r 2^{-l_{q+2}}$. Also folgt aus Gleichung 4.86

$$2^{-1} - \sum_{i=1}^{q+1} 2^{-l_i} = \underbrace{(s-1)2^r}_{\geq 1} 2^{-l_{q+2}}. \tag{4.87}$$

Somit ist die Invariante auch nach Hinzunahme von l_{q+1} erfüllt. Irgendwann ist p gefunden oder das Ende der Folge L erreicht. ∎

Übung 4.8: Verallgemeinern Sie die Kraft-Ungleichung für Kodealphabete beliebiger Größe $r \geq 2$ und beweisen Sie diese.

Ein Kode ψ heißt *eindeutig dekodierbar*, falls jede mittels ψ kodierte Nachricht exakt eine Interpretation besitzt. Demzufolge sind Präfixkodes eindeutig dekodierbar. Folgendes Beispiel beschreibt einen nicht eindeutig dekodierbaren Kode:

Beispiel 4.3 Betrachte das Quellalphabet $\Sigma = \{a, b, c, d\}$ und den Kode ψ mit $\psi(a) = 0$, $\psi(b) = 01$, $\psi(c) = 11$ und $\psi(d) = 00$. Die Nachricht 0011 besitzt zwei mögliche Interpretationen, nämlich dc und aac. Somit ist ψ nicht eindeutig dekodierbar.
♦

Folgender Satz besagt, dass jeder eindeutig dekodierbare Kode die Kraft-Ungleichung erfüllt.

Satz 4.4 *Sei ψ ein eindeutig dekodierbarer Binärkode für ein Alphabet Σ der Größe n. Dann erfüllt ψ die Kraft-Ungleichung. D.h., $\sum_{i=1}^{n} 2^{-l_i} \leq 1$, wobei $L = l_1, l_2, \ldots, l_n$ die Folge der Kodewortlängen ist.*

Beweis: Sei $c := \sum_{i=1}^{n} 2^{-l_i}$. Die Idee ist nun c^N für beliebiges N zu betrachten und nach oben abzuschätzen. Wenn die sich ergebende obere Schranke polynomiell in N ist, dann folgt hieraus $c \leq 1$. Wäre $c > 1$, dann würde c^N exponentiell wachsen, so dass für N groß genug c^N größer als die obere Schranke wäre. Es gilt

$$c^N = \left(\sum_{i=1}^{n} 2^{-l_i}\right)^N \tag{4.88}$$

$$= \sum_{i_1=1}^{n} \sum_{i_2=1}^{n} \cdots \sum_{i_N=1}^{n} 2^{-(l_{i_1} + l_{i_2} + \cdots + l_{i_N})} \tag{4.89}$$

4.2 Einführung in die Kodierungstheorie

Da in obiger Summe für alle $1 \leq l_{i_1}, l_{i_2}, \ldots, l_{i_N} \leq n$ die Größe des Exponenten $(l_{i_1} + l_{i_2} + \ldots + l_{i_N})$ gleich der Länge der Kodierung des Strings $x = a_{i_1} a_{i_2} \ldots a_{i_N}$ ist, korrespondieren die Summanden in obiger Summe zu paarweise verschiedenen Strings aus Σ^N und umgekehrt.

Bezeichne A_k die Anzahl der Strings aus Σ^N, deren Kodierungen die Länge k haben. Ferner seien $l_{min} = \min_{1 \leq i \leq n} l_i$ und $l_{max} = \max_{1 \leq i \leq n} l_i$. Dann gilt

$$c^N \leq \sum_{k=Nl_{min}}^{Nl_{max}} 2^{-k} A_k. \tag{4.90}$$

Da ψ eindeutig dekodierbar ist, haben unterschiedliche Stings in Σ^N auch verschiedene Kodierungen, woraus $A_k \leq 2^k$ für alle k folgt. Also gilt für alle N

$$c^N \leq \sum_{k=Nl_{min}}^{Nl_{max}} 2^{-k} A_k \leq \sum_{k=Nl_{min}}^{Nl_{max}} 2^{-k} 2^k \leq Nl_{max}.$$

Da l_{max} eine Konstante ist, wächst c^N höchstens linear in N, woraus $c \leq 1$ folgt. ∎

Wir interessieren uns nun für optimale Kodes. Zunächst müssen wir definieren, was wir darunter verstehen. Hierzu benötigen wir einige Bezeichnungen.

Ein eindeutig dekodierbarer Kode heißt *vollständig*, falls die beliebige Hinzunahme eines neuen Kodewortes zu einem nicht eindeutig dekodierbaren Kode führen würde.

Übung 4.9: *Zeigen Sie, dass ein Kode genau dann vollständig ist, wenn er seine korrespondierende Kraft-Ungleichung mit Gleichheit erfüllt.*

Zunächst werden wir formal definieren, was wir unter einem optimalen Präfixkode verstehen. Sei $\psi : \Sigma \to \{0,1\}^+$ ein Präfixkode. Für $a \in \Sigma$ bezeichne $p(a)$ die Wahrscheinlichkeit, dass a in einem Text auftritt. Sei $l_a := |\psi(a)|$ die Länge des Kodewortes von $a \in \Sigma$. Wünschenswert wäre es, die Anzahl der zur Kodierung eines Textes benötigten Bits zu minimieren. D.h., wir möchten die *mittlere Kodewortlänge*

$$L_{\psi,p} := \sum_{a \in \Sigma} p(a) l_a \tag{4.91}$$

minimieren. Die *minimale mittlere Kodewortlänge* ist dann definiert durch

$$L_p := \min\{L_{\psi,p} \mid \psi \text{ ist Präfixkode}\}. \tag{4.92}$$

Ein Präfixkode ψ mit $L_{\psi,p} = L_p$ heißt *optimal bezüglich der Wahrscheinlichkeitsverteilung p für Σ.*

Die Sätze 4.3 und 4.4 implizieren, dass jeder eindeutig dekodierbare Kode durch einen Präfixkode ersetzt werden kann, ohne dadurch die Länge der Kodeworte zu ändern. Demzufolge können wir uns bei der Suche nach eindeutig dekodierbaren Kodes mit minimaler mittlerer Kodewortlänge auf die Teilklasse der Präfixkodes beschränken.

Der sogenannte *Huffman-Kode* ist ein optimaler Präfixkode. Wir werden nun einen Greedyalgorithmus, der für ein gegebenes Alphabet Σ und eine gegebene Wahrscheinlichkeitsverteilung p einen Huffman-Kode konstruiert, entwickeln. Wie wir uns oben überlegt haben, kann ein präfixfreier Binärkode ψ für ein Alphabet Σ durch einen Trie $T_\Sigma(\psi)$ repräsentiert werden. Bezeichne $T_\Sigma(\psi, p)$ einen Trie, der einen bezüglich der Wahrscheinlichkeitsverteilung p konstruierten Präfixkode für Σ repräsentiert. Wir illustrieren dies anhand eines Beispiels.

Beispiel 4.4 Die Wahrscheinlichkeiten der Symbole sind durch Tabelle 4.1 gegeben. Abbildung 4.9 zeigt den zu einem optimalen präfixfreien Binärkode ψ korrespondierenden Binärbaum $T_\Sigma(\psi, p)$.

◆

Tabelle 4.1: Wahrscheinlichkeiten der Symbole.

Symbol	a	b	c	d	e	f	g	h
Wahrscheinlichkeitkeit	$\frac{16}{100}$	$\frac{4}{100}$	$\frac{35}{100}$	$\frac{10}{100}$	$\frac{10}{100}$	$\frac{5}{100}$	$\frac{7}{100}$	$\frac{13}{100}$

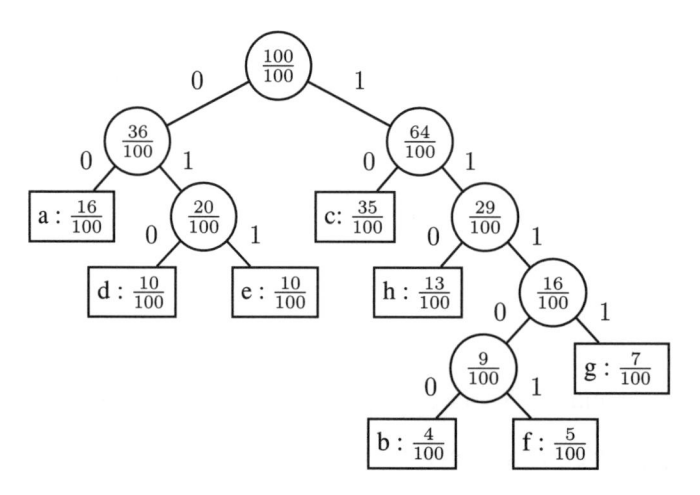

Abbildung 4.9: $T_\Sigma(\psi, p)$ für einen bzgl. Wahrscheinlichkeitsverteilung p optimalen präfixfreien Binärkode ψ für Σ.

4.2 Einführung in die Kodierungstheorie

Für $c \in \Sigma$ bezeichne $p(c)$ die Wahrscheinlichkeitkeit des Buchstaben c. Gegeben einen Trie $T_\Sigma(p)$, ergibt sich für den durch den Trie $T_\Sigma(p)$ definierten Präfixkode $\psi(\Sigma)$ die mittlere Kodewortlänge $L_{\psi,p} := C(T_\Sigma(p))$ aus

$$C(T_\Sigma(p)) = \sum_{c \in \Sigma} p(c) \cdot d_T(c), \tag{4.93}$$

wobei $d_T(c)$ die Tiefe des Blattes, das c enthält, in $T_\Sigma(p)$ bezeichnet. $C(T_\Sigma(p))$ bezeichnet dann die *Kosten* von $T_\Sigma(p)$. Somit haben wir folgendes Problem zu lösen:

Gegeben: Alphabet Σ, Wahrscheinlichkeitsverteilung p für Σ.

Gesucht: Binärbaum $T_\Sigma(p)$ mit minimalen Kosten.

Folgender Greedyalgorithmus löst obiges Problem:

Algorithmus OPTCODE

Eingabe: Alphabet Σ und Wahrscheinlichkeiten $p(c)$ für alle $c \in \Sigma$.

Ausgabe: Binärbaum $T_\Sigma(p)$ mit minimalen Kosten.

Methode:
(1) $n := |\Sigma|$; $Q := \emptyset$;
(2) **for** alle $c \in \Sigma$
    do
        Kreiere Blatt b mit Markierung c;
        $p(b) := p(c)$; $Q := Q \cup \{b\}$
    od;
(3) **for** $i := 1$ **to** $n - 1$
    do
        Kreiere neuen Knoten z;
        Entferne x mit $p(x)$ minimal aus Q;
        Mache x zum linken Sohn von z;
        Entferne y mit $p(y)$ minimal aus Q;
        Mache y zum rechten Sohn von z;
        $p(z) := p(x) + p(y)$;
        Füge z in Q ein
    od;
(4) Gib den Binärbaum mit Wurzel in Q aus.

Satz 4.5 *Der Algorithmus* OPTCODE *berechnet einen Binärbaum $T_\Sigma(p)$ minimaler Kosten.*

Beweis: Für $1 \leq i \leq n-1$ bezeichne Q_i die Menge Q, unmittelbar vor dem i-ten Durchlauf der **for**-Schleife (3). Q_n sei die Menge Q nach dem $(n-1)$-ten Durchlauf.

Q_1 enthält die Wurzeln von n Bäumen, die jeweils nur aus ihrer Wurzel bestehen. Diese sind mit paarweise verschiedenen Buchstaben aus Σ markiert. Also enthält jeder Binärbaum $T_\Sigma(p)$ minimaler Kosten jeden Baum, dessen Wurzel in Q_1 ist, als Teilbaum. Nehmen wir an, dass die Ausgabe kein Binärbaum minimaler Kosten ist. Dann ist der Baum, dessen Wurzel in Q_n ist, kein optimaler Baum und somit auch in keinem Binärbaum $T_\Sigma(p)$ minimaler Kosten enthalten. Betrachte $i_0 \geq 1$ minimal, so dass folgende Eigenschaften erfüllt sind:

1. Es gibt einen Binärbaum $T'_\Sigma(p)$ minimaler Kosten, der jeden Baum, dessen Wurzel in Q_{i_0} ist, enthält.

2. Es gibt keinen Binärbaum $T_\Sigma(p)$ minimaler Kosten, der jeden Baum, dessen Wurzel in Q_{i_0+1} ist, enthält.

Sei z ein tiefster Knoten in $T'_\Sigma(p)$, der nicht in einem Baum, dessen Wurzel in Q_{i_0} ist, enthalten ist. Dann sind sein linker Sohn z_1 und sein rechter Sohn z_2 in Q_{i_0}. Seien x und y die während des (i_0+1)-ten Durchlaufs der **for**-Schleife (3) gewählten Knoten. Dann sind gemäß der Konstruktion x und y in $T'_\Sigma(p)$.

Tausche die Teilbäume mit Wurzeln z_1 und x in $T'_\Sigma(p)$. Da $p(x)$ minimal und z ein tiefster Knoten in $T'_\Sigma(p)$, der nicht in einem Baum mit Wurzel in Q_{i_0} enthalten ist, können sich die Kosten dadurch nicht erhöht haben. Tausche die Teilbäume mit Wurzeln z_2 und y. Auch dies kann die Kosten des Baumes nicht erhöhen. Also ist der resultierende Baum ein optimaler Baum, der jeden Baum mit Wurzel in Q_{i_0+1} enthält. Dies ist ein Widerspruch dazu, dass kein solcher Baum existiert. ∎

Übung 4.10: *Entwickeln Sie eine $O(n \log n)$-Implementierung des Algorithmus* OPTCODE.

Offensichtlich ist ein Huffman-Kode stets vollständig. Es ist auch einfach einzusehen, dass ein nicht vollständiger Binärkode nicht optimal sein kann. Umgekehrt kann jedoch für ein Alphabet Σ leicht ein vollständiger Kode konstruiert werden, der bezüglich einer gegebenen Wahrscheinlichkeitsverteilung p für Σ nicht optimal ist.

Übung 4.11: *Zeigen Sie, dass ein nicht vollständiger Binärkode niemals optimal sein kann. Konstruieren Sie für ein gegebenes Alphabet Σ und eine gegebene Wahrscheinlichkeitsverteilung p für Σ einen vollständigen Binärkode, der nicht optimal ist.*

Folgende Frage drängt sich auf:

Gegeben eine Quelle, die Quellworte aus dem Universum gemäß einer Wahrscheinlichkeitsverteilung p generiert. Ist es möglich den Quellworten derart Kodeworte

4.2 Einführung in die Kodierungstheorie

zuzuweisen, dass jede beliebige Kodewortfolge eindeutig dekodierbar und die mittlere Kodewortlänge minimal sind?

Diese Frage beantwortet das so genannte *störungsfreies Kodierungstheorem*, welches besagt, dass die minimale mittlere Kodewortlänge im wesentlichen gleich der Entropie der Menge der Quellworte ist.

Satz 4.6 *Sei Σ ein Quellalphabet und p eine Wahrscheinlichkeitsverteilung auf Σ. Seien $H(p) = -\sum_{a\in\Sigma} p(a)\log p(a)$ die Entropie und L_p die minimale mittlere Kodewortlänge bezüglich Σ und p. Dann gilt $H(p) \leq L_p \leq H(p) + 1$.*

Beweis: Wir zeigen zunächst die obere Schranke $H(p) + 1$ für L_p. Für $a \in \Sigma$ sei $l_a := \lceil -\log p(a) \rceil$. Dann gilt

$$\sum_{a\in\Sigma} 2^{-l_a} \leq \sum_{a\in\Sigma} p(a) = 1. \tag{4.94}$$

Die Kraft-Ungleichung impliziert, dass ein Präfixkode mit Kodewortlängen $l_a, a \in \Sigma$ existiert. Also gilt

$$L_p \leq \sum_{a\in\Sigma} p(a) l_a \tag{4.95}$$

$$\leq \sum_{a\in\Sigma} p(a)(-\log p(a) + 1) \tag{4.96}$$

$$= H(p) + 1. \tag{4.97}$$

Für den Beweis der unteren Schranke sei $L_p = \sum_{a\in\Sigma} p(a) l_a$. Es gilt

$$\sum_{a\in\Sigma} \frac{2^{-l_a}}{\sum_{b\in\Sigma} 2^{-l_b}} = 1 \quad \text{und} \quad \sum_{a\in\Sigma} p(a) = 1. \tag{4.98}$$

Wegen $\sum_{a\in\Sigma} p(a) \log \frac{1}{p(a)} \leq \sum_{a\in\Sigma} p(a) \log \frac{1}{q(a)}$ für alle Wahrscheinlichkeitsverteilungen q für Σ gilt

$$-\sum_{a\in\Sigma} p(a) \log p(a) \leq -\sum_{a\in\Sigma} p(a) \log \frac{2^{-l_a}}{\sum_{b\in\Sigma} 2^{-l_b}} \tag{4.99}$$

$$= \sum_{a\in\Sigma} p(a) l_a + \left(\sum_{a\in\Sigma} p(a)\right) \log \sum_{b\in\Sigma} 2^{-l_b}. \tag{4.100}$$

Wegen $\sum_{a\in\Sigma} p(a) = 1$, $L_p = \sum_{a\in\Sigma} p(a) l_a$ und $H(p) = -\sum_{a\in\Sigma} p(a) \log p(a)$ kann obige Ungleichung wie folgt geschrieben werden:

$$H(p) \leq L_p + \log \sum_{b \in \Sigma} 2^{-l_b}. \tag{4.101}$$

Da ψ ein Präfixkode ist, folgt aus der Kraft-Ungleichung

$$\sum_{b \in \Sigma} 2^{-l_b} \leq 1. \tag{4.102}$$

Also gilt

$$\log \sum_{b \in \Sigma} 2^{-l_b} \leq 0 \tag{4.103}$$

woraus wegen 4.101

$$H(p) \leq L_p \tag{4.104}$$

folgt.

∎

4.3 Ergänzende Übungsaufgaben

Übung 4.12: Gegeben seien n Münzen, die alle gleich aussehen. Einige Münzen sind falsch. Korrekte Münzen haben Gewicht a und falsche Münzen Gewicht b, wobei $b < a$ ist. Es steht eine Waage zur Verfügung, mittels der pro Wiegeoperation eine beliebige Anzahl von Münzen gewogen werden kann. Die Aufgabe besteht darin, die falschen und die korrekten Münzen voneinander zu trennen.

a) Finden Sie eine untere Schranke $A(n)$ für die Anzahl der benötigten Wiegeoperationen.

b) Entwerfen Sie einen Algorithmus, der mit möglichst wenig Wiegeoperationen auskommt.

Übung 4.13: Sei eine gedächtnislose Informationsquelle durch das Quellalphabet $S := \{a_1, a_2, \ldots, a_n\}$ mit den Wahrscheinlichkeiten $p_1, p_2, \ldots, p_n$ gegeben. Beweisen Sie, dass die Entropie eines Blockes von q Symbolen $qH_n(p_1, p_2, \ldots, p_n)$ beträgt.

Übung 4.14: Eine faire Münze wird so oft geworfen, bis zum ersten Mal „Kopf" erscheint. Bezeichne X die Anzahl der benötigten Würfe.

a) Ermitteln Sie die Entropie $H(X)$ in Bits.
  (Hinweis: Folgende Ausdrücke können dabei nützlich sein:

$$\sum_{n=1}^{\infty} r^n = \frac{r}{1-r} \quad \text{und} \quad \sum_{n=1}^{\infty} n r^n = \frac{r}{(1-r)^2}.)$$

b) *Eine Zufallsvariable X wird gemäß obiger Verteilung gewählt. Finden Sie eine effiziente Folge von ja/nein-Fragen der Form „Ist X in der Menge S enthalten?". Vergleichen Sie $H(X)$ mit der erwarteten Anzahl von Fragen, die erforderlich sind, um X zu bestimmen.*

Übung 4.15: *Was ist der minimale Wert von $H_n(p_1, p_2, \ldots, p_n)$, wobei $p_1, p_2, \ldots, p_n$ eine Wahrscheinlichkeitsverteilung ist. Finden Sie alle Wahrscheinlichkeitsverteilungen, für die die Entropie diesen minimalen Wert annimmt.*

Übung 4.16: *Zeigen Sie, dass $H_m(A|B) = 0$ impliziert, dass $A := \{a_1, a_2, \ldots, a_n\}$ eine Funktion von $B := \{b_1, b_2, \ldots, b_m\}$ ist. D.h., für alle b_j mit $p(b_j) > 0$ gibt es exakt ein a_i mit $p(a_i, b_j) > 0$.*

Übung 4.17: *Verallgemeinern Sie Satz 4.4 auf Kodealphabete beliebiger Größe $r \geq 2$ und beweisen Sie den sich ergebenden Satz.*

4.4 Literaturhinweise

Mit seiner bahnbrechenden Arbeit [Sha48] hatte Ende der vierziger Jahre SHANNON die Informationstheorie begründet. In dieser Arbeit wurde u.a. die Entropie als Maß für die mittlere Informationsgröße pro Ausgang eines Zufallsexperimentes eingeführt, der Eindeutigkeitssatz für die Entropie und das störungsfreie Kodierungstheorem bewiesen. Die hier im Eindeutigkeitssatz für die Entropie formulierten Axiome wurden 1957 von KHINCHIN [Khi57] formuliert und sind nicht exakt diejenigen, die Claude Shannon in seiner Arbeit aufgestellt hat. Seit Shannons Arbeit wurde eine Vielzahl von Axiomenmengen für ein Maß für die mittlere Unsicherheit aufgestellt. Alle führten zum selben Ergebnis. Der hier vorgestellte Beweis basiert auch auf Khinchin's ausgezeichneten Präsentation von Shannon's Resultat.

Die berühmte Kraft-Ungleichung wurde 1949 von KRAFT in seiner Master thesis [Kra49] aufgestellt und bewiesen. 1956 hat MCMILLAN Satz 4.4 bewiesen [McM56]. Huffman-Kodes und der Algorithmus zur Konstruktion dieser wurden 1952 von HUFFMAN vorgestellt [Huf52].

Die klassische Informations- und Kodierungstheorie hat eine Vielzahl von weiteren interessanten Resultaten erzielt. Man denke z.B. an die von SHANNON [Sha48] entwickelte Theorie der gestörten Kanäle oder auch an fehlerkorrigierende Kodes. Falls man sich für fehlerkorrigierende Kodes und weitere Aspekte der Kodierungstheorie interessiert, dann sind nach wie vor die Bücher von GALLAGER [Gal68] und von HAMMING [Ham80] sehr gute Referenzen. Eng verknüpft mit der Kodierungstheorie ist die Datenkompression. Diese hat derart an Wichtigkeit gewonnen, dass sich ein eigenständiges Gebiet entwickelt hat. Ein gute Einführung in dieses Gebiet gibt das Buch von BELL, CLEARY und WITTEN [BCW90]. Neuere Entwicklungen nebst Verweise findet man im Buch von SALOMON [Sal04].

Nach dem Erscheinen von Shannons grundlegender Arbeit [Sha48] hat sich die Informationstheorie rasch entwickelt und ihre Anwendung in vielen Bereichen gefunden. In den fünfziger und den sechziger Jahren wurde von einer Vielzahl von Autoren Bücher über Informationstheorie und deren Anwendung geschrieben. Je nach Herkunft des Autors werden die Informationstheorie unterschiedlich eingeführt und unterschiedliche Anwendungsaspekte erarbeitet. So arbeitet z.B. BRILLOUIN [Bri62] die Zusammenhänge der Informationstheorie und der Physik, insbesondere der Thermodynamik heraus. KULLBACK hat in seinem Buch [Kul68] insbesondere die Anwendung der Informationstheorie beim Test von statistischen Hypothesen untersucht. Darüber hinaus sind die einführende Bücher von ABRAMSON [Abr63], von GUIAŞU [Giu77] und von COVER und THOMAS [CT91] empfehlenswert.

5 Die algorithmische Informationstheorie

Wie kann man die in einem String x enthaltene Information nur in Abhängigkeit vom String x messen? Hilfreich ist die Einsicht, dass die Größe der enthaltenen Information etwas mit der Komprimierbarkeit des Strings x zu tun hat. Ein String x, der viel Redundanz enthält, besitzt eine wesentlich kompaktere Darstellung p, aus der der ursprüngliche String x wieder konstruiert werden kann. So kann zum Beispiel der String $x = x_1 x_2 \ldots x_n$ mit $x = 0101 \ldots 01$ durch „$\frac{n}{2}$ Wiederholungen von 01" beschrieben werden. Dies ist für große n wesentlich kompakter, als den String x explizit hinzuschreiben. Falls der String x keine Regelmäßigkeiten enthält, dann gibt es in der Regel keine kompaktere Möglichkeit, als den String x selbst explizit hinzuschreiben. Demzufolge hat die Größe der in einem String x enthaltenen Information etwas mit der Beschreibungskomplexität des Strings x zu tun. Wir werden nun Beschreibungskomplexität von Strings formalisieren und diese dann anwenden.

5.1 Die Kolmogorov-Komplexität

Sei Σ ein endliches Alphabet. Für $x \in \Sigma^+$ bezeichnet nachfolgend $|x|$ die Länge des Strings x. Sei $\mathcal{A}$ ein Algorithmus, der Binärstrings endlicher Länge auf Elemente endlicher Länge von Σ^+ abbildet. $\mathcal{A}$ könnte zum Beispiel eine Turingmaschine sein.

Die *algorithmische Komplexität* $K_{\mathcal{A}}(x)$ eines Strings $x \in \Sigma^+$ bezüglich Algorithmus $\mathcal{A}$ ist die Länge einer kürzesten Eingabe $p \in \{0,1\}^+$, so dass $\mathcal{A}$ bei Eingabe p den String x ausgibt. D.h.,

$$K_{\mathcal{A}}(x) := \min\{|p| \mid \mathcal{A}(p) = x\}. \tag{5.1}$$

Falls keine solche Eingabe existiert, d.h., $\mathcal{A}(p) \neq x$ für alle $p \in \{0,1\}^+$, dann setzen wir $K_{\mathcal{A}}(x) := \infty$. Wir können p als komprimierte Version von x und demzufolge $\mathcal{A}$ als *Dekompressionsalgorithmus* interpretieren.

Obiges Komplexitätsmaß hängt wesentlich vom gewählten Dekompressionsalgorithmus ab. Wählt man für $\Sigma = \{0,1\}$ den trivialen Dekompressionsalgorithmus $\mathcal{A}_0$ mit $\mathcal{A}_0(p) = p$ für alle $p \in \{0,1\}^+$, dann gilt für alle $x \in \Sigma^+$

$$K_{\mathcal{A}_0}(x) = |x|. \tag{5.2}$$

Man kann nun versuchen, Dekompressionsalgorithmen zu konstruieren, die kürzere Beschreibungen von x liefern. Aufgrund der begrenzten Anzahl von „kurzen" Beschreibungen haben alle Dekompressionsalgorithmen die Eigenschaft, dass „fast alle" $x \in \Sigma^+$ notwendigerweise die algorithmische Komplexität ungefähr $|x|$ haben. Wir werden nun zwei Dekompressionsalgorithmen $\mathcal{A}_1$ und $\mathcal{A}_2$ miteinander vergleichen.

Ein Algorithmus $\mathcal{A}_1$ ist *asymptotisch nicht schlechter* als ein Algorithmus $\mathcal{A}_2$, falls eine Konstante $c_{\mathcal{A}_2}$ existiert, so dass für alle $x \in \Sigma^+$

$$K_{\mathcal{A}_1}(x) \leq K_{\mathcal{A}_2}(x) + c_{\mathcal{A}_2}. \tag{5.3}$$

In Kapitel 2 haben wir die universelle Turingmaschine kennen gelernt. Eine universelle Turingmaschine kann, gegeben ein Simulationsprogramm für eine beliebige Turingmaschine, diese simulieren. Wenn wir uns nicht festlegen möchten, dass die zugrunde liegenden Algorithmen Turingmaschinen sind, dann bezeichnen wir allgemein derartige Algorithmen als *universelle Algorithmen*.

Folgendes *Invarianztheorem* zeigt, dass es Algorithmen gibt, die asymptotisch nicht schlechter sind als jeder beliebige andere Algorithmus. Derartige Algorithmen heißen *asymptotisch optimal*.

Satz 5.1 *Seien $\mathcal{U}$ ein universeller Algorithmus und $x \in \Sigma^+$. Dann gilt für jeden anderen Algorithmus $\mathcal{A}$*

$$K_{\mathcal{U}}(x) \leq K_{\mathcal{A}}(x) + c_{\mathcal{A}},$$

wobei $c_{\mathcal{A}}$ eine Konstante ist, die von $\mathcal{U}$ und von $\mathcal{A}$, nicht jedoch von x, abhängt.

Beweis: Sei $p_{\mathcal{A}}$ eine Eingabe für den Algorithmus $\mathcal{A}$ mit $\mathcal{A}(p_{\mathcal{A}}) = x$. Wir fügen nun der Eingabe $p_{\mathcal{A}}$ ein Simulationsprogramm $s_{\mathcal{A}}$, welches dem universellen Algorithmus $\mathcal{U}$ beschreibt, wie er den Algorithmus $\mathcal{A}$ zu simulieren hat, hinzu. Das Simulationsprogramm hängt nur vom Algorithmus $\mathcal{A}$ und nicht von der Eingabe $p_{\mathcal{A}}$ ab. Da $\mathcal{A}$ eine feste endliche Größe besitzt, ist die Länge $c_{\mathcal{A}}$ von $s_{\mathcal{A}}$ konstant. Die Eingabe p für $\mathcal{U}$ mit $\mathcal{U}(p) = x$ ist dann $p := s_{\mathcal{A}} p_{\mathcal{A}}$. Es gilt dann

$$|p| = |s_{\mathcal{A}}| + |p_{\mathcal{A}}| = c_{\mathcal{A}} + |p_{\mathcal{A}}|. \tag{5.4}$$

Also gilt für alle $x \in \Sigma^+$

$$K_{\mathcal{U}}(x) = \min\{|q| \mid \mathcal{U}(q) = x\} \tag{5.5}$$
$$\leq \min\{|q| \mid \mathcal{A}(q) = x\} + c_{\mathcal{A}} \tag{5.6}$$
$$= K_{\mathcal{A}}(x) + c_{\mathcal{A}}. \tag{5.7}$$

∎

5.1 Die Kolmogorov-Komplexität

Die Konstante c_A kann sehr groß sein, hängt aber nicht von x ab. Dies bedeutet, dass für genügend lange x die Länge des Simulationsprogramms vernachlässigbar ist. Jeder universelle Algorithmus ist somit asymptotisch optimal. Falls $\mathcal{U}_1$ und $\mathcal{U}_2$ universelle Algorithmen sind, dann gilt für alle $x \in \Sigma^+$

$$|K_{\mathcal{U}_1}(x) - K_{\mathcal{U}_2}(x)| \leq c, \tag{5.8}$$

wobei $c = \max\{c_{\mathcal{U}_1}, c_{\mathcal{U}_2}\}$.

Die algorithmische Komplexität $K_\mathcal{U}(x)$ bezüglich eines universellen Algorithmus $\mathcal{U}$ heißt *Kolmogorov-Komplexität* $K(x)$ von x. Aus obigen Betrachtungen folgt, dass $K(x)$ bis auf einen additiven konstanten Term eindeutig bestimmt ist. Folgendes Lemma fasst einige grundlegende Eigenschaften der Kolmogorov-Komplexität zusammen:

Lemma 5.1 *Sei $\Sigma = \{0, 1\}$. Die Kolmogorov-Komplexität bezüglich Strings in Σ^+ besitzt folgende Eigenschaften:*

a) *Für alle $x \in \Sigma^+$ gilt*

$$K(x) \leq |x| + c_{\mathcal{A}_0}, \text{ wobei } c_{\mathcal{A}_0} \text{ eine Konstante ist.}$$

b) *Es existiert eine Konstante c, so dass*

$$2^{n-c} \leq |\{x \in \Sigma^+ \mid K(x) \leq n\}| \leq 2^{n+1}.$$

c) *Für jede berechenbare Funktion f existiert eine Konstante c_f, so dass für alle x, für die $f(x)$ definiert ist,*

$$K(f(x)) \leq K(x) + c_f.$$

d) *Für $n \in \mathbb{N}$ sei V_n eine endliche Menge mit maximal 2^n Elementen. Ferner sei die Relation $x \in V_n$ rekursiv aufzählbar. D.h., es existiert ein Algorithmus, der die Liste aller Paare $\langle x, n \rangle$ mit $x \in V_n$ produziert. Dann existiert eine Konstante c, so dass für alle $n \in \mathbb{N}$ alle Elemente in V_n Kolmogorov-Komplexität $\leq n + c$ besitzen.*

e) *Der „typische" Binärstring der Länge n hat Kolmogorov-Komplexität nahe bei n. D.h., es existiert eine Konstante c, so dass für beliebiges n mehr als 99% aller Strings der Länge n Kolmogorov-Komplexität zwischen $n - c$ und $n + c$ besitzen.*

Beweis:

a) Ein asymptotisch optimaler Algorithmus kann asymptotisch nicht schlechter sein, als der triviale Dekompressionsalgorithmus $\mathcal{A}_0$ mit $\mathcal{A}_0(p) = p$ für alle $p \in \Sigma^+$. Hieraus folgt direkt

$$K(x) \leq |x| + c_{\mathcal{A}_0} \text{ für alle } x \in \Sigma^+, \tag{5.9}$$

wobei $c_{\mathcal{A}_0}$ die Länge eines Simulationsprogramms für $\mathcal{A}_0$ ist.

b) Sei
$$A_n := \{x \in \Sigma^+ \mid K(x) \leq n\}. \tag{5.10}$$

Offensichtlich kann A_n nicht mehr Strings enthalten, als Anzahl der Binärstrings der Länge $\leq n$. Also gilt $|A_n| \leq 2^{n+1}$. Ferner impliziert a), dass alle Worte der Länge $n - c_{\mathcal{A}_0}$ Kolmogorov-Komplexität $\leq n$ haben. Hiervon gibt es $2^{n-c_{\mathcal{A}_0}}$ viele. Also gilt $|A_n| \geq 2^{n-c}$, wobei $c := c_{\mathcal{A}_0}$.

c) Sei $\mathcal{U}$ derjenige universelle Dekompressionsalgorithmus, der bei der Definition der Kolmogorov-Komplexitätsfunktion verwendet wird. Da f berechenbar ist, existiert ein Programm s_f konstanter Größe c_f für $\mathcal{U}$, so dass $\mathcal{U}$ bei Eingabe $s_f x$ den Funktionswert $f(x)$ ausgibt. Wenn $\mathcal{U}$ eine Eingabe $s_f p$ mit $\mathcal{U}(p) = x$ erhält, dann kann $\mathcal{U}$ zunächst x mit Hilfe von p und dann unter Verwendung von s_f den Funktionswert $f(x)$ berechnen. Also gilt

$$K_\mathcal{U}(f(x)) \leq K_\mathcal{U}(x) + c_f. \tag{5.11}$$

d) Wir konstruieren einen Dekompressionsalgorithmus $\mathcal{W}$, so dass $K_\mathcal{W}(x) \leq n$ für alle $x \in V_n$. Das Invarianztheorem impliziert dann die Behauptung.

Jeder String in $x \in V_n$ erhält wie folgt als komprimierte Version einen String der Länge n. Nehmen wir an, dass das Paar $\langle x, n \rangle$ in der vom Aufzählungsalgorithmus konstruierten Liste unter den Paaren mit zweiter Komponente n als i-tes Element erscheint. Wir können die Binärstrings $a_{n-1} a_{n-2} \ldots a_0$ der Länge n als Zahl $\sum_{j=0}^{n-1} a_j 2^j$ interpretieren. x erhält dann als komprimierte Version denjenigen String $a(x) = a_{n-1} a_{n-2} \ldots a_0$, für den $\sum_{j=0}^{n-1} a_j 2^j = i$ gilt.

Der Dekompressionsalgorithmus $\mathcal{W}$ enthält den Aufzählungsalgorithmus als Subroutine. Erhält nun $\mathcal{W}$ als Eingabe $a_{n-1} a_{n-2} \ldots a_0$ mit $\sum_{j=0}^{n-1} a_j 2^j = i$, dann zählt dieser alle Paare $\langle y, m \rangle$ auf, bis er das i-te Paar der Form $\langle x, n \rangle$ aufgezählt hat und gibt dann x aus. Offensichtlich gilt $K_\mathcal{W}(x) \leq n$ für alle $n \in \mathbb{N}$, $x \in V_n$. Offensichtlich kennt $\mathcal{W}$ mit $a_{n-1} a_{n-2} \ldots a_0$ auch n.

e) Teil a) des Lemmas impliziert, dass alle Strings der Länge n Kolmogorov-Komplexität $\leq n + c_{\mathcal{A}_0}$ haben. Also gilt für $c \geq c_{\mathcal{A}_0}$, dass alle Strings der Länge n Kolmogorov-Komplexität $\leq n+c$ haben. Die Anzahl der Strings mit Kolmogorov-Komplexität $< n - c$ kann nicht größer sein, als die Gesamtanzahl der Strings der Länge $< n - c$, also maximal 2^{n-c}. Wähle $c = \max\{c_{\mathcal{A}_0}, 7\}$. Dann gilt:

1. Alle Strings der Länge n haben Kolmogorov-Komplexität $\leq n + c$.
2. Der Anteil der Strings der Länge n mit Kolmogorov-Komplexität $< n - c$ ist höchstens

$$\frac{2^{n-c}}{2^n} = 2^{-c} \leq 2^{-7} = \frac{1}{128} < 1\%.$$

∎

5.1 Die Kolmogorov-Komplexität

Es drängt sich nun die Frage auf, ob die Kolmogorov-Komplexitätsfunktion K berechenbar ist oder nicht. Eine Antwort hierauf und noch etwas mehr gibt uns der folgende Satz:

Satz 5.2 *Die Kolmogorov-Komplexitätsfunktion K ist nicht berechenbar. Mehr noch, jede berechenbare untere Schranke für K ist von oben beschränkt.*

Beweis: Sei k eine berechenbare untere Schranke der Funktion K. Nehmen wir an, dass k nicht von oben beschränkt ist. Dann existiert für jedes $m > 0$ ein $x \in \Sigma^+$ mit

$$K(x) \geq k(x) > m. \tag{5.12}$$

Gegeben m kann solches x wie folgt berechnet werden:

- Zähle alle x auf und berechne $k(x)$, bis ein x mit $k(x) > m$ gefunden ist.

Betrachten wir die Funktion $f : \mathbb{N} \to \Sigma^+$, wobei $f(m)$ in obiger Aufzählung der erste String x mit $k(x) > m$ ist. Wir schreiben die natürliche Zahl m in Binärnotation. D.h., $|m| = \lceil \log m \rceil$. Da $k(x) \leq K(x)$ für alle Strings $x \in \Sigma^+$ gilt für den String $f(m)$

$$K(f(m)) \geq k(f(m)) > m. \tag{5.13}$$

Da f eine berechenbare Funktion ist, impliziert 5.1 c)

$$K(f(m)) \leq K(m) + c_f \text{ für eine Konstante } c_f. \tag{5.14}$$

Wegen Lemma 5.1 a) gilt auch

$$K(m) \leq |m| + c_{\mathcal{A}_0} \text{ für eine Konstante } c_{\mathcal{A}_0}. \tag{5.15}$$

Also folgt aus 5.13, 5.14 und 5.15

$$m < K(f(m)) \leq |m| + c_f + c_{\mathcal{A}_0} \leq \log m + c', \tag{5.16}$$

wobei $c' := c_f + c_{\mathcal{A}_0} + 1$ eine Konstante ist.

Dies kann für m groß genug nicht erfüllt sein. Demzufolge ist unsere Annahme falsch und somit k von oben beschränkt.

∎

Obiger Beweis ist eine formale Version des berühmten „Berry-Paradoxon": „The least number that cannot defined in fewer than twenty words." Dieser Satz enthält elf Wörter und definiert dennoch diese Zahl.

Eine Funktion $F : \Sigma^+ \to \mathbb{N}$ heißt *von oben rekursiv aufzählbar*, falls eine totale, berechenbare Funktion $k : \Sigma^+ \times \mathbb{N}_0 \to \mathbb{N}$ mit $k(x,0) \geq k(x,1) \geq k(x,2) \geq \ldots$ für alle $x \in \Sigma^+$ existiert, so dass für alle $x \in \Sigma^+$ der Funktionswert $F(x)$ gleich $\lim_{n \to \infty} k(x,n)$ ist. Da für alle x und alle n die Werte $k(x,n)$ ganzzahlig sind, existiert für jedes x ein n_x, so dass $k(x,n) = F(x)$ für alle $n \geq n_x$. Folgender

Satz besagt, dass die Kolmogorov-Komplexitätsfunktion von oben rekursiv aufzählbar ist.

Übung 5.1:

a) Sei $\mathcal{D}$ ein Dekompressionsalgorithmus, so dass $K_\mathcal{D}(x)$ für alle $x \in \Sigma^+$ gerade ist. Kann $\mathcal{D}$ asymptotisch optimal sein?

b) Sei $\mathcal{D}$ ein Dekompressionsalgorithmus, so dass $K_\mathcal{D}(x)$ für alle $x \in \Sigma^+$ eine Potenz von 2 ist. Kann $\mathcal{D}$ asymptotisch optimal sein?

c) Sei $\mathcal{D}$ ein asymptotisch optimaler Dekompressionsalgorithmus. Garantiert dies, dass $\mathcal{D}(\mathcal{D}(x))$ auch ein asymptotisch optimaler Dekompressionsalgorithmus ist?

Satz 5.3 *Die Kolmogorov-Komplexitätsfunktion K ist von oben rekursiv aufzählbar.*

Beweis: Sei $\mathcal{U}$ derjenige universelle Dekompressionsalgorithmus, der bei der Definition von K verwendet wird. Die Idee ist nun $k(x,n)$ als die Länge des kürzesten $y \in \Sigma^+$ zu definieren, so dass $\mathcal{U}$ mit Eingabe y den String x ausgibt und dabei maximal n Schritte durchführt. Dabei tritt folgende Schwierigkeit auf:

1. Für zu kleines n kann es sein, dass kein y existiert, für das $\mathcal{U}$ den String x ausgibt und hierfür maximal n Schritte verwendet.

2. Es kann sein, dass das kürzeste y mit $\mathcal{U}(y) = x$ innerhalb maximal n Schritten sehr lang ist.

Daher modifizieren wir obige Idee und nehmen als Wert von $k(x, n)$ dass Minimum aus der Länge eines solchen kürzesten y und einer trivialen oberen Schranke für $K(x)$.

Sei $|x|+c_{\mathcal{A}_0}$ die gemäß Lemma 5.1 a) triviale obere Schranke für $K(x)$. Wir definieren dann für alle $x \in \Sigma^+$ und alle $n \in \mathbb{N}_0$

$$k(x,n) := \min\{|x| + c_{\mathcal{A}_0}, \min_{y \in \Sigma^+}\{|y| \mid \mathcal{U}(y) = x \text{ in} \leq n \text{ Schritten}\}. \tag{5.17}$$

Übung 5.2: *Beweisen Sie, dass die oben definierte Funktion k total und berechenbar ist.*

Aus der Definition der Funktion k folgt direkt, dass

$$K(x) = \lim_{n \to \infty} k(x, n). \tag{5.18}$$

∎

5.1 Die Kolmogorov-Komplexität

Übung 5.3: *Kann es einen asymptotisch optimalen Dekompressionsalgorithmus geben, der für jede Eingabe mit einer Ausgabe anhält? Beweisen Sie Ihre Antwort.*

Gemäß unserer Definition können wir die Kolmogorov-Komplexität eines Strings x bis auf eine additive Konstante als die Länge eines kürzesten Kodes für x interpretieren. Folgender Satz gibt eine „kodierungsfreie" Definition der Kolmogorov-Komplexitätsfunktion K.

Satz 5.4 *Sei $K' : \{0,1\}^+ \to \mathbb{N}$ eine von oben rekursiv aufzählbare Funktion, so dass für eine Konstante C für alle $n \in \mathbb{N}$ gilt $|\{x \mid K'(x) < n\}| \leq C 2^n$. Dann existiert eine Konstante c mit $K(x) \leq K'(x) + c$ für alle $x \in \{0,1\}^+$.*

Beweis: Da K' von oben rekursiv aufzählbar ist, existiert eine totale, berechenbare Funktion $k' : \{0,1\}^+ \times \mathbb{N}_0 \to \mathbb{N}$, so dass für alle $x \in \{0,1\}^+$

$$k'(x,0) \geq k'(x,1) \geq k'(x,2) \geq \ldots \quad \text{und} \quad K'(x) = \lim_{m \to \infty} k'(x,m).$$

Sei

$$W_n = \{x \in \{0,1\}^+ \mid K'(x) < n\}. \tag{5.19}$$

Folgender Algorithmus zählt für gegebenes n die binäre Relation $x \in W_n$ auf:

(1) Berechne „für alle x und m parallel" $k'(x,m)$.
(2) Falls $k'(x,m) < n$, dann füge x zur Aufzählung von W_n hinzu.

Übung 5.4: *Arbeiten Sie obigen Algorithmus aus. Insbesondere beschreiben Sie die Implementierung von „für alle x und m berechne parallel" $k'(x,m)$.*

Da die Funktion k' in der zweiten Komponente monoton fallend ist, impliziert $k'(x,m) < n$, dass auch $K'(x) < n$ ist. Wegen $K'(x) = \lim_{m \to \infty} k'(x,m)$ existiert ein $m_x \in \mathbb{N}$, so dass $K'(x) = k'(m,x)$ für alle $m \geq m_x$. Also wird jedes Element $x \in W_n$ irgendwann bezüglich W_n aufgezählt. Setze

$$n' := n + \lceil \log C \rceil \quad \text{und} \quad V_{n'} := W_n. \tag{5.20}$$

Dann gilt

$$|V_{n'}| \leq C 2^n \leq 2^{n'}. \tag{5.21}$$

Bezeichne $A(n)$ die Minimalanzahl von Bits, so dass jedes Element in W_n mit $A(n)$ Bits kodiert werden kann. Lemma 5.1 d) impliziert

$$A(n) \leq n + \lceil \log C \rceil + c', \tag{5.22}$$

wobei c' eine Konstante ist, die nicht von n abhängt. Setze

$$\tilde{c} := \lceil \log C \rceil + c'. \tag{5.23}$$

Betrachten wir $x \in \{0,1\}^+$ beliebig. Zu zeigen ist

$$K(x) \leq K'(x) + c, \text{ für eine Konstante } c. \tag{5.24}$$

Betrachten wir hierzu $n := K'(x) + 1$. Dann gilt $x \in W_n$. Aus 5.22 und 5.23 folgt nun

$$K(x) \leq n + \tilde{c} \tag{5.25}$$
$$= K'(x) + 1 + \tilde{c} \tag{5.26}$$
$$= K'(x) + c, \tag{5.27}$$

wobei $c = 1 + \tilde{c}$.

■

In Kapitel 4 haben wir einige Axiome, die eine Funktion für das Maß der Unsicherheit über den Ausgang eines Zufallsexperimentes erfüllen sollte, aufgestellt und bewiesen, dass alle Funktionen, die diese Axiome erfüllen, als Produkt der Entropie mit einer positiven Konstanten geschrieben werden können. Es wäre schön, wenn man Ähnliches auch für die Kolmogorov-Komplexitätsfunktion tun könnte. Dies leistet der folgende Satz:

Satz 5.5 *Sei $K' : \{0,1\}^+ \to \mathbb{N}$ eine Funktion, die folgende Axiome erfüllt*

(A1) Für jede berechenbare (partielle) Funktion f existiert eine Konstante c_f, so dass

$$K'(f(x)) \leq K'(x) + c_f \tag{5.28}$$

für alle x, für die $f(x)$ definiert ist.

(A2) Die Funktion K' ist von oben rekursiv aufzählbar.

(A3) Es existieren Konstanten c und C, so dass

$$c2^n \leq |\{x \in \{0,1\}^+ \mid K'(x) < n\}| \leq C2^n \tag{5.29}$$

für alle $n \in \mathbb{N}$.

Dann unterscheidet sich K' von der Kolmogorov-Komplexitätsfunktion K höchstens um einen konstanten additiven Term.

Beweis: Aus den Axiomen $(A2)$ und $(A3)$ und Satz 5.4 folgt, dass eine Konstante $\tilde{c}$ existiert, so dass für alle $x \in \{0,1\}$

$$K(x) \leq K'(x) + \tilde{c}. \tag{5.30}$$

5.1 Die Kolmogorov-Komplexität

Also müssen wir nur noch zeigen, dass auch eine Konstante $\bar{c}$ existiert, so dass für alle $x \in \{0,1\}^+$

$$K'(x) \leq K(x) + \bar{c}. \tag{5.31}$$

Zunächst werden wir beweisen, dass eine Konstante $\hat{c}$ existiert, so dass für alle $x \in \{0,1\}^+$

$$K'(x) \leq |x| + \hat{c}. \tag{5.32}$$

Danach werden wir 5.32 verwenden um 5.31 zu beweisen.

Da K' von oben rekursiv aufzählbar ist, können wir, wie im Beweis von Satz 5.4 beschrieben, Strings $x \in \{0,1\}^+$ mit $K'(x) < n$ generieren. Wegen Axiom $(A3)$ gibt es mindestens $c2^n$ solcher Strings. Betrachten wir $d \in \mathbb{N}$ minimal, so dass

$$2^{n-d} \leq c2^n. \tag{5.33}$$

Für $n = 1, 2, \ldots$ generieren wir sukzessive Strings $x \in \{0,1\}^+$ mit $K'(x) < n$ und beenden die Generierung bezüglich des aktuellen n sobald 2^{n-d} solcher Strings generiert sind. Für $n \in \mathbb{N}$ bezeichne S_n die Menge der Strings, die bezüglich n generiert worden sind. Da wir bei der Generierung von S_{n+1} stets ganz S_n zu S_{n+1} hinzunehmen können und dies auch tun, gilt

$$S_1 \subset S_2 \subset S_3 \subset \ldots. \tag{5.34}$$

Für $i \geq 1$ sei

$$T_i := S_{i+1} \setminus S_i. \tag{5.35}$$

Dann gilt:

$$|T_i| = |S_{i+1}| - |S_i| \tag{5.36}$$
$$= 2^{(i+1)-d} - 2^{i-d} \tag{5.37}$$
$$= 2^{i-d}. \tag{5.38}$$

Ferner sind alle T_i, $i \in \mathbb{N}$ paarweise disjunkt.

Wir betrachten nun eine beliebige berechenbare surjektive Funktion $f : \{0,1\}^+ \to \{0,1\}^+$, die für $n = 1, 2, 3, \ldots$ die Strings in T_n auf Strings der Länge $n-d$ abbildet. Da f surjektiv ist und T_n exakt 2^{n-d} Elemente enthält, ist jeder String der Länge $n-d$ Bild eines Elementes $x \in T_n$. Axiom $(A1)$ impliziert nun für alle $x \in T_n$, dass

$$K'(f(x)) \leq K'(x) + c_f. \tag{5.39}$$

Aus der Konstruktion von T_n folgt, dass $K'(x) < n$ für alle $x \in T_n$. Somit impliziert 5.39 für jedes y mit $|y| = n - d$

$$K'(y) \leq n + c_f = |y| + d + c_f. \tag{5.40}$$

Für $\hat{c} := d + c_f$ erhalten wir somit für alle $x \in \{0,1\}^+$

$$K'(x) \leq |x| + \hat{c}. \tag{5.41}$$

Unser Ziel ist nun, unter Verwendung von 5.41 eine Konstante $\bar{c}$ zu konstruieren, so dass für alle $x \in \{0,1\}^+$

$$K'(x) \leq K(x) + \bar{c}. \tag{5.42}$$

Sei $\mathcal{U}$ der asymptotisch optimale Dekompressionsalgorithmus, der bei der Definition der Kolmogorov-Komplexitätsfunktion verwendet wird. Sei h diejenige partielle Funktion, die $\mathcal{U}$ berechnet. Betrachten wir $x \in \{0,1\}^+$ beliebig, aber fest und $p \in \{0,1\}^+$ mit

$$\mathcal{U}(p) = h(p) = x \quad \text{und} \quad |p| = K(x). \tag{5.43}$$

Die Anwendung des Axioms $(A1)$ ergibt

$$K'(x) = K'(h(p)) \leq K'(p) + c_h, \tag{5.44}$$

für eine Konstante c_h.

Sei $\bar{c} := \hat{c} + c_h$. Dann ergibt die Anwendung von 5.41 auf $K'(p)$ für alle $x \in \{0,1\}^+$

$$K'(x) \leq |p| + \hat{c} + c_h \tag{5.45}$$
$$= K(x) + \hat{c} + c_h \tag{5.46}$$
$$= K(x) + \bar{c}, \tag{5.47}$$

womit der Satz bewiesen ist. ∎

Übung 5.5:

a) Sei $f : \mathbb{N} \to \mathbb{N}$ eine berechenbare bijektive Funktion. Zeigen Sie, dass eine Konstante $\tilde{c}$ existiert, so dass $K(x) \leq K(f(x)) + \tilde{c}$.

b) Gilt obige Aussage auch, wenn wir bijektiv durch injektiv ersetzen?

c) Gilt obige Aussage auch, wenn wir bijektiv durch surjektiv ersetzen?

5.2 Bedingte Kolmogorov-Komplexität

Nehmen wir an, dass der Dekompressionsalgorithmus $\mathcal{U}$ zusätzlich zur Eingabe p weitere Information über x als Eingabe erhält. Diese Information muss dann nicht „irgendwie" in p enthalten sein, so dass p eventuell kürzer sein kann, als es ohne diese Information möglich wäre. Das heißt, wir interessieren uns für durch

5.2 Bedingte Kolmogorov-Komplexität

zusätzliche Information bedingte Kolmogorov-Komplexität. Zur Untersuchung dieser ist es nützlich, zunächst die Kolmogorov-Komplexität von Paaren von Strings zu definieren und zu analysieren.

Sei $g : \Sigma^+ \times \Sigma^+ \to \Sigma^+$ eine beliebige berechenbare injektive Funktion, die Paare von Strings auf Strings abbildet. Da g injektiv ist, gilt $g(x, y) \neq g(x', y')$, falls $x \neq x'$ oder $y \neq y'$. Eine derartige Funktion heißt *Paarungsfunktion*. Die *Kolmogorov-Komplexität* $K(x, y)$ eines Paares $(x, y) \in \Sigma^+ \times \Sigma^+$ ist definiert durch $K(g(x, y))$.

Wir haben uns bei der Definition der Kolmogorov-Komplexität $K(x, y)$ auf eine beliebige Paarungsfunktion g festgelegt. Nun drängt sich die Frage auf, inwieweit sich $K(x, y)$ ändert, wenn wir anstatt g eine andere Paarungsfunktion h nehmen würden. Diese Frage beantwortet u.a. das folgende Lemma.

Lemma 5.2 *a) Seien g_1 und g_2 zwei beliebige Paarungsfunktionen. Dann existiert eine Konstante c, so dass für alle $(x, y) \in \Sigma^+ \times \Sigma^+$*
$$K(g_1(x, y)) \leq K(g_2(x, y)) + c.$$

b) Es existieren Konstanten c_1 und c_2, so dass für alle $(x, y) \in \Sigma^+ \times \Sigma^+$
$$K(x, y) \geq K(x) - c_1 \text{ und } K(x, y) \geq K(y) - c_2.$$

c) Es existieren Konstanten c_1 und c_2, so dass für alle $(x, y) \in \Sigma^+ \times \Sigma^+$
$$|K(x, y) - K(y, x)| \leq c_1 \text{ und } |K(x, x) - K(x)| \leq c_2.$$

Beweis: Zum Beweis von a) genügt es zu zeigen, dass es einen Algorithmus gibt, der gegeben $g_2(x, y)$ den Funktionswert $g_1(x, y)$ berechnet. Dieser hat endliche Länge und kann dem Programm p mit

$$\mathcal{U}(p) = g_2(x, y) \qquad \text{und} \qquad |p| = K(g_2(x, y)) \tag{5.48}$$

hinzugefügt werden. Folgender Algorithmus leistet dies:

(1) Bis das Paar (x, y) gefunden ist, zähle die Paare $(x', y') \in \Sigma^+ \times \Sigma^+$ auf, berechne $g_2(x', y')$ und vergleiche $g_2(x', y')$ mit $g_2(x, y)$. Da g_2 injektiv ist, gilt

$$(x', y') = (x, y) \Leftrightarrow g_2(x', y') = g_2(x, y). \tag{5.49}$$

(2) Berechne $g_1(x, y)$.

Die Behauptungen b) und c) können ähnlich wie a) bewiesen werden. ∎

Übung 5.6: *Beweisen Sie die Behauptungen b) und c) des Lemmas 5.2.*

Die Definition der Kolmogorov-Komplexität für Paare kann auf Tripel, Quatrupel etc. verallgemeinert werden durch $K(x,y,z) = K(g(x,g(y,z)))$, $K(x,y,z,t) = K(g(x,g(y,g(z,t))))$ etc.

Folgender Satz gibt uns in Abhängigkeit von $K(x)$ und $K(y)$ eine obere Schranke für $K(x,y)$.

Satz 5.6 *Es existiert eine Konstante $\tilde{c}$, so dass für alle Paare $(x,y) \in \Sigma^+ \times \Sigma^+$*
$$K(x,y) \leq K(x) + K(y) + 2\log K(x) + \tilde{c}.$$

Beweis: Sei $\mathcal{U}$ der asymptotisch optimale Dekompressionsalgorithmus, der bei der Definition der Kolmogorov-Komplexitätsfunktion verwendet wird. Seien p bzw. q ein kürzestes Programm für x bzw. y. D.h.,

$$\mathcal{U}(p) = x \text{ und } |p| = K(x) \quad \text{und} \quad \mathcal{U}(q) = y \text{ und } |q| = K(y). \tag{5.50}$$

Unser Ziel ist nun die Konstruktion eines Strings z mit

$$|z| = K(x) + K(y) + 2\log K(x) + 2, \tag{5.51}$$

z enthält p und auch q als Teilstring und sowohl p als auch q können aus z eindeutig extrahiert werden.

Hat man p und q, dann können $\mathcal{U}(p)$ und $\mathcal{U}(q)$ berechnet werden. Unter Verwendung eines Algorithmus zur Berechnung der Paarungsfunktion g berechnen wir dann $g(x,y)$. Wir müssen somit nur noch obiges Ziel erreichen. Betrachten wir hierzu

$$z := \overline{\text{bin}(|p|)}01pq, \tag{5.52}$$

wobei wir $\overline{\text{bin}(|p|)}$ aus der Binärdarstellung $\text{bin}(|p|)$ der Länge von p mittels Verdopplung der einzelnen Bits erhalten. Zum Beispiel gilt

$$\overline{1001011} = 11000011001111.$$

Es gilt dann

$$|z| = K(x) + K(y) + 2\log K(x) + 2. \tag{5.53}$$

Wir betrachten nun z von links nach rechts und ermitteln die erste Eins mit der Eigenschaft, dass unmittelbar links von der Eins ein Nullblock mit einer ungeraden Anzahl von Nullen steht. Dies ist die Eins, die unmittelbar vor p steht. Also kennen wir den Anfang von p in z. Da wir auch die Länge von p kennen, können wir auch das Ende von p in z berechnen. Unmittelbar auf das letzte Symbol von p folgt das erste Symbol von q. Also kennen wir auch den Anfang von q in z. Insgesamt haben wir gezeigt, dass wir aus z eindeutig p und q extrahieren können, womit der Satz bewiesen ist.

5.2 Bedingte Kolmogorov-Komplexität

Da die Rollen von x und y vertauscht werden können, kann im obigen Satz $\log K(x)$ durch $\log K(y)$ ersetzt werden. Wir werden nun bedingte Kolmogorov-Komplexität formal definieren.

Seien $D : \Sigma^+ \times \Sigma^+ \to \Sigma^+$ eine berechenbare Funktion und $\mathcal{D}$ ein Algorithmus, der D berechnet. Die *bedingte algorithmische Komplexität* $K_\mathcal{D}(x|y)$ von x, wenn y bekannt ist, bezüglich $\mathcal{D}$ ist definiert durch

$$K_\mathcal{D}(x|y) := \min\{|p| \mid \mathcal{D}(p, y) = x\}, \tag{5.54}$$

falls p mit $\mathcal{D}(p, y) = x$ existiert. Andernfalls vereinbaren wir $K_\mathcal{D}(x|y) := \infty$. Die Funktion D heißt *bedingte Dekompressionsfunktion*. Jeder universelle Algorithmus kann auch einen Algorithmus, der die Funktion D berechnet, simulieren, wenn er ein entsprechendes Simulationsprogramm als Eingabe erhält. Analog zur nichtbedingten algorithmischen Komplexität gibt es auch hier ein *Invarianztheorem*:

Satz 5.7 *Seien $\mathcal{U}$ ein universeller Algorithmus und $(x, y) \in \Sigma^+ \times \Sigma^+$. Dann gilt für jeden anderen Algorithmus $\mathcal{A}$*

$$K_\mathcal{U}(x|y) \leq K_\mathcal{A}(x|y) + c_\mathcal{A},$$

wobei $c_\mathcal{A}$ eine Konstante ist, die von $\mathcal{U}$ und $\mathcal{A}$, nicht jedoch von x oder y abhängt.

Übung 5.7: Beweisen Sie Satz 5.7.

Die bedingte algorithmische Komplexität $K_\mathcal{U}(x|y)$ bzgl. eines universellen Algorithmus $\mathcal{U}$ heißt *bedingte Kolmogorov-Komplexität* von x, wenn y bekannt ist.

Wir werden nun bedingte und nichtbedingte Kolmogorov-Komplexität zueinander in Beziehung setzen. Folgender Satz besagt, dass bei festen y die bedingte Kolmogorov-Komplexität höchstens um einen konstanten Faktor kleiner sein kann, als die nichtbedingte.

Satz 5.8 a) *Es existiert eine Konstante c, so dass für alle $(x, y) \in \Sigma^+ \times \Sigma^+$ gilt*
$K(x|y) \leq K(x) + c.$

b) *Für jedes festes $y \in \Sigma^+$ existiert eine Konstante c_y, so dass für alle $x \in \Sigma^+$*
$|K(x) - K(x|y)| \leq c_y.$

Beweis: Die Behauptung a) folgt direkt aus der Beobachtung, dass jeder nichtbedingte Dekompressionsalgorithmus als bedingter, der y ignoriert, angesehen werden kann.

Zum Beweis der Behauptung b) sei $\mathcal{U}$ ein universeller bedingter Dekompressionsalgorithmus. Für beliebiges festes y definieren wir den nichtbedingten Dekompressionsalgorithmus $\mathcal{U}_y$ durch

$$\mathcal{U}_y(p) := \mathcal{U}(p, y). \tag{5.55}$$

Dann gilt für alle $x \in \Sigma^+$

$$K_{\mathcal{U}_y}(x) = K_{\mathcal{U}}(x|y). \tag{5.56}$$

Aus Satz 5.1 folgt

$$K(x) \leq K_{\mathcal{U}_y}(x) + c', \tag{5.57}$$

wobei c' eine Konstante ist. Sei c die Konstante aus Teil a) des Satzes. Für $c_y := \max\{c, c'\}$ folgt dann die Behauptung.

∎

Folgender Satz bringt bedingte Kolmogorov-Komplexität und Kolmogorov-Komplexität von Paaren zueinander in Beziehung:

Satz 5.9 *Es gibt Konstanten c_1 und c_2, so dass für alle $(x,y) \in \Sigma^+ \times \Sigma^+$*

$$K(x|y) + K(y) - (\log K(x) + \log K(y) + \log \log K(x) + c_1)$$
$$\leq K(x,y)$$
$$\leq K(x|y) + K(y) + (\log K(x) + \log K(y) + c_2).$$

Beweis: Zunächst beweisen wir die erste Ungleichung der Behauptung. Betrachten wir hierzu die Menge A aller Paare, deren Kolmogorov-Komplexität maximal $K(x,y)$ ist. D.h.,

$$A := \{(v,w) \in \Sigma^+ \times \Sigma^+ \mid K(v,w) \leq K(x,y)\}. \tag{5.58}$$

Da $K(x,y)$ endlich ist, ist A eine endliche Menge von Paaren von Strings. Für jedes $z \in \Sigma^+$ Bezeichne A_z die erste Komponente derjenigen Paare in A, deren zweite Komponente z ist. D.h.,

$$A_z := \{u \mid (u,z) \in A\}. \tag{5.59}$$

Da A eine endliche Menge ist, gibt es nur endlich viele $z \in \Sigma^+$ mit $A_z \neq \emptyset$.

Wir werden die oben definierten Mengen für die Konstruktion eines Algorithmus $\mathcal{B}$ verwenden. Für den Algorithmus $\mathcal{B}$ können wir zeigen, dass die Summe der algorithmischen Komplexität von y und der durch y bedingten algorithmischen Komplexität von x hinreichend klein ist, woraus dann die erste Ungleichung folgt.

Zunächst erläutern wir, wie der Algorithmus $\mathcal{B}$ den String x berechnet, wenn y bekannt ist. Seien hierzu

$$p := K(x,y) \quad \text{und} \quad q := \lceil \log |A_y| \rceil. \tag{5.60}$$

Da K von oben rekursiv aufzählbar ist, können, falls p bekannt ist, die Paare $(v,w) \in A$, ähnlich wie im Beweis von Satz 5.4 beschrieben, aufgezählt werden. Mit Eins beginnend nummerieren wir während der Aufzählung die Paare mit zweiter

5.2 Bedingte Kolmogorov-Komplexität

Komponente y. Bezeichne num(x, y) die Nummer des Paares (x, y). Der Algorithmus $\mathcal{B}$ enthält diesen Aufzählungsalgorithmus als Subroutine. Bei Kenntnis von y genügen $\mathcal{B}$ zur Berechnung von x die Eingaben p und num(x, y). Zur Spezifikation von p und von num(x, y) genügen $\lceil \log p \rceil + q$ Bits. Also gilt

$$K_{\mathcal{B}}(x|y) \leq q + \lceil \log p \rceil. \tag{5.61}$$

Das Invarianztheorem impliziert dann

$$K(x|y) \leq q + \log p + \bar{c} \tag{5.62}$$

für eine Konstante $\bar{c}$. Nun werden wir beschreiben, wie der Algorithmus $\mathcal{B}$ den String y berechnet. Gemäß den Definitionen von A, A_y, p und q gilt

$$|A| \leq 2^{p+1} \quad \text{und} \quad |A_y| \geq 2^{q-1}. \tag{5.63}$$

Höchstens $\frac{2^{p+1}}{2^{q-1}} = 2^{p-q+2}$ viele $z \in \Sigma^+$ können existieren, so dass $|A_z| \geq 2^{q-1}$. Der Algorithmus $\mathcal{B}$ verwendet den Aufzählungsalgorithmus für A um die Menge dieser z aufzuzählen und zu indizieren. Hierzu zählt $\mathcal{B}$ für jedes z mit $A_z \neq \emptyset$ mit, wieviele Elemente von A_z bereits aufgezählt sind. Sobald für ein z diese Anzahl 2^{q-1} erreicht, erhält z den nächsten Index.

Somit genügen zur Berechnung von y als Eingabe der Index von y in obiger Aufzählung. Da dieser maximal 2^{p-q+2} sein kann, genügen zur Spezifikation dieses Index $p - q + 2$ Bits. Also gilt

$$K_{\mathcal{B}}(y) \leq p - q + 2. \tag{5.64}$$

Das Invarianztheorem impliziert dann

$$K(y) \leq p - q + \hat{c} \tag{5.65}$$

für eine Konstante $\hat{c}$. Insgesamt haben wir somit gezeigt

$$K(x|y) + K(y) \leq q + \log p + \bar{c} + p - q + \hat{c}. \tag{5.66}$$

Dies äquivalent zu

$$K(x|y) + K(y) - (\log p + \bar{c} + \hat{c}) \leq p. \tag{5.67}$$

Sei $c_1 := \bar{c} + \hat{c} + \log \tilde{c} + 2$, wobei $\tilde{c}$ die Konstante aus Satz 5.6 ist. Wegen $p = K(x, y)$ folgt nun direkt aus Satz 5.6

$$K(x|y) + K(y) - (\log K(x) + \log K(y) + c_1) \leq K(x, y), \tag{5.68}$$

womit die erste Ungleichung bewiesen ist.
Die zweite Ungleichung beweist man ähnlich wie Satz 5.6. ∎

Übung 5.8: *Beweisen Sie die zweite Ungleichung der Behauptung des Satzes 5.9.*

Wir werden nun bedingte Kolmogorov-Komplexität anwenden. Als erstes werden wir die Nichtkomprimierbarkeit von Strings definieren und dann mit Hilfe dieser einige Eigenschaften von Strings beweisen.

5.3 Nichtkomprimierbare Strings

Ein String x der Länge n heißt *nichtkomprimierbar*, falls $K(x|n) \geq n$. Sei c eine Konstante. x heißt *c-nichtkomprimierbar*, falls $K(x|n) \geq n - c$. Mit Hilfe eines einfachen Abzählargumentes können wir die Existenz von nichtkomprimierbaren Strings zeigen. Mehr noch, es kann eine untere Schranke für die Anzahl der c-nichtkomprimierbaren Strings bewiesen werden.

Satz 5.10 *Für alle $n \in \mathbb{N}$ und alle Konstanten c ist unter allen Strings der Länge n der Anteil der c-nichtkomprimierbaren Strings größer als $1 - 2^{-c}$.*

Beweis: Für alle $i \in \mathbb{N}$ ist die Anzahl der Binärstrings der Länge i exakt 2^i. Also gilt für die Anzahl $A^{<n-c}$ der Binärstrings der Länge $< n - c$

$$A^{<n-c} = \sum_{i=1}^{n-c-1} 2^i < 2^{n-c}. \tag{5.69}$$

Da $A^{<n-c}$ sicher eine obere Schranke für die Anzahl der Strings x der Länge n mit $K(x|n) < n - c$ ist, ist der Anteil der c-nichtkomprimierbaren Strings

$$> 1 - \frac{2^{n-c}}{2^n} = 1 - 2^{-c}, \tag{5.70}$$

womit der Satz bewiesen ist.

■

Eine unendliche Folge $x := x_1 x_2 x_3 \ldots$ von Nullen und Einsen heißt genau dann *berechenbar*, wenn es eine Turingmaschine M gibt, die x ausgibt. D.h., für jedes $n \in \mathbb{N}$ existiert ein $T(n) \in \mathbb{N}$, so dass die Ausgabe von M nach $T(n)$ Schritten gerade $x_1 x_2 \ldots x_n$ ist. Folgender Satz gibt einen Zusammenhang zwischen der Berechenbarkeit einer unendlichen Folge x von Nullen und Einsen und der bedingten Komplexität der Präfixe $x_1 x_2 \ldots x_n$ von x, wenn die Länge n des Präfixes jeweils bekannt ist.

Satz 5.11 *Eine unendliche Folge $x := x_1 x_2 x_3 \ldots$ von Nullen und Einsen ist genau dann berechenbar, wenn eine Konstante c_x mit $K(x_1 x_2 \ldots x_n | n) \leq c_x$ für alle $n \in \mathbb{N}$ existiert.*

5.3 Nichtkomprimierbare Strings

Beweis:

„$\Rightarrow$"

Da x berechenbar ist, gibt es eine Turingmaschine M, die x ausgibt. Diese hat eine Beschreibung b_M endlicher Länge c_M. Sei $\mathcal{U}$ eine universelle Turingmaschine, die wir bei der Definition der Kolmogorov-Komplexitätsfunktion verwenden. $\mathcal{U}$ erhält als Eingabe:

1. die Bescheibung b_M, die Länge n des Präfixes von x und
2. ein Simulationsprogramm, das M unter Verwendung von b_M simuliert, die Länge der bisherigen Ausgabe sich merkt und $x_1 x_2 \ldots x_n$ ausgibt, sobald M das n-te Symbol x_n ausgegeben hat. Danach hält das Simulationsprogramm an.

Das Simulationsprogramm hat endliche Länge c_S. Also gilt mit $c_x := c_M + c_S$ für alle $n \in \mathbb{N}$

$$K(x_1 x_2 \ldots x_n | n) \leq c_x. \tag{5.71}$$

„$\Leftarrow$"

Nehmen wir an, dass eine Konstante c_x existiert, so dass für alle $n \in \mathbb{N}$

$$K(x_1 x_2 \ldots x_n | n) \leq c_x. \tag{5.72}$$

Zu zeigen ist, dass es eine Turingmaschine M gibt, die x ausgibt. Wegen der Church'schen These genügt es zu zeigen, dass ein Algorithmus $\mathcal{A}_x$ existiert, der x ausgibt. Solchen werden wir nun konstruieren.

Ein String z der Länge n heißt *einfach*, falls $K(z|n) \leq c_x$. Da die Anzahl der Binärstrings der Länge $\leq c_x$ kleiner als 2^{c_x+1} ist, ist die Anzahl der einfachen Strings der Länge n auch kleiner als 2^{c_x+1}. Aus unserer Annahme folgt, dass jeder Präfix des unendlichen Strings x einfach ist. Ein String y heißt *gut*, falls jeder Präfix von y einfach ist. Falls y endliche Länge hat, dann impliziert obige Definition, dass y selbst einfach ist. Jeder Präfix eines guten Strings ist selbst gut.

Da für jedes $n \in \mathbb{N}$ die Anzahl der einfachen Strings kleiner als 2^{c_x+1} ist, ist auch die Anzahl der guten Strings der Länge n für jedes $n \in \mathbb{N}$ kleiner als 2^{c_x+1}. Da jeder Präfix eines unendlichen guten Strings selbst ein guter String ist, folgt hieraus, dass die Anzahl der unendlichen guten Strings kleiner als 2^{c_x+1} ist.

Indem wir für alle $n \in \mathbb{N}$ alle kurze Beschreibungen parallel verschränkt testen, können wir die Menge der einfachen Strings rekursiv aufzählen. Den Aufzählungsalgorithmus für die einfachen Strings können wir für die Konstruktion eines Aufzählungsalgorithmus für die Menge der guten Strings verwenden.

Übung 5.9: *Konstruieren Sie Aufzählungsalgorithmen für die Menge der einfachen Strings und für die Menge der guten Strings.*

Wir können die Menge aller unendlichen binären Strings als unendlichen Trie T interpretieren. Diesen illustriert die Abbildung 5.1. Sei T' derjenige Teilbaum von T, der exakt alle gute Strings enthält.

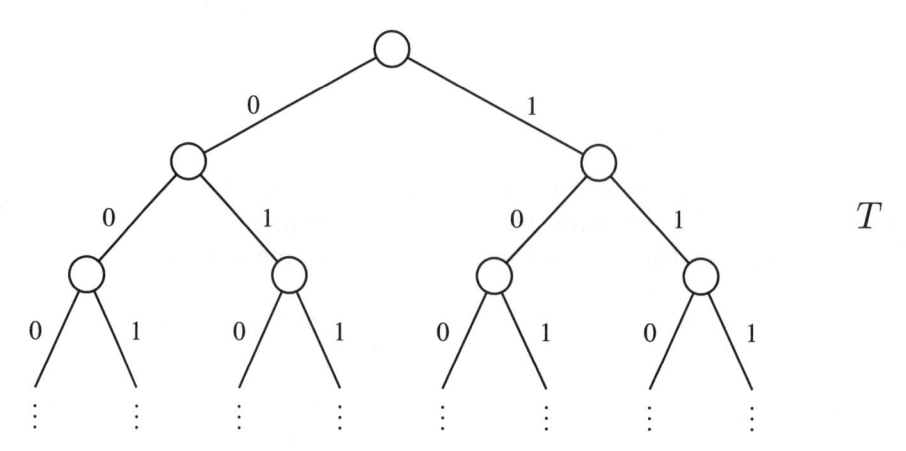

Abbildung 5.1: Repräsentation aller unendlichen binären Strings durch einen Trie T.

Wir können für ein gegebenes m und einen gegebenen String y nicht entscheiden, ob die Kolmogorov-Komplexität von y kleiner gleich m ist oder nicht. Wäre dies stets möglich, dann wäre die Kolmogorov-Komplexitätsfunktion berechenbar. Hieraus folgt, dass T' nicht berechenbar ist.

> **Übung 5.10:** *Nehmen wir an, wir könnten stets für gegebenes m und gegebenen String y entscheiden, ob $K(y) \leq m$ oder nicht. Zeigen Sie, dass dann die Kolmogorov-Komplexitätsfunktion K berechenbar ist.*

Zwar kann T' nicht berechnet werden, jedoch können wir einen Teilbaum T'' von T' berechnen, der nach wie vor alle unendlichen Zweige von T' enthält. Die Idee ist, einen Algorithmus zur Berechnung von T'' zu entwickeln und dann diesen derart zu erweitern, dass x ausgegeben wird.

Für die Durchführung dieser Idee bezeichne $g(n)$, $n \in \mathbb{N}$ die Anzahl der guten Strings der Länge n. Betrachten wir

$$g := \limsup_{n \to \infty} g(n). \tag{5.73}$$

Da die Folge $g(n)$ beschränkt ist, existiert g. Da g ein Häufungspunkt ist, finden wir in jeder ε-Umgebung von g unendlich viele Folgeglieder. Für $\varepsilon = \frac{1}{2}$ folgt somit, dass es unendlich viele n mit $g(n) = g$ gibt. Da g größter Häufungspunkt der Folge $g(n)$ ist, gibt es nur endlich viele n mit $g(n) > g$. Andernfalls gäbe es einen Häufungspunkt, der größer als g ist. Also existiert ein $n_0 \in \mathbb{N}$ mit $g(n) \leq g$ für alle $n \geq n_0$. Ein Level

5.3 Nichtkomprimierbare Strings

$n \geq n_0$ in T heißt *vollständig*, falls $g(n) = g$. Da es unendlich viele n mit $g(n) = g$ gibt, gibt es auch unendlich viele vollständige Levels.

Unser Ziel ist die Konstruktion eines Algorithmus $\mathcal{A}$, der n_0 und g als Eingabe erhält und T'' berechnet.

$\mathcal{A}$ zählt alle guten Strings auf bis das erste vollständige Level $n \geq n_0$ berechnet ist. Dann werden alle Pfade von der Wurzel zu einem der g berechneten Knoten auf Level n zu T'' hinzugefügt. Die Berechnung der Knoten auf Level n setzt die Berechnung dieser Pfade voraus. Alle noch laufenden Berechnungen bezüglich Konten auf Levels $< n$ können abgebrochen werden, da diese nur zu guten Strings der Länge $< n$ führen oder sowieso nicht terminieren. Ansonsten wäre $g(n) > g$, was wegen $n \geq n_0$ nicht sein kann. Daher bricht der Algorithmus $\mathcal{A}$ alle laufenden Berechnungen des Aufzählungsalgorithmus ab. Der bisher konstruierte Teilbaum von T'' korrespondiert zu g guten Strings $y_1, y_2, \ldots, y_g$ der Länge n.

Der Algorithmus $\mathcal{A}$ startet nun mit dem zuletzt konstruierten vollständigen Level n und den korrespondierenden guten Strings $y_1, y_2, \ldots, y_g$ der Länge n und zählt, bis das nächste vollständige Level $> n$ berechnet ist, alle guten Strings, deren Präfixe aus $\{y_1, y_2, \ldots, y_g\}$ sind, auf. Alle Pfade von einem Knoten auf Level n zu einem Knoten auf dem neuen vollständigen Level werden hinzugefügt. Alle laufenden Berechnungen des Aufzählungsalgorithmus werden abgebrochen. u.s.w

Da der Algorithmus $\mathcal{A}$ aus T' nur Pfade entfernt, die zu guten Strings endlicher Länge korrespondieren, enthält T'' alle unendliche guten Strings.

Als nächstes werden wir den Algorithmus $\mathcal{A}$ derart zu einen Algorithmus $\mathcal{A}_x$ erweitern, dass x ausgegeben wird. Sei $h \leq g$ die Anzahl der unendlichen guten Strings. Zwei unterschiedliche unendliche gute Strings starten gemeinsam in der Wurzel von T'', haben einen Teilpfad, der zumindest die Wurzel enthält gemeinsam, trennen sich in einem Knoten und treffen danach niemals wieder aufeinander. Also existiert ein erstes Level n_1, auf dem alle h unendliche gute Strings unterschiedliche Knoten durchlaufen. Sei q das erste vollständige Level mit

$$q \geq \max\{n_0, n_1\}. \tag{5.74}$$

Der Algorithmus $\mathcal{A}_x$ erhält das Präfix $x_1 x_2 \ldots x_q$ von x, n_0 und g als Eingabe. Er berechnet sukzessive den unendlichen String x indem er sukzessive den zu $x_1 x_2 x_2 \ldots$ korrespondierenden unendlichen Zweig in T'' konstruiert. Dabei liegt der letzte Knoten v_N des bisher berechneten Teils des Zweiges stets in einem vollständigen Level. N bezeichnet immer den Index dieses Levels. Der Index des zuletzt berechneten vollständigen Levels wird mit n bezeichnet. Der Algorithmus $\mathcal{A}_x$ berechnet seine Ausgabe x wie folgt:

(1) Berechne T'' bis Level q und gib $x_1 x_2 \ldots x_q$ aus. Sei v_q derjenige Knoten auf Level q der zum String $x_1 x_2 \ldots x_q$ korrespondiert;
 $N := q$;

Berechne T'' bis zum nächsten vollständigen Level n.

(2) Falls auf einem der vollständigen Level p mit $N < p \leq n$ nur ein Knoten v_p, der vom aktuellen Endknoten v_N des zu x korrespondierenden Pfades aus erreichbar ist, existiert, dann gib die Beschriftung des Pfades von v_N nach v_p aus;
$N := p$.

(3) Berechne das nächste vollständige Level;
Streiche alle Knoten aus T'', die nur zu Knoten, die zu abgebrochenen Berechnungen korrespondieren, führen;
Bestimme mittels Tiefensuche alle Knoten auf dem neu berechneten Level, die von v_N aus erreichbar sind;
Gehe zu (2).

Obwohl es vorher nicht der Fall war, kann nach der Durchführung von Schritt (4) aufgrund darin erfolgten Streichungen bereits konstruierter Knoten ein Level p mit $N < p < n$ existieren, der nur einen vom aktuellen Endknoten v_N erreichbaren Knoten v_p enthält.

Es ist leicht zu zeigen, das der Algorithmus $\mathcal{A}_x$ den unendlichen String berechnet, so dass dann der Satz bewiesen ist. ∎

Übung 5.11: *Arbeiten Sie den Algorithmus $\mathcal{A}_x$ aus und beweisen Sie die Korrektheit von $\mathcal{A}_x$.*

Obiger Satz besagt, dass alle berechenbare unendliche Folgen von Nullen und Einsen komprimierbar sind. Andererseits haben wir bereits bewiesen, dass für jedes n nichtkomprimierbare Folgen der Länge n existieren. Als nächstes untersuchen wir die Frage, ob es eine unendliche Folge $x = x_1 x_2 x_3 \ldots$ und eine Konstante c gibt, so dass jeder endliche Präfix von x c-nichtkomprimierbar ist. Folgender Satz zeigt, dass dies nicht der Fall ist.

Satz 5.12 *Es existiert eine Konstante c, so dass für jede unendliche Folge $x = x_1 x_2 x_3 \ldots \in \Omega$ für unendlich viele n*

$$K(x_1 x_2 \ldots x_n) \leq n - \log n + c$$

erfüllt ist.

Beweis: Die Idee der Konstruktion basiert darauf, dass die harmonische Reihe $\sum_{k=1}^{\infty} \frac{1}{k}$ divergiert. Die Idee ist, eine unendliche Folge $A_1, A_2, A_3, \ldots$ von Mengen zu konstruieren, die folgende Eigenschaften besitzt:

1. Jedes A_i, $i \in \mathbb{N}$ besteht aus Strings der Länge i.

5.3 Nichtkomprimierbare Strings

2. $|A_i| \leq \frac{2^i}{i}$ für alle $i \in \mathbb{N}$.

3. Für jede unendliche Folge $x = x_1 x_2 x_3 \ldots \in \Omega$ existieren unendlich viele i, so dass $x_1 x_2 \ldots x_i \in A_i$.

Die Folge $A_1, A_2, A_3, \ldots$ kann von links nach rechts derart in Blöcke $A_l, \ldots, A_{l+k}$ unterteilt werden, so dass jeder dieser Blöcke ganz Ω überdeckt. D.h.,

$$\Omega = \cup_{i=l}^{l+k} \cup_{x_j \in A_i} \Omega_{x_j}. \tag{5.75}$$

Zur Konstruktion eines solchen Blockes nehmen wir an, dass die Konstruktion des vorangegangenen Blockes mit A_{l-1} beendet wird, so dass wir die Konstruktion des aktuellen Blockes mit A_l starten. Wir betrachten die Strings aus $\{0, 1\}^l$ in ihrer lexikographischen Ordnung und wählen die ersten $\frac{2^l}{l}$ Strings in dieser Ordnung als Elemente von A_l. Der Effekt ist, dass A_l exakt einen Anteil von $\frac{1}{l}$ von Ω überdeckt. Für die darauffolgenden Mengen A_{l+j} müssen wir darauf achten, dass wir keine Strings für A_{l+j} auswählen, die bereits überdeckt sind. D.h., wir starten in der lexikographischen Ordnung von $\{0, 1\}^{l+j}$ mit dem ersten String, für den kein Präfix bereits in $\cup_{i=l}^{l+j-1} A_i$ ist. Wir wählen die nächsten $\frac{2^{l+j}}{l+j}$ als Elemente aus. Falls $\frac{2^{l+j}}{l+j}$ viele Elemente gewählt werden konnten, dann überdeckt A_{l+j} einen Anteil von $\frac{1}{l+j}$ von Ω. Die Konstruktion eines Blockes $A_l, A_{l+1}, \ldots, A_{l+k}$ terminiert, sobald die Anzahl der Elemente in $\{0, 1\}^{l+k}$, für die kein Präfix bereits in $\cup_{i=l}^{l+k-1} A_i$ hinzugenommen wurde, höchstens $\frac{2^{l+k}}{l+k}$ ist. Dies bedeutet, dass wir k exakt spezifizieren können. Es gilt nämlich

$$k = \min\{j \in \mathbb{N} \mid \sum_{i=l}^{l+k} \frac{1}{i} \geq 1\}. \tag{5.76}$$

Da die harmonische Reihe divergiert, konstruieren wir auf diese Art und Weise unendlich viele Blöcke. Würden wir nur endlich viele Blöcke konstruieren, dann wäre die harmonische Reihe beschränkt. Da die zur harmonischen Reihe korrespondierende Folge $H_n := \sum_{k=1}^{n}$ streng monoton wachsend ist, würde die harmonische Reihe konvergieren, was ja nicht der Fall ist.

Wenn wir die Strings in $A_1, A_2, A_3, \ldots$ mit Eins beginnend in der Reihenfolge, in der sie zur Folge dazugenommen werden, nummerieren, dann genügt die Nummer eines Strings, um diesen zu rekonstruieren. Gegeben die Nummer $\text{num}(x)$ eines Strings $x \in \cup_i A_i$ brauchen wir nur obiges Konstruktionsverfahren durchzuführen und dabei mitzuzählen, bis der String mit der Nummer $\text{num}(x)$ zur Folge hinzugefügt wird. Dies ist dann der gesuchte String x. Es genügt nun zu zeigen, dass eine Konstante d existiert, so dass für alle $i \in \mathbb{N}$

$$\sum_{j=1}^{i} |A_j| \leq \sum_{j=1}^{i} \frac{2^j}{j} \leq d \frac{2^i}{i}. \tag{5.77}$$

Da in obiger Summe jeder Summand in etwa zweimal so groß ist wie sein Vorgänger und wir wissen, dass $\sum_{j=0}^{\infty} \frac{1}{2^j} = 2$, haben wir die Intuition, dass dies wohl stimmen muss. Um uns davon zu überzeugen, dass unsere Intuition auch richtig ist, klammern wir in obiger Summe $\frac{2^i}{i}$ aus. Wir erhalten dann

$$\sum_{j=1}^{i} \frac{2^j}{j} = \frac{2^i}{i}(1 + \frac{i}{2^1(i-1)} + \frac{i}{2^2(i-2)} + \frac{i}{2^3(i-3)} + \cdots + \frac{i}{2^{i-1}1}). \quad (5.78)$$

Da in

$$\frac{i}{2^1(i-1)} + \frac{i}{2^2(i-2)} + \frac{i}{2^3(i-3)} + \cdots + \frac{i}{2^{i-1}1} \quad (5.79)$$

die erste Hälfte der Summe offensichtlich größer als die zweite ist, gilt

$$\sum_{j=1}^{i} \frac{2^j}{j} \leq \frac{2^i}{i}(1 + 2(\frac{i}{2^1(i-1)} + \frac{i}{2^2(i-2)} + \frac{i}{2^3(i-3)} + \cdots + \frac{i}{2^{\frac{i}{2}}\frac{i}{2}})). \quad (5.80)$$

Wegen $2 \geq \frac{i}{i-r}$ für $r \leq \frac{i}{2}$ erhalten somit

$$\sum_{j=1}^{i} \frac{2^j}{j} \leq 5\frac{2^i}{i}, \quad (5.81)$$

womit der Satz bewiesen ist. ∎

5.4 Ergänzende Übungsaufgaben

Übung 5.12: *Ist es wahr, dass sich $K(x)$ höchstens um eine additive Konstante ändert, falls wir*
a) *das erste Bit in x*
b) *das letzte Bit in x*
a) *ein beliebiges Bit in x*
ändern? Begründen Sie Ihre Antwort.

Übung 5.13: *Sei $\mathcal{A}_1, \mathcal{A}_2, \mathcal{A}_3, \ldots$ eine aufzählbare Folge von Dekompressionsalgorithmen. Beweisen Sie, dass eine Konstante c, die nicht von x oder i abhängt, existiert, so dass $K(x) \leq K_{\mathcal{A}_i}(x) + 2\log i + c$ für alle x und i.*

Übung 5.14: *Existiert eine Konstante c, so dass für alle $x, y \in \{0,1\}^+$ gilt: $K(xy) \leq K(x) + K(y) + c$? Begründen Sie Ihre Antwort.*

Übung 5.15: *Zeigen Sie, dass eine Konstante c existiert, so dass für alle $x \in \{0,1\}^+$ gilt: $K(x\,\mathrm{bin}(K(x))) \leq K(x) + c$.*

Übung 5.16:

a) Sei g eine Paarungsfunktion. Definiere $K(x,y,z) := K(g(g(x,y),g(x,z)))$. Ist diese Definition bis auf eine additive Konstante äquivalent zu unserer früheren Definition? Begründen Sie Ihre Antwort.

b) Sei f eine berechenbare Funktion von zwei Argumenten. Zeigen Sie, dass

$$K(f(x,y)|y) \leq K(x|y) + c,$$

wobei c eine Konstante ist, die von f, nicht aber von x oder y, abhängt.

Übung 5.17: Sei $f : \{0,1\}^+ \times \{0,1\}^+ \to \{0,1\}^+$ eine berechenbare Funktion. Zeigen Sie, dass eine Konstante c, die von f, aber nicht von x oder y abhängt existiert, so dass $K(f(x,y)|y) \leq K(x|y) + c$.

Übung 5.18: Existiert für jede berechenbare Funktion f eine Konstante c, so dass $K(x|y) \leq K(x|f(y)) + c$ für alle x und y? Begründen Sie Ihre Antwort.

5.5 Literaturhinweise

Die algorithmische Informationstheorie wurde in den sechziger Jahren unabhängig voneinander mit unterschiedlicher Motivation von SOLOMONOFF [Sol64], KOLMOGOROV [Kol65] und CHAITIN [Cha66] begründet. Sie hat die Gebiete Wahrscheinlichkeits-, Informations-, Rekursions- und Komplexitätstheorie zusammengeführt. Das kompakt geschriebene Skript von SHEN [She00] hat mir bei der Erstellung des Kapitels als Leitfaden gedient. Bücher über algorithmische Informationstheorie haben LI und VITÁNYI [LV97] und CALUDE [Cal02] geschrieben.

Die Kolmogorov-Komplexität von Strings fand ihre Anwendung bei der Bearbeitung und Lösung von vielen verschiedenartig gelagerten Problemen. Zentral unter diesen ist die Definition von Zufallsfolgen, die induktive Inferenz und der Beweis von unteren Schranken. Die beiden ersteren werden wir in den nachfolgenden Kapiteln behandeln. Zum Beweis von unteren Schranken findet in erster Linie die Nichtkomprimierbarkeit von Strings ihre Anwendung. Diesbezüglich wird auf [LV97] verwiesen.

6 Binäre Zufallsfolgen

Betrachten wir folgendes Experiment: Mittels Münzwurf möchten wir eine Folge von Nullen und Einsen generieren. Dabei interpretieren wir „Kopf" als „Null" und „Zahl" als „Eins". Nehmen wir an, dass die Münze fair ist und auch fair geworfen wird. Die Wahrscheinlichkeitstheorie sagt uns, dass nach hundert Münzwürfen jede der 2^{100} möglichen Bitfolgen mit derselben Wahrscheinlichkeit, nämlich 2^{-100} auftritt. Würden wir die Bitfolge $000\ldots 0$ als zufällige Bitfolge akzeptieren? Sicherlich nicht, da wir erwarten würden, dass die Folge in etwa gleich viele Einsen und Nullen enthält. Die Folge $101010\ldots 10$ enthält gleich viele Einsen und Nullen. Würden wir diese Folge als zufällige Bitfolge akzeptieren? Sicherlich auch nicht, da diese Folge äußerst regelmäßig ist. Aufgrund der Regelmäßigkeit lassen beide Folgen Beschreibungen zu, die wesentlich kürzer als die Bitfolge selbst sind. Daher akzeptieren wir auch beide Folgen nicht als zufällige Bitfolge. Je schwieriger eine Bitfolge zu beschreiben ist, umso eher akzeptierten wir diese als zufällige Folge. Auch würden wir von einer Zufallsfolge erwarten, dass diese jeder „sinnvollen" Majorität angehört. Dies ist eine äußerst informelle Charakterisierung einer zufälligen Folge von Nullen und Einsen. Wünschenswert wäre eine formale Charakterisierung. Hierzu werden wir zunächst unendliche Folgen von Nullen und Einsen betrachten und dann den endlichen Fall diskutieren.

6.1 Unendliche Zufallsfolgen

Zunächst legen wir einige notwendige Grundlagen aus der Wahrscheinlichkeits- und Maßtheorie. Betrachten wir das Zufallsexperiment "Wurf eines Würfels". Das *Ergebnis* dieses Zufallsexperimentes ist eine Zahl aus $\Omega := \{1, 2, 3, 4, 5, 6\}$. Ω heißt *Ergebnisraum* des Zufallsexperimentes. Ein Ereignis kann zum Beispiel „Werfen einer Sechs" „Werfen einer Primzahl" oder „Werfen einer Zahl größer als Zwei" sein. Jedes dieser Ereignisse läßt sich als eine Teilmenge des Ergebnisraumes Ω beschreiben, nämlich $\{6\}$, $\{2, 3, 5\}$ bzw. $\{3, 4, 5, 6\}$. Jede der Teilmengen von Ω, insbesondere auch $\emptyset$ oder Ω, kann als Ereignis aufgefasst werden. Dabei sind $\emptyset$ das *unmögliche Ereignis* und Ω das *sichere Ereignis*. Somit ist die *Menge aller Ereignisse bzgl.* Ω die Potenzmenge 2^Ω von Ω. Betrachten wir ein Ereignis $A \in 2^\Omega$. Je umfangreicher A ist, desto wahrscheinlicher tritt das Ereignis A ein. Die Potenzmenge 2^Ω bildet mit den Operationen Durchschnitt, Vereinigung und Komplementbildung einen Booleschen

6.1 Unendliche Zufallsfolgen

Verband. Häufig genügt es, anstatt ganz 2^Ω Mengensysteme $F \subseteq 2^\Omega$, die geeignete Eigenschaften besitzen, zu betrachten. Ein Mengensystem $F \subseteq 2^\Omega$ heißt *Ereignisalgebra über Ω*, falls F folgende Eigenschaften besitzt:

(E1) $\emptyset \in F$ und $\Omega \in F$.

(E2) Für alle höchstens abzählbare Indexmengen I gilt
$$A_i \in F \; \forall i \in I \Rightarrow \cup_{i \in I} A_i \in F \text{ und } \cap_{i \in I} A_i \in F.$$

(E3) $A, B \in F \Rightarrow A \setminus B \in F$.

Jede Ereignisalgebra ist ein Boolescher Verband.

Übung 6.1: *Zeigen Sie, dass eine Ereignisalgebra ein Boolescher Verband ist.*

Sei F eine Ereignisalgebra. Eine Funktion $P : F \to \mathbb{R}_0^+$ heißt *Wahrscheinlichkeitsmaß* auf F, falls folgende Axiome erfüllt sind:

(K1) $P(\Omega) = 1$.

(K2) Für höchstens abzählbare Indexmengen I und paarweise disjunkte $A_i, i \in I$ gilt
$$P(\cup_{i \in I} A_i) = \sum_{i \in I} P(A_i).$$

(K1) und (K2) heißen *Kolmogorov-Axiome*.

Unser Ziel ist nun die Herleitung einer präzisen Charakterisierung der Menge der zufälligen unendlichen Folgen von Nullen und Einsen. Sei hierzu Ω die Menge aller unendlichen Folgen von Nullen und Einsen. Falls wir ein Element von Ω zufällig wählen, dann erwarten wir, dass dieses Element jeder "sinnvollen" Majorität angehört. Somit stellt sich die Frage: Was sind sinnvolle Majoritäten? Zur formalen Definition dieser definieren wir zunächst ein Wahrscheinlichkeitsmaß auf Ω. Für $x \in \{0,1\}^*$ sei

$$\Omega_x := \{z \in \Omega \mid x \text{ ist Präfix von } z\}. \tag{6.1}$$

Aus der Maßtheorie ist bekannt, dass ein Wahrscheinlichkeitsmaß auf Ω aus den Werten auf den Mengen Ω_x, $x \in \{0,1\}^*$ rekonstruiert werden kann. Also genügt es, die Werte auf den Mengen Ω_x, $x \in \{0,1\}^*$ wie folgt zu definieren:

$$P(\Omega_x) := 2^{-|x|}. \tag{6.2}$$

Eine Menge $X \subset \Omega$ heißt *Nullmenge*, falls es für jedes $\varepsilon > 0$ eine Folge $x_0, x_1, x_2, \ldots$ von binären Strings gibt mit

i) $X \subset \Omega_{x_0} \cup \Omega_{x_1} \cup \Omega_{x_2} \cup \ldots$ und

ii) $\sum_i 2^{-|x_i|} < \varepsilon$.

Obige Definition besagt, dass eine Nullmenge derart überdeckt werden kann, dass die Wahrscheinlichkeit der überdeckenden Menge beliebig klein ist. $X \subseteq \Omega$ heißt *Einsmenge*, falls $\overline{X} := \Omega \setminus X$ eine Nullmenge ist.

Naheliegend wäre es nun, Einsmengen und sinnvolle Majoritäten, zu denen Zufallsfolgen gehören müssen, zu identifizieren. Dies bedeutet insbesondere, dass eine Zufallsfolge in keiner Nullfolge liegen darf. Da für alle $x \in \Omega$ die Menge $\{x\}$ eine Nullmenge ist, ist die Vereinigung aller Nullmengen in 2^Ω gerade Ω. Demzufolge würde keine Zufallsfolge existieren.

> **Übung 6.2:** *Zeigen Sie, dass für jedes $x \in \Omega$ die Menge $\{x\}$ eine Nullmenge ist.*

Per Martin-Löf umging dieses Problem, indem er sich auf „konstruktive" Null- bzw. Einsmengen beschränkte. Wir nennen derartige Null- oder Einsmengen effektiv. Eine Menge $X \subset \Omega$ heißt *effektive Nullmenge*, falls es einen Algorithmus $\mathcal{A}_X$ gibt, der als Eingabe eine rationale Zahl $\varepsilon > 0$ erhält und eine Menge $\{x_0, x_1, x_2, \ldots\}$ von binären Strings aufzählt, so dass

i) $X \subset \Omega_{x_0} \cup \Omega_{x_1} \cup \Omega_{x_2} \cup \ldots$ und

ii) $\sum_i 2^{-|x_i|} < \varepsilon$.

Solch ein Algorithmus $\mathcal{A}_X$ heißt *Überdeckungsalgorithmus* für X. $X \subset \Omega$ heißt *effektive Einsmenge*, falls $\overline{X}$ eine effektive Nullmenge ist.

Da wir für jedes $\varepsilon > 0$ ein $k \in \mathbb{N}$ mit $2^{-k} < \varepsilon$ wählen können, bleibt die Klasse der effektiven Nullmengen dieselbe, wenn wir nur ε der Form 2^{-k}, $k \in \mathbb{N}$ zulassen. Da jede Überdeckung einer effektiven Nullmenge X auch für jede Teilmenge von X eine Überdeckung ist, ist jede Teilmenge einer effektiven Nullmenge selbst eine effektive Nullmenge.

> **Übung 6.3:**
>
> a) *Zeigen Sie, dass eine abzählbare Vereinigung von Nullmengen eine Nullmenge ist.*
>
> b) *Zeigen Sie, dass die Menge aller Folgen mit Nullen in den geradzahligen Positionen eine Nullmenge bildet.*
>
> c) *Zeigen Sie, dass die Vereinigung zweier effektiven Nullmengen eine effektive Nullmenge ist.*

Die Idee ist nun, effektive Einsmengen und sinnvolle Majoritäten, zu denen Zufallsfolgen gehören müssen, zu identifizieren. Demzufolge müsste jede Zufallsfolge im Durchschnitt aller effektiven Einsmengen liegen. Wir werden nun zeigen, dass der

6.1 Unendliche Zufallsfolgen

Durchschnitt aller effektiven Einsmengen nichtleer und selbst eine effektive Einsmenge ist. Hierzu zeigen wir zunächst, dass die Vereinigung aller effektiven Nullmengen eine effektive Nullmenge ist. Die gewünschte Eigenschaft der effektiven Einsmengen ergibt sich dann hieraus mit Hilfe der de Morgan'schen Regeln.

Satz 6.1 *Es existiert eine effektive Nullmenge N, die jede effektive Nullmenge X enthält.*

Beweis: Für den Beweis des Satzes konstruieren wir einen Überdeckungsalgorithmus $\mathcal{A}_N$, der alle Überdeckungsalgorithmen aufzählt und parallel verschränkt simuliert. Die Ausgabe von $\mathcal{A}_N$ ergibt sich dann aus den Ausgaben aller simulierten Überdeckungsalgorithmen. Da $\mathcal{A}_N$ ein Überdeckungsalgorithmus ist, überdeckt er eine Nullmenge N. Da für jede effektive Nullmenge X mindestens ein Überdeckungsalgorithmus aufgezählt und simuliert wird, gilt $X \subseteq N$. Bei der Durchführung dieser Idee tritt folgende Schwierigkeit auf:

Für einen gegebenen Algorithmus $\mathcal{A}$, der eine rationale Zahl $\varepsilon > 0$ als Eingabe erhält und binäre Strings ausgibt, ist es unentscheidbar, ob dieser ein Überdeckungsalgorithmus ist oder nicht. Dies bedeutet insbesondere, dass die Menge der Überdeckungsalgorithmen nicht aufzählbar ist. Die Idee ist, die Menge aller Algorithmen aufzuzählen und jeden aufgezählten Algorithmus $\mathcal{A}$ derart zu modifizieren, dass für den resultierenden Algorithmus $\mathcal{A}'$ folgendes erfüllt ist:

1. Falls $\mathcal{A}$ ein Überdeckungsalgorithmus für eine effektive Nullmenge ist, dann generieren $\mathcal{A}$ und $\mathcal{A}'$ dieselbe Folge von Strings.

2. Andernfalls ist der resultierende Algorithmus $\mathcal{A}'$ ein Überdeckungsalgorithmus für irgendeine Nullmenge.

Zunächst überlegen wir uns, wie der Algorithmus $\mathcal{A}_N$ einen aufgezählten Algorithmus $\mathcal{A}$ modifiziert. Nehmen wir hierzu an, dass ε' die Eingabe des Algorithmus $\mathcal{A}$ ist und dieser bei der Eingabe ε' die Ausgabe $x_0, x_1, x_2, \ldots$ generiert. Der modifizierte Algorithmus $\mathcal{A}'$ verwirft manche der von $\mathcal{A}$ generierten Strings. Bezeichne L_k, $k \geq 0$ die Menge derjenigen Strings aus $x_0, x_1, \ldots, x_{k-1}$, die von $\mathcal{A}'$ nicht verworfen wurde. Wenn $\mathcal{A}$ den String x_k aufzählt, dann entscheidet $\mathcal{A}'$, ob der String x_k verworfen wird oder nicht. Hierzu überprüft $\mathcal{A}'$, ob

$$2^{-|x_k|} + \sum_{x \in L_k} 2^{-|x|} < \varepsilon'. \tag{6.3}$$

$\mathcal{A}'$ verwirft genau dann x_k, wenn dies nicht der Fall ist.

Aus der Konstruktion folgt direkt, dass für einen Überdeckungsalgorithmus $\mathcal{A}$ der modifizierte Algorithmus $\mathcal{A}'$ keinen der von $\mathcal{A}$ generierten Strings verwirft. Demzufolge ist $\mathcal{A}'$ nach wie vor ein Überdeckungsalgorithmus für dieselbe Nullmenge. Andernfalls ist $\mathcal{A}'$ nahezu ein Überdeckungsalgorithmus. Der einzige Unterschied besteht darin, dass für die von $\mathcal{A}'$ generierte Folge $x'_0, x'_1, x'_2, \ldots$ möglicherweise die unendliche Summe $\sum_j 2^{-|x'_j|}$ gleich ε' sein kann, auch wenn alle endliche Summen $\sum_{x \in L_k} 2^{-|x|}$ strikt kleiner als ε' sind.

Nun können wir den Überdeckungsalgorithmus $\mathcal{A}_N$ konstruieren. $\mathcal{A}_N$ zählt alle Algorithmen auf und modifiziert diese wie oben beschrieben. Dies ist möglich, da das Modifikationsprogramm stets dasselbe ist. Seien ε die Eingabe von $\mathcal{A}_N$ und $\mathcal{A}'_0, \mathcal{A}'_1, \mathcal{A}'_2, \ldots$ die aufgezählte Folge von modifizierten Algorithmen. $\mathcal{A}_N$ lässt die Algorithmen $\mathcal{A}'_0, \mathcal{A}'_1, \mathcal{A}'_2, \ldots$ parallel verschränkt laufen, wobei $2^{-(i+1)}\varepsilon$ die Eingabe des Algorithmus $\mathcal{A}'_i$ ist. Die Ausgabe von $\mathcal{A}_N$ setzt sich dann aus den Ausgaben der Algorithmen $\mathcal{A}'_0, \mathcal{A}'_1, \mathcal{A}'_2, \ldots$ zusammen. Sei $x_0, x_1, x_2, \ldots$ die von $\mathcal{A}_N$ generierte Folge von binären Strings. Gemäß unserer Konstruktion gilt dann

$$\sum_j 2^{-|x_j|} < \sum_{i \geq 0} 2^{-(i+1)}\varepsilon \leq \varepsilon. \tag{6.4}$$

Also ist $\mathcal{A}_N$ ein Überdeckungsalgorithmus für eine Nullmenge N. Da für jede effektive Nullmenge X mindestens ein Überdeckungsalgorithmus $\mathcal{A}_i$ aufgezählt wird, ist jede effektive Nullmenge X in N enthalten.
∎

Eine beliebige Vereinigung von effektiven Nullmengen ist stets wieder eine effektive Nullmenge, da diese in N enthalten ist und somit von derselben Folge von Strings, die N überdeckt, auch überdeckt wird.

Korollar 6.1 *Der Durchschnitt aller effektiven Einsmengen ist nichtleer und selbst eine effektive Einsmenge.*

Beweis: Bezeichne $\mathcal{E}$ bzw. $\mathcal{N}$ die Mengen der effektiven Eins- bzw. Nullmengen. Mit Hilfe der de Morgan'schen Regeln und Satz 6.1 erhalten wir

$$E := \cap_{X \in \mathcal{E}} X = \overline{\cup_{X \in \mathcal{E}} \overline{X}} = \overline{\cup_{X \in \mathcal{N}} X} = \overline{N} \neq \emptyset,$$

da $N \neq \Omega$. Da N eine effektive Nullmenge ist, ist $E = \overline{N}$ eine effektive Einsmenge.
∎

Eine Folge $x \in \Omega$ von Nullen und Einsen ist eine *Martin-Löf-Zufallsfolge*, falls x im Durchschnitt aller effektiven Einsmengen liegt. Offensichtlich gilt $E \cap N = \emptyset$ und $E \cup N = \Omega$. Um nachzuweisen, dass ein $x \in \Omega$ nicht Martin-Löf-zufällig ist, genügt es wegen $E \cap N = \emptyset$ zu zeigen, dass eine effektive Nullmenge existiert, die x enthält.

Als erster hatte bereits um 1910 Richard von Mises eine formale Charakterisierung von Zufallsfolgen vorgeschlagen. Seine Zielsetzung war, die Wahrscheinlichkeitstheorie auf der Grundlage derartiger Zufallsfolgen aufzubauen.

6.1 Unendliche Zufallsfolgen

Eine Folge $x = x_0 x_1 x_2 \ldots \in \Omega$ heißt *Mises-zufällig*, falls gilt:

1. Der Grenzwert der Häufigkeit der Einsen in x ist $\frac{1}{2}$. D.h.,

$$\lim_{n \to \infty} \frac{x_0 + x_1 + \ldots + x_{n-1}}{n} = \frac{1}{2}. \tag{6.5}$$

2. Für jede unendliche Teilfolge, die durch eine zulässige Auswahlregel aus der Gesamtfolge konstruiert wird, ist der Grenzwert der Häufigkeit der Einsen $\frac{1}{2}$.

Beispiele für zulässige Auswahlregeln sind: „Wähle die Teilfolge, bestehend aus den Folgegliedern mit geraden Indizes" oder „wähle diejenige Folgeglieder, die einer Null folgen". Von Mises gab keine exakte Definition einer zulässigen Auswahlregel an. Dies konnte er auch nicht, da die Algorithmentheorie 1910 noch nicht existierte. Gegen 1940 schlug Alonzo Church folgende formale Definition für eine zulässige Auswahlregel vor:

Eine *zulässige Auswahlregel* ist eine totale berechenbare Funktion S, die auf endliche Strings definiert ist und die Werte 0 oder 1 annimmt. Wenn wir S auf eine Folge $x_0 x_1 x_2 \ldots$ anwenden, dann wählen wir genau diejenigen x_n mit $S(x_0 x_1 \ldots x_{n-1}) = 1$ aus. Die ausgewählten Folgeglieder bilden eine endliche oder unendliche Teilfolge, so dass jede zulässige Auswahlregel S eine Abbildung $\sigma_S : \Omega \to \{0,1\}^* \cup \Omega$ definiert. Falls $S(y) = 1$ für alle $y \in \{0,1\}^*$, dann ist σ_S gerade die Identitätsfunktion. Somit folgt in der Definition der Mises-Zufälligkeit die erste Regel aus der zweiten. Insgesamt erhalten wir folgende modifizierte Definition:

Eine Folge $x = x_0 x_1 x_2 \ldots \in \Omega$ heißt *Mises-Church-zufällig*, falls für jede zulässige Auswahlregel S die Folge $\sigma_S(x)$ entweder endlich ist oder den Grenzwert der Häufigkeit der Einsen $\frac{1}{2}$ hat.

Folgende Frage drängt sich auf: Welcher Zusammenhang besteht zwischen der Martin-Löf- und der Mises-Church-Zufälligkeit? Diese Frage wollen wir nun beantworten. Zunächst werden wir beweisen, dass jede Martin-Löf-Zufallsfolge auch eine Mises-Church-Zufallsfolge ist. Hierzu beweisen wir als Erstes, dass die Anwendung einer zulässigen Auswahlregel auf eine Martin-Löf-Zufallsfolge entweder eine endliche oder eine Martin-Löf-Zufallsfolge ergibt. Danach werden wir zeigen, dass jede Martin-Löf-Zufallsfolge den Grenzwert $\frac{1}{2}$ für die Häufigkeit der Einsen hat.

Satz 6.2 *Falls eine zulässige Auswahlregel auf eine Martin-Löf-Zufallsfolge angewendet wird, dann ergibt dies entweder eine endliche oder eine Martin-Löf-Zufallsfolge.*

Beweis: Seien w eine beliebige Martin-Löf-Zufallsfolge und S eine beliebige zulässige Auswahlregel mit korrespondierender Abbildung $\sigma_S : \Omega \to \{0,1\}^* \cup \Omega$. Zu zeigen ist, dass entweder $\sigma_S(w) \in \{0,1\}^*$ oder $\sigma_S(w)$ eine Martin-Löf-Zufallsfolge ist.

Wir führen den Beweis indirekt. Nehmen wir also an, dass $\sigma_S(w) \in \Omega$ und dass $\sigma_S(w)$ keine Martin-Löf-Zufallsfolge ist. Dann existiert eine effektive Nullmenge $X \subset \Omega$ mit $\sigma_S(w) \in X$. Da jede Teilmenge einer effektiven Nullmenge selbst eine effektive Nullmenge ist, ist $\{\sigma_S(w)\}$ auch eine effektive Nullmenge.

Die Idee ist nun zu beweisen, dass die Eigenschaft, dass $\{\sigma_S(w)\}$ eine effektive Nullmenge ist, impliziert, dass $\{w\}$ auch eine effektive Nullmenge ist. Dies wäre ein Widerspruch dazu, dass w eine Martin-Löf-Zufallsfolge ist. Demzufolge genügt es zu zeigen, dass ein Algorithmus $\mathcal{A}$ existiert, der eine rationale Zahl $\varepsilon > 0$ als Eingabe erhält und eine Menge $\{x_0, x_1, x_2, \ldots\}$ von binären Strings aufzählt, so dass

i) $\{w\} \subset \Omega_{x_0} \cup \Omega_{x_1} \cup \Omega_{x_2} \cup \ldots$ und

ii) $\sum_i 2^{-|x_i|} < \varepsilon$.

Unser Ziel ist somit, solch einen Algorithmus $\mathcal{A}$ zu konstruieren. Da $\{\sigma_S(w)\}$ eine effektive Nullmenge ist, existiert ein Algorithmus $\mathcal{A}'$, der eine rationale Zahl $\varepsilon > 0$ als Eingabe erhält und eine Menge $\{x'_0, x'_1, x'_2, \ldots\}$ von binären Strings aufzählt, so dass

i) $\{\sigma_S(w)\} \subset \Omega_{x'_0} \cup \Omega_{x'_1} \cup \Omega_{x'_2} \cup \ldots$ und

ii) $\sum_i 2^{-|x'_i|} < \varepsilon$.

Sei ε die Eingabe von $\mathcal{A}$. Unter Verwendung von $\mathcal{A}'$ zählt $\mathcal{A}$ zunächst $\{x'_0, x'_1, x'_2, \ldots\}$ mit

i) $\{\sigma_S(w)\} \subset \Omega_{x'_0} \cup \Omega_{x'_1} \cup \Omega_{x'_2} \cup \ldots$ und

ii) $\sum_i 2^{-|x'_i|} < \varepsilon$.

auf. Parallel verschränkt erzeugt $\mathcal{A}$ für jedes x'_i in dieser Aufzählung eine Überdeckung $\{y_0, y_1, y_2, \ldots\}$ von

$$A_{x'_i} := \{z \in \Omega \mid x'_i \text{ ist Präfix von } \sigma_S(z)\} \tag{6.6}$$

mit der Eigenschaft, dass

$$\sum_j 2^{-|y_j|} \leq 2^{-|x'_i|}. \tag{6.7}$$

Sei $x_0, x_1, x_2, \ldots$ die Aufzählung derjenigen Strings, die $\mathcal{A}_{x'_0} \cup \mathcal{A}_{x'_1} \cup \mathcal{A}_{x'_2} \cup \ldots$ überdecken. Wegen $w \in \mathcal{A}_{x'_i}$ für mindestens ein i gilt offensichtlich

$$\{w\} \subset \Omega_{x_0} \cup \Omega_{\neg x_1} \cup \Omega_{x_2} \cup \ldots. \tag{6.8}$$

Ferner gilt

$$\sum_j 2^{-|x_j|} \leq \sum_i 2^{-|x'_i|} < \varepsilon. \tag{6.9}$$

6.1 Unendliche Zufallsfolgen

Nun stellt sich die Frage, wie wir die Überdeckungen der Mengen $\mathcal{A}_x$, $x \in \{0,1\}^*$ erhalten. Sei hierzu $x = ya$, wobei $y \in \{0,1\}^*$ und $a \in \{0,1\}$. Unser Ziel ist die Definition einer Menge B_y von Strings, so dass

$$\mathcal{A}_x = \cup_{z \in B_y} \Omega_{za}. \tag{6.10}$$

Betrachten wir hierzu für $q \in \{0,1\}^*$ die Menge

$$B_q := \{z \in \{0,1\}^* \mid S \text{ wählt aus } z \text{ den String } q \text{ sowie das}$$
$$\text{erste Zeichen, das } z \text{ nachfolgt, aus.}\}$$

Dann gilt für $v \in \Omega$:

$v \in A_x \Leftrightarrow v \in A_{ya}$
  $\Leftrightarrow ya$ ist Präfix von $\sigma_S(v)$.
  $\Leftrightarrow$ Es existiert ein Präfix z von v, so dass S aus z genau y auswählt sowie dasjenige Zeichen, das auf z folgt, wobei dieses in v ein a ist.
  $\Leftrightarrow v \in \Omega_{za}$ und $z \in B_y$.

Also erreichen wir mit obiger Menge B_q, $q \in \{0,1\}^*$ unser Ziel. Formal können wir diese Mengen B_q, $q \in \{0,1\}^*$ folgendermaßen induktiv definieren:

$$B_\varepsilon := \{z \in \{0,1\}^* \mid S(z) = 1 \text{ und } S(z') = 0 \text{ für alle echten Präfixe } z' \text{ von } z\}$$

und für $y \in \{0,1\}^*$ und $b \in \{0,1\}$

$$B_{yb} := \{z_1 b z_2 \in \{0,1\}^* \mid z_1 \in B_y, S(z_1 b z_2) = 1 \text{ und } S(z') = 0 \text{ für alle}$$
$$\text{echten Präfixe } z' \text{ von } z \text{ der Form } z' = z_1 b \tilde{z} \text{ mit}$$
$$\tilde{z} \in \{0,1\}^*\},$$

Da S total und berechenbar ist, können die Mengen B_q, $q \in \{0,1\}^*$ parallel verschränkt aufgezählt werden.

Übung 6.4: *Zeigen Sie, dass für alle $q \in \{0,1\}^*$ die Menge B_q rekursiv aufzählbar ist.*

Gilt nun $x'_i = ya$ für ein $y \in \{0,1\}^*$ und $a \in \{0,1\}$, dann fügen wir, sobald ein $z \in B_y$ aufgezählt wird, den String za zur Überdeckung von $\mathcal{A}_{x'_i}$ hinzu. Die Überdeckung der Menge $\mathcal{A}_{x'_i}$ besteht somit aus

$$\{za \in \{0,1\}^* \mid z \in B_y\}. \tag{6.11}$$

Zum Nachweis der obigen Eigenschaft 6.9 ist noch zu zeigen, dass für alle $x = ya$ mit $y \in \{0,1\}^*$ und $a \in \{0,1\}$ gilt:

$$\sum_{z \in B_y} 2^{-|za|} \leq 2^{-|x|}. \tag{6.12}$$

Wir beweisen dies mittels Induktion über $|x|$. Falls $|x| = 1$, dann ist $y = \varepsilon$ und somit

$$A_0 = \cup\{\Omega_{z0} \mid z \in B_\varepsilon\} \quad \text{und} \quad A_1 = \cup\{\Omega_{z1} \mid z \in B_\varepsilon\}.$$

Da die Mengen A_0 und A_1 disjunkt sind und dasselbe Maß besitzen, gilt

$$1 = P(\Omega) \geq P(A_0 \cup A_1) = P(A_0) + P(A_1) = 2P(A_0).$$

Also gilt

$$P(A_0) = P(A_1) \leq \frac{1}{2} = 2^{-1}. \tag{6.13}$$

Für $k \geq 1$ nehmen wir an, dass die Behauptung für alle x mit $|x| \leq k$ erfüllt ist. Zur Durchführung des Induktionsschrittes betrachten wir $y \in \{0,1\}^k$ beliebig aber fest. Dann sind die Mengen $A_{y0} = \cup_{z \in B_y} \Omega_{z0}$ und $A_{y1} = \cup_{z \in B_y} \Omega_{z1}$ disjunkt und haben dasselbe Maß. Ferner gilt $A_{y0} \cup A_{y1} \subseteq A_y$. Es muss nicht notwendigerweise $A_{y0} \cup A_{y1} = A_y$ gelten, da es Strings z geben kann, aus denen die Auswahlregel S genau den endlichen String y und kein weiteres Bit auswählt. Diese Strings sind auch Elemente von A_y jedoch nicht von A_{y0} oder von A_{y1}. Die Induktionsannahme impliziert, dass $P(A_y) \leq 2^{-|y|}$. Also gilt

$$2^{-|y|} \geq P(A_y) \geq P(A_{y0} \cup A_{y1}) = P(A_{y0}) + P(A_{y1}) = 2P(A_{y0}).$$

Dies impliziert

$$P(A_{y0}) = P(A_{y1}) \leq 2^{-(|y|+1)}. \tag{6.14}$$

Insgesamt haben wir somit den Satz bewiesen. ∎

Satz 6.3 *Für jede Martin-Löf-Zufallsfolge $w_0 w_1 \ldots$ gilt* $\lim_{n \to \infty} \frac{w_0 + w_1 + \ldots w_{n-1}}{n} = \frac{1}{2}$.

Beweis: Für $n \in \mathbb{N}$ sei $W_n := \sum_{i=0}^{n-1} w_i$. Es genügt zu zeigen, dass die Menge

$$X := \left\{ w_0 w_1 w_2 \ldots \in \Omega \mid \lim_{n \to \infty} \frac{W_n}{n} \neq \frac{1}{2} \right\} \tag{6.15}$$

6.1 Unendliche Zufallsfolgen

eine effektive Nullmenge ist. Es gilt

$$\lim_{n \to \infty} \frac{W_n}{n} \neq \frac{1}{2} \Leftrightarrow \exists \delta := \frac{1}{m} > 0, m \in \mathbb{N}, \text{ so dass } \forall n \in \mathbb{N} \text{ ein } n' \geq n \text{ existiert}$$

$$\text{mit } \left| \frac{W_{n'}}{n'} - \frac{1}{2} \right| > \delta.$$

$$\Leftrightarrow \frac{W_{n'}}{n'} > \frac{1}{2} + \delta \text{ für unendlich viele } n' \quad \text{oder}$$

$$\frac{W_{n'}}{n'} < \frac{1}{2} - \delta \text{ für unendlich viele } n'.$$

Für $\delta = \frac{1}{m}, m \in \mathbb{N}$ definieren wir

$$N_\delta := \left\{ w \in \Omega \mid \frac{W_n}{n} > \frac{1}{2} + \delta \text{ für unendlich viele } n \right\} \quad \text{und}$$

$$N'_\delta := \left\{ w \in \Omega \mid \frac{W_n}{n} < \frac{1}{2} - \delta \text{ für unendlich viele } n \right\}.$$

Die Definitionen von N_δ und N'_δ implizieren

$$w \in X \Leftrightarrow \exists \delta \text{ mit } w \in N_\delta \text{ oder } w \in N'_\delta. \tag{6.16}$$

Da eine abzählbare Vereinigung von effektiven Nullmengen wieder eine effektive Nullmenge ist, genügt es zu zeigen, dass für alle $\delta = \frac{1}{m}, m \in \mathbb{N}$ die Mengen N_δ und N'_δ effektive Nullmengen sind. Wir werden dies für N_δ tun. Die Konstruktion für N'_δ ist symmetrisch.

Gemäß der Definition einer effektiven Nullmenge genügt es zu zeigen, dass ein Algorithmus $\mathcal{A}$ existiert, der als Eingabe eine rationale Zahl $\varepsilon > 0$ erhält und eine Menge $\{x_0, x_1, x_2, \ldots\}$ von binären Strings aufzählt, so dass

i) $N_\delta \subset \Omega_{x_0} \cup \Omega_{x_1} \cup \Omega_{x_2} \ldots$ und

ii) $\sum_i 2^{-|x_i|} < \varepsilon$.

Für jedes $w \in N_\delta$ existieren unendlich viele $n \in \mathbb{N}$ mit $\frac{W_n}{n} > \frac{1}{2} + \delta$. D.h., w besitzt unendlich viele Präfixe $w_0 w_1 \ldots w_{n-1}$, die mehr als $(\frac{1}{2} + \delta)n$ Einsen enthalten. Also erhalten wir eine Überdeckung $\{x_0, x_1, x_2, \ldots\}$ für N_δ, wenn wir für ein beliebiges $n_0 \in \mathbb{N}$ für alle $n \geq n_0$ sämtliche $x \in \{0,1\}^n$, die mehr als $(\frac{1}{2} + \delta)n$ Einsen enthalten, aufzählen. Zu zeigen ist noch, dass n_0 stets so groß gewählt werden kann, so dass für die resultierende Überdeckung $\{x_0, x_1, x_2, \ldots\}$ auch $\sum_i 2^{-|x_i|} < \varepsilon$ erfüllt ist. Bezeichne A_n die Anzahl der Strings der Länge n mit mehr als $(\frac{1}{2} + \delta)n$ Einsen.

Dann gilt

$$\sum_i 2^{-|x_i|} = \sum_{n \geq n_0} A_n 2^{-n}. \tag{6.17}$$

Aufgrund des Cauchyschen Konvergenzkriteriums für Reihen genügt es zu zeigen. dass die Reihe $\sum_{n=0}^{\infty} 2^{-n} A_n$ konvergiert. Hierzu wenden wir folgende Chernoff's Schranke an:

Für jedes $m \in \mathbb{N}$ existiert eine rationale Zahl $q_m \in (0,1)$, so dass für alle $n \in \mathbb{N}$ gilt:

$$Pr\left(\left\{w \in \Omega \mid \frac{W_n}{n} > \frac{1}{2} + \frac{1}{m}\right\}\right) \leq 2q_m^n. \tag{6.18}$$

Wir haben Chernoff's Schranke in einer vereinfachten Form, die hier ausreichend ist. Eine genauere Schranke inklusive Beweis findet man zum Beispiel in [MR95] oder auch in [MU05]. Wegen Chernoff's Schranke und

$$Pr\left(\left\{w \in \Omega \mid \frac{W_n}{n} > \frac{1}{2} + \frac{1}{m}\right\}\right) = 2^{-n} A_n \tag{6.19}$$

erhalten wir

$$\sum_{i=0}^{\infty} 2^{-i} A_i \leq \sum_{i=0}^{\infty} 2 q_m^i = 2 \sum_{i=0}^{\infty} q_m^i = \frac{2}{1-q_m}.$$

Da $\sum_{n=0}^{\infty} 2 q_m^n$ somit konvergent ist und für alle $n \in \mathbb{N}$ auch $2^{-n} A_n \leq 2 q_m^n$ gilt, folgt aus dem Majorantenkriterium, dass die Reihe $\sum_{n=0}^{\infty} 2^{-n} A_n$ konvergiert.

Somit haben wir die Existenz eines hinreichend großen n_0 bewiesen. Da n_0 von der Eingabe ε abhängt, reicht die Existenz von n_0 alleine nicht aus. Der Algorithmus $\mathcal{A}$ muss solch ein n_0 berechnen können, bevor die erste Ausgabe erfolgt. Hierzu muss er nur für wachsende n überprüfen, ob

$$\frac{2}{1-q_m} - 2\sum_{i=0}^{n} q_m^i < \varepsilon. \tag{6.20}$$

Der Algorithmus kann für jedes n stets $2\sum_{i=0}^{n} q_m^i$ ausrechnen oder aber auch die bekannte geschlossene Formel dieser Summe verwenden. Da n_0 existiert findet $\mathcal{A}$ irgendwann ein n, das obige Ungleichung erfüllt. Dieses n definiert dann n_0. ∎

Aus den Sätzen 6.2 und 6.3 folgt nun direkt folgender Satz:

Satz 6.4 *Jede Martin-Löf-Zufallsfolge ist auch eine Mises-Church-Zufallsfolge.*

6.1 Unendliche Zufallsfolgen

Übung 6.5: *Folgende Auswahlregel ist gemäß unserer Definition nicht zulässig: „Wähle jedes Folgeglied x_{2n} mit $x_{2n+1} = 0$." Zeigen Sie, dass die Anwendung dieser Auswahlregel auf eine Martin-Löf-Zufallsfolge dennoch eine Martin-Löf-Zufallsfolge ergibt.*

Die umgekehrte Richtung von Satz 6.4 gilt nicht. D.h., es gibt Mises-Church-Zufallsfolgen, die keine Martin-Löf-Zufallsfolgen sind. Heute wird die Klasse der Mises-Church-Zufallsfolgen als zu groß angesehen. Üblicherweise wird u.a. von einer Zufallsfolge erwartet, dass diese das sogenannte "Gesetz des iterierten Logarithmus" erfüllt. (Siehe z.B. [Fel68], S. 204 ff.) Es gibt jedoch Mises-Church-Zufallsfolgen, die dies nicht tun.

Für eine Zufallsfolge würden wir erwarten, dass ihre „Kolmogorov-Komplexität" möglichst groß ist. Es stellt sich somit die Frage, wie wir unter Verwendung der Kolmogorov-Komplexität eine weitere Definition von Zufallsfolgen erhalten. Die Kolmogorov-Komplexität haben wir für endliche Strings definiert. Somit müssen wir uns überlegen, auf welche Art und Weise wir die Kolmogorov-Komplexität zur Charakterisierung von unendlichen Zufallsfolgen verwenden können. Die Idee besteht nun darin, eine unendliche Folge dann als Zufallsfolge anzusehen, falls alle Präfixe dieser unendlichen Folge maximal große Kolmogorov-Komplexität haben. Jedoch führt die direkte Anwendung der Kolmogorov-Komplexitätsfunktion auf die Präfixe zu gewissen Schwierigkeiten. Diese treten nicht auf, wenn wir stattdessen eine spezielle Variante der Kolmogorov-Komplexität, die so genannte Präfixkomplexität verwenden. Bei der Definition der Präfixkomplexität eines Strings werden nur Dekompressionsalgorithmen benutzt, die so genannte Präfixfunktionen berechnen.

Eine berechenbare Funktion $f : \{0,1\}^+ \to \Sigma^+$ heißt *Präfixfunktion*, falls für jeden String $x \in \{0,1\}^+$ und jeden echten Präfix y von x mindestens einer der Werte $f(x)$ und $f(y)$ undefiniert ist. Äquivalent hätten wir definieren können, dass für jeden unendlichen String $x \in \Omega$ höchstens ein endlicher Präfix x' von x existiert, für den $f(x')$ definiert ist.

Ein Dekompressionsalgorithmus, der eine Präfixfunktion berechnet, heißt *Präfixdekompressionsalgorithmus*. Ein Präfixdekompressionsalgorithmus $\mathcal{U}$ heißt *asymptotisch optimal*, falls für jeden anderen Präfixdekompressionsalgorithmus $\mathcal{D}$ eine Konstante $c_\mathcal{D}$ existiert, so dass für alle $x \in \{0,1\}^+$

$$K_\mathcal{U}(x) \leq K_\mathcal{D}(x) + c_\mathcal{D}. \tag{6.21}$$

Wir werden später beweisen, dass ein asymptotisch optimaler Präfixdekompressionsalgorithmus existiert. Analog zur Kolmogorov-Komplexität definieren wir die *Präfixkomplexität* $KP(x)$ eines Strings $x \in \{0,1\}^+$ als die algorithmische Komplexität $K_\mathcal{U}(x)$ bezüglich eines asymptotisch optimalen Präfixdekompressionsalgorithmus $\mathcal{U}$. Mit Hilfe der Präfixkomplexität erhalten wir eine weitere Definition für Zufallsfolgen. Ein unendlicher String $x = x_0 x_1 x_2 \ldots \in \Omega$ heißt *Kolmogorov-Zufallsfolge*, falls eine Konstante c_x existiert, so dass für alle $n \in \mathbb{N}$

$$KP(x_0 x_1 \ldots x_{n-1}) \geq n - c_x. \tag{6.22}$$

Zunächst werden wir beweisen, dass es einen asymptotisch optimalen Präfixdekompressionsalgorithmus gibt, so dass die Präfixkomplexität eines Strings x definiert ist. Danach werden wir einige Eigenschaften der Präfixkomplexität herleiten und schließlich die Äquivalenz der Klassen der Martin-Löf- und der Kolmogorov-Zufallsfolgen beweisen.

Satz 6.5 *Es existiert ein asymptotisch optimaler Präfixdekompressionsalgorithmus.*

Beweis: Ähnlich wie im Beweis zu Satz 5.1 benötigen wir einen universellen Algorithmus $\mathcal{U}$ und dessen Fähigkeit, jeden anderen Algorithmus mit Hilfe einer zusätzlichen Eingabe konstanter Länge simulieren zu können. Darüber hinaus muss dieser universelle Algorithmus derart modifiziert werden, dass er eine Präfixfunktion berechnet. Die Idee hierzu ist die folgende:

Der universelle Algorithmus $\mathcal{U}$ interpretiert eine Eingabe der Form $\overline{p}01y$ als ein Programm p mit Eingabe y. Dabei erhalten wir $\overline{p}$ aus $p \in \{0, 1\}^+$, indem wir im Binärstring p jedes einzelne Bit verdoppeln. Aufgrund der Bitverdopplung in p gilt für zwei verschiedene Programme p_1 und p_2 stets $\overline{p_1}01 \neq \overline{p_2}01$. Ist eine Eingabe x' für $\mathcal{U}$ Präfix einer anderen Eingabe x'' für $\mathcal{U}$, dann folgt hieraus, dass diese dasselbe Programm p enthalten und sich lediglich durch die Eingaben für p unterscheiden. Insbesondere ist dann die Eingabe für p in x' ein Präfix der Eingabe für p in x''.

Wir werden nun dafür sorgen, dass für die Ausgabe von $\mathcal{U}$ bei der Eingabe $\overline{p}01y$ folgendes gilt:

1. Falls die durch p berechnete Funktion eine Präfixfunktion ist, dann gilt $\mathcal{U}(\overline{p}01y) = p(y)$. D.h., $\mathcal{U}$ simuliert korrekt das Programm p bei Eingabe y.
2. Berechnet p keine Präfixfunktion, dann wird p zu einer Präfixfunktion p' modifiziert. $\mathcal{U}$ gibt dann $p'(y)$ aus.

Zur Durchführung der obigen Idee zählt $\mathcal{U}$ parallel verschränkt alle möglichen Eingaben für p auf und wendet p auf diese Eingaben an. Auf diese Art und Weise wird eine Folge F von Paaren $\langle y_i, z_i \rangle$ mit $p(y_i) = z_i$ aufgezählt. Die universelle Maschine $\mathcal{U}$ terminiert, sobald ein Paar der Form $\langle y, z \rangle$ aufgezählt wird. $\mathcal{U}$ untersucht dann, ob in F ein Paar $\langle y', z' \rangle$ mit der Eigenschaft, dass y' ein Präfix von y oder y ein Präfix von y' ist, existiert. Ist dies der Fall, dann geht $\mathcal{U}$ in eine Endlosschleife. Andernfalls gibt $\mathcal{U}$ den String z aus.

6.1 Unendliche Zufallsfolgen

Wir müssen uns noch davon überzeugen, dass obige Durchführung das Gewünschte leistet. Betrachten wir hierzu einen unendlichen String $x := \overline{p}01z$ beliebig aber fest. Unser Ziel ist nun das Verhalten von $\mathcal{U}$ bezüglich Eingaben, die Präfix von x sind, zu analysieren. Wir unterscheiden zwei Fälle.

Falls p in der Eingabe $\overline{p}01y$ ein Präfixdekompressionsalgorithmus ist, dann folgt aus der Konstruktion, dass p bezüglich der Eingabe y korrekt simuliert wird.

Andernfalls betrachte die Menge M aller Präfixe von z. Falls in M kein Element existiert, bei dessen Eingabe p terminiert, dann terminiert $\mathcal{U}$ auch bei keiner Eingabe $\overline{p}01y$ mit $y \in M$. Falls es Elemente in M gibt, bei deren Eingabe p terminiert, dann terminiert $\mathcal{U}$ für genau eine Eingabe $\overline{p}01y$ mit $y \in M$, nämlich dasjenige $y := y_i$, das in obiger Aufzählung als erste Komponente eines Paares $\langle y_i, z_i \rangle$ vorkommt. Wichtig dabei ist, dass diese Aufzählung völlig unabhängig von dem konkreten y in der Eingabe $\overline{p}01y$ stets in derselben Reihenfolge erfolgt. Somit wurde p zu einem Präfixalgorithmus p' modifiziert. Sei nun $\mathcal{D}$ ein zu $\mathcal{U}$ verschiedener Präfixdekompressionsalgorithmus. Zu zeigen ist, dass eine Konstante $c_{\mathcal{D}}$ existiert, so dass für alle $x \in \{0,1\}^+$

$$K_{\mathcal{U}}(x) \leq K_{\mathcal{D}}(x) + c_{\mathcal{D}}. \tag{6.23}$$

Sei p ein Programm für $\mathcal{U}$, das $\mathcal{D}$ simuliert. Betrachten wir $x \in \{0,1\}^+$ beliebig aber fest. Sei y eine Eingabe für $\mathcal{D}$ mit $\mathcal{D}(y) = x$ und $|y| = K_{\mathcal{D}}(x)$. Dann gilt

$$\mathcal{U}(\overline{p}01y) = p(y) = \mathcal{D}(y) = x \tag{6.24}$$

und somit

$$K_{\mathcal{U}}(x) \leq |\overline{p}01y| = |y| + |\overline{p}01| = K_{\mathcal{D}}(x) + c_{\mathcal{D}}, \tag{6.25}$$

wobei $c_{\mathcal{D}} := |\overline{p}01|$. ∎

Wir werden nun einige Eigenschaften der Präfixkomplexitätsfunktion KP herleiten. Unter Verwendung der Identitätsfunktion haben wir für die Kolmogorov-Komplexitätsfunktion K bewiesen, dass für alle $x \in \{0,1\}^+$

$$K(x) \leq |x| + c_{\mathcal{A}_0}, \tag{6.26}$$

wobei $c_{\mathcal{A}_0}$ eine Konstante ist. Die Identitätsfunktion ist keine Präfixfunktion, so dass wir mit ihr nicht die analoge Eigenschaft für die Präfixkomplexitätsfunktion KP beweisen können. Mit Hilfe des folgenden Satzes können wir beweisen, dass $KP(x) \leq |x| + c$ für eine Konstante c nicht immer erfüllt sein kann.

Satz 6.6 *Es gilt* $\sum_x 2^{-KP(x)} \leq 1$.

Beweis: Sei $\mathcal{U}$ derjenige asymptotisch optimale Präfixdekompressionsalgorithmus, der bei der Definition der Präfixkomplexitätsfunktion KP zugrundegelegt wird. Für beliebiges $x \in \{0,1\}^+$ bezeichne p_x die kürzeste Beschreibung für x bezüglich $\mathcal{U}$. Da $\mathcal{U}$ eine Präfixfunktion berechnet, gilt für beliebige $x, y \in \{0,1\}^+$ mit $x \neq y$, dass p_x kein Präfix von p_y ist und umgekehrt. Also gilt

$$\Omega_{p_x} \cap \Omega_{p_y} = \emptyset. \tag{6.27}$$

Für alle $x \in \{0,1\}^+$ hat die Menge Ω_{p_x} das Maß $2^{-|p_x|} = 2^{-KP(x)}$. Somit erhalten wir

$$1 = P(\Omega) \geq P(\cup_x \Omega_{p_x}) = \sum_x 2^{-KP(x)}. \tag{6.28}$$

∎

Nun kann folgendes Korollar leicht bewiesen werden:

Korollar 6.2 *Es existiert keine Konstante c, so dass $KP(x) \leq |x| + c$ für alle $x \in \{0,1\}^+$.*

Beweis: Wir beweisen das Korollar indirekt. Nehmen wir hierzu an, dass eine Konstante c existiert, so dass $KP(x) \leq |x| + c$ für alle $x \in \{0,1\}^+$. Dann gilt:

$$\sum_x 2^{-KP(x)} \geq \sum_x 2^{-(|x|+c)} = 2^{-c} \sum_x 2^{-|x|}. \tag{6.29}$$

Aus Satz 6.6 folgt somit

$$2^{-c} \sum_x 2^{-|x|} \leq 1 \Leftrightarrow \sum_x 2^{-|x|} \leq 2^c. \tag{6.30}$$

D.h., $\sum_x 2^{-|x|}$ ist beschränkt. Dies ist ein Widerspruch, da wegen

$$\sum_{x:|x|=n} 2^{-|x|} = 1 \text{ für alle } n \in \mathbb{N} \tag{6.31}$$

obige Summe nicht beschränkt sein kann.

∎

Folgender Satz gibt uns eine schwächere obere Schranke für die Präfixkomplexitätsfunktion.

Satz 6.7 *Es existiert eine Konstante c, so dass $KP(x) \leq 2|x| + c$ für alle $x \in \{0,1\}^+$.*

Beweis: Betrachten wir den Präfixdekompressionsalgorithmus $\mathcal{D}$, der aus der Eingabe $\bar{x}01$ die Ausgabe x erzeugt. D.h., $\mathcal{D}(\bar{x}01) = x$. Bei allen anderen Eingaben, die nicht die Form $\bar{x}01$ haben, geht $\mathcal{D}$ in eine Endlosschleife.

Da für $x, y \in \{0,1\}^+$ mit $x \neq y$ weder $\overline{x}01$ ein Präfix von $\overline{y}01$ noch $\overline{y}01$ ein Präfix von $\overline{x}01$ sein kann, berechnet $\mathcal{D}$ in der Tat eine Präfixfunktion. Satz 6.5 impliziert nun

$$KP(x) = K_{\mathcal{U}}(x) \leq K_{\mathcal{D}}(x) + c_{\mathcal{D}} = 2|x| + 2 + c_{\mathcal{D}} = 2|x| + c,$$

wobei $c := c_{\mathcal{D}} + 2$. ∎

Obiger Satz kann in zweierlei Hinsicht verbessert werden. Zum einen lässt sich x offensichtlich auch aus der Eingabe $\overline{bin(|x|)}01x$ durch einen Präfixdekompressionsalgorithmus rekonstruieren. Diese Methode lässt sich beliebig iterieren. D.h., auch aus der Eingabe $\overline{bin(bin(|x|))}01bin(|x|)x$ kann x mit Hilfe eines Präfixdekompressionsalgorithmus rekonstruiert werden. Des Weiteren kann $|x|$ durch die Kolmogorov-Komplexität von x ersetzt werden.

Übung 6.6: Beweisen Sie, dass eine Konstante c existiert, so dass für alle $x \in \{0,1\}^+$ gilt:
$$KP(x) \leq K(x) + \log K(x) + \log \log K(x) + 2 \log \log \log K(x) + c.$$

Wir werden nun beweisen, dass die Klassen der Martin-Löf- und der Kolmogorov-Zufallsfolgen identisch sind. Zunächst zeigen wir, dass jede Martin-Löf-Zufallsfolge auch eine Kolmogorov-Zufallsfolge ist.

Satz 6.8 *Sei* $x = x_0 x_1 x_2 \ldots \in \Omega$ *eine Martin-Löf-Zufallsfolge. Dann ist* x *auch eine Kolmogorov-Zufallsfolge.*

Beweis: Wir beweisen die Aussage indirekt. D.h., wir zeigen, dass eine Folge x, die keine Kolmogorov-Zufallsfolge ist, auch keine Martin-Löf-Zufallsfolge ist. Die Definition einer Kolmogorov-Zufallsfolge besagt, dass $x \in \Omega$ genau dann keine Kolmogorov-Zufallsfolge ist, wenn für alle Konstanten c ein $n_c \in \mathbb{N}$ existiert mit

$$KP(x_0 x_1 \ldots x_{n_c - 1}) < n_c - c. \qquad (6.32)$$

Wir werden beweisen, dass für jedes $x \in \Omega$, das diese Eigenschaft besitzt, die Menge $\{x\}$ eine effektive Nullmenge ist. Die Definition von Martin-Löf-Zufallsfolgen impliziert dann, dass x keine Martin-Löf-Zufallsfolge ist. Wir konstruieren also einen Algorithmus $\mathcal{A}$, der als Eingabe eine rationale Zahl $\varepsilon > 0$ erhält und eine Menge $\{y_0, y_1, y_2, \ldots\}$ von binären Strings aufzählt, so dass

i) $\{x\} \subset \Omega_{y_0} \cup \Omega_{y_1} \cup \Omega_{y_2} \cup \ldots$ und

ii) $\sum_i 2^{-|y_i|} < \varepsilon$.

Sei $\varepsilon > 0$ eine beliebige aber feste Eingabe für $\mathcal{A}$. Der Algorithmus $\mathcal{A}$ wählt eine Konstante c groß genug, so dass $2^{-c} < \varepsilon$. Bezeichne X_c die Menge aller binären

Strings u mit $KP(u) < |u| - c$. Es ist leicht zu zeigen, dass die Menge X_c rekursiv aufzählbar ist.

Übung 6.7:

a) Zeigen Sie, dass die Präfixdekompressionsfunktion von oben rekursiv aufzählbar ist.

b) Zeigen Sie, dass die Menge X_c rekursiv aufzählbar ist.

$\mathcal{A}$ zählt $X_c = \{y_0, y_1, y_2, \ldots\}$ auf. Da x einen Präfix u mit $KP(u) < |u| - c$ besitzt, gilt offensichtlich

$$\{x\} \subset \Omega_{y_0} \cup \Omega_{y_1} \cup \Omega_{y_2} \cup \ldots. \tag{6.33}$$

Zu zeigen ist noch

$$\sum_{u \in X_c} 2^{-|u|} < \varepsilon. \tag{6.34}$$

Wegen $u \in X_c$ gilt $|u| > KP(u) + c$. Also gilt

$$2^{-|u|} < 2^{-(KP(u)+c)} = 2^{-c} 2^{-KP(u)}. \tag{6.35}$$

Somit folgt aus Satz 6.6 und der Wahl von c

$$\sum_{u \in X_c} 2^{-|u|} < 2^{-c} \sum_{u \in X_c} 2^{-KP(u)} \leq 2^{-c} \cdot 1 < \varepsilon.$$

∎

Die Umkehrung des obigen Satzes ist wesentlich schwieriger zu beweisen. Wir benötigen hierzu eine weitere nichttriviale obere Schranke für die Präfixkomplexität $KP(x)$ eines Strings x. Zum Beweis dieser oberen Schranke verwenden wir so genannte probabilistische Maschinen. Wir werden probabilistische Maschinen nur informell definieren. Eine *probabilistische Maschine* M erhalten wir aus einer nichtprobabilistischen Maschine (z.B. einer Turingmaschine), indem wir diese um die Möglichkeit, Zufallsbits zu erzeugen, erweitern. D.h., sobald M in einen speziellen Zustand (z.B. "random") gerät, erzeugt M zufällig einen Wert aus $\{0, 1\}$. Dabei werden 0 und 1 mit gleicher Wahrscheinlichkeit und unabhängig von zuvor generierten Zufallsbits generiert.

Die Ausgabe einer deterministischen Maschine ist eine Funktion der Eingabe. Dies ist bei einer probabilistischen Maschine nicht mehr der Fall. Dieselbe Eingabe kann verschiedene Ausgaben erzeugen, wobei jede Ausgabe eine gewisse Wahrscheinlichkeit besitzt. Zum Beweis unserer oberen Schranke für die Präfixkomplexität eines Strings x benötigen wir probabilistische Maschinen ohne Eingabe. Sei M solch eine Maschine.

6.1 Unendliche Zufallsfolgen

Wir interessieren uns für die Wahrscheinlichkeit p, dass M terminiert. Für $n \in \mathbb{N}$ bezeichne hierzu p_n die Wahrscheinlichkeit, dass M innerhalb maximal n Schritten terminiert. p_n kann wie folgt einfach berechnet werden:

Simuliere das Verhalten von M für jeden der 2^n möglichen Zufallsstrings der Länge n und zähle, bei wievielen dieser Zufallsstrings M innerhalb n Schritten anhält. Sei t_n die sich ergebende Anzahl. Dann gilt:

$$p_n = \frac{t_n}{2^n}. \tag{6.36}$$

Innerhalb n Schritten kann M sicherlich nicht mehr als n Zufallsbits erzeugen. Also sind die für die Simulation erzeugten Zufallsstrings lang genug. M muss während der Simulation nicht den ganzen Zufallstring abarbeiten. Falls M nur einen Präfix der Länge $m < n$ eines Zufallsstrings abarbeitet, dann gibt es offensichtlich 2^{n-m} unterschiedliche Zufallsstrings, die innerhalb von n Schritten zur selben Berechnung führen.

Die *Wahrscheinlichkeit p, dass M terminiert*, definieren wir durch

$$p := \lim_{n \to \infty} p_n. \tag{6.37}$$

Da die Folge p_n monoton wachsend und beschränkt ist, existiert dieser Grenzwert. Eine reelle Zahl p heißt *von unten aufzählbar*, falls p Grenzwert einer monoton wachsenden, berechenbaren Folge $p_0, p_1, p_2, \ldots$ rationaler Zahlen ist. D.h.,

1. $p = \lim_{n \to \infty} p_n$, wobei $p_0 \leq p_1 \leq p_2 \leq \ldots$ und
2. es existiert ein Algorithmus $\mathcal{A}$, der für gegebenes $i \in \mathbb{N}_0$ die rationale Zahl p_i berechnet.

Folgender Satz arbeitet den Zusammenhang zwischen der „Wahrscheinlichkeit der Terminierung einer probabilistischen Maschine ohne Eingabe" und „von unten aufzählbar" heraus.

Satz 6.9 *a) Sei M eine probabilistische Maschine ohne Eingabe. Dann ist die Wahrscheinlichkeit p der Terminierung von M von unten aufzählbar.*

b) Sei $p \in [0,1]$ eine von unten aufzählbare reelle Zahl. Dann existiert eine probabilistische Maschine M ohne Eingabe, die mit Wahrscheinlichkeit p terminiert.

Beweis: Sei M eine probabilistische Maschine ohne Eingabe, die mit Wahrscheinlichkeit p terminiert. Wie p von unten aufgezählt werden kann, das haben wir bereits bei der Definition von p beschrieben. Demzufolge ist nur noch Teil b) des Satzes zu beweisen.

Sei hierzu $p \in [0,1]$ eine beliebige von unten aufzählbare reelle Zahl. Ferner sei $p_0, p_1, \ldots$ eine monoton wachsende berechenbare Folge von rationalen Zahlen, die gegen p konvergiert. Unser Ziel ist nun die Konstruktion einer probabilistischen Maschine M ohne Eingabe, die mit Wahrscheinlichkeit p terminiert. Hierzu interpretieren wir die Menge aller Zufallsfolgen als unendlichen Trie T, in dem jede linke ausgehende Kante eines Knotens mit 0 und jede rechte ausgehende Kante mit 1 markiert ist. Die Idee ist nun M dergestalt zu definieren, dass folgendes erfüllt ist.

1. Falls M bei der Zufallsfolge $b_0 b_1 b_2 \ldots$ terminiert, dann terminiert M auch bei jeder Zufallsfolge, die links von $b_0 b_1 b_2 \ldots$ im Trie T steht.
2. Der Anteil der Zufallsfolgen, bei denen M terminiert, konvergiert mit der Länge der Zufallsfolgen gegen p.

Nehmen wir hierfür an, dass M bisher die Zufallsbits $b_0 b_1 b_2 \ldots b_i$ generiert hat. Dann korrespondiert dieser Zufallsstring in T zu einem Pfad $v_0, v_1, v_2, \ldots, v_{i+1}$, wobei v_0 die Wurzel von T ist. Die Wahrscheinlichkeit, dass M die Zufallsbits $b_0 b_1 b_2 \ldots b_i$ generiert, beträgt $2^{-(i+1)}$. Bezeichne $P_l(b_0 b_1 \ldots b_i)$ die Wahrscheinlichkeit, dass M einen Zufallsstring links von $b_0 b_1 \ldots b_i$ in T generiert. Um einen String links von $b_0 b_1 \ldots b_i$ in T zu generieren, muss auf dem Pfad $v_0, v_1, \ldots, v_{i+1}$ in T in einem Knoten v_j, in dem $b_0 b_1 \ldots b_i$ die rechte Kante wählt, d.h., $b_j = 1$, die linke Kante genommen werden. Also gilt

$$P_l(b_0 b_1 \ldots b_i) = \sum_{j : b_j = 1} 2^{-(j+1)}. \tag{6.38}$$

Bezeichne $P_g(b_0 b_1 \ldots b_i)$ die Wahrscheinlichkeit, dass M den Zufallsstring $b_0 b_1 \ldots b_i$ oder einen Zufallsstring links von $b_0 b_1 \ldots b_i$ in T generiert. Dann impliziert 6.38

$$P_g(b_0 b_1 \ldots b_i) = 2^{-(i+1)} + \sum_{j : b_j = 1} 2^{-(j+1)}. \tag{6.39}$$

Da M immer mit dem leeren Zufallsstring startet, gilt

$$P_g(\varepsilon) = 1. \tag{6.40}$$

Als nächstes beschreiben wir das Verhalten von M. Die Maschine M enthält den Algorithmus $\mathcal{A}$, der für gegebenes i den rationalen Wert p_i berechnet. Als erstes berechnet M die rationale Zahl p_0.

Nehmen wir an, dass $b_0 b_1 \ldots b_i \in \{0,1\}^*$ die bisher von M generierte Zufallsfolge ist. Falls $b_0 b_1 \ldots b_i = \varepsilon$, dann vereinbaren wir $i = -1$. Falls $P_g(b_0 b_1 \ldots b_i) \leq p_{i+1}$, dann hält M an. Andernfalls generiert M das nächste Zufallsbit b_{i+1} und berechnet die nächste rationale Zahl p_{i+2}.

Falls $P_g(b_0 b_1 \ldots b_i) \leq p_{i+1}$, d.h., M hält an, müssen wir uns noch davon überzeugen, dass M auch mit jeder Zufallsfolge, die links von $b_0 b_1 \ldots b_i$ in T ist, anhält. Sei hierzu

$b'_0 b'_1 b'_2 \ldots$ eine beliebige, aber feste Zufallsfolge links von $b_0 b_1 \ldots b_i$ in T. Falls M bezüglich eines Präfixes der Länge $\leq i$ von $b'_0 b'_1 \ldots b'_i$ anhält, dann ist nichts mehr zu beweisen. Nehmen wir also an, dass dies nicht der Fall ist. Wegen

$$P_g(b'_0 b'_1 \ldots b'_i) < P_g(b_0 b_1 \ldots b_i) \leq p_{i+1} \tag{6.41}$$

hält M dann mit der generierten Zufallsfolge $b'_0 b'_1 \ldots b'_i$ an.

Wegen $\lim_{n \to \infty} p_n = p$ impliziert obige Konstruktion, dass M mit Wahrscheinlichkeit p anhält. ∎

Bisher haben wir uns nur dafür interessiert, ob eine probabilistische Maschine ohne Eingabe terminiert oder nicht. Dies bedeutet insbesondere, dass wir verschiedene Ausgaben, mit denen M terminiert, nicht unterschieden haben. Zur Definition der oberen Schranke für die Präfixkomplexität $KP(x)$ eines Strings x benötigen wir die Wahrscheinlichkeit, dass eine probabilistische Maschine ohne Eingabe mit einer spezifizierten Ausgabe terminiert. Dies bedeutet, dass wir Terminierung mit unterschiedlichen Ausgaben unterscheiden müssen. Daher werden wir unsere obige Betrachtungen entsprechend verallgemeinern.

Sei M eine probabilistische Maschine ohne Eingabe, die Zahlen $i \in \mathbb{N}_0$ als Ausgabe produziert. Für $i \in \mathbb{N}_0$ und $n \in \mathbb{N}$ bezeichne $p(i, n)$ die Wahrscheinlichkeit, dass M innerhalb von n Schritten mit der Ausgabe i terminiert. Auch $p(i, n)$ kann wie folgt einfach berechnet werden:

Simuliere das Verhalten von M für jeden der 2^n möglichen Zufallsstrings der Länge n und zähle, bei wievielen dieser Zufallsstrings M innerhalb n Schritten mit der Ausgabe i anhält. Sei $t(i, n)$ die sich ergebende Anzahl. Dann gilt:

$$p(i, n) = \frac{t(i, n)}{2^n}. \tag{6.42}$$

Die *Wahrscheinlichkeit p_i, dass M mit Ausgabe i terminiert*, definieren wir durch

$$p_i := \lim_{n \to \infty} p(i, n). \tag{6.43}$$

Da die Folge $p(i, n)$ monoton wachsend und beschränkt ist, existiert dieser Grenzwert. Eine Folge $p_0, p_1, p_2, \ldots$ von reellen Zahlen heißt *von unten aufzählbar*, falls es eine berechenbare totale Funktion $p : \mathbb{N}_0 \times \mathbb{N}_0 \to \mathbb{Q}$ gibt, so dass für alle $i \in \mathbb{N}_0$ gilt:

1. $p(i, 0) \leq p(i, 1) \leq p(i, 2) \leq \ldots$ und
2. $\lim_{n \to \infty} p(i, n) = p_i$.

Folgender Satz charakterisiert die Wahrscheinlichkeiten der verschiedenen Ausgaben einer probabilistischen Maschine M ohne Eingabe:

Satz 6.10 a) *Sei M eine probabilistische Maschine ohne Eingabe, die Zahlen $i \in \mathbb{N}_0$ als Ausgabe produziert. Für $i \in \mathbb{N}_0$ bezeichne p_i die Wahrscheinlichkeit, dass M mit der Ausgabe i terminiert. Dann ist die Folge $p_0, p_1, p_2, \ldots$ von unten aufzählbar und $\sum_i p_i \leq 1$.*

b) *Seien $p_0, p_1, p_2, \ldots$ eine von unten aufzählbare Folge von nichtnegativen reellen Zahlen und $\sum_i p_i \leq 1$. Dann existiert eine probabilistische Maschine M ohne Eingabe, die für alle $i \in \mathbb{N}_0$ die Ausgabe i mit Wahrscheinlichkeit p_i produziert.*

Beweis: Sei M eine probabilistische Maschine ohne Eingabe, die für $i \in \mathbb{N}_0$ mit Wahrscheinlichkeit p_i mit der Ausgabe i terminiert. Wie die Folge $p_0, p_1, p_2, \ldots$ von unten aufgezählt werden kann, das haben wir bereits bei der Definition von p_i beschrieben. Demzufolge ist nur noch Teil b) des Satzes zu beweisen. Hierzu modifizieren wir den Beweis von Satz 6.9. Da nun die Terminierung von M mit unterschiedlichen Ausgaben als unterschiedliche Endzustände anzusehen sind, unterteilen wir den linken Bereich des Tries T, der zu Zufallsfolgen, bei denen M anhält, korrespondiert, in Bereiche ein. Jeder dieser Bereiche korrespondiert zu einer Zahl $j \in \mathbb{N}_0$. Zur selben Zahl korrespondieren in der Regel mehrere Bereiche. Die probabilistische Maschine M gibt genau dann $j \in \mathbb{N}_0$ aus, wenn sie mit einer Zufallszahl, die zu einem zu j korrespondierenden Bereich gehört, anhält. Wir müssen uns also im wesentlichen überlegen, wie M den linken Teil des Tries T in Bereiche unterteilt.

M enthält einen Algorithmus $\mathcal{A}_1$, der als erstes das Paar $(0,0)$ und dann die anderen Paare $(i,j) \in \mathbb{N}_0 \times \mathbb{N}_0$ mit für festes i monoton wachsenden zweiten Komponenten aufzählt. Hierzu könnte zum Beispiel das Standardverfahren zur Aufzählung von $\mathbb{N}_0 \times \mathbb{N}_0$ verwandt werden. Ferner enthält M einen Algorithmus $\mathcal{A}_2$, der für gegebenes (i,j) den rationalen Wert $p(i,j)$ berechnet. Unter Verwendung von $\mathcal{A}_1$ und von $\mathcal{A}_2$ zählt M die Menge $\{p(i,j) \mid (i,j) \in \mathbb{N}_0 \times \mathbb{N}_0\}$ auf. Für alle $l \in \mathbb{N}_0$ vereinbaren wir $p(l,-1) := 0$.

Für $l \in \mathbb{N}_0$ sei $p(l, s(l))$ stets das zuletzt aufgezählte Paar mit erster Komponente l, falls solches existiert. Falls kein solches Paar existiert, dann setzen wir $s(l) := -1$. Die Rolle von p_{i+1} im Beweis von Satz 6.9 spielt nun

$$K := \sum_l p(l, s(l)). \tag{6.44}$$

Wir passen nun die im Beweis von Satz 6.9 konstruierte Maschine an. M berechnet die erste rationale Zahl $p(0,0)$. Nehmen wir an, dass $b_0 b_1 \ldots b_i \in \{0,1\}^*$ die bisher von M generierte Zufallsfolge und $p(r, s(r))$ die zuletzt aufgezählte rationale Zahl sind. r heißt *aktuelle* Ausgabe. Ausgaben, die zu zukünftig aufgezählten rationalen Zahlen korrespondieren, heißen *zukünftige* Ausgaben. Seien $P_l(b_0 b_1 \ldots b_i)$ und $P_g(b_0 b_1 \ldots b_i)$ wie im Beweis von Satz 6.9 definiert.

Falls $P_g(b_0 b_1 \ldots b_i) \leq K$, dann hält M mit der Ausgabe r an. Andernfalls, d.h., $P_g(b_0 b_1 \ldots b_i) > K$, müssen wir für die korrekte Unterteilung von T in Bereiche zwei Fälle unterscheiden.

Falls $P_l(b_0 b_1 \ldots b_i) < K$, dann korrespondiert ein Teil des unter $b_0 b_1 \ldots b_i$ hängenden Teiltries von T zur aktuellen Ausgabe r, während der andere Teil zu zukünftigen Ausgaben korrespondiert. M generiert das nächste Zufallsbit b_{i+1} und verfährt bezüglich der erweiterten Zufallsfolge $b_0 b_1 \ldots b_{i+1}$ und dem unveränderten K wie oben beschrieben.

Falls $P_l(b_0 b_1 \ldots b_i) \geq K$, dann korrespondiert der gesamte unter $b_0 b_1 \ldots b_i$ hängende Teiltrie zu zukünftigen Ausgaben. M zählt die nächste rationale Zahl $p(r', k')$ auf und aktualisiert K durch

$$K := K + (p(r', k') - p(r', k' - 1)). \tag{6.45}$$

M verfährt bezüglich der unveränderten Zufallsfolge und dem aktualisierten K wie oben beschrieben.

Falls nun M mit der generierten Zufallsfolge $b_0 b_1 \ldots b_i$ und der Ausgabe r anhält, dann gilt

$$K - (p(r, s(r)) - p(r, s(r) - 1)) < P_g(b_0 b_1 \ldots b_i) \leq K. \tag{6.46}$$

Nur wenn die rechte Ungleichung erfüllt ist, hält M an. Falls die linke Ungleichung nicht erfüllt ist, dann hätte gemäß Konstruktion M nicht $p(r, s(r))$ aufgezählt und vorher angehalten.

Für alle $i \in \mathbb{N}_0$ summieren sich die Größen der zu i korrespondierenden Bereichen stets zu $p(i, s(i))$ auf. Wegen $\lim_{n \to \infty} p(i, n) = p_i$ für alle $i \in \mathbb{N}_0$ haben wir somit gezeigt, dass M die Zahl i mit Wahrscheinlichkeit p_i ausgibt. ∎

Zur Definition der oberen Schranke für die Präfixkomplexität eines Strings benötigen wir noch aus der Maßtheorie das Konzept des so genannten Semimaßes. Ersetzen wir in der Definition des Wahrscheinlichkeitsmaßes P im ersten Kolmogorov-Axiom $=$ durch $\leq$ und im zweiten Kolmogorov-Axiom $=$ durch $\geq$, dann erhalten wir ein *Semimaß*. Sei $p_0, p_1, p_2, \ldots$ eine von unten aufzählbare Folge von nichtnegativen reellen Zahlen mit $\sum_i p_i \leq 1$. Ferner seien S eine beliebige aber feste aufzählbare Menge und $s_0, s_1, s_2, \ldots$ eine beliebige, aber feste Aufzählung der Elemente in S. Eine Abbildung $m : S \to [0,1]$ mit $m(s_i) = p_i$ heißt *von unten aufzählbares Semimaß auf S*.

Im Beweis von Satz 6.10 haben wir auf diese Art und Weise ein Semimaß auf $\mathbb{N}_0$ konstruiert. Wir hätten anstatt $i \in \mathbb{N}_0$ das i-te Element in einer beliebigen Aufzählung von $\{0,1\}^*$ ausgeben können und somit ein von unten aufzählbares Semimaß auf $\{0,1\}^*$ erhalten. Der folgende Satz besagt, dass ein maximales von unten aufzählbares Semimaß existiert.

Satz 6.11 *Es existiert ein von unten aufzählbares Semimaß m auf $\mathbb{N}_0$ mit der Eigenschaft, dass für jedes von unten aufzählbare Semimaß m' auf $\mathbb{N}_0$ eine Konstante $c_{m'}$ existiert, so dass $m'(j) \leq c_{m'} m(j)$ für alle $j \in \mathbb{N}_0$.*

Beweis: Sei m' ein beliebiges von unten aufzählbares Semimaß. Sei M' eine probabilistische Maschine, die das Semimaß wie im Beweis von Satz 6.10 beschrieben realisiert. D.h., M' gibt jedes $j \in \mathbb{N}_0$ mit Wahrscheinlichkeit $m'(j)$ aus.

Oben haben wir uns einerseits überlegt, dass wir für jede rekursiv aufzählbare Menge ein Semimaß auf diese Menge konstruieren können. Andererseits können wir die Menge der von unten aufzählbaren Semimaße aufzählen, indem wir alle probabilistischen Turingmaschinen ohne Eingabe aufzählen. Dies legt folgende Idee nahe: Definiere das Semimaß m als ein Semimaß auf der Menge aller von unten aufzählbaren Semimaße.

Sei M eine probabilistische Turingmaschine, die alle probabilistischen Maschinen ohne Eingabe $M_0, M_1, M_2, \ldots$ aufzählt. Sei $p_0, p_1, p_2, \ldots$ eine von unten aufzählbare Folge von reellen Zahlen mit $p_i > 0$ für alle $i \in \mathbb{N}_0$ und $\sum_i p_i \leq 1$. Die probabilistische Maschine M wählt zufällig mit Wahrscheinlichkeit p_i ein $i \in \mathbb{N}_0$ und simuliert dann die Maschine M_i. Satz 6.10 impliziert, dass eine Maschine M_l, $l \in \mathbb{N}_0$ existiert, die das Semimaß m' auf $\mathbb{N}_0$ konstruiert.

Bezeichne m das von M konstruierte Semimaß auf $\mathbb{N}_0$. D.h., für alle $j \in \mathbb{N}_0$ ist $m(j)$ die Wahrscheinlichkeit, dass M mit Ausgabe j anhält. Dann gilt für alle $j \in \mathbb{N}_0$:

$$m(j) \geq p_l m'(j) \Leftrightarrow m'(j) \leq p_l^{-1} m(j). \tag{6.47}$$

Für $c_{m'} := p_l^{-1}$ ergibt sich somit für alle $j \in \mathbb{N}_0$

$$m'(j) \leq c_{m'} m(j), \tag{6.48}$$

so dass der Satz bewiesen ist.

■

Sei Z ein beliebiges Zufallsexperiment mit Ereignisraum S, wobei S rekursiv aufzählbar ist. Ferner sei m ein maximales von unten aufzählbares Semimaß auf S. Obiger Satz besagt, dass $m(i)$ bis auf eine multiplikative Konstante, die zwar von Z, nicht aber von i abhängt, eine obere Schranke für die Wahrscheinlichkeit, dass beim Zufallsexperiment Z das Ereignis i eintritt, ist. Dies werden wir uns bei der Konstruktion von Inferenzsystemen zunutze machen.

Somit haben wir für einen String $x \in \{0,1\}^*$ zwei Maße entwickelt. $m(x)$, wobei m ein maximales von unten aufzählbares Semimaß ist, misst die Wahrscheinlichkeit, dass x die Ausgabe einer probabilistischen Maschine ist. Die Präfixkomplexität $KP(x)$ misst die Schwierigkeit, x mit Hilfe eines Präfixdekompressionsalgorithmus zu rekonstruieren. Zwischen beiden Maßen besteht ein enger Zusammenhang, den folgender Satz herausarbeitet:

Satz 6.12 *Sei m ein maximales von unten aufzählbares Semimaß auf $\{0,1\}^*$. Dann existiert eine Konstante c, so dass $|-\log m(x) - KP(x)| \leq c$ für alle $x \in \{0,1\}^*$.*

6.1 Unendliche Zufallsfolgen

Beweis: Betrachten wir $x \in \{0,1\}^*$ beliebig aber fest. Wir zeigen zunächst $KP(x) \geq -\log m(x) + c_1$ für eine Konstante c_1. Da die Präfixkomplexitätsfunktion KP von oben rekursiv aufzählbar ist, ist die Abbildung

$$w : \{0,1\}^* \to [0,1] \quad \text{mit} \quad w(x) = 2^{-KP(x)}$$

von unten aufzählbar. Da wegen Satz 6.6 auch $\sum_x 2^{-KP(x)} \leq 1$ ist, können wir $\{2^{-KP(x)} \mid x \in \{0,1\}^*\}$ für die Konstruktion eines von unten aufzählbaren Semimaßes auf $\{0,1\}^*$ verwenden. Satz 6.11 impliziert, dass eine Konstante c_0 existiert, so dass für alle $x \in \{0,1\}^*$

$$2^{-KP(x)} \leq c_0 m(x). \tag{6.49}$$

Logarithmieren und Multiplikation mit -1 ergibt:

$$KP(x) \geq -\log m(x) - \log c_0 = -\log m(x) + c_1, \tag{6.50}$$

wobei $c_1 := -\log c_0$. Wir zeigen nun, dass eine Konstante c_2 existiert, so dass $KP(x) \leq -\log m(x) + c_2$ für alle $x \in \{0,1\}^*$. Da m ein Semimaß ist, gilt

$$\sum_i 2^{\log m(i)} = \sum_i m(i) \leq 1. \tag{6.51}$$

Betrachten wir die Folge

$$\lceil -\log m(0) \rceil, \lceil -\log m(1) \rceil, \lceil -\log m(2) \rceil, \ldots$$

Wegen 6.51 gilt

$$\sum_i 2^{-\lceil -\log m(i) \rceil} \leq 1. \tag{6.52}$$

Wir haben die Kraft-Ungleichung für endliche Folgen von Kodewortlängen bewiesen. Eine einfache Modifikation des Beweises liefert uns solche auch für unendliche Folgen von Kodewortlängen.

Übung 6.8: *Formulieren und beweisen Sie die verallgemeinerte Kraft-Ungleichung für unendliche Folgen von Kodewortlängen.*

Die verallgemeinerte Kraft-Ungleichung impliziert, dass es einen präfixfreien Binärkode ψ für die Kodewortlängen $\lceil -\log m(0) \rceil, \lceil -\log m(1) \rceil, \lceil -\log m(2) \rceil, \ldots$ gibt. Da der Kode präfixfrei ist, ist die Abbildung, die das Kodewort $\psi(x)$ auf x abbildet, eine Präfixfunktion. Die Idee ist nun, bezüglich obiger Folge einen präfixfreien Binärkode ψ zu konstruieren und $\psi(x)$ auf x abzubilden.

Wir können nicht wie im Beweis der Kraft-Ungleichung annehmen, dass die Kodewortlängen in obiger Folge aufsteigend sortiert sind. Demzufolge kann der Kode ψ

nicht wie im Beweis der Kraft-Ungleichung konstruiert werden. Eine weitere Schwierigkeit ergibt sich daraus, dass wir m und somit auch obige Folge nicht berechnen können. Jedoch ist m ein von unten aufzählbares Semimaß. D.h., es existiert eine berechenbare totale Funktion $M : \mathbb{N}_0 \times \mathbb{N}_0 \to \mathbb{Q}$, so dass für alle $i \in \mathbb{N}_0$ gilt:

1. $M(i, 0) \leq M(i, 1) \leq M(i, 2) \leq \ldots$ und
2. $\lim_{k \to \infty} M(i, k) = m(i)$.

Die Idee ist, sich die Konstruktion im Beweis von Satz 6.10 zunutze zu machen. Der dort konstruierte Trie T korrespondiert zu einem präfixfreien Binärkode für $\mathbb{N}_0$. Dabei ist der zu einem Blatt, in dem M mit Ausgabe r anhält, korrespondierende Zufallsstring $b_0 b_1 \ldots b_i$ das bezüglich dieses Blattes konstruierte Kodewort für r. Demzufolge enthält T für $r \in \mathbb{N}_0$ mitunter eine Vielzahl von verschiedenen Kodewörter. Die zum Kodewort $b_0 b_1 \ldots b_i$ korrespondierende Wahrscheinlichkeit beträgt $2^{-(i+1)}$. Nehmen wir an, dass x der r-te String in der Aufzählung von $\{0, 1\}^*$ ist.

Die Idee besteht darin, einen Präfixdekompressionsalgorithmus zu konstruieren, der, gegeben ein Kodewort $b_0 b_1 \ldots b_i$ für r, den String x ausgibt. Dies setzt allerdings voraus, dass für jedes r ein Kodewort existiert, dessen Länge $\leq -\log m(r) + d$ ist, wobei d eine Konstante ist, die nicht von r abhängt. Zunächst werden wir uns überlegen, dass jedes $r \in \mathbb{N}_0$ ein hinreichend kurzes Kodewort besitzt.

Betrachten wir hierzu nochmals die Konstruktion des Tries T im Beweis von Satz 6.10. Denjenigen linken Teil von T, der exakt zu den Zufallsfolgen, bei denen die probabilistische Maschine M terminiert, korrespondiert, haben wir in Bereiche unterteilt. Jeder dieser Bereiche korrespondiert eindeutig zu einem $r \in \mathbb{N}_0$, welches die Ausgabe bezüglich jedes Blattes innerhalb des Bereiches ist. Wie wir uns im Beweis von Satz 6.10 überlegt haben, beträgt die Größe eines solchen Bereiches $p(r, k) - p(r, k - 1)$ für ein $k \geq 0$, wobei wir $p(r, -1) := 0$ definiert haben. In einem Bereich B der Größe $q := p(r, k) - p(r, k - 1)$ existiert stets ein Blatt der Tiefe $\leq -\log q + 2$. Dies sieht man folgendermaßen ein:

Für ein Blatt $b \in B$ bezeichne $t(b)$ seine Tiefe in T. Ferner sei

$$t_B := \min\{t(b) \mid b \in B\} \tag{6.53}$$

die minimale Tiefe eines Blattes in B. Gemäß unserer Konstruktion des Tries T gilt

$$q = \sum_{b \in B} 2^{-t(b)}. \tag{6.54}$$

Jeder Bereich B im Trie T kann auf jedem Level maximal zwei Blätter besitzen. Dies liegt daran, dass innerhalb desselben Bereiches nicht beide Söhne desselben Knotens

6.1 Unendliche Zufallsfolgen

Blatt sein können, da dann der Vater dieser Blätter selbst ein Blatt im Bereich wäre. Also gilt

$$q \leq 2 \sum_{t=t_B}^{\infty} 2^{-t}. \tag{6.55}$$

Wegen $\sum_{t=t_B}^{\infty} 2^{-t} \leq 2^{-t_B+1}$ erhalten wir

$$q \leq 2^{-t_B+2} \Leftrightarrow t_B \leq -\log q + 2. \tag{6.56}$$

Wenn wir nun zeigen könnten, dass eine Konstante d existiert, so dass für jedes $r \in \mathbb{N}_0$ in T ein zu r korrespondierender Bereich der Größe $\geq dm(r)$ enthalten ist, dann würde jedes $r \in \mathbb{N}_0$ ein hinreichend kurzes Kodewort besitzen. Jedoch stellt dies die Abbildung $M : \mathbb{N}_0 \times \mathbb{N}_0 \to \mathbb{Q}$ nicht notwendigerweise sicher. Die Idee ist nun, M derart zu modifizieren, dass die resultierende Abbildung $M' : \mathbb{N}_0 \times \mathbb{N}_0 \to \mathbb{Q}$ berechenbar ist und obige Eigenschaft besitzt. Hierzu konstruieren wir für alle $i \in \mathbb{N}_0$ eine Teilfolge $M'(i,0), M'(i,1), M'(i,2), \ldots$ der Folge $M(i,0), M(i,1), M(i,2), \ldots$, so dass folgendes erfüllt ist:

1. $M'(i,0) > 0$,
2. $M'(i,j) \leq \frac{1}{2}m(i)$ impliziert $M'(i,j+1) \geq 2M'(i,j)$ für $j \geq 0$ und
3. es existiert $k_i \geq 0$ mit $M'(i,k_i) \geq \frac{1}{2}m(i)$.

Offensichtlich gilt dann

$$M'(i,k_i) - M'(i,k_i-1) \geq \frac{1}{4}m(i). \tag{6.57}$$

Für die Konstruktion von M' definieren wir

$$j_0 := \min\{j \geq 0 \mid M(i,j) > 0\} \tag{6.58}$$

und für $l > 0$

$$j_l := \min\{j > j_{l-1} \mid M(i,j) \geq 2M(i,j_{l-1})\}. \tag{6.59}$$

Dann leistet die Teilfolge

$$M'(i,0), M'(i,1), M'(i,2), \ldots \text{ mit } M'(i,l) := M(i,j_l) \text{ für } l \geq 0$$

das Gewünschte. Für jedes $i \in \mathbb{N}_0$ existiert ein s, so dass $M(i,j_s) \geq \frac{1}{2}m(i)$. Also ist gemäß unserer Konstruktion $M(i,j_l)$ für $l > s+1$ nicht definiert, so dass obige Teilfolge nur endlich viele Glieder besitzt. Für $i \in \mathbb{N}_0$ bezeichne k_i die zweite Komponente des letzten Gliedes der Teilfolge mit erster Komponente i. Dann definieren wir für $i \in \mathbb{N}_0$

$$m'(i) := M'(i,k_i). \tag{6.60}$$

Dann gilt:

$$\sum_i m'(i) \leq \sum_i m(i) \leq 1. \tag{6.61}$$

Somit ist m' ein Semimaß auf $\mathbb{N}_0$ und demzufolge auch auf $\{0,1\}^*$.

Da die von uns konstruierte Abbildung $M' : \mathbb{N}_0 \times \mathbb{N}_0 \to \mathbb{Q}$ nicht total ist, ist gemäß unserer Definition m' nicht notwendigerweise von unten aufzählbar. Trotzdem besteht die Idee darin, den im Beweis von Satz 6.10 konstruierten Trie T unter Verwendung von M' anstatt von M zu definieren. Da wir für $i \in \mathbb{N}_0$ nicht $m(i)$ und somit auch nicht k_i berechnen können, können wir für ein aufgezähltes Paar (i,j) nicht sicherstellen, dass $M'(i,j)$ berechnet wird. Wir lösen dieses Problem, indem wir anstatt nach Aufzählung eines Paares (i,j) den Wert $M'(i,j)$ zu berechnen stets für alle bisher aufgezählten Paare (r,l) die Werte $M'(r,l)$ parallel und verschränkt aufzählen.

> **Übung 6.9:** *Konstruieren Sie den Trie T unter Verwendung von M' anstatt von M. Führen Sie Ihre Konstruktion unter Ausnutzung der Definition von M' und der Berechenbarkeit der totalen Funktion M möglichst geschickt durch.*

Der resultuierende Trie T' enthält für jedes r einen Bereich der Größe $\geq \frac{1}{4}m(i)$. Also enthält T' für jedes $r \in \mathbb{N}_0$ ein Kodewort der Länge

$$\leq \lceil -\log \frac{1}{4}m(i) \rceil + 2 \leq -\log m(i) + 5.$$

Wir müssen uns noch überlegen, wie der Präfixdekompressionsalgorithmus, der für $r \in \mathbb{N}_0$ ein Kodewort aus T' als Eingabe erhält und den r-ten String in der Aufzählung von $\{0,1\}^*$ ausgibt, aussieht. Die Idee ist, unter Verwendung des Kodewortes anstelle der Zufallsfolge den Trie T' zu konstruieren. Die Durchführung dieser Idee ist eine Übungsaufgabe. Da der Präfixdekompressionsalgorithmus konstante Länge hat, folgt somit die Behauptung.

∎

> **Übung 6.10:** *Entwickeln Sie einen Präfixdekompressionsalgorithmus, der, gegeben ein Kodewort für $r \in \mathbb{N}_0$ aus T' als Eingabe, den r-ten String der Aufzählung von $\{0,1\}^*$ ausgibt. Zeigen Sie, dass Ihr Algorithmus in der Tat eine Präfixfunktion berechnet.*

Nun können wir beweisen, dass jede Kolmogorov-Zufallsfolge in der Tat auch eine Martin-Löf-Zufallsfolge ist.

Satz 6.13 *Sei $x = x_0 x_1 x_2 \ldots \in \Omega$ eine Kolmogorov-Zufallsfolge. Dann ist x auch eine Martin-Löf-Zufallsfolge.*

6.1 Unendliche Zufallsfolgen

Beweis: Wir beweisen die Aussage indirekt. D.h., wir zeigen, dass eine Folge x, die keine Martin-Löf-Zufallsfolge ist, auch keine Kolmogorov-Zufallsfolge ist. Nehmen wir hierzu an, dass x keine Martin-Löf-Zufallsfolge ist. Dann ist $\{x\}$ eine effektive Nullmenge. Sei N die Vereinigung aller effektiven Nullmengen und $\mathcal{A}$ der im Beweis zu Satz 6.2 konstruierte Überdeckungsalgorithmus für $\{N\}$. Betrachten wir $c \in \mathbb{N}$ beliebig aber fest. Sei $u(c,0), u(c,1), u(c,2), \ldots$ die vom Überdeckungsalgorithmus $\mathcal{A}$ bei der Eingabe $\varepsilon := 2^{-2c}$ generierte Folge von binären Strings. Dann existiert insbesondere für jedes $c \in \mathbb{N}$ ein $i \in \mathbb{N}_0$ mit $\{x\} \subseteq \Omega_{u(c,i)}$. Für jedes Paar $(c,i) \in \mathbb{N} \times \mathbb{N}_0$ sei

$$n(c,i) := |u(c,i)| - c. \tag{6.62}$$

Für gegebenes $c \in \mathbb{N}$ gilt dann

$$\sum_i 2^{-n(c,i)} = \sum_i 2^{-|u(c,i)|+c} = 2^c \sum_i 2^{-|u(c,i)|} \leq 2^c 2^{-2c} = 2^{-c}.$$

Also gilt

$$\sum_{c,i} 2^{-n(c,i)} \leq \sum_c 2^{-c} = 1. \tag{6.63}$$

Somit ist $m' : \{0,1\}^* \to [0,1]$ mit

$$m'(z) := \sum_{(c,i):u(c,i)=z} 2^{-n(c,i)} \tag{6.64}$$

ein Semimaß auf $\{0,1\}^*$. Darüber hinaus ist dieses Semimaß von unten aufzählbar, wie nachfolgende Übungsaufgabe zeigt.

Übung 6.11: *Zeigen Sie, dass das Semimaß m' von unten aufzählbar ist.*

Wir möchten nun zeigen, dass die Folge x keine Kolmogorov-Zufallsfolge ist. D.h., wir zeigen, dass für alle Konstanten $d \in \mathbb{N}$ ein n_d existiert, so dass

$$KP(x_0 x_1 \ldots x_{n_d-1}) < n_d - d. \tag{6.65}$$

Sei hierzu m ein maximales von unten aufzählbares Semimaß auf $\{0,1\}^*$. Satz 6.12 impliziert, dass eine Konstante $c_{m'}$ existiert, so dass für alle $z \in \{0,1\}^*$ gilt:

$$m'(z) \leq c_{m'} m(z) \Leftrightarrow m(z) \geq c_{m'}^{-1} m'(z). \tag{6.66}$$

Die Konstante $c_{m'}$ hängt nicht von z ab. Wegen Satz 6.13 existiert eine Konstante $\tilde{c}$, so dass für alle $z \in \{0,1\}^*$

$$KP(z) \leq -\log m(z) + \tilde{c} \tag{6.67}$$
$$\leq -\log c_{m'}^{-1} m'(z) + \tilde{c} \tag{6.68}$$
$$= -\log m'(z) + C, \tag{6.69}$$

wobei $C := \tilde{c} - \log c_{m'}^{-1}$ eine Konstante ist, die nicht von z abhängt. Also gilt für alle $(c, i) \in \mathbb{N} \times \mathbb{N}_0$

$$KP(u(c,i)) \leq -\log m'(u(c,i)) + C \tag{6.70}$$
$$= -\log(\sum_{(c',i'): u(c',i')=u(c,i)} 2^{-n(c',i')}) + C \tag{6.71}$$
$$\leq -\log 2^{-n(c,i)} + C \tag{6.72}$$
$$= n(c,i) + C \tag{6.73}$$
$$= |u(c,i)| - c + C. \tag{6.74}$$

Betrachten wir $d \in \mathbb{N}$ beliebig aber fest. Wähle $c \in \mathbb{N}$ mit $c > d + C$. Dann erhalten wir

$$KP(u(c,i)) \leq |u(c,i)| - c + C \tag{6.75}$$
$$< |u(c,i)| - d. \tag{6.76}$$

Also haben wir bewiesen, dass jede Folge, die keine Martin-Löf-Zufallsfolge ist, auch keine Kolmogorov-Zufallsfolge ist. Somit ist jede Kolmogorov-Zufallsfolge auch eine Martin-Löf-Zufallsfolge.

■

Wir haben bewiesen, dass die Klassen der Martin-Löf-Zufallsfolgen und der Kolmogorov-Zufallsfolgen gleich sind. Somit haben wir bewiesen, dass die Eigenschaften "zu jeder sinnvollen Majorität gehören" und "keine Regelmäßigkeiten enthalten, die eine kompaktere Repräsentation zulassen" zumindest bezüglich unserer mathematischen Formulierung äquivalent sind. Satz 6.5 impliziert, dass jede Kolmogorov-Zufallsfolge auch eine Mises-Church-Zufallsfolge ist. Mises-Church-Zufallsfolgen sind Folgen, die gewisse Stabilitätseigenschaften bezüglich der Häufigkeit der Einsen besitzen. Wie wir bereits bemerkt haben, gibt es Mises-Church-Zufallsfolgen, die keine Kolmogorov-Zufallsfolgen sind.

In der Praxis treten keine unendlichen, sondern endliche Bitfolgen auf. Somit stellt sich folgende Frage: Wie definiert man endliche Zufallsfolgen?

6.2 Endliche Zufallsfolgen

Für $n \in \mathbb{N}$ ist die Frage „welche Folgen von Nullen und Einsen der Länge n sind zufällig" nur für genügend große n sinnvoll. Aber auch für sehr große n gibt es keine klare Grenze zwischen zufällige und nichtzufällige Folgen der Länge n. Startet man mit einem zufälligen Binärstring und ersetzt man die Einsen Bit für Bit durch Nullen, dann endet man schließlich in einem nichtzufälligen String derselben Länge, der nur aus Nullen besteht. Die Frage, wann aus dem zufälligen String ein nichtzufälliger String wird, können wir nicht beantworten. Im Gegensatz zur Menge Ω der unendlichen binären Strings können wir die Menge $\{0,1\}^n$ aller Binärstrings der Länge n nicht in zwei Mengen separieren, so dass die eine Menge exakt aus den zufälligen Strings und die andere Menge exakt aus den nichtzufälligen Strings besteht. Somit ist die korrekte Frage nicht „Ist eine gegebene Folge von Nullen und Einsen der Länge n zufällig?" sondern „Um wieviel ist eine gegebene Folge von Nullen und Einsen der Länge n zufällig?". Demzufolge stellt sich die Frage nach einem Maß für den Grad der Zufälligkeit einer endlichen binären Folge.

Die Idee besteht darin, den Grad der Zufälligkeit eines Strings x in Abhängigkeit einer endlichen Menge M, die x enthält, zu definieren. Hierzu benötigen wir die bedingte Kolmogorov-Komplexität von x, wenn eine endliche Menge M von endlichen binären Strings mit $x \in M$ bekannt ist. Da wir jede solche Menge M durch einen binären String y_M kodieren können, ist diese Situation von unserer Definition der bedingten Kolmogorov-Komplexität umfasst. Wir bezeichnen mit $K(x|M)$ die *bedingte Kolmogorov-Komplexität von x, wenn M bekannt ist*.

Zunächst werden wir uns eine triviale obere Schranke für $K(x|M)$ herleiten. Der String x kann einfach durch seinen Index in der lexikographischen Ordnung von M spezifiziert werden. Also gilt

$$K(x|M) \leq \log |M| + c. \tag{6.77}$$

wobei c eine Konstante ist, die nicht von x oder M abhängt. Für $x \in M$ definieren wir den *Defekt $d(x|M)$ der Zufälligkeit von x relativ zu M* durch

$$d(x|M) := \log |M| - K(x|M). \tag{6.78}$$

Diese Definition impliziert, dass $d(x|M) \geq -c$.

Wenn der Defekt der Zufälligkeit eines Elementes $x \in M$ groß ist, dann existiert für x eine wesentlich kürzere als obige Standardbeschreibung. In diesem Fall besitzt x spezielle Strukturen und ist nicht zufällig.

> **Übung 6.12:** *Zeigen Sie, dass nahezu alle Elemente von M einen kleinen Defekt der Zufälligkeit haben.*

6.3 Ergänzende Übungsaufgaben

Übung 6.13: *Zeigen Sie, dass die Menge der effektiven Nullmengen überabzählbar ist.*

Übung 6.14: *Konstruieren Sie eine berechenbare Folge $r_0, r_1, r_2, \ldots$ von rationalen Zahlen, in der jede rationale Zahl unendlich oft erscheint.*

Übung 6.15:

a) *Sei $x := x_0 x_1 x_2$ eine Martin-Löf-Zufallsfolge. Zeigen Sie, dass dann auch $000 x_0 x_1 x_2 \ldots$ eine Martin-Löf-Zufallsfolge ist.*

b) *Zeigen Sie, dass nach Hinzufügen eines beliebigen endlichen Präfixes eine Martin-Löf-Zufallsfolge eine Zufallsfolge und eine Nichtzufallsfolge auch eine Nichtzufallsfolge bleibt.*

Übung 6.16: *Gegeben sei eine probabilistische Maschine ohne Eingabe, die für alle möglichen Zufallsfolgen terminiert. Zeigen Sie, dass die Anzahl der durchgeführten Rechenschritte durch eine Konstante beschränkt ist und nur eine endliche Anzahl von Ausgaben, die die Maschine produzieren kann, existiert.*

6.4 Literaturhinweise

Bereits LAPLACE hatte die Vorstellung, dass die Anzahl der „regulären" Folgen von Nullen und Einsen viel geringer sein muss, als die Anzahl der „irregulären" Folgen. 1919 versuchte VON MISES [vM19] als erster, unendliche zufällige binäre Folgen formal zu charakterisieren. Von Mises nannte derartige Folgen *Kollektiv*. Dabei blieb seine Definition von zulässige Auswahlregel noch sehr vage. Erst 1940 gab CHURCH [Chu40] eine formale Definition für zulässige Auswahlregeln. 1939 arbeitete VILLE [Vil39] heraus, dass der Begriff des Kollektivs nicht alle relevante Eigenschaften einer Zufallsfolge umfasst. Insbesondere zeigte er, dass ein Kollektiv das Gesetz des iterierten Logarithmus verletzen kann. Angeregt durch die Untersuchungen von KOLMOGOROV [Kol65] beschäftigte sich fünfundzwanzig Jahre später MARTIN-LÖF wieder mit der Problematik und gab 1966 in [ML66] seine Definition von unendlichen binären Zufallsfolgen. Kolmogorov-Komplexität [Kol65] ist für endliche Folgen von Nullen und Einsen definiert. Kolmogorov hat diese zur Definition von endlichen Zufallsfolgen verwandt. Zur selben Zeit ist CHAITIN [Cha66, Cha69] einen ähnlichen Weg gegangen. Die offensichtliche Idee, beim Übergang von endlichen zu unendlichen Folgen, einfach die Kolmogorov-Komplexität von den endlichen Präfixen der unendlichen Folge zu betrachten, führte zu Schwierigkeiten. Diese Schwierigkeiten haben 1973 gleichzeitig und unabhängig voneinander LEVIN [Lev73] und SCHNORR [Sch73] bewältigt, indem sie anstatt die Kolmogorov-Komplexität zu verwenden, die Präfixkomplexität definiert und auf die Präfixe der unendlichen Folge angewandt haben. Beide haben auch

6.4 Literaturhinweise

bewiesen, dass die Klassen der Martin-Löf- und der Kolmogorov-Zufallsfolgen gleich sind.

Die in Kapitel 5 bereits erwähnten Bücher von CALUDE [Cal02] und von LI und VITÁNYI [LV97] enthalten Abschnitte über Zufallsfolgen. Gute Übersichtsartikel gibt es von KOLMOGOROV und USPENSKII [KU87] und von USPENSKII, SEMENOV und SHEN [USS90]. Nach wie vor halte ich das Buch [Sch71] von SCHNORR für sehr empfehlenswert.

In der Praxis, z.B. in der Kryptographie, muss man des Öfteren Zufallsfolgen oder „Pseudozufallsfolgen" generieren. Hierzu konstruiert man Generatoren. Diesbezüglich wird auf die Bücher von GOLDREICH [Gol99], von MENEZES, OORSCHOT und VANSTONE [MvOV97] und von STINSON [Sti95] verwiesen.

7 Induktive Inferenz

In der experimentellen Praxis steht man in der Regel vor dem Problem, aus den beobachteten Daten allgemeine Gesetzmäßigkeiten abzuleiten, die zum einen die beobachteten Daten erklären und zum anderen Vorhersagen über die Daten, die man bei der Durchführung von weiteren Experimenten erhalten würde, erlauben. Häufig ermöglichen die beobachteten Daten mehrere Erklärungen und lassen in Abhängigkeit von diesen unterschiedliche Vorhersagen über zukünftige Daten zu. Daher stellt sich die Frage, welche der möglichen Erklärungen ausgewählt werden soll. Zur Beantwortung dieser Frage hat man bereits seit der Antike mehrere Zugänge entwickelt.

Das *Prinzip der mehrfachen Erklärung* läßt alle Theorien, die mit den beobachteten Daten konsistent sind, als Erklärung zu. Ein Vorteil dieses Prinzips ist, dass sich auch nach Erhalt von weiteren Daten alle konsistenten Theorien unter den zugelassenen Theorien befinden. Jedoch kann das Aufrechthalten aller mit den bisherigen Daten konsistenten Theorien zu aufwendig oder sogar unmöglich sein.

Ockham's Rasiermesser-Prinzip wählt unter denjenigen Theorien, die mit den beobachteten Daten konsistent sind, die einfachste Theorie aus. Hier kann es allerdings passieren, dass nach Erhalt von weiteren Daten die gewählte Theorie nicht mehr konsistent ist. Auch hat man die Schwierigkeit festzulegen, was die einfachste Theorie ist.

Im Gegensatz zu obigen Prinzipien hat folgende Regel eine probabilistische Sicht. Seien D die beobachteten Daten, H eine Hypothese zur Erklärung der Daten D und $P(H)$ eine anfängliche Schätzung der Wahrscheinlichkeit, dass die Hypothese H zutreffend ist. Die *Bayes'sche Regel* besagt, dass die Wahrscheinlichkeit für die Wahrheit der Hypothese H proportional zum Produkt von $P(H)$ mit der durch die Hypothese H bedingten Wahrscheinlichkeit der beobachteten Daten D ist. Hier hat man die Schwierigkeit, die anfängliche Schätzung der Wahrscheinlichkeiten der einzelnen Hypothesen durchzuführen. Nach Beobachtung von neuen Daten werden die Wahrscheinlichkeiten der Hypothesen aktualisiert.

Systeme, die aus beobachteten Daten Gesetzmäßigkeiten ableiten, heißen *induktive Inferenzsysteme*. Unser Ziel ist die Konstruktion eines universellen induktiven Inferenzsystems. Dabei soll keine Theorie, die zu den beobachteten Daten konsistent ist, ausgeschlossen und unter den betrachteten Theorien die einfachen Theorien bevorzugt werden. Nach Erhalt von neuen Daten soll der Wissensstand mit Hilfe der Bayes'schen Regel aktualisiert werden.

7.1 Ein universelles induktives Inferenzsystem

Das induktive Inferenzsystem sollte in der Lage sein, jede sinnvolle Hypothese aufgrund eines Minimums geeignet kodierter Information zu lernen. Dabei kann eine Hypothese stochastisch oder deterministisch sein. Beim Münzwurfexperiment ist die Hypothese, dass bei einem Drittel der Würfen „Kopf" und bei zwei Drittel der Würfen „Zahl" auftritt, eine stochastische Hypothese. Dahingegen ist die Hypothese, dass bei jedem geradzahlig indizierten Münzwurf „Kopf" auftritt, eine deterministische Hypothese. Zunächst werden wir informell Anforderungen, die wir an das Verhalten des universellen induktiven Inferenzsystem stellen wollen, zusammenstellen und dann darüber nachdenken, wie wir diese formal erfüllen können. Das universelle induktive Inferenzsystem sollte folgende Eigenschaften besitzen:

i) Es sollte in der Lage sein, jede berechenbare deterministische oder stochastische Hypothese zu behandeln. Da nichtberechenbare Hypothesen kaum von Nutzen sein können, ist die Beschränkung auf berechenbare Hypothesen sinnvoll.

ii) Es sollte jede Art von Vorwissen verarbeiten können. Dieses kann sich erstrecken von überhaupt kein Vorwissen bis zum Kennen der richtigen Hypothese.

iii) Zu jedem Zeitpunkt besitzt das induktive Inferenzsystem ein aktuelles Wissen bezüglich der Gültigkeit der einzelnen Hypothesen. In Abhängigkeit von neuen beobachteten Daten aktualisiert das induktive Inferenzsystem dieses Wissen.

Folgende Fragen müssen wir beantworten:

1. Wie spezifiziert das induktive Inferenzsystem beobachtete Daten und Hypothesen?
2. Wie spezifiziert das induktive Inferenzsystem das aktuelle Wissen bezüglich der Gültigkeit der einzelnen Hypothesen und wie wird dieses Wissen aufgrund neuer beobachteter Daten aktualisiert?

Unabhängig davon, wie das Experiment aussieht, können die beobachteten Daten binär kodiert werden. Im Prinzip könnten unendlich viele Experimente erfolgen, was dann zu einem unendlichen Binärstring führen würde. Somit sind die bisher beobachteten Daten stets Präfix von möglichen unendlichen Binärstrings. Um die in dem unendlichen Binärstring enthaltenen Regelmäßigkeiten zu beschreiben, versucht das induktive Inferenzsystem auf Basis des gegenwärtigen Wissens und der zuletzt beobachteten Daten eine Theorie zu entwickeln. Hypothesen von möglichen Theorien werden identifiziert mit Algorithmen, die Binärstrings aus Ω, die den aktuellen Datenstring als Präfix enthalten, berechnen. Es gibt unendlich viele Möglichkeiten, einen endlichen Präfix aus $\{0, 1\}^*$ unendlich fortzusetzen. Viele von diesen können sinnvoll sein. Die Strategie, gemäß der der aktuelle Präfix fortgesetzt wird, kann selbst stochastisch sein. Demzufolge ist es sinnvoll, jede Hypothese bzw. Strategie mit einem von unten aufzählbaren Semimaß auf Ω zu identifizieren. Satz 6.11 impliziert, dass äquivalent hierzu jede Hypothese mit einer probabilistischen Maschine ohne Eingabe identifiziert werden kann. Das aktuelle Wissen bezüglich der Gültigkeit der einzelnen Hypothesen kann als Wahrscheinlichkeit, dass betreffende Hypothese zutrifft, interpretiert werden. Obige Sichtweise legt folgendes Konzept für das universelle induktive Inferenzsystem nahe:

Das universelle induktive Inferenzsystem enthält die im Beweis von Satz 6.12 konstruierte Maschine M, so dass es jede probabilistische Maschine ohne Eingabe simulieren kann. Das aktuelle Wissen wird durch die Wahrscheinlichkeiten p_i, $i \in \mathbb{N}_0$, mit denen M die Maschine M_i auswählt, beschrieben. Falls kein Vorwissen über die Gültigkeit der einzelnen Hypothesen vorliegt, dann wird das induktive Inferenzsystem mit geeigneten *a priori Wahrscheinlichkeiten* gestartet. Diese geben uns für jede Hypothese eine anfängliche Schätzung der Wahrscheinlichkeit, dass diese Hypothese zutrifft. Nach Erhalt von neuen Daten werden die Wahrscheinlichkeiten p_i, $i \in \mathbb{N}_0$ unter Anwendung der Bayes'schen Regel aktualisiert. Die aktualisierten Wahrscheinlichkeiten heißen *a posteriori Wahrscheinlichkeiten*.

Für die Durchführung des Konzeptes müssen wir im wesentlichen drei Fragen beantworten:

1. Was ist eine geeignete Wahl für die a priori Wahrscheinlichkeiten?
2. Wie sieht nach Erhalt von neuen Daten konkret die Anwendung der Bayes'schen Regel aus?
3. Wie schätzt man bei gegebenen bisher beobachteten Datenstring x das nächste Datensymbol?

Die dritte Frage ist das so genannte *Inferenzproblem*. Bevor wir obige Fragen beantworten, betrachten wir die Anwendung der Bayes'schen Regel genauer. Sei S ein Ereignisraum von höchstens abzählbar vielen paarweise disjunkten Ereignissen. Sei $H_0, H_1, H_2, \ldots$ eine Aufzählung von abzählbar vielen Hypothesen betreffend eines betrachteten Phänomens. D.h., jedes H_i ist eine Wahrscheinlichkeitsverteilung über S. $\mathcal{H} = \{H_0, H_1, H_2, \ldots\}$ heißt *Hypothesenraum*. Sei $\mathcal{H}$ *erschöpfend*, d.h., mindestens eine Hypothese trifft zu und *gegenseitig ausschließend*, d.h., maximal eine der Hypothesen trifft zu. Seien D die beobachteten Daten eines Experimentes betreffend des betrachteten Phänomens. Sei eine a priori Wahrscheinlichkeitsverteilung P auf $\mathcal{H}$ gegeben. Dies bedeutet insbesondere, dass $\sum_i P(H_i) = 1$. Nehmen wir ferner an, dass wir für alle $H_i \in \mathcal{H}$ die bedingte Wahrscheinlichkeit $Pr(D|H_i)$ der beobachteten Daten D unter der Annahme, dass H_i zutrifft, berechnen können. Dann können wir auch

$$Pr(D) := \sum_j Pr(D|H_j) P(H_j) \qquad (7.1)$$

7.1 Ein universelles induktives Inferenzsystem

berechnen bzw., falls die Anzahl der Hypothesen mit Wahrscheinlichkeit > 0 unendlich ist, ε-approximieren. Dabei verstehen wir unter einer *ε-Approximation*, $\varepsilon > 0$ von $Pr(D)$ eine reelle Zahl $APr(D)$, für die $|Pr(D) - APr(D)| < \varepsilon$. Aus der Definition der bedingten Wahrscheinlichkeit kann leicht folgende Bayes'sche Regel hergeleitet werden:

$$Pr(H_i|D) = \frac{Pr(D|H_i)P(H_i)}{Pr(D)} \tag{7.2}$$

$$= \frac{Pr(D|H_i)P(H_i)}{\sum_j Pr(D|H_j)P(H_j)} \tag{7.3}$$

$Pr(H_i|D)$ ist die aufgrund der Daten D aktualisierte Wahrscheinlichkeit der Hypothese H_i. Diese ist die a priori Wahrscheinlichkeit der Hypothese H_i für die nachfolgenden Daten. Die Wahrscheinlichkeit $Pr(D)$ der Daten D dient in obiger Gleichung als Normalisator, so dass die a posteriori Wahrscheinlichkeiten wieder eine Wahrscheinlichkeitsverteilung bilden, d.h., $\sum_i Pr(H_i|D) = 1$.

Nun wenden wir uns der Beantwortung der obigen Fragen zu. Falls Vorwissen bezüglich der Wahrscheinlichkeiten der einzelnen Hypothesen vorhanden ist, dann kann die daraus resultierende Wahrscheinlichkeitsverteilung als a priori Wahrscheinlichkeitsverteilung genommen werden. Es stellt sich nun die Frage nach der Wahl der a priori Wahrscheinlichkeiten, wenn kein Vorwissen vorhanden ist. Zur Beantwortung dieser Frage betrachten wir noch einmal den Beweis von Satz 6.12. Dort haben wir eine Familie von maximalen von unten aufzählbare Semimaße konstruiert. Hierfür hat eine Maschine M eine Aufzählung $M_0, M_1, M_2, \ldots$ aller probabilistischen Maschinen ohne Eingabe vorgenommen und zufällig $i \in \mathbb{N}_0$ gewählt. Dabei ist p_i, $i \in \mathbb{N}_0$ die Wahrscheinlichkeit, dass i gewählt wird. Danach simuliert M die Maschine M_i. Für alle $i \in \mathbb{N}_0$ ist dann das maximale von unten aufzählbare Semimaß $m(i)$ definiert durch

$$m(i) := p_i \mu(M_i), \tag{7.4}$$

wobei $\mu(M_i)$ das zur Maschine M_i korrespondierende von unten aufzählbare Semimaß bezeichnet. Die einzige Voraussetzung bezüglich der Wahrscheinlichkeiten p_i ist $p_i > 0$ für alle $i \in \mathbb{N}_0$.

Die Idee ist nun, die Wahrscheinlichkeiten p_i, $i \in \mathbb{N}_0$ geeignet zu wählen und mit Hilfe dieser die a priori Wahrscheinlichkeit für jedes von unten aufzählbares Semimaß m' zu definieren. Hierbei müssen wir berücksichtigen, dass $i, j \in \mathbb{N}_0$ mit $i \neq j$ und $\mu(M_i) = \mu(M_j)$ existieren können. Demzufolge gilt für die Wahrscheinlichkeit $P_M(m')$, dass die Maschine M das von unten aufzählbare Semimaß m' wählt:

$$P_M(m') = \sum_{i: \mu(M_i) = m'} p_i. \tag{7.5}$$

Für $x \in \{0,1\}^*$ definieren wir

$$m'(x) := m'(\Omega_x). \tag{7.6}$$

Da m' ein Semimaß ist, gilt

$$m'(x) \geq m'(x0) + m'(x1). \tag{7.7}$$

Für $y \in \{0,1\}^*$ definieren wir nun das bedingte Semimaß $m'(y|x)$ durch

$$m'(y|x) := \frac{m'(xy)}{m'(x)}. \tag{7.8}$$

Übung 7.1: *Sei m' ein Semimaß auf Ω. Zeigen Sie, dass dann auch $m'(\cdot|x)$ für alle $x \in \{0,1\}^*$ ein Semimaß auf Ω_x ist.*

Wir werden nun für jedes von unten aufzählbare Semimaß m' eine geeignete a priori Wahrscheinlichkeit $P_M(m')$ definieren. Dabei wollen wir „einfachere" Semimaße bevorzugen. D.h., wir ordnen einer probabilistischen Maschine ohne Eingabe, deren Programm eine kleine Größe hat, eine größere Wahrscheinlichkeit zu, als einer probabilistischen Maschine ohne Eingabe mit einer größeren Programmgröße.

Für $i \in \mathbb{N}_0$ bezeichne k_i diejenige Kodierung der probabilistischen Maschine M_i, die die Maschine M aufzählt. Wir definieren dann

$$p_i := 2^{-|k_i|}. \tag{7.9}$$

Damit die Summe $\sum_i 2^{-|k_i|}$ nicht größer als eins wird, benötigen wir die Eigenschaft, dass für $i \neq j$ weder k_i ein Präfix von k_j noch k_j ein Präfix von k_i ist. Dann können wir genauso wie im Beweis von Satz 6.7 beweisen, dass $\sum_i 2^{-|k_i|} \leq 1$. Hierzu muss M noch geeignet modifiziert werden.

Übung 7.2: *Modifizieren Sie die Maschine M, so dass diese obige Eigenschaft besitzt.*

Wir erhalten dann für m' die a priori Wahrscheinlichkeit

$$P_M(m') := \sum_{i: \mu(M_i)=m'} p_i = \sum_{i: \mu(M_i)=m'} 2^{-|k_i|}. \tag{7.10}$$

Für jedes von unten aufzählbare Semimaß m' existiert in der Aufzählung $M_0, M_1, M_2, \ldots$ der probabilistischen Maschinen ohne Eingabe mindestens eine Maschine M_j mit $\mu(M_j) = m'$. Also gilt $P_M(m') > 0$ für alle von unten aufzählbare Semimaße m'.

7.1 Ein universelles induktives Inferenzsystem

Es verbleibt noch die Lösung des Inferenzproblems. Sei x der bisher beobachtete Datenstring. Zu bestimmen sind somit $Pr(0|x)$ und $Pr(1|x)$. Für $i \in \mathbb{N}_0$ bezeichne $\overline{p}_i$ die aktuelle Wahrscheinlichkeit, dass M die Maschine M_i für die Simulation auswählt. Dann gilt:

$$Pr(0|x) = \sum_i \overline{p}_i \mu(M_i)(0|x) \tag{7.11}$$

$$= \sum_i \overline{p}_i \frac{\mu(M_i)(x0)}{\mu(M_i)(x)} \tag{7.12}$$

und analog

$$Pr(1|x) = \sum_i \overline{p}_i \frac{\mu(M_i)(x1)}{\mu(M_i)(x)}. \tag{7.13}$$

Als nächstes Symbol wird dasjenige Symbol $y \in \{0, 1\}$ geschätzt, das die maximale bedingte Wahrscheinlichkeit hat.

Übung 7.3: Seien x die bisher verarbeiteten Daten, y die neuen beobachteten Daten und $\overline{p}_i$, $i \in \mathbb{N}_0$ die aktuellen Wahrscheinlichkeiten, dass M die Maschine M_i für die Simulation auswählt. Führen Sie die durch y bedingte Aktualisierung der Wahrscheinlichkeiten durch.

Die oben definierten a priori Wahrscheinlichkeiten des universellen induktiven Inferenzsystems bevorzugen probabilistische Maschinen ohne Eingabe mit kurzer Kodierung. Aufgrund der Struktur der Bayes'schen Regel kann dies nur durch die bedingten Wahrscheinlichkeiten der beobachten Daten geändert werden. Bei gleichen bedingten Wahrscheinlichkeiten behalten Maschinen mit kurzer Kodierung ihre Bevorzugung.

Offensichtlich kann das universelle Inferenzsystem nicht direkt in ein praktisches Inferenzsystem umgesetzt werden. Ein praktisches Inferenzsystem kann nicht alle probabilistische Maschinen ohne Eingabe aufzählen, eine dieser Maschinen zufällig in Abhängigkeit eines aktuellen Semimaßes auswählen und dann noch dieses Semimaß aktualisieren. Unser Ziel ist die Entwicklung von praktischen Inferenzsystemen. Hierzu werden wir zunächst ein theoretisches Inferenzsystem entwickeln, das sich nicht viel von unserem universellen induktiven Inferenzsystem unterscheidet, jedoch etwas strukturierter ist. Danach werden wir uns überlegen, wie wir die Komponenten des Inferenzsystems modifizieren, so dass wir praktische Inferenzsysteme erhalten. Die Idee dabei ist die Verwendung von zweigeteilten Kodes. Dabei kodiert der erste Teil eine Theorie, die die Regelmäßigkeiten in den Daten erklärt, während der zweite Teil eine Kodierung der Daten unter Verwendung der im ersten Teil beschriebenen Theorie repräsentiert.

7.2 Induktive Inferenzsysteme unter Verwendung von MDL und MML

Minimum description length (MDL) und *minimum message length* (MML) bauen beide auf demselben Prinzip auf:

Gegeben seien die beobachteten Daten D und eine Menge $\mathcal{H}$ von Theorien zur Erklärung der Daten. Sowohl MDL als auch MML wählt diejenige Theorie aus, die die Summe

i) der Länge der Beschreibung der Theorie und

ii) der Länge der Beschreibung der Daten, wenn deren Kodierung mit Hilfe der kodierten Theorie erfolgt,

minimiert.

Häufig sagt man anstatt Theorie auch *Modell*. Daten, die durch das Modell beschrieben werden und somit eine Kodierung mit Hilfe des Modells erlauben, heißen *klassifiziert*. Intuitiv erlauben komplexere Modelle die Reduktion nichtklassifizierter Daten, wohingegen einfache Modelle nicht klassifizierte Daten anwachsen lassen. Gemäß unserer Definition ist eine geeignete Balance zwischen beiden Extremen gesucht.

Es stellt sich nun die Frage, wie wir obigen informellen Ansatz formalisieren. Die Idee besteht darin, analog zum universellen induktiven Inferenzsystem die Bayes'sche Regel für die Aktualisierung des Systems nach Erhalt von neuen Daten zu verwenden. Dies bedeutet insbesondere, dass wir anfängliche Wahrscheinlichkeiten $P(H)$ für jedes Modell $H \in \mathcal{H}$ benötigen und in Abhängigkeit von den anfänglichen Wahrscheinlichkeiten und den beobachteten Daten unter Anwendung der Bayes'schen Regel die resultierenden Wahrscheinlichkeiten $Pr(H|D)$ für die Hypothesen $H \in \mathcal{H}$ berechnen. Also müssen wir uns überlegen, wie wir die anfänglichen Wahrscheinlichkeiten erhalten. Hierzu formulieren wir zunächst die Bayes'sche Regel äquivalent wie folgt um:

$$Pr(H|D) = \frac{Pr(D|H)P(H)}{Pr(D)} \qquad (7.14)$$

$$\Leftrightarrow -\log Pr(H|D) = -\log Pr(D|H) - \log P(H) + \log Pr(D). \qquad (7.15)$$

Gegeben die anfänglichen Wahrscheinlichkeiten P und die beobachteten Daten D besteht die Aufgabe darin, diejenige Hypothese $H_0 \in \mathcal{H}$ zu finden, die die bedingte Wahrscheinlichkeit $Pr(H|D)$ maximiert. Wegen 7.15 ist dies äquivalent dazu, diejenige Hypothese $H_0 \in \mathcal{H}$ zu finden, die $-\log Pr(H|D)$ minimiert. Da für gegebene Daten D und anfängliche Wahrscheinlichkeiten P die Wahrscheinlichkeit $Pr(D)$ konstant ist, ist dies äquivalent zu folgender Vorgehensweise:

- Bestimme diejenige Hypothese $H_0 \in \mathcal{H}$, die $-\log P(H) - \log Pr(D|H)$ minimiert.

7.2 Induktive Inferenzsysteme unter Verwendung von MDL und MML

Bezeichne $Pr(H, D)$ die Wahrscheinlichkeit, dass H und D gemeinsam auftreten. Dann ist folgende Vorgehensweise zu obiger äquivalent:

- Bestimme diejenige Hypothese $H_0 \in \mathcal{H}$, die $Pr(H, D) = P(H)Pr(D|H)$ maximiert.

Ab hier gehen MDL und MML unterschiedliche Wege. Wir werden zunächst MDL und dann MML beschreiben.

Grundlage für den von MDL gegangenen Weg bildet die Kolmogorov-Komplexität oder genauer die Präfixkomplexität. Satz 6.13 stellt einen Zusammenhang zwischen der Präfixkomplexität und einem maximalen von unten aufzählbaren Semimaß her. Dieser Zusammenhang legt nahe, ein maximales von unten aufzählbares Semimaß als a priori Wahrscheinlichkeit zu verwenden. Hierzu ist es notwendig, bedingte Wahrscheinlichkeit mit bedingter Präfixkomplexität in Beziehung zu setzen. Die *bedingte Präfixkomplexität* $KP(x|y)$ von x, wenn y bekannt ist, definieren wir analog zur bedingten Kolmogorov-Komplexität:

$$KP(x|y) := K_{\mathcal{U}}(x|y) = \min\{|p| \mid \mathcal{U}(p, y) = x\}, \tag{7.16}$$

wobei $\mathcal{U}$ ein asymptotisch optimaler Präfixdekompressionsalgorithmus ist. Sei m ein maximales von unten aufzählbares Semimaß. Wenn wir nun als a priori Wahrscheinlichkeiten P dieses Semimaß m verwenden, dann erhalten wir

$$\log P(H) := \log m(H) \quad \text{und} \tag{7.17}$$
$$\log Pr(D|H) := \log m(D|H). \tag{7.18}$$

Wegen Satz 6.13 ergibt sich dann

$$-\log m(H) = KP(H) + d \quad \text{und} \tag{7.19}$$
$$-\log m(D|H) = KP(D|H) + d, \tag{7.20}$$

wobei d eine Konstante ist, die nicht von D oder H abhängt. Somit erhalten wir aus obiger Vorgehensweise folgendes Prinzip:

- Bestimme diejenige Hypothese $H_0 \in \mathcal{H}$, die $KP(H) + KP(D|H)$ minimiert.

Die Präfixkomplexitätsfunktion KP ist nicht berechenbar. Dies bedeutet, dass ein induktives Inferenzsystem für $H \in \mathcal{H}$ anstatt seine Präfixkomplexität eine einfache Approximation für $KP(H)$ verwenden muss. Satz 6.8 ergibt für alle $x \in \{0, 1\}^*$

$$KP(x) \leq 2|x| + c, \tag{7.21}$$

wobei c eine Konstante ist. Dies legt die Idee nahe, $KP(H)$ und $KP(D|H)$ durch die daraus resultierenden oberen Schranken zu approximieren. Hierzu kodieren wir zunächst H und dann $D|H$ als Strings über $\{0,1\}$. Bezüglich dieser Kodierungen verwenden wir dann den im Beweis von Satz 6.8 entwickelten korrespondierenden Präfixkode. Hieraus resultiert die Frage, wie wir H und dann $D|H$ kodieren.

> **Übung 7.4:** *Übungsaufgabe 6.1 gibt uns bessere obere Schranken für $KP(x)$, $x \in \{0,1\}^*$. Nehmen wir an, dass wir anstatt obige obere Schranke für die Präfixkomplexität eines Strings x eine dieser besseren oberen Schranken verwenden. Inwiefern unterscheidet sich das resultierende Inferenzsystem von dem obigen? Ist es in irgendeiner Hinsicht besser?*

Dies bedeutet, dass wir die Definition der a priori Wahrscheinlichkeiten auf die Konstruktion eines geeigneten Kodes für die Hypothesen in $\mathcal{H}$ und unter der Annahme, dass eine gegebene Hypothese $H \in \mathcal{H}$ wahr ist, die Konstuktion einer geeigneten Kodierung für die bedingten Daten $D|H$ reduziert haben. Es stellt sich nun die Frage, wie wir die Hypothesen $H \in \mathcal{H}$ und dann $D|H$ kodieren.

Falls wir einen Algorithmus $\mathcal{A}$ haben, der $\mathcal{H}$ aufzählt, dann können wir als Kode $\varphi(H)$ für H die Binärdarstellung desjenigen Index nehmen, den der Algorithmus $\mathcal{A}$ der Hypothese H zuordnet. Falls eine konkrete Kodierung aller Hypothesen $H \in \mathcal{H}$ vorliegt, dann kann der zur Kodierung von H korrespondierende Binärkode als $\varphi(H)$ genommen werden. Dies bedeutet, dass wir eine Kodierung der Hypothesen in $\mathcal{H}$ erhalten, indem wir einen Aufzählungsalgorithmus für $\mathcal{H}$ oder eine konkrete Kodierung aller Hypothesen in $\mathcal{H}$ konstruieren.

Wenden wir uns nun der Kodierung von $D|H$ zu. Sei hierfür $D \in \{0,1\}^n$. Jede Hypothese in $\mathcal{H}$ definiert eine Wahrscheinlichkeitsverteilung auf $\{0,1\}^n$. Bezeichne $Pr(\cdot|H)$ die korrespondierende Verteilungsfunktion. Wie wir uns im Kapitel 4 überlegt haben, können wir dieser Verteilungsfunktion einen Kode ψ zuordnen. Die Kraft-Ungleichung impliziert, dass ein Präfixkode ψ existiert, so dass $|\psi(D|H)| = -\log Pr(D|H)$. Diesen Kode nehmen wir.

Als nächstes beschreiben wir MML. Während die Kolmogorov-Komplexität die Basis für die Überlegungen von MDL bildete ist die Shannon'sche Informationstheorie die Basis für die Überlegungen von MML. Hierzu interpretiert MML die Elemente der Menge $\mathcal{H}$ als Hypothesen über die Quelle der Daten. Den Zusammenhang zwischen den Wahrscheinlichkeiten und der Kodierung der Hypothesen bzw. den bedingten Wahrscheinlichkeiten der Daten und der Kodierung der Daten unter der Annahme, dass die zugrunde liegende Hypothese H zutrifft, konstruiert MML direkt aus Shannons Informationstheorie. Gegeben die a priori Wahrscheinlichkeiten $P(H)$, $H \in \mathcal{H}$ wird ein Kode φ gewählt, der die erwartete Länge der kodierten Hypothesen minimiert. Genauso verwendet man für die Kodierung der Daten unter der Annahme, dass die zugrunde gelegte Hypothese H zutrifft, einen optimalen Kode ψ. D.h., der Kode ψ minimiert die erwartete Länge des kodierten Datenstrings unter der Annahme, dass die Hypothese H zutrifft. Gegeben die Wahrscheinlichkeitsverteilungen erhalten wir unter Verwendung des Huffman-Kodierung die Kodes φ und ψ.

Die Inferenzsysteme MDL und MML sind nahezu identisch. Im wesentlichen unterscheiden sie sich darin, wie sie die Kodierungen für die Hypothesen konstruieren. Während MML zunächst a priori Wahrscheinlichkeiten der Hypothesen und dann unter Verwendung der Huffman-Kodierung seinen Kode für die Hypothesen konstruiert, erstellt MDL die Kodierung der Hypothesen direkt. Welcher dieser Zugänge der bessere ist, wird man erst bei der Konstuktion von Praktischen Inferenzsysteme hinterfragen.

Sowohl bei der Verwendung von MDL als auch bei der Verwendung von MML hat man bei praktischen Anwendungen die Schwierigkeit, zunächst die Menge der möglichen Theorien oder Hypothesen zu modellieren und dann die a priori Wahrscheinlichkeitsverteilung direkt oder indirekt zu spezifizieren.

Nehmen wir an, dass der Hypothesenraum $\mathcal{H}$ gegeben ist. Falls keinerlei Vorwissen vorliegt, dann ist es sinnvoll, jeder Hypothese $H \in \mathcal{H}$ dieselbe a priori Wahrscheinlichkeit $P(H)$ zu geben. D.h., falls $|\mathcal{H}|$ endlich ist,

$$P(H) = \frac{1}{|\mathcal{H}|} \text{ für alle } H \in \mathcal{H}. \tag{7.22}$$

Dann kann bei der Berechnung einer Hypothese H mit maximaler a posteriori Wahrscheinlichkeit $Pr(H|D)$ der Term $P(H)$ herausgenommen werden, da dieser für alle Hypothesen gleich ist. Da $Pr(D)$ eine von H unabhängige Konstante ist, muss diese auch nicht berücksichtigt werden. Eine Hypothese mit maximaler a posteriori Wahrscheinlichkeit $Pr(H|D)$ ist dann gemäß der Bayes'schen Regel eine, die $Pr(D|H)$ maximiert. $Pr(D|H)$ heißt *likelihood* der Daten D, gegeben die Hypothese H. Eine Hypothese, die $Pr(D|H)$ maximiert, heißt *maximum likelihood Hypothese*. D.h., H_{ml} ist eine maximum likelihood Hypothese, falls

$$Pr(D|H_{ml}) = \max_{H \in \mathcal{H}} Pr(D|H). \tag{7.23}$$

Praktische Inferenzsysteme auf wenige Seiten fundiert zu beschreiben scheint mir ein unmögliches Unterfangen. Daher wird hier darauf verzichtet und auf die unten angegebene Literatur verwiesen. Jedoch soll anhand eines Beispiels, der Entwicklung einer „Theorie der Ähnlichkeit" gezeigt werden, dass obige allgemeine Theorie für die Entwicklung einer praxisnahen Theorie von Nutzen sein kann.

7.3 Eine Theorie der Ähnlichkeit

Sei S eine Menge von Objekten. Gegeben zwei beliebige Elemente x und y in S soll eine Aussage darüber gemacht werden, ob und inwieweit diese einander ähnlich sind. Wir illustrieren diese allgemeine Fragestellung anhand zweier Beispiele.

Beispiel 7.1 DNA-Sequenzen sind Strings über dem Alphabet $\Sigma := \{A, G, C, T\}$. Sei S_1 eine Menge von DNA-Sequenzen. In der evolutionären Geschichte haben sich Sequenzen aufgrund von Mutationen verändert. D.h., zwei Sequenzen x und y in S_1 haben in der evolutionären Geschichte gemeinsame Vorfahrsequenzen. Je ähnlicher x und y, umso größer ist die Verwandtschaft der korrespondierenden Spezies. Demzufolge ist es interessant, Aussagen über die Ähnlichkeit zweier DNA-Sequenzen zu machen.

◇

Beispiel 7.2 Sei S_2 eine Menge von Stühlen. Es gibt viele unterschiedliche Stuhltypen, z.B. vierbeinige Stühle, Freischwinger, Drehstühle u.s.w. Stühle können in erster Linie funktional oder auch sehr geschmückt sein. So kann ein Stuhl z.B. äußerst kunstvoll gedrechselte Beine haben. Gegeben zwei Stühle aus S_2 soll eine Aussage über ihre Ähnlichkeit gemacht werden. Derartige Fragestellungen könnten auftreten, wenn wir die Menge von Stühlen klassifizieren möchten.

◇

Somit stellt sich die Frage nach einem sinnvollen Maß für die Ähnlichkeit zweier Objekte. Die Idee besteht nun darin, eine Menge M von Operationen auf S, mittels derer Objekte in S verändert werden können, zu definieren. Diesen Operationen ordnen wir Kosten zu. Betrachten wir eine Operationenfolge, dann erhalten wir die Kosten dieser Folge, indem wir die Kosten der einzelnen Operationen addieren. Ein Maß für die Ähnlichkeit von x und y könnten dann die Kosten einer kostengünstigsten Folge sein, die x nach y transformiert.

Beispiel 7.1 (Fortführung) Operationen könnten hier das Streichen einer Teilsequenz, das Einfügen einer Teilsequenz oder auch die Ersetzung einer Teilsequenz durch eine andere sein. Sei zum Beispiel $x := AAGTTCAAGGCTA$ diejenige Sequenz, auf die wir eine Operation anwenden möchten. Dann erhalten wir nach Einfügen der Sequenz $AGAG$ nach dem ersten T in x die Sequenz $x_1 = AAGTAGAGTCAAGGCTA$. Streichen der Teilsequenz $CAAG$ ergibt die Sequenz $x_2 = AAGTTGCTA$. Nach Ersetzung der Teilsequenz GTT durch $ATTAT$ erhalten wir die Sequenz $x_3 = AAATTATCAAGGCTA$.

◇

Beispiel 7.2 (Fortführung) Hier könnten das Glätten von Stuhlbeinen, das Anbringen von Drechseleien bei gegebenen Parametern, die Transformation einer Fläche in eine andere oder das Vergrößern der Lehne unter vorgegebenen Parametern sinnvolle Operationen sein.

◇

Beispiel 7.2 zeigt, dass eine Operation r und die zugehörige inverse Operation r^{-1}, die die Operation r wieder rückgängig macht, mitunter nicht gleich schwierig sein

7.3 Eine Theorie der Ähnlichkeit

müssen. So scheint das Glätten von gedrechselten Stuhlbeinen einfacher zu sein, als das Anbringen von entsprechenden Drechseleien an glatte Stuhlbeine. Dies legt nahe, dass obige informelle Definition für das Maß der Ähnlichkeit zweier Objekte nur sinnvoll ist, wenn stets die inverse Operation einer Operation genauso schwer ist, wie die Operation selbst und daher auch dieselben Kosten hat. Bevor wir uns mit der Frage beschäftigen, wie wir konkret eine Operationenmenge und eine dazugehörige Kostenfunktion erhalten, definieren wir formal das Maß der Ähnlichkeit zweier Objekte bei gegebener Operationenmenge und gegebener Kostenfunktion für diese Operationenmenge. Wir verlangen dabei nicht, dass die Anwendung einer Operation auf ein Objekt in S wiederum ein Objekt in S ergibt.

Sei $\mathfrak{S}$ eine Menge von Objekten und $S \subseteq \mathfrak{S}$ diejenige Objekte in $\mathfrak{S}$, für die wir uns konkret interessieren. Sei M eine Menge von Operationen, die Objekte in $\mathfrak{S}$ in Objekte in $\mathfrak{S}$ überführen. Sei $c : M \to \mathbb{Q}$ eine *Kostenfunktion*, die jeder Operation in M Kosten zuordnet. Sei $r \in M$ eine Operation. Für $z_1, z_2 \in \mathfrak{S}$ schreiben wir genau dann $z_2 = r(z_1)$, wenn r angewandt auf z_1 das Objekt z_2 ergibt. Seien x und y zwei beliebige verschiedene Objekte in S. Eine Operationenfolge $R := r_1, r_2, \ldots, r_t$ *transformiert* genau dann x nach y, wenn $z_1, z_2, \ldots, z_{t-1} \in \mathfrak{S}$ existieren, so dass

1. $z_1 = r_1(x)$,
2. $z_i = r_i(z_{i-1})$ für $2 \leq i \leq t - 1$ und
3. $y = r_t(z_{t-1})$.

Wir schreiben dann auch $y = R(x)$. Die Kosten $c(R)$ einer Folge $R := r_1, r_2, \ldots, r_t$ ergeben sich aus der Summe der Kosten der einzelnen Operationen. D.h.,

$$c(R) := \sum_{i=1}^{t} c(r_i). \tag{7.24}$$

Die *Distanz* $d_c(x, y)$ zweier Objekte x und y ergibt sich aus der hälftigen Summe der Kosten einer kostengünstigsten Operationenfolge R_1, die x nach y transformiert und einer kostengünstigsten Operationenfolge R_2, die y nach x transformiert. D.h.,

$$d_c(x, y) := \frac{1}{2}(\min\{c(R_1) \mid y = R_1(x)\} + \min\{c(R_2) \mid x = R_2(y)\}). \tag{7.25}$$

Falls keine Operationenfolge R_1 mit $y = R_1(x)$ oder keine Operationenfolge R_2 mit $x = R_2(y)$ existiert, dann vereinbaren wir $d_c(x, y) := \infty$. Je kleiner die Distanz zweier Objekte, desto größer ist ihre Ähnlichkeit. Daher definieren wir die *Ähnlichkeit* $s_c(x, y)$ zweier Objekte x und y durch

$$s_c(x, y) := \frac{1}{d_c(x, y)}. \tag{7.26}$$

Dabei vereinbaren wir $s_c(x, y) = 0$, falls $d_c(x, y) = \infty$.

Nun drängt sich die Frage auf, wie wir für eine gegebene Menge S von Objekten eine geeignete Menge von Operationen erhalten. In der Regel werden eine Vielzahl von Operationenmengen in Frage kommen. Welche von diesen wählen wir dann aus? Erst wenn wir uns auf eine Operationenmenge festgelegt haben, werden wir uns die Frage nach einer geeigneten Kostenfunktion stellen. Für die Beantwortung der Frage nach der geeigneten Operationenmenge benötigen wir die Konzepte von MDL bzw. MML.

Schauen wir uns noch einmal das allgemeine Prinzip, auf das MDL und MML aufbauen, an. Dann entspricht die Menge S von Objekten den beobachteten Daten und die Familie von möglichen Operationenmengen der Menge $\mathcal{H}$ von Theorien zur Erklärung der Daten. Wir werden nun das allgemeine Prinzip auf unsere Fragestellung anpassen:

Gegeben seien die Menge S von Objekten und eine Familie $\mathcal{M}$ von Operationenmengen. Gesucht ist eine Operationenmenge $M \in \mathcal{M}$, die die Summe

i) der Länge der Beschreibung der Operationenmenge und

ii) der Länge der Beschreibung der Objektmenge S, wenn deren Kodierung mit Hilfe der gewählten Operationenmenge M erfolgt,

minimiert.

Wir sind an einer Theorie, die zu praktischen Systemen führt, interessiert. Daher beschränken wir uns bei der Anwendung des obigen Prinzips dahingehend, dass wir auch ein in der Praxis anwendbares Maß für die Ähnlichkeit zweier Objekte in S erhalten. Folgende Regeln sollen bei der Suche nach einem Ähnlichkeitsmaß eingehalten werden:

1. Jede Menge von Operationen $M \in \mathcal{M}$ hat eine endliche Beschreibung.
2. Die Beschreibung der Operationenmenge M muss vollständig sein. D.h., sie beinhaltet auch für jede Operation den für die Durchführung der Operation benötigten Algorithmus.

Die erste Regel impliziert, dass es nur endlich viele verschiedene Typen von Operationen in einer Operationenmenge $M \in \mathcal{M}$ geben darf. Da Operationen auch parametrisiert werden können, bedeutet dies nicht, dass vom selben Typ nur endlich viele verschiedene Operationen existieren.

Gegeben eine Menge S von Objekten müssen wir zunächst die Familie $\mathcal{M}$ von Operationenmengen explizit oder implizit spezifizieren. In einem praktikablen System kann nicht jede denkbare Operationenmenge betrachtet und ausprobiert werden. Selbst wenn dann $\mathcal{M}$ gegeben ist, kann aus Aufwandsgründen in der Regel nicht sichergestellt werden, dass obiges Optimierungsproblem gelöst werden kann. Demzufolge muss bei der Spezifikation von $\mathcal{M}$ und bei der Lösung des daraus resultierenden Optimierungsproblems Expertenwissen mit einfließen.

7.3 Eine Theorie der Ähnlichkeit

Beispiel 7.1 (Fortführung) Es macht wenig Sinn, Operationen mit zu berücksichtigen, die nicht zu möglichen Mutationen korrespondieren. Also ist diesbezüglich das Expertenwissen des Molekularbiologen gefragt. Es macht wenig Sinn, die Familie $\mathcal{M}$ derart zu spezifizieren, so dass das resultierende Optimierungsproblem nicht zumindest approximativ zufriedenstellend gelöst werden kann. Hier ist dann der Algorithmiker gefragt.

◊

Beispiel 7.2 (Fortführung) Eine kompakte Kodierung der Objektmenge könnte z.B. aus einer relativ kleinen Menge von Prototypen, so dass jeder Stuhl aus einem dieser Prototypen mittels Anwendung einiger Operationen aus der Operationenmenge rekonstuierbar ist, bestehen. Sowohl bei der Spezifikation von $\mathcal{M}$ als auch bei der Lösung des korrespondierenden Optimierungsproblems ist der Computergraphiker gefragt.

◊

Nehmen wir an, dass die Spezifikation von $\mathcal{M}$ erfolgt und auch eine Operationenmenge $M \in \mathcal{M}$ ausgewählt ist. Nun stellt sich die Frage nach der Definition der Kostenfunktion für M. Hier drängen sich zwei Möglichkeiten für deren Definition auf. Man kann die Definition der Kosten einer Operation von der Häufigkeit ihrer Anwendung oder auch von der Kompliziertheit der Operation abhängig machen. Hierbei kann die Kompliziertheit von der Länge des benötigten Kodes oder von der benötigten Zeit für die Durchführung einer Operation oder auch von beiden abhängen.

Beispiel 7.1 (Fortführung) Die Kosten einer Mutation sollten mit der Häufigkeit, mit der sie auftreten, zu tun haben. Je größer die Wahrscheinlichkeit, dass eine Mutation auftritt, umso geringer sollten die Kosten für die Mutation sein. D.h., die Definition der Kosten einer Operation sollte in Abhängigkeit der Häufigkeit ihrer Anwendung erfolgen.

♦

Beispiel 7.2 (Fortführung) Hier sagt die Intuition, dass einfache Operationen r, deren inverse Operation r^{-1} auch einfach ist, zu ähnlichen Teilen zweier Stühlen korrespondieren. Falls mindestens eine der Operationen r und r^{-1} schwierig ist, dann scheinen diese Operationen zu weniger ähnlichen Teilen der Stühle zu korrespondieren. Demzufolge sollte hier die Definition der Kosten einer Operation in Abhängigkeit ihrer Kompliziertheit erfolgen. Falls die Modellierung derart erfolgt ist, dass nicht jeder Stuhl in jeden anderen transformiert werden kann, dann gibt es Paare von Stühlen in S, die Ähnlichkeit 0 haben. Wenn dies nicht gewollt ist, dann muss dies bei der Modellierung berücksichtigt werden.

♦

Gegeben die Operationenmenge M und die Kostenfunktion $c : M \to \mathbb{Q}$ müssen wir uns noch darüber Gedanken machen, wie für gegebene Objekte x und y in S

ihre Distanz $d_c(x,y)$ berechnet wird. Gemäß der Definition von $d_c(x,y)$ ist auch hier ein Optimierungsproblem zu lösen. Man kann bereits bei der Definition der Kostenfunktion mit berücksichtigen, dass dieses Optimierungsproblem zu lösen ist. Eventuell könnte man auch damit zufrieden sein, das resultierende Optimierungsproblem approximativ zu lösen. Möglicherweise ist die kompakte Repräsentation der Objektmenge S unter Verwendung der Operationenmenge M dergestalt, so dass diese zur Lösung des Optimierungsproblems mit herangezogen werden kann.

Bei der Entwicklung obiger Theorie für Ähnlichkeit sind wir davon ausgegangen, dass die zugrunde liegende Objektmenge S statisch und ganz im voraus bekannt ist. MDL und MML erlauben das Hinzukommen von neuen Daten. Genauso könnten wir das Hinzukommen von neuen Objekten zulassen und die Theorie der Ähnlichkeit entsprechend erweitern. Dies würde hier zu weit führen.

7.4 Literaturhinweise

Seit Menschengedenken versucht man aus Beobachtetem Gesetzmäßigkeiten abzuleiten. Die hier vorgestellte Theorie für induktive Inferenzsysteme wurde Anfang der sechziger Jahre von SOLOMONOFF [Sol64] entwickelt. 1968 haben WALLACE und BOULTON [WB68] MML als Informationsmaß für die Klassifikation vorgestellt. Zehn Jahre später publizierte RISSANEN [Ris78] sein induktives Inferenzsystem MDL. Sowohl WALLACE [Wal05] als auch RISSANEN [Ris89] haben Bücher über ihr System geschrieben. GRÜNWALD, MYUNG und PITT [GMP05] haben ein Buch mit Übersichtsartikeln und neuere Entwicklungen bezüglich MDL herausgegeben. Die Theorie der Ähnlichkeit wurde für das vorliegende Buch entwickelt. Die Definition der Operationenmenge, der dazugehörigen Kostenfunktion nebst der algorithmischen Behandlung des resultierenden Optimierungsproblems bezüglich der Ähnlichkeit von genetischen Sequenzen hat BLUM ausführlich in [Blu00] behandelt.

Interessiert man sich für praktische Inferenzsysteme, dann halte ich das ausgezeichnet geschriebene Buch [Jef03] von JEFFREYS nach wie vor für sehr empfehlenswert. Einführende Bücher, insbesondere über statistische Lerntheorie, gibt es u.a. von HASTIE, TIBSHIRANI und FRIEDMAN [HTF01] und von MACKAY [Mac03]. Darüber hinaus halte ich die Bücher von CASELLA und BERGER [CB02] und von VAPNIK [Vap98, Vap00] für empfehlenswert.

8 Lernen von Konzepten

Viele Lernprobleme bestehen darin, anhand von positiven und negativen Beispielen allgemeine Konzepte wie zum Beispiel „Hund", „Baum" oder „Haus" zu lernen. Für das Konzept „Hund" könnten „Tier", „hat vier Beine" oder „kann bellen" positive Beispiele und „Baum" oder „kann fliegen" negative Beispiele sein. Formal können derartige Lernprobleme wie folgt definiert werden:

Sei S ein diskreter (z.B. $\mathbb{N}$) oder ein kontinuierlicher (z.B. $\mathbb{R}$) Ereignisraum. Die Elemente von S heißen *Beispiele*. Ein *Konzept* c ist eine Teilmenge von S. Eine *Konzeptklasse* C ist eine Menge von Konzepten. Sei $c \subseteq S$ ein Konzept. Dann heißt die Abbildung $f_c : S \to \{0, 1\}$ mit

$$f_c(x) := \begin{cases} 1 \text{ falls } x \in c \\ 0 \text{ sonst} \end{cases} \quad (8.1)$$

charakteristische Funktion des Konzeptes c.

Wir sind an Lernsysteme für Konzeptklassen interessiert, die praktikabel sind, d.h., polynomielle Laufzeit haben. Verlangt man dies, dann gibt dies zum einen eine Beschränkung der Datenmenge, die beobachtet werden kann und zum anderen Einschränkungen, was mit beobachteten Daten gemacht werden darf. Daher ist es häufig unmöglich, ein Konzept präzise zu lernen, so dass man nur hoffen kann, das zu lernende Konzept approximativ zu lernen. Zwei Fragen drängen sich auf:

1. Wie bestimmt man aus dem Ereignisraum diejenige Beispiele, die beobachtet werden?
2. Wie misst man die Approximationsgüte des gelernten Konzeptes im Vergleich zum zu lernenden Konzept?

Da man aufgrund von Laufzeitbeschränkungen nicht alle Beispiele beobachten kann, scheint es sinnvoll, die zu beobachteten Beispiele gemäß einer Wahrscheinlichkeitsverteilung zufällig auszuwählen. Die Approximationsgüte des gelernten Konzeptes im Vergleich zum zu lernenden Konzept kann dann durch die Wahrscheinlichkeit, dass sich beide Konzepte bezüglich zufällig gewählten Beispielen unterscheiden, ausgedrückt werden. Wir werden nun *probably approximately correct (PAC)-Lernbarkeit* definieren.

Eine Konzeptklasse $C \in 2^S$ heißt genau dann *PAC-lernbar*, wenn ein (probabilistischer) Lernalgorithmus $\mathcal{A}$ existiert, für den folgendes erfüllt ist:

i) $\mathcal{A}$ erhält als Eingabe einen *Fehlerparameter* $\varepsilon \in (0,1]$, einen *Vertrauensparameter* $\delta \in (0,1]$ und einen *Längenparameter* $n \in \mathbb{N}$.

ii) $\mathcal{A}$ kann ein Orakel $EXAMPLE$ bezüglich des zu lernenden Konzeptes $c \in C$ befragen. $EXAMPLE$ wählt dann bezüglich einer unbekannten Wahrscheinlichkeitsverteilung P auf $S^{\leq n} := \{v \in S \mid |v| \leq n\}$ ein Beispiel der Länge $\leq n$ aus und teilt dieses sowie den Wert der charakteristischen Funktion des zu lernenden Konzeptes für dieses Beispiel mit.

iii) Für alle zu lernenden Konzepte $c \in C$ und alle Wahrscheinlichkeitsverteilungen P auf $S^{\leq n}$ hält der Algorithmus $\mathcal{A}$ mit einer Ausgabe $c' \in C$, so dass

$$Pr\left(\sum_{v \in S^{\leq n}: f_c(v) \neq f_{c'}(v)} P(v) < \varepsilon\right) \geq 1 - \delta. \tag{8.2}$$

Dabei bezeichnet $Pr(E)$ für ein Ereignis E die Wahrscheinlichkeit, dass das Ereignis E eintritt.

Eine Konzeptklasse C heißt *polynomiell PAC-lernbar*, wenn C PAC-lernbar ist und ein Polynom p existiert, so dass der Lernalgorithmus $\mathcal{A}$ die Laufzeit $p(|c|, \frac{1}{\varepsilon}, \frac{1}{\delta}, n)$ hat, wobei $c \in C$ das zu lernende Konzept ist.

Zunächst werden wir gewisse Konzeptklassen von Booleschen Ausdrücken dahingehend untersuchen, ob diese polynomielle PAC-Lernalgorithmen besitzen.

8.1 Lernen von Booleschen Ausdrücken

Wir betrachten den Ereignisraum $\{0,1\}^n$. Wir interpretieren $a \in \{0,1\}^n$ als Belegung von n Booleschen Variablen $x_1, x_2, \ldots, x_n$. Bezeichne C_n die Menge aller Monome über die Variablenmenge $\{x_1, x_2, \ldots, x_n\}$. Die *Länge* $|m|$ eines Monoms m ist die Anzahl der Literale in m. Für $c \in C_n$ gilt offensichtlich $|c| \leq 2n$. Unser Ziel ist die Konstruktion eines in n, $\frac{1}{\varepsilon}$ und $\frac{1}{\delta}$ polynomiellen Lernalgorithmus für Boolesche Monome.

Bezeichne stets c das zu lernende Monom. Wir starten mit dem Monom h, das alle Literale enthält. D.h., $h := x_1 \overline{x}_1 x_2 \overline{x}_2 \ldots x_n \overline{x}_n$. Wir befragen das Orakel $EXAMPLE$ und ignorieren negative Beispiele $\langle a, 0 \rangle$. Sei $\langle a, 1 \rangle$ ein positives Beispiel, das $EXAMPLE$ nach einer Befragung präsentiert. Wir streichen aus dem aktuellen Monom h alle Literale, die bei der Belegung a dem Monom den Wert 0 geben. D.h., x_i ($\overline{x}_i$) wird genau dann aus h entfernt, falls $a_i = 0$ ($a_i = 1$). Diese Vorgehensweise hat folgende Implikationen:

8.1 Lernen von Booleschen Ausdrücken

1. Nach dem ersten positiven Beispiel $\langle a, 1\rangle$ ist das resultierende Monom h erfüllbar.
2. h enthält stets alle Literale aus c. Dies bedeutet, dass negative Beispiele für c auch stets negative Beispiele für h sind. Also kann sich h von c nur in für c positiven Beispielen unterscheiden.

Wir werden nun die Fehlerwahrscheinlichkeit analysieren. Sei hierzu z ein Literal in h, das kein Literal in c ist. Sei

$$Q(z) := \sum_{a \in S^{\leq n}: c(a)=1, z(a)=0} P(a). \tag{8.3}$$

Dann gilt

$$\sum_{a \in S^{\leq n}: c(a) \neq h(a)} P(a) \leq \sum_{z \in h} Q(z). \tag{8.4}$$

In obiger Ungleichung gilt nicht notwendigerweise Gleichheit, da bezüglich einer Belegung a mit $c(a) \neq h(a)$ das Monom h zwei Literale z_1 und z_2 mit $c(a) \neq z_1(a)$ und $c(a) \neq z_2(a)$ enthalten kann. In diesem Fall wäre $P(a)$ auf der rechten Seite der Ungleichheit zweimal Summand in der Summe während auf der linken Seite dies nur einmal der Fall ist. Nehmen wir an, dass

$$Q(z) < \frac{\varepsilon}{2n} \text{ für alle } z \in h. \tag{8.5}$$

Dann gilt

$$\sum_{a \in S^{\leq n}: c(a) \neq h(a)} P(a) < 2n \frac{\varepsilon}{2n} = \varepsilon. \tag{8.6}$$

Somit verbleibt noch der Fall, dass $z \in h$ existiert mit $Q(z) \geq \frac{\varepsilon}{2n}$. Ein Literal z in h heißt *schlecht*, falls $Q(z) \geq \frac{\varepsilon}{2n}$. Wir werden nun die Wahrscheinlichkeit, dass ein schlechtes Literal z in h enthalten ist, beschränken.

Für jedes schlechte Literal z ist die Wahrscheinlichkeit $Q(z)$, dass nach einer Befragung von $EXAMPLE$ z aus h eliminiert wird, mindestens $\frac{\varepsilon}{2n}$. Also ist die Wahrscheinlichkeit, dass nach m Befragungen z nach wie vor in h enthalten ist, kleiner als $(1-\frac{\varepsilon}{2n})^m$. Demzufolge ist die Wahrscheinlichkeit, dass irgendein schlechtes Literal nach m Befragungen von $EXAMPLE$ in h enthalten ist, kleiner als $2n(1-\frac{\varepsilon}{2n})^m$. Um einen PAC-Lernalgorithmus zu erhalten wählen wir m derart, dass

$$2n\left(1 - \frac{\varepsilon}{2n}\right)^m \leq \delta. \tag{8.7}$$

Dies ist äquivalent zu

$$m \geq \frac{2n}{\varepsilon}\left(\ln 2n + \ln \frac{1}{\delta}\right). \tag{8.8}$$

Jede Befragung von $EXAMPLE$ benötigt $O(n)$ Zeit. Für $m := \lceil \frac{2n}{\varepsilon}(\ln 2n + \ln \frac{1}{\delta}) \rceil$ ist dies polynomiell in n, $\frac{1}{\varepsilon}$ und $\frac{1}{\delta}$. Somit haben wir einen polynomiellen Lernalgorithmus zum Lernen von Booleschen Monomen entwickelt. Insgesamt haben wir folgenden Satz bewiesen:

Satz 8.1 *Die Konzeptklasse der Booleschen Monome ist polynomiell PAC-lernbar.*

Die Disjunktion von Monomen ist ein Boolescher Ausdruck in *disjunktiver Normalform*. Die Disjunktion von drei Monomen ist ein Boolescher Ausdruck in *3-Term disjunktiver Normalform* (*3-Term DNF*). Falls die Monome Elemente von C_n sind, dann ist die Disjunktion von drei Monomen in *3-Term DNF(n)*. Bezeichne $C_{n,3}$ die Konzeptklasse aller Booleschen Ausdrücke in 3-Term DNF(n). Wir werden uns mit der Frage beschäftigen, ob ein in n, $\frac{1}{\varepsilon}$ und $\frac{1}{\delta}$ polynomieller PAC-Lernalgorithmus für $C_{n,3}$ existiert.

Bezeichne RP die Klasse derjenigen Sprachen L die randomisiert in polynomieller Zeit akzeptiert werden können. D.h., es gibt einen probabilistischen Algorithmus $\mathcal{A}$, der folgende Eigenschaften besitzt:

i) $\mathcal{A}$ erhält als Eingabe einen String $x \in \Gamma^*$, wobei $L \subseteq \Gamma^*$ und einen Parameter $\delta \in (0,1]$.

ii) $\mathcal{A}$ entscheidet mit Wahrscheinlichkeit $\geq 1 - \delta$ korrekt, ob $x \in L$ oder nicht.

iii) $\mathcal{A}$ hat in $|x|$ und $\frac{1}{\delta}$ polynomielle Laufzeit.

Die Frage, ob RP = NP ist eine der großen offenen Fragen in der Theoretischen Informatik. Vielfach wird vermutet, dass $RP \neq NP$. Folgender Satz besagt, dass polynomielle PAC-Lernbarkeit von $C_{n,3}$ die Gleichheit der Sprachklassen RP und NP impliziert.

Satz 8.2 *Falls ein polynomieller PAC-Lernalgorithmus für die Konzeptklasse $C_{n,3}$ existiert, dann gilt $RP = NP$.*

Beweis: Wir reduzieren ein NP-vollständiges Problem $L \subseteq \Gamma^*$ auf PAC-Lernen eines Konzeptes in $C_{n,3}$. Dabei kommt folgende allgemeine Technik zur Anwendung:

Gegeben sei eine Eingabe $x \in \Gamma^n$, für die entschieden werden soll, ob sie in der Sprache L liegt oder nicht. Das Ziel ist nun die Konstruktion einer Beispielmenge $S_x := \{\langle y_1, b_1 \rangle, \langle y_2, b_2 \rangle, \ldots, \langle y_m, b_m \rangle\}$, so dass folgendes erfüllt ist:

1. Die Konstruktion erfolgt in polynomieller Zeit. Dies impliziert insbesondere, dass $m \leq p(n)$ für ein Polynom p.

2. Es gilt genau dann $x \in L$, wenn die Beispielmenge S_x konsistent mit einem Konzept $c \in C$ ist, wobei C die zu lernende Konzeptklasse ist.

Gegeben S_x und ein polynomieller PAC-Lernalgorithmus $\mathcal{A}$ für C kann mit Wahrscheinlichkeit $\geq 1-\delta$ entschieden werden, ob in C ein mit S_x konsistentes Konzept existiert. Hierzu wählt man für $\mathcal{A}$ den Fehlerparameter $\varepsilon := \frac{1}{2m}$. Jede Befragung von $EXAMPLE$ durch $\mathcal{A}$ wird mit einem zufällig gewählten Paar $\langle y_i, b_i \rangle \in S_x$ beantwortet. Dabei wird jedes Paar in S_x mit derselben Wahrscheinlichkeit $\frac{1}{m}$ gewählt. Die Ausgabe von $\mathcal{A}$ wird schließlich auf Konsistenz mit S_x überprüft. Es wird genau dann x als Element der Sprache L akzeptiert, wenn die Ausgabe mit S_x konsistent ist. Dieser Algorithmus hat folgende Eigenschaften:

1. Falls ein mit S_x konsistentes Konzept $c \in C$ existiert, dann ahmt der Algorithmus den Lernalgorithmus $\mathcal{A}$ mit Wahrscheinlichkeitsverteilung

$$P(y_i) = \begin{cases} \frac{1}{m} & \text{falls } \langle y_i, b_i \rangle \in S_x \\ 0 & \text{sonst} \end{cases} \tag{8.9}$$

nach.

2. Für jedes nicht mit S_x konsistente Konzept h gilt $\sum_{y: f_c(y) \neq f_h(y)} P(y) \geq \frac{1}{m} = 2\varepsilon$. Sei $h \in C$ die Ausgabe von $\mathcal{A}$ bei obiger Simulation. Dann impliziert $\sum_{y: f_c(y) \neq f_h(y)} P(y) < \varepsilon$, dass h mit S_x konsistent ist.

3. Falls C kein mit S_x konsistentes Konzept enthält, dann kann $\mathcal{A}$ auch kein solches finden und die Überprüfung fällt dementsprechend aus.

Da $\mathcal{A}$ ein PAC-Lernalgorithmus ist, gibt $\mathcal{A}$ mit Wahrscheinlichkeit $\geq 1-\delta$ ein Konzept mit Fehlerrate $< \varepsilon$ aus, falls ein mit S_x konsistentes Konzept existiert. Wie wir uns oben überlegt haben, ist diese Ausgabe dann selbst mit S_x konsistent, so dass dann x als Element der Sprache akzeptiert wird. Falls kein mit S_x konsistentes Konzept existiert, dann wird x bei jeder Ausgabe von $\mathcal{A}$ nicht als Element der Sprache L akzeptiert. Also wird mit Wahrscheinlichkeit $\geq 1-\delta$ korrekt entschieden, ob $x \in L$ oder nicht.

Zum Beweis unseres Satzes wählen wir das NP-vollständige Problem 3-Färbbarkeit von Graphen. Sei $G = (V, E)$, $V = \{1, 2, \ldots, n\}$ die Eingabe, für die entschieden werden soll, ob der Graph G dreifärbbar ist. Zunächst werden wir die Beispielmenge S_G konstruieren. Seien S_G^+ die positiven und S_G^- die negativen Beispiele in S_G. D.h., $S_G = S_G^+ \cup S_G^-$.

Für $1 \leq i, j \leq n$ seien $v(i) := (a_1, a_2, \ldots, a_n)$, wobei für $1 \leq k \leq n$

$$a_k := \begin{cases} 0 & \text{falls } k = i \\ 1 & \text{sonst} \end{cases} \tag{8.10}$$

und $e(i, j) := (e_1, e_2, \ldots, e_n)$, wobei für $1 \leq k \leq n$

$$e_k := \begin{cases} 0 & \text{falls } k \in \{i, j\} \\ 1 & \text{sonst.} \end{cases} \tag{8.11}$$

Wir definieren dann

$$S_G^+ := \{\langle v(i), 1\rangle \mid 1 \leq i \leq n\} \quad \text{und} \tag{8.12}$$
$$S_G^- := \{\langle e(i,j), 0\rangle \mid (i,j) \in E\}. \tag{8.13}$$

Wir beweisen nun, dass G genau dann dreifärbbar ist, wenn es einen Ausdruck in 3-Term DNF(n) gibt, der mit S_G konsistent ist.

Nehmen wir an, dass G dreifärbbar ist. Sei $f : V \to \{R, B, Y\}$ eine legale Färbung von G. Seien

$$R := \{i \in V \mid f(i) = R\}, \tag{8.14}$$
$$B := \{i \in V \mid f(i) = B\} \quad \text{und} \tag{8.15}$$
$$Y := \{i \in V \mid f(i) = Y\}. \tag{8.16}$$

D.h., R, B und Y bilden eine Partition von V. Ferner sei T_R die Konjunktion aller Variablen, die zu Knoten korrespondieren, die nicht mit R eingefärbt sind. T_B und T_Y seien analog definiert. D.h.,

$$T_R := \bigwedge_{i \in B \cup Y} x_i, \tag{8.17}$$
$$T_B := \bigwedge_{i \in R \cup Y} x_i \quad \text{und} \tag{8.18}$$
$$T_Y := \bigwedge_{i \in B \cup R} x_i. \tag{8.19}$$

Wir definieren dann

$$T := T_R \vee T_B \vee T_Y. \tag{8.20}$$

Aus der Konstruktion folgt direkt, dass für jedes $i \in R$ die Belegung $v(i)$ das Monom T_R, für jedes $i \in B$ die Belegung $v(i)$ das Monom T_B und für jedes $i \in Y$ die Belegung $v(i)$ das Monom T_Y erfüllt. Also gilt für jedes $\langle v(i), 1\rangle \in S_G^+$, dass die Belegung $v(i)$ des Ausdruck T erfüllt. Da für jede Kante $(i,j) \in E$ die beiden Endknoten zu unterschiedlichen Mengen der Partition $R \cup B \cup Y$ von V gehören, erfüllt für jedes $\langle e(i,j), 0\rangle \in S_G^-$ die Belegung $e(i,j)$ den Ausdruck T nicht. Somit haben wir bewiesen, dass $T = T_R \cup T_B \cup T_Y$ konsistent mit der Beispielmenge S_G ist.

Für die andere Richtung nehmen wir an, dass ein Ausdruck $T' := T_1 \vee T_2 \vee T_3 \in C_{n,3}$ existiert, der mit S_G konsistent ist. Zu zeigen ist, dass dies die Dreifärbbarkeit des

8.1 Lernen von Booleschen Ausdrücken

Graphen G impliziert. Hierzu definieren wir zunächst eine Färbung des Graphen. Für $1 \leq i \leq n$ sei

$$c(i) := \min\{j \in \{1,2,3\} \mid v(i) \text{ erfüllt } T_j\}. \tag{8.21}$$

Dann definieren wir die Färbung $f : V \to \{R, B, Y\}$ von G durch

$$f(i) := \begin{cases} R \text{ falls } c(i) = 1 \\ B \text{ falls } c(i) = 2 \\ Y \text{ falls } c(i) = 3. \end{cases} \tag{8.22}$$

Da der Ausdruck $T' = T_1 \vee T_2 \vee T_3$ konsistent mit S_G ist, erfüllt $v(i)$ mindestens eines der Monome T_1, T_2 und T_3. Also ist die Farbe des Knotens i definiert.

Zu zeigen ist noch, das die auf diese Art und Weise erhaltene Färbung des Graphen G legal ist. Nehmen wir an, dass dies nicht der Fall ist. D.h., es existiert eine Kante $(i,j) \in E$ mit i und j haben dieselbe Farbe. Dies impliziert $c(i) = c(j)$ und somit auch, dass $v(i)$ und $v(j)$ dasselbe Monom $T_{c(i)}$ erfüllen. Da die i-te Komponente in $v(i)$ den Wert 1 und in $v(j)$ den Wert 0 hat, kommen weder x_i noch $\overline{x}_i$ im Monom $T_{c(i)}$ vor. Genauso sieht man ein, dass weder x_j noch $\overline{x}_j$ in $T_{c(i)}$ vorkommen. Da in $e(i,j)$ alle Variablen bis auf x_i und x_j mit 1, also genauso wie in $v(i)$ belegt sind und $v(i)$ das Monom $T_{c(i)}$ erfüllt, erfüllt auch die Belegung $e(i,j)$ das Monom $T_{c(i)}$. Dies ist ein Widerspruch dazu, dass der Ausdruck T' mit S_G konsistent ist. Also war unsere Annahme falsch. D.h., die oben definierte Färbung ist legal. ∎

Falls wir für die Repräsentation der Ausgabe eine andere als einen Ausdruck in 3-Term DNF erlauben, dann existiert möglicherweise ein polynomieller PAC-Lernalgorithmus für die Konzeptklasse der 3-Term-DNF. Wir werden die Existenz eines polynomiellen PAC-Lernalgorithmus für eine konkrete andere Repräsentation der Ausgabe beweisen. In der Booleschen Algebra gilt für Boolesche Variablen x, y und z das Distributivgesetz $x \vee yz = xy \vee xz$. Die Idee ist, mit Hilfe des Distributivgesetzes einen Ausdruck $T = T_1 \vee T_2 \vee T_3$ in 3-Term-DNF als Ausdruck in konjunktiver Normalform mit drei Literalen pro Klausel zu schreiben. D.h., wir schreiben

$$T_1 \vee T_2 \vee T_3 \equiv \wedge_{u \in T_1, v \in T_2, w \in T_3} (u \vee v \vee w). \tag{8.23}$$

Derartige Ausdrücke sind in 3-konjunktiver Normalform (3-KNF). Die Idee besteht darin, Lernen von Ausdrücken in 3-KNF auf das Problem „Lernen von Monomen" zu reduzieren. Hierzu interpretieren wir einen Ausdruck in 3-KNF als ein Monom über eine größere neue Variablenmenge. D.h., für jede mögliche Disjunktion dreier Literalen $u \in T_1$, $v \in T_2$ und $w \in T_3$ definieren wir eine neue Variable x_{uvw} und ersetzen in dem Ausdruck in 3-KNF die Klausel $u \vee v \vee w$ durch diese Variable. Dann lernen wir das so konstruierte Monom unter Verwendung des polynomiellen PAC-Lernalgorithmus zum Lernen von Monomen. Die Ausgabe des Lernalgorithmus kann durch Ersetzen jeder Variablen x_{uvw} durch seine korrespondierende Klausel $(u \vee v \vee w)$

wieder als Ausdruck in 3-KNF geschrieben werden. Wenn wir also erlauben, dass die Ausgabe des Lernalgorithmus ein Ausdruck in 3-KNF ist, dann gibt es einen polynomiellen PAC-Lernalgorithmus für Ausdrücke in 3-Term DNF.

> **Übung 8.1:** *Zeigen Sie, dass die Ausgabe des obigen Lernalgorithmus nicht notwendigerweise äquivalent zu einem Ausdruck in 3-Term DNF ist.*

Wir haben die polynomielle PAC-Lernbarkeit der Konzeptklasse der Booleschen Monomen mittels Konstruktion eines polynomiellen PAC-Lernalgorithmus bewiesen. Wir werden uns nun mit der Frage beschäftigen, ob die PAC-Lernbarkeit auch auf anderen Weg bewiesen werden kann.

8.2 Ockham's Rasiermesserprinzip

Ockhams Rasiermesserprinzip besagt, dass das einfachste mit den Beispielen konsistente Konzept als Ausgabe eines Lernalgorithmus gewählt werden soll. Einfachste oder auch kürzeste Konzepte, die mit einer gegebenen Beispielmenge konsistent sind, können häufig überhaupt nicht oder nur mit zu großem Zeitaufwand berechnet werden. So ist zum Beispiel die Berechnung eines kürzesten Ausdrucks in disjunktiver Normalform mit maximal k Literalen pro Monom, der mit einer gegebenen Menge von Beispielen konsistent ist, NP-hart. Daher ist es sinnvoll, polynomiell berechenbare Approximationen von kürzesten Konzepten zu betrachten.

Seien C eine Konzeptklasse, $d \geq 1$ und $0 \leq \alpha < 1$ Konstanten. Ein (d, α)-*Ockham-Algorithmus* für C ist ein Lernalgorithmus $\mathcal{A}$, der folgende Eigenschaften besitzt:

i) Gegeben m Beispiele für ein beliebiges zu lernendes Konzept $c \in C$ der Länge $\leq s$ Bits gibt der Algorithmus $\mathcal{A}$ ein zu den Beispielen konsistentes Konzept $c' \in C$ der Länge $\leq s^d m^\alpha$ aus.

ii) $\mathcal{A}$ hat in m polynomielle Laufzeit.

Je mehr Beispiele gegeben sind, um so schwieriger ist es, ein zu den Beispielen konsistentes Konzept zu finden. Dies erklärt, warum mit wachsendem m die Länge der Ausgabe eines (d, α)-Ockham-Algorithmus wachsen kann. Folgender Satz besagt, dass die Existenz eines (d, α)-Ockham-Algorithmus für eine Konzeptklasse C die polynomielle PAC-Lernbarkeit dieser Konzeptklasse impliziert. Demzufolge kann die polynomielle PAC-Lernbarkeit einer Konzeptklasse C durch die Konstruktion eines (d, α)-Ockham-Algorithmus für C bewiesen werden.

Satz 8.3 *Seien C eine Konzeptklasse, $d \geq 1$ und $0 \leq \alpha < 1$ Konstanten. Falls C einen (d, α)-Ockham-Algorithmus $\mathcal{A}$ besitzt, dann ist C polynomiell PAC-lernbar.*

8.2 Ockham's Rasiermesserprinzip

Beweis: Sei P die Wahrscheinlichkeitsverteilung, mittels der der Lernalgorithmus $\mathcal{A}$ die Beispiele unabhängig voneinander aus S auswählt. Betrachten wir Fehlerparameter $0 < \varepsilon < 1$ und Vertrauensparameter $0 < \delta < 1$ beliebig aber fest. Die Idee ist, m groß genug zu wählen, so dass gezeigt werden kann, dass der (d, α)-Ockham-Algorithmus auch ein PAC-Lernalgorithmus ist. Sei

$$m \geq \max\left\{ \left(\frac{2(s^d+1)}{-\log(1-\varepsilon)}\right)^{\frac{1}{1-\alpha}}, \frac{2\log\frac{1}{\delta}}{-\log(1-\varepsilon)} \right\}. \tag{8.24}$$

Diese Wahl von m wird sich aus den nachfolgenden Berechnungen ergeben. Gemäß unserer Konstruktion ist m polynomiell in s, $\frac{1}{\varepsilon}$ und $\frac{1}{\delta}$. Da $\mathcal{A}$ ein (d, α)-Ockham-Algorithmus ist, gibt $\mathcal{A}$ ein Konzept c' der Länge $\leq s^d m^\alpha$ aus. Zu zeigen ist, dass

$$Pr\left(\sum_{v: f_c(v) \neq f_{c'}(v)} P(v) \geq \varepsilon \right) < \delta. \tag{8.25}$$

Betrachten wir hierzu folgende Teilmenge C' von C:

$$C' := \{ \bar{c} \in C \mid |\bar{c}| \leq s^d m^\alpha \}. \tag{8.26}$$

Dies bedeutet insbesondere, dass die Ausgabe von $\mathcal{A}$ in C' enthalten ist. Sei $r := |C'|$ die Anzahl der Konzepte in C'. Folgendes Lemma gibt den Schlüssel für den Beweis:

Lemma 8.1 *Sei $\bar{c} \in C'$ ein beliebiges Konzept in C', das sich bei m unabhängig gewählten Beispielen bzgl. der Werte der charakteristischen Funktion genauso wie das zu lernende Konzept c verhält. Dann gilt*

$$Pr\left(\sum_{v: f_c(v) \neq f_{\bar{c}}(v)} P(v) \geq \varepsilon \right) < (1-\varepsilon)^m r.$$

Bevor wir das Lemma beweisen, führen wir den Beweis des Satzes zu Ende. Wegen $m \geq \left(\frac{2(s^d+1)}{-\log(1-\varepsilon)}\right)^{\frac{1}{1-\alpha}}$ gilt:

$$m^{1-\alpha} \geq \frac{2(s^d+1)}{-\log(1-\varepsilon)}. \tag{8.27}$$

Dies kann äquivalent umgeformt werden zu

$$s^d m^\alpha + m^\alpha \leq -\frac{1}{2} m \log(1-\varepsilon). \tag{8.28}$$

Somit erhalten wir wegen $m^\alpha \geq 1$:

$$r \leq 2^{s^d m^\alpha + 1} \tag{8.29}$$
$$\leq 2^{-\frac{m}{2} \log(1-\varepsilon)} \tag{8.30}$$
$$= (1-\varepsilon)^{-\frac{m}{2}}. \tag{8.31}$$

Wegen Lemma 8.1 gilt somit:

$$Pr\left(\sum_{v: f_c(v) \neq f_{c'}(v)} P(v) \geq \varepsilon\right) < (1-\varepsilon)^m r \tag{8.32}$$
$$\leq (1-\varepsilon)^m (1-\varepsilon)^{-\frac{m}{2}} \tag{8.33}$$
$$= (1-\varepsilon)^{\frac{m}{2}}. \tag{8.34}$$

Wegen $m \geq \frac{2 \log \frac{1}{\delta}}{-\log(1-\varepsilon)}$ gilt:

$$(1-\varepsilon)^{\frac{m}{2}} \leq (1-\varepsilon)^{\frac{\log \frac{1}{\delta}}{-\log(1-\varepsilon)}} \tag{8.35}$$
$$= 2^{\frac{\log(1-\varepsilon) \log \frac{1}{\delta}}{-\log(1-\varepsilon)}} \tag{8.36}$$
$$= 2^{\log \delta} \tag{8.37}$$
$$= \delta. \tag{8.38}$$

Also gilt

$$Pr\left(\sum_{v: f_c(v) \neq f_{c'}(v)} P(v) \geq \varepsilon\right) < \delta, \tag{8.39}$$

so dass der Satz unter der Voraussetzung, dass Lemma 8.1 korrekt ist, bewiesen ist. ∎

Also müssen wir nur noch Lemma 8.1 beweisen.

Beweis von Lemma 8.1:

Sei

$$B := \left\{ \bar{c} \in C' \mid \sum_{v: f_c(v) \neq f_{\bar{c}}(v)} P(v) \geq \varepsilon \right\}. \tag{8.40}$$

Betrachten wir $\bar{c} \in B$. Bezeichne $E_{\bar{c}}$ das Ereignis, dass sich $\bar{c}$ bei allen m unabhängig gewählten Beispielen bzgl. der Werte der charakteristischen Funktion genauso wie das zu lernende Konzept c verhält.

Für jedes $\bar{c} \in B$ ist die Wahrscheinlichkeit, dass sich c und $\bar{c}$ für ein zufälliges Beispiel v unterscheiden, mindestens ε. Da die m Beispiele unabhängig gemäß der Wahrscheinlichkeitsverteilung P gewählt werden, gilt:

$$Pr(E_{\bar{c}}) < (1-\varepsilon)^m. \tag{8.41}$$

Hieraus folgt wegen $|B| \leq |C'| = r$

$$Pr(\cup_{\bar{c} \in B} E_{\bar{c}}) < (1-\varepsilon)^m r, \tag{8.42}$$

womit das Lemma bewiesen ist. ∎

8.3 Samplekomplexität von PAC-Lernalgorithmen

Wir werden nun eine quantitative Beziehung zwischen der Anzahl der zum Lernen benötigten Beispiele und den Eigenschaften der zugrunde liegenden Konzeptklasse untersuchen. Sei $\mathcal{A}$ ein Lernalgorithmus für eine Konzeptklasse C. Dann heißt die Funktion $s : (0,1] \times (0,1] \times \mathbb{N} \to \mathbb{N}$, wobei $s(\varepsilon, \delta, n)$ die maximale Anzahl von Befragungen des Orakels $EXAMPLE$ durch $\mathcal{A}$ bei Eingabe ε, δ und n ist, *Samplekomplexität* des Lernalgorithmus $\mathcal{A}$. Dabei wird das Maximum über alle zu lernenden Konzepte $c \in C$ und alle Wahrscheinlichkeitsverteilungen P auf $S^{\leq n}$ genommen. Falls kein endliches Maximum existiert, dann definieren wir $s(\varepsilon, \delta, n) := \infty$. Eine Konzeptklasse C heißt *polynomiell samplelernbar*, falls ein Lernalgorithmus $\mathcal{A}$ für C und ein Polynom p existieren, so dass für alle $(\varepsilon, \delta, n) \in (0,1] \times (0,1] \times \mathbb{N}$ stets $s(\varepsilon, \delta, n) \leq p(\frac{1}{\varepsilon}, \frac{1}{\delta}, n)$.

Seien C eine Konzeptklasse mit zugehörigen Ereignisraum S und $S' \subseteq S$ eine Beispielmenge. Dann besteht $\Pi_C(S')$ genau aus denjenigen Teilmengen von S', die sich als Durchschnitt eines Konzeptes $c \in C$ mit S' schreiben lassen. D.h.,

$$\Pi_C(S') := \{c \cap S' \mid c \in C\}. \tag{8.43}$$

Wir sagen C *zerlegt* $S' \subseteq S$, falls $\Pi_C(S')$ die Potenzmenge von S' ist; d.h., $\Pi_C(S') = 2^{S'}$.

Beispiel 8.1 Seien $S := \mathbb{N}_0$ der Ereignisraum, $S' := \{0, 1, 2\}$ eine Beispielmenge und $C := \{\{0, 2, 4\}, \{0, 4\}, \{2\}, \{4\}, \{0, 2\}, \{0, 1, 2\}, \{1, 2\}, \{1, 4\}, \{0, 1, 4\}\}$. Dann zerlegt C die Beispielmenge S' (überzeugen Sie sich). ♦

Wenn C die Menge $S' \subseteq S$ zerlegt, dann ist jedes Beispiel $x \in S'$ von den anderen Beispielen in S' unabhängig. D.h., das Wissen $x \in c$ für ein Konzept c sagt nichts über das Enthaltensein irgendeines anderen Beispiels $y \in S'$ in c aus. Je größer die Elementanzahl einer Menge, die von einer Konzeptklasse C zerlegt wird, umso schwieriger ist es, die Konzeptklasse C zu lernen.

Die *Vapnik-Chervonenkis (VC)-Dimension* $D_{VC}(C)$ *von* C ist das maximale $d \in \mathbb{N}$, so dass $S' \subseteq S$ mit $|S'| = d$ und C zerlegt S' existiert. Um zu beweisen, dass die VC-Dimension einer Konzeptklasse mindestens d ist, genügt es, eine Beispielmenge S' der Größe d zu konstruieren und zu zeigen, dass die Konzeptklasse S' zerlegt. Der Beweis, dass die VC-Dimension einer Konzeptklasse höchstens d ist, gestaltet sich wesentlich schwieriger. Hierzu muss gezeigt werden, dass jede Beispielmenge der Größe $d + 1$ nicht von der Konzeptklasse zerlegt wird. Um für eine Beispielmenge S' zu zeigen, dass diese nicht von einer Konzeptklasse zerlegt wird, genügt es, für eine Teilmenge $S'' \subseteq S'$ zu beweisen, dass kein Konzept c in der Konzeptklasse mit $c \cap S' = S''$ existiert.

Beispiel 8.2 Wir betrachten zwei geometrische Konzeptklassen und berechnen ihre VC-Dimension.

Seien die reelle Gerade der Ereignisraum S_1 und die Menge der abgeschlossenen Intervalle auf S_1 die Konzeptklasse C_1. Es ist offensichtlich, dass C_1 jede Beispielmenge, bestehend aus zwei beliebigen Punkte auf S_1, zerlegt. Jedoch gibt es keine Beispielmenge S_1', bestehend aus drei Punkten auf S_1, die C_1 zerlegt. Dies folgt daraus, dass es kein Intervall gibt, das die beiden äußeren Punkte und nicht den inneren Punkt von S_1' enthält. Abbildung 8.1 stellt dies graphisch dar. Die Punkte in S_1'' sind mit + und die Punkte in $S_1' \setminus S_1''$ mit − markiert. Jedes Intervall, das die mit + markierte Punkte enthält, muss auch den mit − markierten Punkt enthalten. Also ist die VC-Dimension der Konzeptklasse C_1 gleich zwei.

Abbildung 8.1: Eine Teilmenge S'', die nicht in $\Pi_C(S')$ liegt.

Seien nun die reelle Ebene der Ereignisraum S_2 und die Menge der Halbebenen von S_2 die Konzeptklasse C_2. Sei S_2' eine Menge von beliebigen drei unterschiedlichen Punkten in S_2, die nicht auf einer Gerade liegen. Es ist leicht einzusehen, dass C_2 die Beispielmenge S_2' zerlegt. Abbildung 8.2(a) gibt für eine der acht möglichen Teilmengen von S_2' eine Halbebene an, die die Punkte in S_2' enthält und die in $S_2 \setminus S_2'$ nicht. Somit ist die VC-Dimension von C_2 mindestens drei. Um einzusehen, dass die VC-Dimension von C_2 nicht größer als drei sein kann, betrachte vier beliebige Punkte in der Ebene. Drei Fälle können eintreten:

1. Mindestens drei der Punkte liegen auf derselben Gerade.
2. Es liegen maximal zwei Punkte auf derselben Gerade und alle vier Punkte liegen auf der von ihnen definierten konvexen Hülle.
3. Drei der vier Punkte definieren die konvexe Hülle der vier Punkte und der vierte Punkt liegt im Inneren der konvexen Hülle.

8.3 Samplekomplexität von PAC-Lernalgorithmen

Im ersten Fall gibt es offensichtlich keine Halbebene, die von drei Punkten auf derselben Gerade die beiden äußersten Punkte und nicht den inneren Punkt enthält. Die beiden anderen Fälle sind in Abbildung 8.2(b) bzw. (c) illustriert.

Im Fall, dass alle vier Punkte auf der konvexen Hülle liegen, betrachten wir eine Beispielmenge S_2'', die aus zwei auf der konvexen Hülle gegenüber liegenden Punkten besteht. Offensichtlich gibt es keine Halbebene, die die Punkte in S_2'' und nicht mindestens einen Punkt in $S_2' \setminus S_2''$ enthält. Im dritten Fall betrachten wir die Beispielmenge S_2'', die exakt die drei Punkte auf der konvexen Hülle enthält. Offensichtlich gibt es keine Halbebene, die S_2'' und nicht den Punkt in $S_2' \setminus S_2''$ enthält. Insgesamt haben wir gezeigt, dass die VC-Dimension von C_2 maximal drei ist. Somit ist die VC-Dimension von C_2 gleich drei.

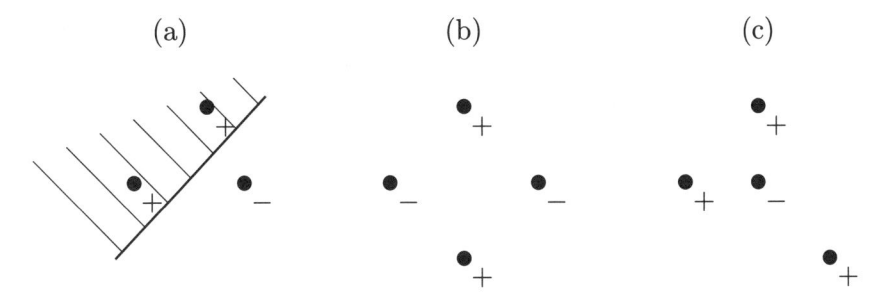

Abbildung 8.2: Illustrationen zur Berechnung der VC-Dimension von C_2.

♦

Übung 8.2: *Seien die euklidische Ebene $\mathbb{R}^2$ der Ereignisraum S und die Menge der zu den Koordinatenachsen parallelen Rechtecke die Konzeptklasse C. Zeigen Sie, dass vier die VC-Dimension von C ist.*

Folgendes Lemma bringt Größe und VC-Dimension einer Konzeptklasse zueinander in Beziehung.

Lemma 8.2 *Seien S eine endliche Menge, C eine Konzeptklasse mit zugehörigen Ereignisraum S und $d := D_{VC}(C)$. Dann gilt $2^d \leq |C| \leq (|S|+1)^d$.*

Beweis: Da C eine Menge $S' \subseteq S$ mit $|S'| = d$ zerlegt und die Anzahl der verschiedenen Teilmengen von S' gerade 2^d ist, muss C mindestens 2^d verschiedene Konzepte enthalten.

Die obere Schranke beweisen wir mittels Induktion über $|S|$. Falls $|S| = 1$, dann existieren nur die Konzeptklassen $\{\emptyset\}$, $\{S\}$ und $\{\emptyset, S\}$. Die Konzeptklassen $\{\emptyset\}$ und $\{S\}$ haben VC-Dimension 0. Die Konzeptklasse $\{\emptyset, S\}$ hat VC-Dimension 1. Also gilt offensichtlich die obere Schranke.

Nehmen wir an, dass $|C| \leq (|S|+1)^d$ für alle Ereignisräume S mit $|S| = k$, $k \geq 1$. Wir führen nun den Induktionsschritt durch. Sei S ein Ereignisraum mit $|S| = k+1$. Betrachten wir $x \in S$ beliebig aber fest. Seien

$$S_1 := S \setminus \{x\}, \tag{8.44}$$
$$C_1 := \{c_1 \in C \mid \exists c \in C \setminus \{c_1\} \text{ mit } c_1 = c \cup \{x\}\} \text{ und} \tag{8.45}$$
$$C_2 := C \setminus C_1. \tag{8.46}$$

Wir werden nun obere Schranken für $|C_1|$ und $|C_2|$ herleiten. Deren Summe ist dann eine obere Schranke für $|C|$. Zuerst beweisen wir eine obere Schranke für $|C_2|$.

Gemäß unserer Konstruktion können sich zwei verschiedene Konzepte in C_2 nicht nur bezüglich x unterscheiden. Wäre dies der Fall, dann wäre eines dieser Konzepte in C_1 und nicht in C_2. Demzufolge können Konzepte in C_2 mittels Beispiele aus S_1 unterschieden werden. Somit kann C_2 als Konzeptklasse mit zugehöriger Ereignismenge S_1 interpretiert werden, ohne dass sich hierdurch die Elementanzahl von C_2 ändern würde. Wegen $C_2 \subseteq C$ kann C_2 keine größere Menge zerlegen als C. Also gilt

$$D_{VC}(C_2) \leq d. \tag{8.47}$$

Wegen $|S_1| = k$ ist die Induktionsannahme anwendbar, woraus

$$|C_2| \leq (|S_1|+1)^d \tag{8.48}$$

folgt.

Als nächstes werden wir eine obere Schranke für $|C_1|$ herleiten. Da alle Konzepte in C_1 das Beispiel x enthalten, unterscheiden sich verschiedene Konzepte in C_1 durch Beispiele aus S_1. Nun könnten wir für $|C_1|$ dieselbe obere Schranke wie für $|C_2|$ herleiten. Diese würde zum Beweis des Lemmas nicht ausreichen, so dass wir eine kleinere obere Schranke beweisen müssen. Hierzu zeigen wir zunächst, dass die VC-Dimension von C_1 strikt kleiner als d ist.

Nehmen wir an, dass C_1 eine Teilmenge S' von S mit $|S'| \geq d$ zerlegt. Gemäß unserer Konstruktion von C_1 und C_2 zerlegt dann C auch $S' \cup \{x\}$. Wegen $|S' \cup \{x\}| \geq d+1$ und $D_{VC}(C) = d$ kann dies nicht sein. Also enthalten Teilmengen von S_1, die C_1 zerlegt, höchstens $d-1$ Elemente. Somit impliziert die Induktionsannahme

$$|C_1| \leq (|S_1|+1)^{d-1}. \tag{8.49}$$

8.3 Samplekomplexität von PAC-Lernalgorithmen

Insgesamt erhalten wir

$$|C| = |C \setminus C_1| + |C_1| \tag{8.50}$$
$$= |C_2| + |C_1| \tag{8.51}$$
$$\leq (|S_1| + 1)^d + (|S_1| + 1)^{d-1} \tag{8.52}$$
$$= (k + 1)^d + (k + 1)^{d-1} \tag{8.53}$$
$$= (k + 2)(k + 1)^{d-1} \tag{8.54}$$
$$\leq (k + 2)^d \tag{8.55}$$
$$= (|S| + 1)^d, \tag{8.56}$$

womit das Lemma bewiesen ist. ∎

Wir möchten nun VC-Dimension und polynomielle Samplelernbarkeit einer Konzeptklasse zueinander in Beziehung setzen. Hierzu definieren wir zunächst eine asymptotische Form der VC-Dimension. Nachfolgend ist stets $\Sigma = \{0, 1\}$. Seien C eine Konzeptklasse mit zugehörigen Ereignisraum Σ^* und $c \in C$. Die *Projektion* $c^{\leq n}$ von c auf $\Sigma^{\leq n}$ ist der Durchschnitt der Konzeptklasse c mit $\Sigma^{\leq n}$. D.h.,

$$c^{\leq n} := c \cap \Sigma^{\leq n}. \tag{8.57}$$

Die *Projektion* $C^{\leq n}$ von C auf $\Sigma^{\leq n}$ ist dann definiert durch

$$C^{\leq n} := \{c^{\leq n} \mid c \in C\}. \tag{8.58}$$

Die Funktion $d : \mathbb{N} \to \mathbb{N}$ mit $d(n) := D_{VC}(C^{\leq n})$ heißt *asymptotische VC-Dimension* der Konzeptklasse C. Wir bezeichnen die asymptotische VC-Dimension von C mit $D_{VC}^a(C)$. Wir sagen, C hat *polynomielle VC-Dimension*, falls ein Polynom p existiert, so dass $D_{VC}^a(C)(n) = O(p(n))$. Folgendes Lemma folgt direkt aus Lemma 8.2:

Lemma 8.3 *Seien $n \in \mathbb{N}$ und $d = D_{VC}(C^{\leq n})$. Dann gilt $2^d \leq |C^{\leq n}| \leq 2^{(n+1)d}$.*

Beweis: Nach Substitution von $C^{\leq n}$ für C und von $\Sigma^{\leq n}$ für S in Lemma 8.2 erhalten wir wegen $|\Sigma^{\leq n}| \leq 2^{n+1} - 1$:

$$2^d \leq |C^{\leq n}| \leq (2^{n+1} - 1 + 1)^d = 2^{(n+1)d}, \tag{8.59}$$

womit das Lemma bewiesen ist. ∎

Unser Ziel ist nun für Konzeptklassen mit Ereignisraum Σ^* einen Lernalgorithmus zu entwickeln, dessen Samplekomplexität mit Hilfe der asymptotischen VC-Dimension der Konzeptklasse ausgedrückt werden kann.

Satz 8.4 *Sei C eine Konzeptklasse mit zugehörigen Ereignisraum Σ^*. Dann existiert ein Lernalgorithmus $\mathcal{A}_{\mathcal{VC}}$ für C mit Samplekomplexität*
$$s(\varepsilon, \delta, n) = \left\lceil \frac{1}{\varepsilon}\left((n+1)D_{VC}(C^{\leq n})\ln 2 + \ln\frac{1}{\delta}\right)\right\rceil.$$

Beweis: Betrachten wir folgenden Lernalgorithmus $\mathcal{A}_{\mathcal{VC}}$ für C:

Algorithmus: $\mathcal{A}_{\mathcal{VC}}$
Eingabe: $\varepsilon, \delta \in (0, 1], n \in \mathbb{N}$.
Ausgabe: $g \in C$.
Methode:
$m := \left\lceil\frac{1}{\varepsilon}\left((n+1)D_{VC}(C^{\leq n})\ln 2 + \ln\frac{1}{\delta}\right)\right\rceil$;
Befrage $EXAMPLE$ m-mal; (*Sei Z die Menge der gesehenen Beispiele*)
Ermittle ein mit Z konsistentes Konzept $g \in C$;
Ausgabe := g.

Wir werden nun beweisen, dass der obige Algorithmus $\mathcal{A}_{\mathcal{VC}}$ die erforderlichen Eigenschaften besitzt. Sei $c \in C$ das zu lernende Konzept. Dann ist

$$Pr\left(\sum_{v: f_c(v)\neq f_g(v)} P(v) < \varepsilon\right) \geq 1 - \delta \qquad (8.60)$$

zu beweisen. Der Beweis verläuft ähnlich zum Beweis des Lemmas 8.1. Sei

$$B^{\leq n} := \left\{ h^{\leq n} \in C^{\leq n} \mid \sum_{v \in \Sigma^{\leq n}: f_c(v)\neq f_{h^{\leq n}}(v)} P(v) \geq \varepsilon \right\}. \qquad (8.61)$$

Für jedes $g^{\leq n} \in B^{\leq n}$ ist die Wahrscheinlichkeit, dass sich $f_c(v)$ und $f_{g^{\leq n}}(v)$ für ein zufällig gewähltes Beispiel $v \in \Sigma^{\leq n}$ unterscheiden, mindestens ε. Bezeichne $E_{g^{\leq n}}$ das Ereignis, dass $g^{\leq n}$ bei allen m unabhängig gewählten Beispielen sich bzgl. der Werte der charakteristischen Funktion genauso wie c verhält. Dann gilt

$$Pr(E_{g^{\leq n}}) \leq (1-\varepsilon)^m. \qquad (8.62)$$

Da $c \notin B^{\leq n}$ und somit $|B^{\leq n}| < |C^{\leq n}|$ erhalten wir

$$Pr(\cup_{g^{\leq n} \in B^{\leq n}} E_{g^{\leq n}}) < |C^{\leq n}|(1-\varepsilon)^m. \qquad (8.63)$$

Die Idee ist m groß genug zu wählen, so dass $|C^{\leq n}|(1-\varepsilon)^m \leq \delta$. Wegen Lemma 8.2 gilt

$$|C^{\leq n}| \leq 2^{(n+1)D_{VC}(C^{\leq n})}. \qquad (8.64)$$

8.3 Samplekomplexität von PAC-Lernalgorithmen

Somit genügt es m derart zu wählen, dass

$$2^{(n+1)D_{VC}(C^{\leq n})}(1-\varepsilon)^m \leq \delta. \tag{8.65}$$

Nach logarithmieren beider Seiten mit dem natürlichen Logarithmus erhalten wir

$$(n+1)D_{VC}(C^{\leq n})\ln 2 + m\ln(1-\varepsilon) \leq \ln\delta. \tag{8.66}$$

Wegen $\ln(1+x) \leq x$ genügt es zu zeigen, dass

$$(n+1)D_{VC}(C^{\leq n})\ln 2 - m\varepsilon \leq \ln\delta. \tag{8.67}$$

Wenn wir in dieser Ungleichung m isolieren, erhalten wir die äquivalente Ungleichung

$$m \geq \frac{1}{\varepsilon}\left((n+1)D_{VC}(C^{\leq n})\ln 2 + \ln\frac{1}{\delta}\right). \tag{8.68}$$

Also gilt für $m \geq \frac{1}{\varepsilon}\left((n+1)D_{VC}(C^{\leq n})\ln 2 + \ln\frac{1}{\delta}\right)$

$$Pr\left(\sum_{v\in\Sigma^{\leq n}:f_c(v)\neq f_{g\leq n}(v)} P(v) < \varepsilon\right) \geq 1-\delta, \tag{8.69}$$

wobei g konsistent mit allen m unabhängig gewählten Beispielen ist. ∎

Nach Einsetzen von $p(n)$ für $D_{VC}(C^{\leq n})$ in $\frac{1}{\varepsilon}\left((n+1)D_{VC}(C^{\leq n})\ln 2 + \ln\frac{1}{\delta}\right)$ für ein Polynom p erhalten wir wiederum ein Polynom. Also impliziert Satz 8.4 direkt folgendes Korollar.

Korollar 8.1 *Sei C eine Konzeptklasse mit zugehörigen Ereignisraum Σ^* und polynomieller VC-Dimension. Dann ist C polynomiell samplelernbar.*

Folgende Frage drängt sich auf: Wie gut ist Satz 8.4? Da wir in obiger Analyse als obere Schranke für $|B^{\leq n}|$ einfach $|C^{\leq n}| - 1$ genommen haben, könnte man sich zunächst fragen, ob wir obige Analyse des Lernalgorithmus verbessern können. In der Tat kann man durch eine kompliziertere Analyse in obiger oberen Schranke n durch eine Konstante ersetzen (siehe [KV94]). Des Weiteren ist es zur Beantwortung obiger Frage sinnvoll, sich Gedanken über untere Schranken für die Samplekomplexität einer Konzeptklasse C in Abhängigkeit seiner asymptotischen VC-Dimension zu machen. Folgender Satz gibt uns solch eine untere Schranke:

Satz 8.5 *Jeder PAC-Lernalgorithmus für eine Konzeptklasse C hat bei einem Fehlerparameter $\varepsilon \leq \frac{1}{4}$ Samplekomplexität $s(\varepsilon,\delta,n) \geq \frac{1}{8\varepsilon}D_{VC}(C^{\leq n})$.*

Beweis: Zum Beweis der unteren Schranke konstruieren wir auf dem Ereignisraum S eine Wahrscheinlichkeitsverteilung, die jeden PAC-Lernalgorithmus zwingt, viele Beispiele zu betrachten. Seien hierzu $d := D_{VC}(C^{\leq n})$ und $S' := \{x_1, x_2, \ldots, x_d\}$ eine Beispielmenge, die von $C^{\leq n}$ zerlegt wird. Betrachten wir die Wahrscheinlichkeitsverteilung P, die jedem Beispiel in S' die Wahrscheinlichkeit $\frac{1}{d}$ und jedem anderen Beispiel die Wahrscheinlichkeit Null zuordnet.

Sei $c \in C$ das zu lernende Konzept. Nehmen wir an, dass ein PAC-Lernalgorithmus $\mathcal{A}$ bei obiger Wahrscheinlichkeitsverteilung m-mal EXAMPLE befragt. Falls EXAMPLE ein bereits bekanntes Beispiel nochmals auswählt, dann ist der Informationsgewinn bezüglich dieser Befragung des Orakels gleich null. Daher können wir für den Beweis einer unteren Schranken o.B.d.A. annehmen, dass EXAMPLE stets ein neues Beispiel aus S' wählt. Sei $S'' \subseteq S'$ mit $|S''| = m$ die Menge der Beispiele, die $\mathcal{A}$ aufgrund seiner Befragungen von EXAMPLE kennt. Da C die Beispielmenge S' zerlegt, hat $\mathcal{A}$ bezüglich jedem Beispiel $x \in S' \setminus S''$ keine Information, ob $x \in c^{\leq n}$ oder nicht. D.h., für jede der möglichen 2^{d-m} Teilmengen von $S' \setminus S''$ gibt es in $C^{\leq n}$ ein mit S' konsistentes Konzept, das von den Beispielen in $S' \setminus S''$ exakt diese Teilmenge enthält. Sei $B \subseteq C$ eine Menge von Konzepten, die für jede Teilmenge von $S' \setminus S''$ exakt ein solches Konzept enthält. Hieraus folgt insbesondere, dass $|B| = 2^{d-m}$. Für jedes Beispiel x in $S' \setminus S''$ gilt für exakt der Hälfte der Konzepte in B, dass diese und h sich unterschiedlich bezüglich x verhalten. Hieraus folgt

$$\sum_{c \in B} \sum_{(x \in S' \setminus S'' : f_c(x) \neq f_h(x))} P(x) = \frac{(d-m)2^{d-m}}{2d}. \tag{8.70}$$

Also existiert in B ein Konzept c_0, so dass

$$\sum_{x \in S' \setminus S'' : f_{c_0}(x) \neq f_h(x)} P(x) = \frac{d-m}{2d}. \tag{8.71}$$

Für $m \leq \frac{d}{2}$ gilt dann

$$\sum_{x \in S' \setminus S'' : f_{c_0}(x) \neq f_h(x)} P(x) \geq \frac{1}{4}. \tag{8.72}$$

Da sich EXAMPLE bezüglich S'' für alle zu lernenden Konzepten in B gleich verhält, können wir aus B jedes Konzept als das zu lernende Konzept auswählen, ohne dass sich hierdurch die Ausgabe von $\mathcal{A}$ ändern würde. Also gilt

$$s(\varepsilon, \delta, n) > \frac{D_{VC}(C^{\leq n})}{2}. \tag{8.73}$$

Um in die untere Schranke die gewünschte Abhängigkeit von dem Fehlerparameter ε hineinzubekommen, modifizieren wir obige Wahrscheinlichkeitsverteilung P, so dass die Wahrscheinlichkeiten von ε abhängen. Betrachten wir die Wahrscheinlichkeitsverteilung Q, in der wir

1. x_1 die Wahrscheinlichkeit $Q(x_1) := 1 - 4\varepsilon$,
2. jedem x_i, $2 \leq i \leq d$ die Wahrscheinlichkeit $Q(x_i) := \frac{4\varepsilon}{d-1}$ und
3. jedem Beispiel $x \in S \setminus S'$ die Wahrscheinlichkeit $Q(x) := 0$

zuordnen. Bei dieser Wahrscheinlichkeitsverteilung beträgt die erwartete Anzahl von Befragungen an EXAMPLE, damit von EXAMPLE ein Beispiel aus $\{x_2, x_3, \ldots, x_d\}$ gewählt wird $\frac{1}{4\varepsilon}$. Somit werden mindestens $\frac{m}{4\varepsilon}$ Befragungen von EXAMPLE benötigt, damit der Algorithmus $\mathcal{A}$ mindestens m unterschiedliche Beispiele kennen lernt. Für $m := \frac{d}{2}$ ergibt dies eine Anzahl von $\frac{d}{8\varepsilon}$.

Bezeichne wiederum $S'' \subseteq S'$ die Menge der von EXAMPLE bei zugrunde liegender Wahrscheinlichkeitsverteilung Q gewählten Beispiele aus S' und sei $m := |S''|$. Die Durchführung der obigen Abschätzung ergibt:

$$\sum_{c \in B} \sum_{(x \in S' \setminus S'': f_c(x) \neq f_h(x))} P(x) \geq \frac{(d-m)2^{d-m}4\varepsilon}{2(d-1)}. \tag{8.74}$$

Also existiert in B ein Konzept c_0, so dass

$$\sum_{x \in S' \setminus S'': f_{c_0}(x) \neq f_h(x)} P(x) \geq \frac{(d-m)4\varepsilon}{2(d-1)}. \tag{8.75}$$

Für $m \leq \frac{d}{2}$ gilt dann

$$\sum_{x \in S' \setminus S'': f_{c_0}(x) \neq f_h(x)} P(x) \geq \frac{4\varepsilon}{4} = \varepsilon. \tag{8.76}$$

Insgesamt ergibt sich somit

$$s(\varepsilon, \delta, n) > \frac{D_{VC}(C^{\leq n})}{8\varepsilon}, \tag{8.77}$$

womit der Satz bewiesen ist.

∎

8.4 Ergänzende Übungsaufgaben

Übung 8.3: *Seien die Menge der reellen Zahlen der Ereignisraum S und die Menge der offenen Intervalle eine Konzeptklasse C mit Ereignisraum S. Was ist die Wahrscheinlichkeit des Ereignisses $\sum_{v: f_c(v) \neq f_h(v)} P(v) \geq \varepsilon$ für ein zu m Beispielen konsistentes Konzept h? Dabei sind c das zu lernende Konzept und P die Wahrscheinlichkeitsverteilung, bezüglich der EXAMPLE seine Beispiele auswählt.*

Übung 8.4: *Sei die euklidsche Ebene $\mathbb{R}^2$ der Ereignisraum S. Bestimmen Sie die VC-Dimension der folgenden Konzeptklassen:*

a) Konzeptklasse C_1 der Kreise in der Ebene.

b) Konzeptklasse C_2 der Dreiecke in der Ebene.

c) Konzeptklasse C_3 der gleichseitigen Dreiecke in der Ebene.

Übung 8.5: *Sei S ein endlicher Ereignisraum und C eine Konzeptklasse mit zugehörigen Ereignisraum S. Für jedes $c \in C$ bezeichne $t(c)$ die Größe einer kleinsten Beispielmenge, für die c das einzige konsistente Konzept in C ist. Welche der folgenden Ungleichungen sind korrekt und welche nicht? Beweisen Sie Ihre Aussage.*

a) $t(c) \leq D_{VC}(C)$ für alle $c \in C$.

b) $t(c) \leq \log |C|$ für alle $c \in C$.

c) $\sum_{c \in C} t(c) \leq |C| D_{VC}(C)$.

d) $\sum_{c \in C} t(c) \leq |C| \log |C|$.

Übung 8.6: *Seien die Menge der natürlichen Zahlen $\mathbb{N}$ der Ereignisraum S und die Menge der Vereinigungen von endlich vielen abgeschlossenen Intervallen von aufeinanderfolgenden Elementen in $\mathbb{N}$ die Konzeptklasse C. Untersuchen Sie C auf polynomielle PAC-Lernbarkeit.*

8.5 Literaturhinweise

Das PAC-Lernmodell wurde 1984 von VALIANT in seiner bahnbrechenden Arbeit [Val84b] eingeführt und in den nachfolgenden Arbeiten [Val84a] und [Val85] weiter ausgebaut. Der PAC-Lernalgorithmus für Boolesche Monome wurde von Valiant in [Val84b] vorgestellt und analysiert. Satz 8.2 ist von PITT und VALIANT [PV88]. Der Zusammenhang zwischen Ockham's Rasiermesserprinzip und polynomielle PAC-Lernbarkeit wurde 1987 von BLUMER, EHRENFEUCHT, HAUSSLER und WARMUTH [BEHW87] herausgearbeitet. In ihrer fundamentalen Arbeit [VC71] haben 1971 VAPNIK und CHERVONENKIS VC-Dimension erfunden. Diese spielt mittlerweile in vielen Gebieten wie z.B. der statistischen Lerntheorie oder der algorithmischen Geometrie eine große Rolle. Deren Ideen wurden von BLUMER, EHRENFEUCHT, HAUSSLER und WARMUTH 1986 in die Theorie der PAC-Lernbarkeit eingeführt [BEHW89]. Satz 8.5 ist von EHRENFEUCHT, HAUSSLER, KEARNS und VALIANT [EHKV89]. NATARAJAN [Nat91] und KEARNS und UMESH VAZARANI haben 1991 bzw. 1994 Textbücher zur Theorie der PAC-Lernbarkeit geschrieben. In diesen findet man weitere Referenzen zum damaligen Stand der Forschung. Das Lernen von Konzepten hatte man bereits vor der grundlegenden Arbeit von VALIANT betrachtet und verschiedene Methoden zum Lernen von Konzepten entwickelt. Einen guten Überblick hierüber gibt das Buch von MITCHELL [Mit97].

Literaturverzeichnis

[Abr63]   N. Abramson. *Information Theory and Coding.* McGraw-Hill, 1963.

[ACG+99] G. Ausiello, P. Crescenzi, G. Gambosi, V. Kann, A. Marchetti-Spaccamela, and M. Protasi. *Complexity and Approximation: Combinatorial Problems and Their Approximability Properties.* Springer, 1999.

[Ack28]   W. Ackermann. Zum Hilbertschen Aufbau der reellen Zahlen. *Mathematische Annalen 99, 118–133*, 1928.

[AHU74]   A. V. Aho, J. E. Hopcroft, and J. D. Ullman. *The Design and Analysis of Computer Algorithms.* Addison-Wesley, 1974.

[AKS04]   M. Agrawal, N. Kayal, and N. Saxena. PRIMES is in P. *Annals of Mathematics 160, 781–793*, 2004.

[ALM+98] S. Arora, C. Lund, R. Motwani, M. Sudan, and M. Szegedy. Proof verification and the hardness of approximation problems. *Journal of the ACM 45, 501–555*, 1998.

[ASU86]   A. V. Aho, R. Sethi, and J. D. Ullman. *Compilers: Principles, Techniques, and Tools.* Addison-Wesley, 1986.

[AU72]   A. V. Aho and J. D. Ullman. *The Theory of Parsing, Translation, and Compiling, Vol. I: Parsing.* Prentice-Hall, 1972.

[AU73]   A. V. Aho and J. D. Ullman. *The Theory of Parsing, Translation, and Compiling, Vol. II: Compiling.* Prentice-Hall, 1973.

[BCW90]   T.C. Bell, J.G. Cleary, and I.H. Witten. *Text Compression.* Prentice-Hall, 1990.

[BDG88]   J. L. Balcázar, J. Díaz, and J. Gabarró. *Structural Complexity I.* Springer, 1988.

[BDG90]   J. L. Balcázar, J. Díaz, and J. Gabarró. *Structural Complexity II.* Springer, 1990.

[BEHW87] A. Blumer, A. Ehrenfeucht, D. Haussler, and M.K. Warmuth. Occam's razor. *Information Processing Letters 24, 377–380*, 1987.

[BEHW89] A. Blumer, A. Ehrenfeucht, D. Haussler, and M.K. Warmuth. Learnability and the Vapnik-Chervonenkis dimension. *Journal of the ACM 36, 929–965*, 1989.

[BHPS61] Y. Bar-Hillel, M. Perles, and E. Shamir. On formal properties of simple phrase structure grammars. *Zeitschrift für Phonetik, Sprachwissenschaft und Kommunikationsforschung 14, 143–172,* 1961.

[BK99] N. Blum and R. Koch. Greibach normal form transformation, revisited. *Information and Computation 150, 112–118,* 1999.

[Blu83] N. Blum. More on the power of chain rules in context-free grammars. *Theoretical Computer Science 27, 287–295,* 1983.

[Blu96] N. Blum. An $O(n \log n)$ implementation of the standard method for minimizing n-state finite automata. *Information Processing Letters 57, 65–69,* 1996.

[Blu00] N. Blum. Speeding up dynamic programming without omitting any optimal solution and some applications in molecular biology. *Journal of Algorithms 35, 129–168,* 2000.

[Blu04] N. Blum. *Algorithmen und Datenstrukturen.* Oldenbourg, 2004.

[Bör92] E. Börger. *Berechenbarkeit, Komplexität, Logik.* Vieweg, 3. Auflage, 1992.

[Bri62] L. Brillouin. *Science and Information Theory.* Academic Press, 2nd Edition, 1962.

[Buc99] J. Buchmann. *Einführung in die Kryptographie.* Springer, 1999.

[Cal02] C.S. Calude. *Information and Randomness.* Springer, 2nd Edition, 2002.

[CB02] G. Casella and R.L. Berger. *Statistical Inference.* Duxbury, 2nd Edition, 2002.

[Cha66] G.J. Chaitin. On the length of programs for computing finite binary sequences. *Journal of the ACM 13, 547–569,* 1966.

[Cha69] G.J. Chaitin. On the length of programs for computing finite binary sequences: statistical considerations. *Journal of the ACM 16, 145–159,* 1969.

[Cho56] N. Chomsky. Three models for the description of language. *IRE Transactions on Information Theory 2, 113–124,* 1956.

[Cho59] N. Chomsky. On certain formal properties of grammars. *Information and Control 2, 137–167,* 1959.

[Cho62] N. Chomsky. Context-free grammars and pushdown storage. Quarterly Progress Report No. 65, MIT, Campridge, Mass., 1962.

[Chu40] A. Church. On the concept of a random sequence. *Bull. Amer. Math. Soc. 46, 130–135,* 1940.

[CLR89] T. H. Cormen, C. E. Leiserson, and R. L. Rivest. *Introduction to Algorithms.* MIT Press, 1989.

[Cob64]   A. Cobham. The intrinsic computational difficulty of functions. In *Proc. 1964 Congress for Logic, Mathematics, and the Philosophy of Science, 24–30*, 1964.

[Coo71]   S. Cook. The complexity of theorem-proving procedures. In *Proc. 3rd ACM Symp. on Theory of Computing, 151–158*, 1971.

[CT91]   T. M. Cover and J.A. Thomas. *Elements of Information Theory*. John Wiley, 1991.

[DH76]   W. Diffie and M. E. Hellman. New directions in cryptography. *IEEE Trans. on Info. Theory. IT-22, 644–654*, 1976.

[Die04]   M. Dietzfelbinger. *Primality Testing in Polynomial Time: From Randomized Algorithms to "PRIMES is in P"*. Springer, 2004.

[Ear70]   J. Earley. An efficient context-free parsing algorithm. *Communications of the ACM 13, 94–102*, 1970.

[Edm65]   J. Edmonds. Paths, trees, and flowers. *Canadian Journal of Mathematics 17, 449–467*, 1965.

[EHKV89]   A. Ehrenfeucht, D. Haussler, M. Kearns, and L.G. Valiant. A general lower bound on the number of examples needed for learning. *Information and Computation 82, 247–251*, 1989.

[Eve63]   J. Evey. Application of pushdown store machines. In *Proceedings 1963 Fall Joint Computer Conference, 215–227*, 1963.

[Fel68]   W. Feller. *An Introduction to Probability Theory and Its Applications Volume I*. John Wiley, 3rd Edition, 1968.

[Fre60]   E. Fredkin. Trie memory. *Communications of the ACM 3, 490–499*, 1960.

[Gal68]   R.G. Gallager. *Information Theory and Reliable Communication*. John Wiley, 1968.

[Giu77]   S. Giuaşu. *Information Theory with Applications*. McGraw-Hill, 1977.

[GJ79]   M. R. Garey and D. S. Johnson. *Computers and Intractibility, A Guide to the Theory of NP-Completeness*. Freeman & Company, 1979.

[GMP05]   P.D. Grünwald, I.J. Myung, and M.A. Pitt, editors. *Advances in Minimum Description Length: Theory and Applications*. MIT Press, 2005.

[GMR89]   S. Goldwasser, S. Micali, and C. Rackoff. The knowledge complexity of interactive proof systems. *SIAM Journal on Computing 18, 186–208*, 1989.

[Gol99]   O. Goldreich. *Modern Cryptography, Probabilistic Proofs and Pseudorandomnes*. Springer, 1999.

[Gre65] S. A. Greibach. A new normal form theorem for context-free phrase structure grammars. *Journal of the ACM 12, 42–52*, 1965.

[Ham80] R.W. Hamming. *Coding and Information Theory*. Prentice-Hall, 1980.

[Her78] H. Hermes. *Aufzählbarkeit, Entscheidbarkeit, Berechenbarkeit*. Springer, 1978.

[Hoc97] D. S. Hochbaum, editor. *Approximation Algorithms for NP-hard Problems*. PWS Publishing Company, 1997.

[Hop71] J. E. Hopcroft. An $n \log n$ algorithm for minimizing the states in a finite automaton. In *The Theory of Machines and Computations (Z. Kohavi, ed.), 189 – 196*, 1971.

[HTF01] T. Hastie, Tibshirani, and Friedman. *The Elements of Statistical Learning*. Springer, 2001.

[HU79] J. E. Hopcroft and J. D. Ullman. *An Introduction to Automata Theory, Languages and Computation*. Addison-Wesley, 1979.

[Huf52] D. A. Huffman. A method for the construction of minimum-redundancy codes. In *Proceedings of the IRE 40, 1098–1101*, 1952.

[Jef03] H. Jeffreys. *Theory of Probability*. Oxford University Press, 3rd Edition, 1961, Reprint 2003.

[Kar72] R. M. Karp. Reducibilities among combinatorial problems. In *R. Miller and J. Thatcher (eds.), Complexity of Computer Computation, Plenum Press, 85–103*, 1972.

[Kas90] U. Kastens. *Übersetzerbau*. Oldenbourg, 1990.

[Khi57] A.I. Khinchin. *Mathematical Foundation of Information Theory*. Dover, 1957.

[Kle56] S. C. Kleene. Representation of events in nerve nets. In *Automata Studies*. C. E. Shannon and J. McCarthy (eds.), 1956.

[Kol65] A.N. Kolmogorov. Three approaches to the quantitative definition of information. *Problems of Information Transmission 1, 1–7*, 1965.

[Kra49] L.G. Kraft. A device for quantizing, grouping, and coding amplitude modulated pulses. M.S. thesis, Electrical Engineering Department, M.I.T.,Cambridge, Mass., 1949.

[KU87] A.N. Kolmogorov and V.A. Uspenskii. Algorithms and randomness. *Theory Probab. Appl. 32, 389–412*, 1987.

[Kul68] S. Kullback. *Information Theory and Statistics*. Dover, 2nd Edition, 1968.

[KV94] M.J. Kearns and U.V. Vazirani. *An Introduction to Computational Learning Theory*. MIT Press, 1994.

[Lev73] L.A. Levin. The concept of random sequence. *Soviet Math. Dokl. 14, 1413–1416*, 1973.

[LS68] P. M. Lewis II and R. E. Stearns. Syntax directed transduction. *Journal of the ACM 15, 464–488*, 1968.

[LV97] M. Li and P. Vitányi. *An Introduction to Kolmogorov Complexity and Its Applications*. Springer, 2nd Edition, 1997.

[Mac03] D.J.C. MacKay. *Information Theory, Inference, and Learning Algorithms*. Cambridge University Press, 2003.

[McM56] B. McMillan. Two inequalities implied by unique decipherability. *IEEE Transaction Information Theory IT-2, 115–116*, 1956.

[Meh84] K. Mehlhorn. *Data Structures and Algorithms 2: Graph Algorithms and NP-Completeness*. Springer, 1984.

[Meh88] K. Mehlhorn. *Datenstrukturen und effiziente Algorithmen Band 1: Sortieren und Suchen*. Teubner, 1988.

[Mit97] T.M. Mitchell. *Machine Learning*. McGraw-Hill, 1997.

[ML66] P. Martin-Löf. The definition of random sequences. *Information and Control 9, 601–619*, 1966.

[MP43] W. S. McCulloch and W. Pitts. A logical calculus of the ideas immament in nervous activity. *Bulletin of Mathematical Biophysics 5, 115–133*, 1943.

[MR95] R. Motwani and P. Raghavan. *Randomized Algorithms*. Cambridge University Press, 1995.

[MU05] M. Mitzenmacher and E. Upfal. *Probability and Computing: Randomized Algorithms and Probabilistic Analysis*. Cambridge University Press, 2005.

[MvOV97] A. J. Menezes, P. C. van Oorschot, and S. A. Vanstone. *Handbook of Applied Cryptography*. CRC Press, 1997.

[MY78] M. Machtey and P. Young. *An Introduction to the General Theory of Algorithms*. North-Holland, 1978.

[Myh57] J. Myhill. Finite automata and the representation of events. WADD Technical 57-624, Wright-Patterson Air Force Base, 1957.

[Nat91] B.K. Natarajan. *Machine Learning: A Theoretical Approach*. Morgan Kaufmann, 1991.

[Ner58] A. Nerode. Linear automaton transformations. *Proceedings of the American Mathematical Society 9, 541–544*, 1958.

[Oet61] A. G. Oettinger. Automatic syntactic analysis and the pushdown store. In *Proceedings 12th Symposium in Applied Mathematics 12, 104–129*, 1961.

[Pap94] C. H. Papadimitriou. *Computational Complexity*. Addison-Wesley, 1994.

[Pau78] W. Paul. *Komplexitätstheorie*. Teubner, 1978.

[Pea84] J. Pearl. *Heuristics: Intelligent Search Strategies for Computer Problem Solving*. Addison-Wesley, 1984.

[PS82] C. H. Papadimitriou and K. Steiglitz. *Combinatorial Optimization: Algorithms and Complexity*. Prentice-Hall, 1982.

[PV88] L. Pitt and L.G. Valiant. Computational limitations on learning from examples. *Journal of the ACM 35, 965–984*, 1988.

[Rei90] K. R. Reischuk. *Einführung in die Komplexitätstheorie*. Teubner, 1990.

[Ris78] J. Rissanen. Modeling by the shortest data description. *Automatica 14, 465–471*, 1978.

[Ris89] J. Rissanen. *Stochastic Complexity in Statistical Inquiry*. World Scientific, 1989.

[Rog67] H. Rogers. *Theory of Recursive Functions and Effective Computability*. Mc Graw-Hill, 1967.

[Ros67] D. J. Rosenkrantz. Matrix equations and normal forms for context-free grammars. *Journal of the ACM 14, 501–507*, 1967.

[RS59] M. O. Rabin and D. Scott. Finite automata and their decision problems. *IBM Journal of Research and Development 3, 114–125*, 1959.

[RSA78] R. Rivest, A. Shamir, and L. Adleman. A method for obtaining digital signatures and public key cryptosystems. *Communications of the ACM 21, 120–126*, 1978.

[Sal04] D. Salomon. *Data Compression: The Complete Reference*. Springer, 3rd Edition, 2004.

[Sch63] M. P. Schützenberger. On context-free languages and pushdown automata. *Information and Control 6, 246–264*, 1963.

[Sch71] C.P. Schnorr. *Zufälligkeit und Wahrscheinlichkeit: Eine algorithmische Begründung der Wahrscheinlichkeitstheorie*. Springer Lecture Notes in Mathematics 218, 1971.

[Sch73] C.P. Schnorr. Process complexity and effective random tests. *Journal of Computer and System Sciences 7, 376–388*, 1973.

[Sha48] C.E. Shannon. The mathematical theory of communication. *Bell System Technical Journal 27, 379–423, 623–659*, 1948.

[She00] A. Shen. Kolmogorov complexity and its applications. Lectures Notes zur Vorlesung, gehalten im Herbst 2000 an der Universität Uppsala, 2000.

[Soa87] R. I. Soare. *Recursively Enumerable Sets and Degrees*. Springer, 1987.

[Sol64] R.J. Solomonoff. A formal theory of inductive inference, part 1 and part 2. *Information and Control 7, 1–22, 224–254*, 1964.

[SS77] R. Solovay and V. Strassen. A fast monte-carlo test for primality. *SIAM J. Computing 6, 84–85*, 1977.

[Sti95] D. R. Stinson. *Cryptography: Theory and Practice.* CRC Press, 1995.

[USS90] V.A. Uspenskiii, A.L. Semenov, and A.Kh. Shen. Can an individual sequence of zeros and ones be random? *Russian Math. Surveys 45, 121–189*, 1990.

[Val84a] L.G. Valiant. Deductive learning. *Philosophical Transactions of the Royal Society of London A 312, 441 – 446*, 1984.

[Val84b] L.G. Valiant. A theory of the learnable. *Communication of the ACM 27, 1134 – 1142*, 1984.

[Val85] L.G. Valiant. Learning disjunctions of conjunctions. In *Proceedings 9th International Joint Conference on Artificial Intelligence, 560–566*, 1985.

[Vap98] V.N. Vapnik. *Statistical Learning Theory.* Wiley, 1998.

[Vap00] V.N. Vapnik. *The Nature of Statistical Learning Theory.* Springer, 2nd Edition, 2000.

[Vaz01] V.V. Vazirani. *Approximation Algorithms.* Springer, 2001.

[VC71] V.N. Vapnik and A.Y. Chervonenkis. On the uniform convergence of relative frequencies of events and their probabilities. *Theory of Probability and its Applications 16, 264–280*, 1971.

[Vil39] J. Ville. *Étude Critique de la Notion de Collectif.* Gauthiers-Villars, 1939.

[vM19] R. von Mises. Grundlagen der wahrscheinlichkeitsrechnung. *Mathematische Zeitschrift 5, 52–99*, 1919.

[Wal05] C.S. Wallace. *Statistical and Inductive Inference by Minimum Message Length.* Springer, 2005.

[WB68] C.S. Wallace and D.M. Boulton. An information measure for classification. *The Computer Journal 11, 185–194*, 1968.

[Weg93] I. Wegener. *Theoretische Informatik.* Teubner, 1993.

[Weg03] I. Wegener. *Komplexitätstheorie: Grenzen der Effizienz von Algorithmen.* Springer, 2003.

[WG84] W. M. Waite and G. Goos. *Compiler Construction.* Springer, 1984.

[WM92] R. Wilhelm and D. Maurer. *Übersetzerbau.* Springer, 1992.

[WW86] K. Wagner and G. Wechsung. *Computational Complexity.* D. Reidel, 1986.

Index

Ω-Schreibweise 87
Θ-Schreibweise 87
μ-Operator 67
    beschränkt 65
μ-rekursive Funktion 67
ε-Übergang 6
(0,1)-Integer-Programmierung 108
2-Standardform 40
3-Färbbarkeit von Graphen 113
3-Term DNF 232
3-Term disjunktive Normalform 232

Ableitung 62
Ableitungsbaum 27
Ähnlichkeit 225
Akkumulator 89
akzeptierte Sprache 7
Akzeptor 93
    nichtdeterministisch 95
algorithmische Komplexität 159
Algorithmus 60
    asymptotisch nicht schlechter 160
    asymptotisch optimal 161
    universeller 160
Alphabet 3
a posteriori Wahrscheinlichkeit 216
a priori Wahrscheinlichkeit 216
Äquivalenzrelation
    Index 14
    rechtsinvariant 14
asymptotische VC-Dimension 243
asymptotisch optimal 160
Ausdruck
    erfüllbar 100
Ausdruck in konjunktiver Normalform 100

Baum, Ableitungsbaum 27
Bayes'sche Regel 214, 216
bedingte algorithmische Komplexität 171

bedingte Dekompressionsfunktion 171
bedingte Entropie 135
bedingte Kolmogorov-Komplexität 171
Belegung 100
berechenbar
    intuitiv 60
    praktisch 87
    turingberechenbar 70
    unendliche Folge 174
Berry-Paradoxon 163
beschränkter μ-Operator 65

c-nichtkomprimierbar 174
charakteristische Funktion 63, 81
Chomsky-Normalform 46
Churchsche These 81
Clique 94
Cliqueproblem 94, 106
coNP-Vollständigkeit 128

(d, α)-Ockham-Algorithmus 236
Daten, klassifizierte 220
Dekompressionsalgorithmus 159
Diagonalisierung 61
Diagonalverfahren 61
disjunktive Normalform 232
Distanz 225

effektive Einsmenge 184
effektive Nullmenge 184
eindeutig dekodierbar 150
Eindeutigkeitssatz für die Entropie 141
Eingabealphabet 6, 69
eingeschränktes Halteproblem 83
Einheitskostenmaß 90
Einsetzung 100
Einsmenge 184
Endkonfiguration 7, 69

endlicher Automat
  deterministisch 11
    minimal 14
  Endkonfiguration 7
  Konfiguration 7
  nichtdeterministisch 6
  reduziert 15
  Startkonfiguration 7
  Zustandsdiagramm 7
endliche Rechnung 70
Endzustand 6
Entropie 131
  Eindeutigkeitssatz 141
Ereignisalgebra über Ω 183
Erfüllbarkeitsproblem der Aussagenlogik 100
erweiterte Greibach-Normalform 47

finale Produktion 49
Funktion
  μ-rekursiv 67
  primitiv rekursiv 62

Graphenisomorphieproblem 122
Greibach-Normalform 40
  erweitert 47
  streng 40

Halteproblem für Turingmaschinen 81
Hamiltonscher Kreis 109
Handlungsreisendenproblem 96, 113
Huffman-Kode 152
Hypothesenraum 216
  erschöpfend 216
  gegenseitig ausschließend 216

Index 14
Inferenzproblem 216
Informationseinheiten 130
innere Produktion 49
interaktives Beweissystem 122
intuitiv berechenbar 60
Invarianztheorem 160, 171
Item 32

Kellerautomat 30
  akzeptierte Sprache 32
  Anfangszustand 30
  deterministisch 32
  Eingabesymbol 30

Kellerautomat (*Fortsetzung*)
  Endzustand 30
  Kellersymbol 30
  Konfiguration 31
  nichtdeterministisch 30
  Startkonfiguration 31
  Startsymbol 30
  Startzustand 30
  Übergangsfunktion 30
  Zustand 30
Klausel 100
Kleene-Abschluss 3
Kleenesche Normalform 81
Kode, vollständig 151
Kolmogorov-Axiome 183
Kolmogorov-Komplexität 161
  Paar 169
Kolmogorov-Zufallsfolge 194
Konfiguration 7
Konkatenation 3
konkav 137
konstante Funktion 62
kontextfrei 24
kontextfreie Grammatik 24
  ε-Regel 44
  ε-frei 45
  2-Standardform 40
  Ableitung 24
  Ableitungsbaum 27
    A-Baum 28
  Chomsky-Normalform 46
  Greibach-Normalform 40
    erweitert 47
  Kettenregel 44
  Linksableitung 29
    terminal 48
  Linkssatzform 29
  mehrdeutig 29
  Nichtterminal 24
  Produktion 24
    abgearbeitet 32
    Alternative 24
  Produktionensystem 24
  Rechtsableitung 29
  Rechtssatzform 29
  reduziert 25
  Regel 24
  Regelsystem 24

kontextfreie Grammatik (*Fortsetzung*)
    Satzform 25
    Startsymbol 24
    Terminalalphabet 24
    Variable 24
        nützlich 25
    Vokabular 24
kontextfreie Sprache
    Abschlusseigenschaft 55
    Pumping-Lemma 53
konvex 137
Konzept 229
    Beispiel 229
    charakteristische Funktion 229
Konzeptklasse 229
Kostenmaß
    Einheitskostenmaß 90
    logarithmisches Kostenmaß 90
Kraft-Ungleichung 146
Kryptosystem 118

leeres Wort 3
lexikalische Analyse 2
likelihood 223
Linksableitung 29
    terminal 48
Linkssatzform 29
Literal 100
logarithmische Kostenmaß 90

Martin-Löf-Zufallsfolge 186
maximum likelihood Hypothese 223
minimaler deterministischer endlicher Automat 14
minimum description length (MDL) 220
minimum message length (MML) 220
Mises-Church-zufällig 187
Mises-zufällig 187
mittlere Informationsgröße 131
mittlere Kodewortlänge 151
    minimale 151
mittlere Unsicherheit 132
Modell 220
modifizierte Differenz 63

Nachfolgekonfiguration 70
Nachfolgerfunktion 62
nichtdeterministischer Akzeptor 95
nichtdeterministischer endlicher Automat 6

nichtdeterministischer Kellerautomat 30
nichtkomprimierbar 174
NP-hart 98
NP-vollständig 98
Nullmenge 183

O-Schreibweise 87
Ockham's Rasiermesser-Prinzip 214
Operator 65

Paarungsfunktion 169
PAC-lernbar 230
parallel verschränkte Simulation 85
perfekt zero-knowledge 126
Platz 87
P ? NP-Problem 95
polynomielle Transformation 98
polynomielle VC-Dimension 243
polynomiell PAC-lernbar 230
polynomiell reduzierbar 98
polynomiell samplelernbar 239
Prädikat 63
    r-stellig 63
    primitiv rekursiv 64
Präfixdekompressionsalgorithmus 193
    asymptotisch optimal 193
präfixfreier Binärcode 145
Präfixfunktion 193
Präfixkode, optimaler 151
Präfixkomplexität 193
    bedingte 221
praktisch berechenbar 87
primitive Rekursion 62
primitiv rekursive Funktion 62
primitiv rekursives Prädikat 64
Prinzip der mehrfachen Erklärung 214
probabilistische Maschine 198
Problem
    funktional 96
    ja/nein-Antwort 96
    Optimierungsproblem 96
Projektion 62
Public-Key Kryptosystem 118
Pumping-Lemma für kontextfreie Sprachen 53
Pumping-Lemma für reguläre Mengen 53

Quellsprache 1

Random Access Maschine 87
    Akkumulator 89
Random Access Stored Program Machine
    (RASP) 91
Rechtsableitung 29
rechtsinvariant 14
Rechtssatzform 29
Reduktion 98
reguläre Definition 5
reguläre Menge 3
    Pumping-Lemma 53
regulärer Ausdruck 3
rekursiv aufzählbar 81
RSA-Kryptosystem 119

$s()$-platzbeschränkt 87
Samplekomplexität 239
Scanner 2
Schrittfunktion 127
Semimaß 203
Simulation, parallel verschränkt 85
Sprache
    charakteristische Funktion 81
    entscheidbar 81
    Quellsprache 1
    rekursiv 81
    rekursiv aufzählbar 81
    Zielsprache 1
störungsfreies Kodierungstheorem 155
Startkonfiguration 7
Startproduktion 49
Startzustand 6
String 3
    c-nichtkomprimierbar 174
    nichtkomprimierbar 174
Substitution 62
Symbol 2
Syntaxanalyse 2, 23

$t()$-zeitbeschränkt 87
turingberechenbar 70
Turingmaschine
    Akzeptor 93
        nichtdeterministisch 95
    Bandalphabet 68
    deterministisch 68
    Eingabealphabet 69

Turingmaschine (*Fortsetzung*)
    eingeschränktes Halteproblem 83
    Endkonfiguration 70
    endliche Kontrolle 68
    endliche Rechnung 70
    Endzustand 68
    hält an 70
    Halteproblem 82
    k-Band 68
    Konfiguration 69
    Lese/Schreib–Kopf 68
    Nachfolgekonfiguration 70
    nichtdeterministisch 94
    regulär 70
    Startkonfiguration 69
    Startzustand 68
    Übergangsfunktion 68
    Zustand 68

überdeckende Knotenmenge 107
Überdeckungsalgorithmus 184
Übergangsfunktion 6
universeller Algorithmus 160
universelle Turingmaschine 84

VC-Dimension 240
    asymptotische 243
Vereinigung 3
von oben rekursiv aufzählbar 163
von unten aufzählbar 199, 201
von unten aufzählbares Semimaß auf S 203
Vorgängerfunktion 63

Wahrscheinlichkeitsmaß 183
Wahrscheinlichkeitsverteilung 131
Wort 3
    leer 3

Zeit 87
zerlegen 239
Zielsprache 1
Zufallsexperiment
    Ergebnis 182
    Ergebnisraum 182
zulässige Auswahlregel 187
Zustand 6
Zustandsdiagramm 7